★ 本书获校级"其他项目—促进人才培养综合改革项目——中国酒店企业成长与变革研究平台（391002/019）"项目支持

THE EXPLORATION AND PRACTICE OF HOTEL OPERATION AND MANAGEMENT——
SELECTED MASTER'S THESES OF SCHOOL OF HOSPITALITY MANAGEMENT, BISU

酒店企业运营与管理的探索和实践

酒店管理专业硕士论文集

谷慧敏　秦宇　冉小峰◎主编

北京·旅游教育出版社

责任编辑：巨瑛梅

图书在版编目（CIP）数据

酒店企业运营与管理的探索和实践：酒店管理专业硕士论文集 / 谷慧敏，秦宇，冉小峰主编. -- 北京：旅游教育出版社，2018.10
ISBN 978-7-5637-3847-2

Ⅰ. ①酒… Ⅱ. ①谷… ②秦… ③冉… Ⅲ. ①饭店—经营管理—文集②饭店—商业管理—文集 Ⅳ. ①F719.2-53

中国版本图书馆CIP数据核字(2018)第232135号

酒店企业运营与管理的探索和实践
——酒店管理专业硕士论文集
谷慧敏　秦宇　冉小峰　主编

出版单位	旅游教育出版社
地　　址	北京市朝阳区定福庄南里1号
邮　　编	100024
发行电话	（010）65778403　65728372　65767462（传真）
本社网址	www.tepcb.com
E - mail	tepfx@163.com
排版单位	北京旅教文化传播有限公司
印刷单位	北京玺诚印务有限公司
经销单位	新华书店
开　　本	787毫米×1092毫米　1/16
印　　张	15.625
字　　数	302千字
版　　次	2018年10月第1版
印　　次	2018年10月第1次印刷
定　　价	49.00元

（图书如有装订差错请与发行部联系）

目 录

论文一　OTA 客源直客转化研究：以 A 酒店为例 ·········· 夏新星　1
　1　绪论 ··· 3
　2　文献综述 ··· 10
　3　研究设计与方法 ··· 13
　4　案例分析 ··· 16
　5　研究发现和讨论 ··· 28
　6　研究结论和研究局限 ··· 32
　参考文献 ··· 33

论文二　H 酒店成本管理研究 ···························· 林学峰　37
　1　绪论 ··· 38
　2　文献综述 ··· 41
　3　酒店成本控制的基础理论 ····································· 45
　4　案例研究 ··· 55
　5　酒店成本管理对策与建议 ····································· 73
　6　结论与展望 ··· 85
　参考文献 ··· 86

论文三　中端酒店服务接触过程中宾客满意度影响因素研究
　　　　　——以北京地区为例 ································ 蔡科　88
　1　绪论 ··· 89
　2　文献综述 ··· 94
　3　研究方法与研究过程 ··· 100
　4　结果分析、讨论及建议 ······································· 105
　5　结论 ··· 117
　参考文献 ··· 118

— 1 —

论文四　营业税改增值税对我国饭店企业的影响研究 ················ 刘　琳　122
　　1　绪论 ··· 124
　　2　文献综述 ··· 127
　　3　相关概念及理论基础 ·· 133
　　4　营改增对饭店企业税负变化的影响案例研究 ···················· 140
　　5　营业税改增值税后饭店企业的对策建议 ··························· 159
　　6　结论与展望 ··· 162
　　参考文献 ·· 163

论文五　酒店非正式员工组织承诺影响因素研究 ························ 闫　明　166
　　1　导论 ··· 168
　　2　文献综述 ··· 171
　　3　酒店非正式员工组织承诺实证研究 ·································· 179
　　4　提高酒店非正式员工组织承诺的对策和建议 ···················· 192
　　5　研究结论与展望 ·· 196
　　参考文献 ·· 198
　　附录 ··· 203

论文六　中小型国有酒店集团管控问题研究
　　　　　——以K集团为例 ··· 何　露　204
　　1　绪论 ··· 206
　　2　文献综述 ··· 210
　　3　国有酒店集团管控理论 ··· 213
　　4　案例研究——K集团酒店管控 ·· 226
　　5　对策建议 ··· 239
　　6　结论与展望 ··· 241
　　参考文献 ·· 242
　　附录 ··· 245

论文一　OTA 客源直客转化研究：以 A 酒店为例

2015 级研究生　夏新星

摘　要

随着 OTA 行业开始整合，OTA 平台数量逐渐减少，越发使渠道的流量聚合，其分销渠道在酒店营销过程中发挥着至关重要的作用，加之单体酒店对 OTA 的依赖性本身就很高，以携程、艺龙等为代表的 OTA 面对单体酒店的议价能力非常强，导致酒店佣金成本持续增加并压迫利润空间。针对上述情况，在 OTA 给酒店业引入客流的同时，酒店经营者如何应对，采取哪些策略合理地对 OTA 客源进行直客转化是行业面临的一个重要问题。

本文在综述酒店直销渠道和分销渠道、客户关系管理、社交媒体营销，以及转化成本和客户忠诚等理论研究成果的基础上，采用单案例研究方法（以单体五星级 A 酒店为案例），对其将第三方客源进行直客转化的战略和措施等方面进行了深入剖析和研究，并对 A 酒店 OTA 客源直客转化思路和具体转化方案进行了分析，深入研究了在互联网助力在线酒店交易规模高速增长以及 OTA 与酒店业矛盾加剧的环境下，单体高档酒店如何完善直销渠道，将 OTA 客源转化为自身直客会员，并总结其中的规律和经验，探索、完善相应的营销策略，并有如下发现：

首先，构建完善的直销渠道和会员忠诚计划是 OTA 客源直客转化的基础和前提。像 A 酒店这样的单体高档酒店在微信平台搭建微官网做直销具有较强的可实施性，符合当前形势下顾客的使用习惯，运营管理成本也较低，和酒店线下订房中心渠道组合在一起完善了酒店的直销渠道，线上与线下相结合，搭配合理的会员忠诚计划，在 OTA 客源直客转化方面能够取得良好的效果。其次，以 OTA 价格为基准并动态平衡酒店价格体系，有助于降低 OTA 客源的转化成本。酒店业的价格越发透明，高档酒店业的暴利时代已经结束。OTA 客源是价格敏感性较高的一类客源，追求性价比，如果酒店直销价格高于 OTA 价格，将增加直客转化的难度。给直客会员以当日 OTA 价格，有助于降低其转化成本，是进行 OTA 客源直客转化的关键。最后，提升客户关系管理、加强社交媒体营销，有助于提高转化效率并培养酒店忠诚客户。A 酒店对会员消费习惯、粉丝和会员增长情况、后台消息数据、图文转化数据等进行了全面的认识和分析，加强与粉丝和会员之间的黏性，并通过微信、微博平台保持互动，及时推送消息，通过加强社交媒体营销并提升客户关系管理，有助于提高直客转化效率和培养忠诚客户，在互联网营销时代中争得一席之地。

关键词：直销和分销；直客转化；客户关系管理；客户忠诚；A 酒店

Reseach on Transformation from OTA to Direct Customer: Based on the Case of Hotel A

Abstract

In accordance with the integration of OTA industry, the quantity of OTA is getting less and less, whereas more and more important, the channel flow rate is, it acts as a significant role in the hotel distribution process.Furthermore, hotels' operation is highly rely on the OTA, representative such as Ctrip and Elong have really good capability on price negotiation, which result in the increase of commission fee and decrease of accounting profit. Against the above, during the time that OTA brings customers to the hotel, how to deal with the current situation and what kinds of strategies shall be considered regarding the OTA transformation to direct customers (thereinafter "OTA Transformation") is currently a key issue.

This report is based on the research result in the direct sales and distribution, customer relationship management, media sales-marketing, switching costs and customer loyalty, combine theory with practice, adopt single case method to deeply analysis the case of Independent Hotel A, deeply analysis the transformation ideal as well as the detailed solution, deeply analysis that under the increase of the networking sales scale and increase of the conflicts, how to improve the sales-marking channel for Independent Hotel in order to translate the customers from OTA to it selves and summarize the experiences and patterns, explore and improve the corresponding strategy and found the below matters:

First, build the direct sales channel and customer's loyalty plan is the prerequisite of OTA Transformation. The luxury Independent Hotel for example hotel A, has strong ability to build a platform in wechat and it is quite feasible to make the direct sales, it is consist with the current customer's using pattern, operational costs are relatively low, and to refine the hotel direct sales channel by combining with the offline reservation center of the hotel, online combine with the offline, match the reasonable customer loyalty plan, will reach to a good result on the OTA Transformation. Second, dynamic balancing the pricing based on the OTA price, is good for decrease the costs of OTA Transformation. The price is getting more and more transparent, the windfall profit's stage is over. OTA customers is a kind of sensitive customers group, to pursue price-quality ratio, if the direct sales price is higher than OTA price, will increase the complexity of OTA Transformation. To provide the prevailing OTA price to customers, is good for lower the costs, and it is the key point for OTA Transformation. Again, improve the customer relationship management ability, enhance the media sales-marketing, are good for increase the turnover rate as well as build customers' loyalty. To analysis the membership consumption pattern, membership quantity trend, backstage consumption data, conversion between pictures and text date, enhance the relationship with memberships, meanwhile keeping interactive with them through wechat and blog, push notifications periodically to increase the capability on customers management, are good for increasing the efficiency and build customers loyalty and act as an significant role in networking sales-marketing industry.

Key words: Direct Marketing and Distribution; Transformation from OTA to Direct Customer; CRM; Customer Loyalty; Hotel A

1 绪论

1.1 研究背景

1.1.1 竞争激烈的国内酒店业与OTA矛盾加剧

过去5年，竞争非常激烈的酒店行业，并没有出色的表现。特别是一些自管的单体酒店，在中央预订系统缺失、销售渠道匮乏以及自身经营管理水平有限等情况下映射出的经营问题愈发放大。华美酒店顾问有限公司统计数据显示，2014年全国1.28万多家星级酒店亏损59.21亿元，超过1999年的亏损（57亿元），成为有记录来的最大亏损年。从历史数据来看，全国酒店的净利润从1998年到2004年7年呈现连续亏损，1998年至2000年的亏损额分别为32亿元、57亿元和20亿元，2009年亏损12亿元，2010年、2011年和2012年分别盈利50.70亿元、261.43亿元和50.46亿元，2013年亏损20.88亿元，2014年亏损59.21亿元。预计国内酒店业在2016年至2017年的"十三五"初期还将处于亏损阶段[①]。以五星级酒店市场为例，通过整理国家旅游局官方数据，从2010年至2015年，全国五星级酒店行业综合指数（RevPar）[②]呈现下滑趋势（如图1所示），由2010年的402元降至2015年的335元，整体水平都相对较低[③]。

---

① 根据华美酒店顾问酒店有限公司统计数据（http://res.meadin.com/HotelData/118270_1.shtml）。
② 综合指数 = 平均房价 × 平均出租率
③ 笔者根据全国旅游局官方数据整理得出。

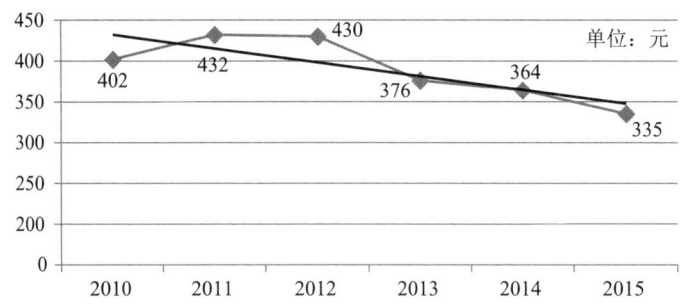

图 1　2010—2015 年全国五星级酒店综合指数（RevPar）对比

数据来源：笔者根据全国旅游局官方数据整理得出。

与此同时，OTA 平台①对酒店议价能力却越来越强，特别是随着携程与去哪儿合并、携程收购艺龙、美团网和大众点评网的合并，行业整合明显加速。随着 OTA 平台方数量越来越少，客户流量加速聚合，OTA 平台面对酒店的谈判筹码在增加，议价能力在不断提升，而酒店行业面临 OTA 这种大型购买者而压力剧增。另外，OTA 对其客源进行返现促销时常扰乱酒店价格体系。以携程为代表的 OTA 先在酒店拿到最低的协议价格，然后自行补贴消费者（如返现），这种操作会扰乱酒店价格体系，使得部分酒店自身的客源不在酒店订房而是转向 OTA 平台进行预订，这样做的结果不但使酒店直客流失还会额外增加酒店的佣金支出。价格返现是 OTA 在客人以标准价格购买了客房产品后，再向客人返还一定量现金的做法。由于向客人返现多少是由 OTA 决定的，因此，相当于降低了酒店制定的标准价格，而酒店在其直销渠道无力返现，只能任由价格倒挂的现象出现。OTA 这样做的目的是，一方面为了与行业对手竞争，另一方面也是为了从酒店争取客人，达到双重目的。在获取定价权之后，OTA 不仅可以应对市场竞争，还能通过导致的酒店价格倒挂而争夺到酒店的客源。OTA 以首推和挂金牌为条件从酒店获得最低房价，要求酒店独家合作或在其渠道卖价低于酒店直销渠道价格和其他分销渠道的价格，破坏了价格的一致性并极易导致价格倒挂现象的产生。

1.1.2　OTA 渠道在快速增长的在线酒店交易中占比超过七成

经过十几年的发展，国内在线酒店行业已经进入快速成长期。在线酒店预订，主要是指借助互联网，通过手机、平板和 PC 端等电子设备，在酒店集团官网、OTA 平台、酒店预订平台及其官方微信、客户端上进行酒店信息查询、预订、下单确认和评价，并在提交成功后，通过网络支付或到酒店前台进行酒店预订的行为。艾瑞咨询《2016 年中国在线旅游行业年度监测报告》数据显示，2015 年中国在线酒店市场间夜量超过 4.1 亿个间夜，交易规模超过 900 亿元，市场处于高速发展的阶段，预计 2019 年在线酒店市场间夜量将超过 8 亿个间夜，交易规模将接近 1750 亿元。②

---

①　OTA 平台：在线旅行社，以携程、艺龙、去哪儿和途牛等为代表。
②　《2016 年中国在线旅游行业年度监测报告》。

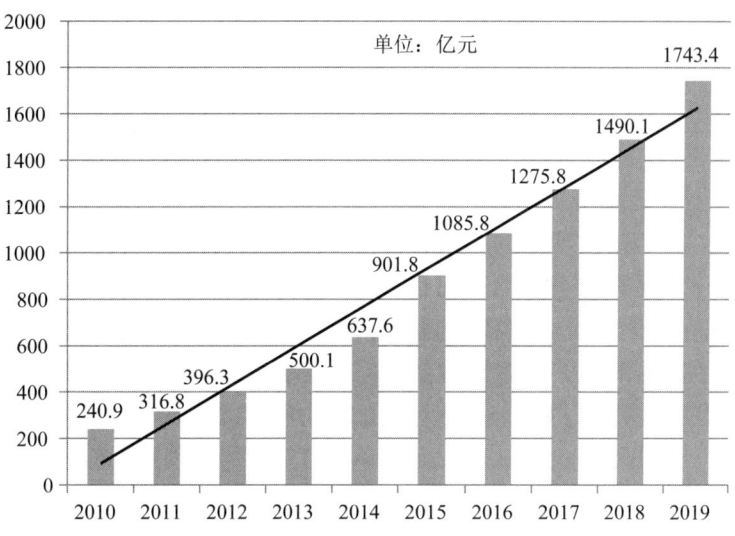

图 2　2010—2019 年中国在线酒店交易规模

数据来源：《2016 年中国在线旅游行业年度监测报告》。

在线酒店预订模式主要有 OTA 平台模式、团购平台模式和酒店官网（或 APP）直接预订模式三种。《2016 年中国在线旅游行业年度监测报告》数据显示，在 2015 年中国在线酒店预订市场，OTA 平台占比超过 70%，其中携程、艺龙和去哪儿等占有 69.2% 的市场份额（其中携程占比最大），市场集中度较高；团购平台市场份额为 14.6%；酒店官网（或 APP）直销渠道预定模式占比仅为 5.8%，占比较低。

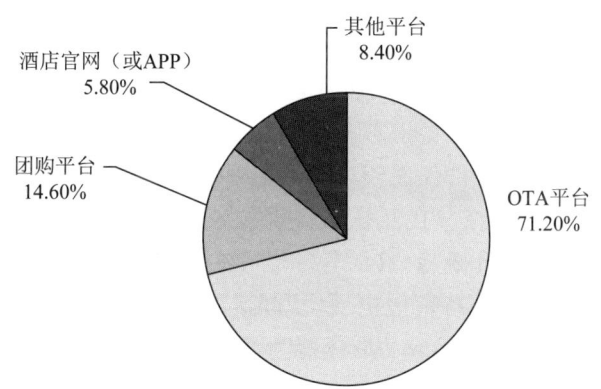

图 3　2015 年中国在线酒店预订市场各类预订平台所占份额

数据来源：《2016 年中国在线旅游行业年度监测报告》。

1.1.3　微信用户高速增长

随着智能手机、平板电脑等智能终端的日渐普及，腾讯公司于 2011 年推出了微信。微信不仅能够传递文字，还能够传递语音和图片，方便快捷，形式多样，极大地改变了用户的使用习惯。由于微信免费使用，所以它逐渐成为日常人们社交的首选平台之一。作为一个沟通交流的平台，微信自诞生以来基于QQ用户吸引了大量的微信用户，充分发挥了其通信功能。微信公众平台成为有效的社交平台，平台与粉丝之间的良好互动、交流，实现了粉丝交流的便利性、针对性和服务的移动性。2012年，腾讯公司在微信平台推出了微信公众平台的功能。微信公众平台面向企业、个人、组织等开放，实行一对多的信息推送，具有实时信息交流和传送的功能。微信公众账号用户管理者可以通过公众平台进行品牌建设、产品推广和客户关系管理，微信公众账号为企业或组织提供了业务服务、用户管理能力。微信公众账号用户管理者还可以通过分组管理等对公众账号进行粉丝管理。由企鹅智酷联合中国信息通信研究院和产业与规划研究院共同发布了《2016年微信影响力报告》，显示微信月均活跃客户数量超过8亿，微信支付累计绑卡用户数量超过2亿，公众号日提交超70万群发消息，城市服务已上线16个省78个城市。[①]

1.2 研究价值

1.2.1 理论价值

（1）梳理了酒店OTA客源直客转化的影响因素

过往对酒店营销模式的研究多关注于传统营销模式和传统网络在线营销模式，对于社交媒体应用于酒店的营销模式的关注不够多，对酒店OTA客源直客转化的研究更是非常少。本研究在对酒店社交媒体营销、客户转化成本和客户忠诚等理论进行综述的基础上，对A酒店OTA客源直客转化进行了研究，为酒店经营方应对OTA平台过于壮大提供了一个全新视角。本文在对案例进行深入研究的基础上，深入剖析了影响酒店OTA客源直客转化的因素。首先，酒店方面应该有完善的直客销售渠道和自身的直客会员忠诚计划，这是OTA客源直客转化的前提也是基础。酒店OTA客源是第三方平台渠道的客源，要将此类客源转化为酒店直客，先要做的是构建并完善酒店自有直销渠道，促使OTA平台引流至酒店的客人在下次入住酒店时通过酒店直客渠道进行预订，而合理的直客会员计划能够增强此类客源的黏性，通过直客渠道重复预订才有可行的基础。其次，因为酒店OTA客源本身就是价格敏感性高、价格弹性较大的一类客源，所以酒店转化OTA的价格应低于或等于OTA平台上的酒店价格。在互联网高速发展使酒店行业价格越发透明的现实环境下，给到酒店的直客会员的价格与OTA平台价格一致，能够有效降低转化成本。这并非酒店业的无奈之举，而是在此特定历史环境和阶段中的明智之选，因为价格一致能够影响原OTA客源的预订方式，转化成功后还能为酒店方节省佣金支出。只有梳理清晰影响酒店OTA客源直客转化的因素，才能更好地研究和应对OTA平台，并更好地实施转化方案。

（2）提出了酒店OTA客源直客转化机制

面对OTA平台的逐渐壮大，酒店经营者表达无奈的同时也对OTA渠道引流客源进行直客转化开展了积极的探索。学术界也纷纷聚焦酒店业该如何应对OTA平台的强势压迫。但如何将酒店OTA客源合理转化为酒店直客的真正研究基本还没有。本文在对A酒店直

---

① 中国信息通信研究院和产业与规划研究院共同发布的《2016年微信影响力报告》。

客转化方案进行深入研究的基础上，提出了酒店业特别是单体高档酒店OTA客源直客转化机制及手段，为酒店业与OTA平台之间如何合作共赢提供一定参考，也为其他酒店推行OTA客源直客转化工作提供借鉴。酒店OTA客源直客转化机制在于，依托社交媒体平台的直销渠道，引流OTA平台客源并加强客源关系管理，提升服务水平的同时加强与会员和粉丝的交流与互动，利用完善的直客会员忠诚计划增强客户黏性。移动互联的高速发展促进了OTA平台的壮大，同时也为社交媒体平台营销提供了便利条件。基于微信平台构建的直销渠道有着广泛的客户使用基础，也为酒店经营者加强与会员和粉丝的互动交流提供新的空间。酒店OTA客源直客转化，是为争夺直客会员和培养忠诚客户进行的全新尝试。

1.2.2 实践价值

（1）有助于酒店方正确认识与OTA的关系并合理应对

不可否认的是，OTA成功地培养了消费者在线预订的习惯，为酒店拓展了销售渠道并且丰富了酒店客源的来源。OTA作为酒店的一种分销渠道，其存在是有原因的，毕竟整合旅游资源打包在线销售和具有经验的预订管理、网络营销技术是任何酒店方难以比拟的。双方达成良好的合作关系是合作共赢的基础。除了能够通过第三方平台补充酒店自身宣传推广难以涉及的客源，OTA平台还能起到很好的市场推广作用（广告价值），是酒店的市场推广阵地。任何一家酒店的客源组成都是忠诚客源加新客源。对于酒店来说，新客源的比例和进入性非常重要，这是确保酒店可持续性发展的关键。可以预见的是，在未来一定时期内酒店与OTA仍是竞合关系，谁也无法单方面撇开合作关系独自发展。

这种竞合关系如何应对，非常值得酒店方深思，也具备较高的研究价值。首先，酒店方面应该把OTA平台的客源占比调整到合理的比例（行业一般为酒店客房数的10%）。酒店根本没必要断绝与OTA平台的合作。其次，酒店方面应该结合自身实际情况，为满足客户不同层面的需求，而采取灵活的动态定价模式。不过，要达到上述目标，需要相应的互联网技术作为保障和支持。酒店合理转化OTA客人，将之变成自有直销渠道的客人，并不是关闭OTA，而是通过OTA带来新的客源流量。通过打造好酒店的产品和服务，进而通过加强客人的体验，同时通过会员忠诚度计划，合理地将其转化为酒店直客并发展为忠诚客户。

（2）有助于酒店方（特别是单体酒店）完善直销渠道合理转化OTA客源

本文研究的实践价值还在于，帮助单体酒店完善线上直销渠道。转化OTA客源，首先要建设酒店直销渠道，比如中央预订系统、官网、微信、APP等。但对于单体酒店来讲，自建渠道的成本过高并且非常不实际，这就需要酒店经营方通过借势外部资源和平台。微信平台不仅有着庞大的用户基数，还符合消费者使用习惯，便于直接进行预定，带来订单和增值收益。客观来说，酒店直销渠道，特别是线上部分，是酒店经营方的短板。酒店需要有突破线上经营的能力。在线经营能力是酒店应该静下心来思考的问题。原先酒店方只管线下，线上交给OTA去做。在移动互联网时代，线上与线下其实是机会均等的。现阶段多数酒店经营方对线上业务重视不够，开展工作也相对较少。可以预期的是，酒店方一旦真正重视此块业务，并采取合理的转化方案，能够取得不错的执行效果。酒店经营者应该拓展思路，务实创新，找到行之有效的解决方案，积极应对环境变化和竞争。

1.3 研究方法

本文采用单案例研究方法。本文选取的案例 A 酒店地处北京朝阳 CBD 核心，2005 年正式营业，拥有 358 间客房，是典型的城市型商务酒店的代表。A 酒店是单体自管酒店，中央订房系统（CRS）不完善，直销渠道受限，官网预订量低，近年来对 OTA 客源的依赖程度越来越高。A 酒店深刻意识到上述问题的严重性，经过详细地部署和安排，在完善直客销售渠道和直客会员忠诚计划的基础上，加强社交媒体营销和客户关系管理，于 2016 年初开始对 OTA 客源进行合理的转化，取得了不错的转化效果。上述案例非常具有代表性。

1.4 研究内容和框架

本文总体共分为六个部分。第一部分是绪论：介绍本研究的选题背景、研究的理论价值和实践价值、研究内容以及本研究的创新之处。第二部分主要包括理论依据和文献综述。本文在酒店网络营销、直销分销渠道和转化成本等方面具有一定的理论基础。文献综述包括酒店直销和分销渠道、客户关系管理、社交媒体营销、转化成本和客户忠诚几个方面。论文的理论依据和文献综述为后续研究内容做了理论和研究铺垫。第三部分为研究设计与方法：确定了本文使用单案例研究方法，并以 A 酒店 OTA 客源直客转化为研究对象，确定了数据收集方案和数据分析思路。第四部分是对案例的深入分析：在深入了解 A 酒店具体经营情况和 OTA 直客转化方案的基础上，对直客转化方案总体思路和具体方案设计进行了分析，剖析了直客转化过程中存在的问题等。第五部分为研究发现和讨论：认为构建完善的直销渠道和会员忠诚计划是 OTA 客源直客转化的基础和前提，以 OTA 价格为基准并动态平衡酒店价格体系有助于降低 OTA 客源的转化成本，以及提升客户关系管理、加强社交媒体营销，有助于提高转化效率并培养酒店忠诚客户，并有针对性地提出了完善建议。第六部分为研究结论和研究局限：主要是高档单体酒店 OTA 客源直客转化模式研究结论的描述分析，探讨可供行业的借鉴之处，以及研究的不足之处和对未来研究的展望。本文的主要研究框架如图 4 所示：

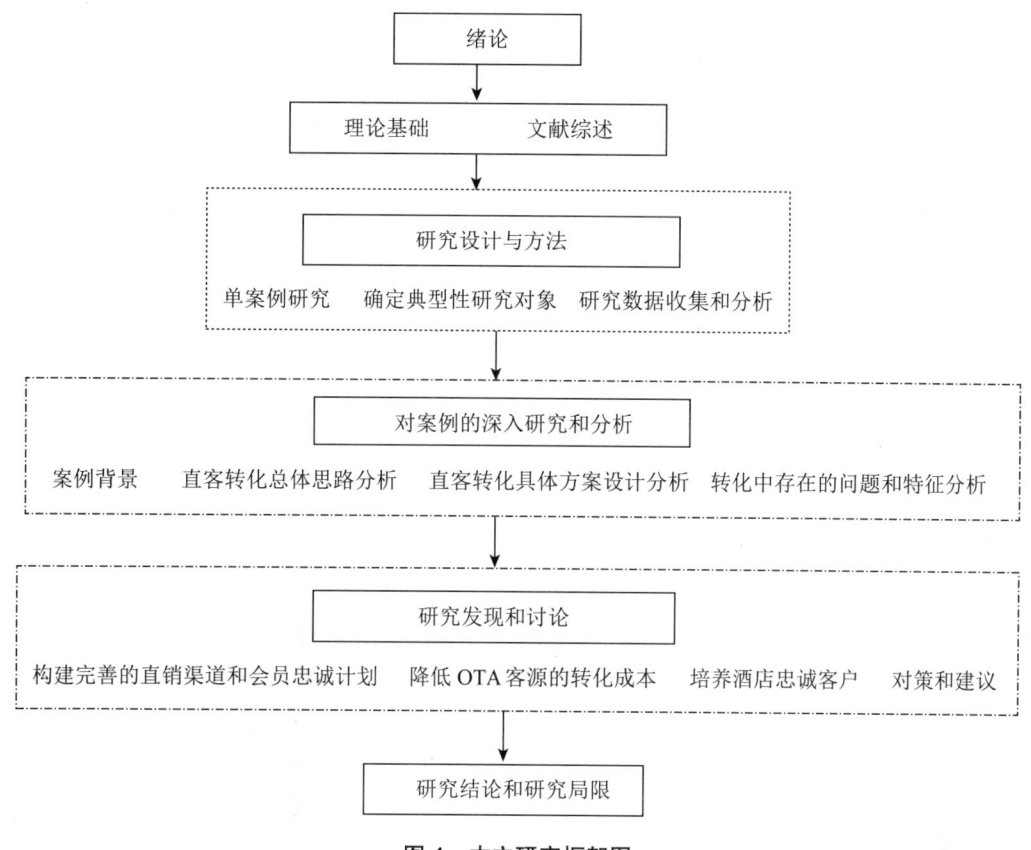

图 4　本文研究框架图

1.5　研究的创新之处

第一，探索了基于社交媒体平台的酒店直销渠道。正常情况下，直销渠道的直客是酒店销售目标的首选。这类客户不需要经过中间环节，也不需要向中间商返佣，净房价全部为酒店所得，本身平均房价水平和总体收益都较高，忠诚度提升后对酒店的认可程度也非常高，具备在酒店进行多次消费的基础，酒店精准营销和客户关系管理都有较强的针对性。单体高档酒店一直苦于自身预订系统不完善，自建销售平台成本过高，多数酒店经营方只管线下，而直接把线上交给 OTA 去做。其实，在互联网高速发展和社交媒体广泛运用的大背景下，线上线下机会是均等的。这就对新时代的酒店人提出了更高的要求。本研究的创新之处在于，通过理论结合实际对 A 酒店的案例进行分析，探索了基于微信平台的酒店线上直销渠道，通过线上线下相融合来提升客户关系管理和巩固客户忠诚度。

第二，探索了针对酒店 OTA 客源进行直客转化的方案。携程与去哪儿、艺龙相继发生并购，原本竞争激烈的 OTA 行业发生巨变，平台逐步整合聚焦，但这却不利于酒店行业的发展。OTA 类在线企业成本相对固定，其利润点在于签约返佣酒店的数量。然而，OTA 平台为争夺客户大打价格战，牺牲自身利益来对用户进行贴补、返现促销并培养用户使用习惯，这无疑影响了酒店正常的价格体系，导致酒店自身直客的流失。三大 OTA 平台成了一家，酒店业经营者更难有话语权和议价能力，酒店佣金支出越来越高，负担越来越重。学界包括酒店从业者都在考虑如何应对 OTA 平台挤压利润空间，如何对其客源进行合理的直客转化。本研究基于直销渠道、转化成本和客户忠诚等理论，通过对 A 酒店的案例分析，创新地提出了切实可行的 OTA 客源直客转化方案，值得业界借鉴和参考。

2 文献综述

2.1 酒店直销与分销

Dimitrio Buhalis（2004）认为，互联网改变了酒店的预订和宣传方式、方法，在线分销和预订已经被证明是安全、可靠并可以接受的。酒店方要开发自己的直销渠道，并与各种销售渠道相结合，实现信息和服务多渠道化。王兴琼、罗晓彬（2008）认为，酒店业销售模式主要分为直销和分销两种。直销是指酒店不通过任何中介商和代理商，直接向消费者销售产品的一种交易方式。酒店直销和酒店分销的方式对于酒店都很重要。通过直接销售，可以降低交易成本，提高酒店的收益。杨俊（2010）根据经销商是否参与到酒店产品销售过程中，将酒店客源主要分为直接客户和间接客户。由于两种不同的客户来源形成不同的客户定位和销售收入分配，从而形成了不同的销售资源配置和不同的营销方式。李晴晴、陈少华（2013）指出，酒店传统在线营销模式主要包括中介代理和直销两种。中介代理主要包括像艺龙、携程等 OTA 旅游代理商，以及一些传统的电子商务网站。酒店新型在线营销模式包括移动客户端营销、社交化媒体营销、团购等。平板电脑和智能手机的普及为手机客户端营销提供了便利，也为企业通过移动客户端与客户加强沟通互动提供便利。齐超（2014）认为，直接客户对于酒店而言意味着更高的房价、全部利润转化以及较高的忠诚度。杨俊博（2014）指出，在电子商务环境下旅游电子商务企业主要应用了主题营销、许可电子邮件营销、搜索引擎营销、互惠营销、联盟营销、社交媒体营销和会员制营销模式等网络营销模式，并指出旅游营销模式应该全面、系统。

2.2 社交媒体营销

李晴晴、邢丽涛（2013）指出，社交媒介如微博和微信，为酒店业带来了新的营销模式，团购模式有助于有效缓解酒店房态起伏。段耀婷（2013）通过分析我国高端酒店市场开展网络营销的现状，提出四大网络营销问题，并提出了相应的营销对策，即开放的手机网站、完善酒店网终、充分利用网络营销、提供个性化服务和培训领域的专家营销。Shama Hyder Kabani（2011）提出，社交媒体实时交互、影响力大并且成本负担低，这将是重建客户关系、开放企业合作、赢得良好的声誉最好的平台。Luis Callarisa、Javier Sánchez García、John Cardiff、Alexandra Roshchina（2012）指出，在线社交媒体上的酒店评价是顾客离开酒店后填写而并非离店时仓促完成的，其可信度更高更能反馈顾客意见。Woo Gon Kim、Hyunjung Lim、Robert A. Brymer（2015）认为，社交媒体网站上的评论，尤其是综合评价和负面评论，应该作为酒店营销管理的关键部分。张金玲、赵婷婷（2014）指出，微信营销的价值在于它的公共平台，微博的营销价值在于粉丝数量、质量和微博内容。王立影（2013）指出，微信营销的核心优势是维系老客户关系基础上再拓展新客户。吕清远（2013）认为，微信有着庞大的用户群基础，可以为企业营销提供足够的数据支持，使营销更加精准，发挥其在大数据时代下的营销价值。孟太斗（2014）指出，在移动互联高速发展的环境下，微信营销的优势主要体现在支付方式的方便快捷，如微信转账支付、二维码扫码支付，以及订阅号能够精准地汇集目标客群，准确地传播营销信息。Paul Phillips、Krystin Zigan、Maria Manuela Santos Silva、Roland Schegg（2015）指出，酒店在线评价是影响酒店经营和业绩的重要因素，其中良好的区域评价、房间质量、酒店区域信誉对酒店经营业绩有积极的影响。

2.3 转化成本和客户忠诚

转化成本概念最早出现在经济学领域，由 Porter（1980）提出，是指消费者从一个产品或服务的提供者转向另一个提供者时所产生的一次性成本。Klemperer（1987）第一次指出了顾客转换成本的类型，认为在很多市场上顾客都会面临转换成本问题，至少存在以下三种类型的转换成本：交易成本、学习成本和人工或合同成本。交易成本包括成本的建立与供应商之间的关系引发的成本，有时也包括终止现有关系所必须付出的成本。学习成本代表顾客若想像使用老产品那样使用新产品所必须付出的代价。人为或合同成本则是由公司的特意行为所导致的，如企业制定的重复购买计划等。研究者从不同视角对转换成本进行了研究，认为它是维系顾客关系的重要屏障，是保持顾客忠诚度的一个重要因素。Oliver（1992）注意到顾客满意度对顾客重复购买行为和顾客忠诚度的影响程度因行业而异，顾客满意度和顾客忠诚度之间的关系依赖于如品牌、专有技术、市场规则、转换成本和产品差异性等因素。Anderson、Sullivan（1993）在研究中发现，顾客忠诚与顾客重复购买意向之间之所以存在差异原因可能是客户忠诚度还取决于其他因素，二者之间的关系可能与某些特定消费环境中的转换屏障具有一定联系。Fornell（1992）认为，转换成本使客户改变服务提供者需要付出一定的时间、精力和财力；推行客户忠诚度计划，比如俱乐部会员，累计积分和客户等，可以增加客户转换成本；增加更换服务提供商的难度和成本，培养和维系客户忠诚度。Deightno（2000）指出，顾客忠诚计划首先在汽车租赁、航空和酒店等行业被广泛使用，并且在零售和金融服务这些非旅游行业逐渐流行起来。Kopalle、Seott（2003）认为，顾客忠诚计划能够有效刺激产品和服务的销售，是提升顾客忠诚度的有效手段，也是顾客关系管理的一个重要角色。Sharmaetal（1997）认为，客户和企业之间关系的持续发展，可能并不是因为忠诚的感觉，而是因为从现有企业转换到新企业的过程中所需要付出的时间、精力和财务成本。La Pointe（2002）指出，至少有一半的美国成年人加入至少一个客户忠诚计划中，并且这个数字仍在以每年 11% 的速度增长。换言之，一旦达到客户的转换成本，完成客户转化具有可行性。

2.4 客户关系管理

Gallup（1993）认为，客户关系管理应定义为策略、管理和 IT 技术的结合，认为企业应当想方设法满足客户需求、全力提高客户满意度来留住客户；建立和维护公司的核心竞争力优势，以前讲究以产品为核心，现在已经开始向客户中心论转变。Beny（1995）指出，客户关系管理就是利用相关信息技术，将市场营销和客户服务等支持活动进行智能化和信息化，在此基础上完善业务服务流程或者进行业务流程再造。Davids（1999）指出，一个复杂的策略，包括一对一营销、生命周期价值营销、忠诚营销和关系营销等。建立复杂的战略目的是创建一个与客户长期的互惠关系从而发展出忠诚关系与利润的完美结合。王健康（2001）对价值链进行了初步探讨，提出了价值链模型并对价值链的基本阶段及其支持条件进行了深入的分析。南玉范（2005）阐述了客户关系管理与市场营销的关系、客户关系管理对市场营销的影响，以及对提升、完善客户关系管理并推进市场营销工作提出了建议。齐加音、李怀祖（2002）指出，客户关系管理是一种通过与不同客户差异化沟通互动交流学习来实现企业盈利最大化的企业发展战略。吴立蓉（2002）指出，客户关系管理可以描述为一种契约关系，客户感受和体验是这个契约的中心，客户关系的改善是通过加强系统、流程、信息资源及体验来实现的。王素芬（2002）则建立了不考虑客户支出分配的基于收入利润贡献层面的忠诚客户终身价值模型，以及考虑客户支出分配的基于利润贡献的客户终身价值模型。彭翠珍（2004）就酒店内部关系营销提出，实现酒店员工满意与忠诚有助于赢得顾客满意度和忠诚度。酒店内部关系营销主要围绕提高员工组织认同、工作生活感受、归属感和提升员工工作能力等方面进行。在具体执行过程中，制定和实施公平、合理的薪酬体系和绩效评估体系，增强员工各部门间的交流和学习，对员工进行营销培训，提高员工工作积极性。李纯青（2004）指出，动态客户关系管理是通过获取客户、识别有价值的客户并分析客户的交易数据等技术手段为基础实施保持客户黏性的营销组合策略，从而实现公司与客户利益最大化的一种管理过程。孟海（2007）认为，利用客户关系管理有利于发展长期、稳定的顾客关系，保持并提高顾客忠诚度。企业通过建立数据仓库，利用数据挖掘技术来管理客户生命周期，更好地提高顾客忠诚度。

2.5 文献评述

第一，对基于社交媒体构建直客销售渠道的研究还不够充分。学术界对酒店营销模式的研究多关注于传统营销模式和传统网络在线营销模式，对于社交媒体应用于酒店的营销模式的关注不够。中国酒店业起步较晚，酒店营销模式多借鉴国外先进经验，近年来酒店营销模式的研究综述主要集中在酒店营销体制、酒店服务营销、酒店关系营销和酒店网络营销等方面，基本是分析其中存在问题并提出改进措施。酒店营销模式从最初的酒店门店活动营销到网络在线营销，其中网络营销又包括中介代理在线营销（在线分销）和直销两种。学术界对于酒店营销模式的研究多注重传统网络在线营销模式，同时关注消费者网络预订行为以及在线点评对酒店经营的影响等，但对于基于社交媒体平台如微信、微博等构建酒店自身的直客销售渠道对客进行酒店直销的关注明显不够。

第二，学术界对酒店业完善线上线下直销渠道，利用直客会员忠诚计划对 OTA 客源进行直客转化的研究非常少。随着 OTA 平台给酒店业造成的压力越来越大，行业对 OTA 平台予以重视。学术研究关注重点在于如何应对 OTA 平台对酒店造成的影响，但如何合理地将 OTA 客源转化为酒店自身直客的研究很少。随着移动互联的高速发展，社交媒体营销在酒店营销中的使用越来越普遍，微博和微信公众平台已经成为移动互联门户下重要的客户关系管理入口。客户关系管理的营销模式主要是通过酒店为主体，以客户关系管理为基础，以微信公众账号为手段建立酒店微信官网营销模式。客户关系管理是基于企业和客户之间的关系建立、维护和巩固为目标的。微信公众号作为一种新的社交媒体工具，其营销价值也不容忽视。本研究则将重点放在移动互联高速发展的大环境下，单体高档酒店通过社交媒体平台完善酒店线上线下直销渠道，对日益壮大的 OTA 客源合理进行直客转化，并通过社交媒体平台加强与酒店直客会员和粉丝的互动和交流，提升客户关系管理，培养酒店自身的忠诚客户。

3 研究设计与方法

3.1 案例研究方法

Yin（2003）认为，案例研究法是一个非常重要的社会科学研究方法，是一个事件的调查、研究、总结、分析、总结和发现新的规律和新的认识，从一个小事件的深入解读，归纳和发现背后的规律。案例研究法不仅是一种研究策略，还是一种完整的研究方法。由于案例研究法能够对各种管理理论或现象进行描述、解释和探索性研究，它已成为验证管理新理论和探索新理论的重要手段。案例研究方法的优势主要有以下三点：(1)有助于掌握研究问题的性质，这一优势对于事实的研究分析和理论验证尤其适用。(2)方便掌握研究问题的复杂性，全面把握宏观背景，对问题的认识和理解更加成熟，利于研究人员产生新的见解。(3)案例研究法鼓励进一步沟通。对复杂环境的新事实和新规则的解释，研究人员通常需要更深入地收集数据，和当事人面对面进行深入沟通，是增强资料可靠性的重要手段。

单案例研究可以保证案例研究深度，更好地了解案例背景，并且通过对单个企业进行细致分析，能够透析各种纷繁复杂现象背后企业运行的规律。单案例研究可以用于研究代表性的典型案例，从单案例中得出的结论有助于解释同类事件，研究有代表性的、典型性的案例，有助于加深对同类事件、事物的理解。此外，单案例研究方法有助于发现和追踪企业实践中的新现象和问题。本文正是采用单案例的研究方法进行理论的验证和深化讨论。本文通过单案例研究，旨在对文章所提出的酒店 OTA 客源直客转化范式进行研究，侧重于理论检验，属于经验主义，主要回答为什么和怎么样，适用于对新理论或复杂现象的理解。本文的研究目的是，尝试引入酒店直销分销渠道、社交媒体营销、客户关系管理、客户忠诚和转化成本等理论来解释 A 酒店 OTA 客源直客转化的方法和过程。对以前的研究理论进行扩展和补充,在现有研究的基础上适当地使用案例研究方法进行分析,并验证和改进理论的适用性。本研究的主要内容为在互联网助力在线酒店交易规模高速增长的环境下,OTA 在酒店客源占比越来越高的趋势下,单体高档酒店如何将 OTA 客源转化为自身直客会员以及应该采取哪些相应的经营对策。

3.2 案例酒店的选择

案例研究一直强调案例的典型性,即被选择的案例要具有足够的代表性,而且必要时可以选择极端案例。本文不是随机选择的案例,而是在兼顾案例典型性、数据资料可取性和研究便利性这三个要素基础上,选择 A 酒店作为研究样本。本文选择 A 酒店作为案例研究样本的具体原因如下:

(1) A 酒店为标准的城市型五星商务酒店,开业经营超过十年,为单体自管酒店,中央订房系统(CRS)不完善,直销渠道受限,官网预订量低,近年来对 OTA 客源的依赖程度越来越高(OTA 客源占比从 2011 年的 18% 到 2015 年的 28%),非常典型,有代表性。

(2) 作者在 A 酒店的上级运营管理部门工作,对 A 酒店整体经营状况有较为全面的了解,而且多次与酒店相关负责人探讨 OTA 客源转化为酒店直客的相关问题,并多次进行深入访谈和调研。通过数据分析显示,A 酒店近一年的月均 OTA 客源直客转化率达到近 28%。

3.3 数据收集与分析

本研究严格按照案例研究的步骤开展,从明确研究问题、理论回顾,到调研方案设计、数据收集及数据分析。首先,通过收集网络营销、直销渠道、分销渠道和第三方预订等相关研究资料,初步确定研究主题。其次,根据研究主题并通过收集整理二手资料对案例对象进行预判,设计调研提纲和构建案例分析理论框架,围绕 OTA 的发展背景、A 酒店客源转化实施方案、存在的问题分析和完善建议等方面,对 A 酒店部门相关负责人员进行针对性访谈,以此来获取案例调研数据。在访谈的过程中,使用多对一和多对多的方式。为了保证调查数据的有效性和可靠性,即效度和信度,连续进行理论和数据循环分析,反复对焦,运用三角验证法进行现象、理论、数据之间的印证,确保案例研究的有效性。

本研究主要采用了文献资料、直接观察、人员访谈和档案记录等方法,通过多种数据资料来源对研究数据进行交叉验证和相互补充。本研究从 A 酒店员工(包括酒店管理层)、A 酒店内部管控和操作流程以及酒店代表性直客会员三个层面进行数据收集,具体数据收集方法如下:

(1) 深度访谈。从 2016 年 3 月到 2017 年 1 月,对 A 酒店进行访谈 10 人次,访谈人员包括酒店总经理、副总经理、销售总监、电子商务部,以及前厅部经理和直客代表。在调研过程中正式访谈进行了多场,每次访谈时间至少持续一个小时,详见表 1。访谈时有录音并且在 24 小时内将录音还原,积累了长达 5 万多字的访谈记录稿。

表 1 A 酒店 OTA 客源转化调研访谈情况

对　象	频　次	主　要　内　容	访谈时长
酒店总经理	1	1.A酒店OTA客源的具体情况以及OTA平台对A酒店的影响； 2.A酒店对OTA渠道所持的态度；	2小时
酒店副总经理	1	3.A酒店对OTA客源进行直客转化的必要性和可行性； 4.A酒店对OTA客源直客转化方案的主旨和总体思路； 5.A酒店针对OTA客源直客转化方案的成效和预期目标； 6.直客转化方案中存在的问题和完善方向； 7.A酒店对OTA客源进行直客转化的未来发展趋势的预测； 8.酒店员工对OTA客源直客转化的总体态度和配合情况。	2小时
销售总监	1	1.A酒店OTA客源直客转化方案的具体设计； 2.A酒店直客销售渠道的构建方案；	2小时
电子商务部经理	3	3.A酒店原直客会员忠诚计划情况，存在的问题，现采取的改进和完善措施； 4.OTA客源直客转化过程中各部门的分工、协作以及配合； 5.线上微信平台直销渠道会员预订感受反馈； 6.目前针对销售员工的奖励力度是否足够； 7.OTA客源直客转化推行全员营销的必要性。	8小时
前厅部经理	2	1.直客转化方案的具体执行过程中存在的问题和完善建议； 2.服务接待人员工作标准流程培训和优化建议； 3.目前针对前台销售员工的奖励力度是否足够。	4小时
直客会员代表 M女士、Z先生	2	1.选择A酒店直客渠道进行预订的原因； 2.使用A酒店直客渠道进行预订的感受和完善建议； 3.A酒店直客忠诚计划的吸引力度； 4.对A酒店顾客关系管理的感受和建议； 5.是否能及时接收到A酒店的宣传推广信息和优惠。	2小时

（2）现场观察。为确保研究资料的真实、可靠，调研期间多次对 A 酒店进行现场观察和访谈，包括参观 A 酒店各功能区、销售办公区和技术分析支持办公区等，以获取 A 酒店直客转化一手案例资料。

（3）文献资料检索。一方面，利用国内重要报纸全文数据库，检索关于酒店行业应对 OTA 的经营策略，然后从中摘取相关材料。另一方面，通过中国期刊全文数据库，检索公司组织发展资料。

（4）档案记录查阅。首先，登录公司官网、国家旅游局和国家统计局官网等，搜集酒店业发展历程和经营情况等相关方面的资料。其次，对 A 酒店发过来的邮件等电子材料进行汇总和整理，从中挖掘案例需要的材料。再次，查阅 A 酒店定期发行的企业内刊和对外宣传刊物，从中摘录有关酒店方面的有价值信息。最后，查看 A 酒店管理人员的博客，摘录与案例相关的信息。

4 案例分析

4.1 案例背景

A 酒店地处二环核心商务区，共有 358 间客房，是 2005 年开业的单体自管挂牌五星级酒店，至今经营已十多年，为城市中心型五星级商务酒店的典型代表。酒店主力客源为协议散客、会议客户，网络订房型客户为辅。客房收入是 A 酒店收入的主要来源。客户主要分为 ABC 三个等级，共签约 2300 多家公司，其中 A 类客源不乏全球五百强公司。餐饮、会议和康乐作为酒店产品的有效补充和支撑，联动在一起对客服务。客房方面：客房分为标准间、豪华商务间、豪华套房和总统套房，最小房型面积在 35 平方米以上，各类房型配比合理。餐饮方面：中餐厅 500 平方米（含 9 个包间），餐位数共计 200 个，周边政府机构和事业单位消费占比较大；西餐厅 90 个餐位，大堂吧 40 个餐位；会议室方面：有一个 300 平方米的宴会厅，6 个 50~200 平方米不等的会议室，酒店会议功能稍显薄弱。受限于宴会厅面积过小，酒店会议功能一直承担着酒店服务接待的补充。尽管 300 平方米的宴会厅接大型婚宴有所限制，但接待谢师宴、满月宴，或者十桌左右的精致婚宴，以及产品和新闻发布等非常合适。酒店还有 6 个小会议室，依靠优越的地理位置优势，可以接待商圈内各类商务会议和高端行业论坛等。A 酒店具体客源情况如表 2 所示。

表 2 A 酒店客房客源情况表

客 源	属 性	主要客户	价格调整空间	综合消费能力
协议散客	高端政商	商圈内企业为主	低	中
会议客户	高端政商	政府、企事业单位为主	高	高
订房中心（OTA）	商务与旅游	商圈内企业、外地小企业和旅行者	中	低
旅行团	高端旅游	外地商贸团和旅行者	中	低

近年来 A 酒店收入呈现下滑趋势，平均房价下滑严重。A 酒店 2005 年正式营业，2006—2008 年收入持续攀升，2008 年奥运年达到峰值（近 1.46 亿元），平均出租率达到 67%，平均房价高达 1112 元/间夜。2009 年遭遇全球金融危机，A 酒店收入随行业性下滑降至历史最低的 8400 万元，平均出租率仅为 52%。2010—2011 年收入短暂回升，2011 年收入为 1.12 亿元，与开业初期 2006 年收入水平接近。2012 年上半年 A 酒店经营情况平稳，但下半年形势突变，收入骤然下降，并且受 2012 年陆续出台的中央政策的影响，全年收入仅为 1.08 亿元。之后 2013—2014 年酒店经营持续低迷，硬件设施存在的诸多问题使 A 酒店收入提升缺乏有力支撑，收入在 9500 万元左右，特别值得注意的是 2013 年平均出租率下滑至除 2009 年金融危机以来的历史最低点 58%。2014 年酒店不得已调整了酒店的价格体系，下调协议价格达 50~100 元不等，平均出租率返回 71%，但对总收入的

贡献有限。2015年酒店持续了此价格策略，总收入略有回升，接近1.03亿元。具体情况见A酒店历年收入、历年平均房价及历年平均出租率对比图（如图5、图6及图7所示）。

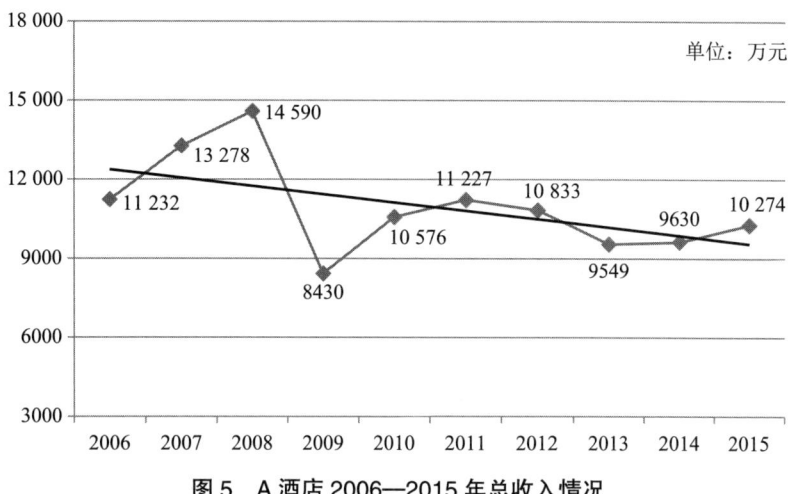

图5　A酒店2006—2015年总收入情况

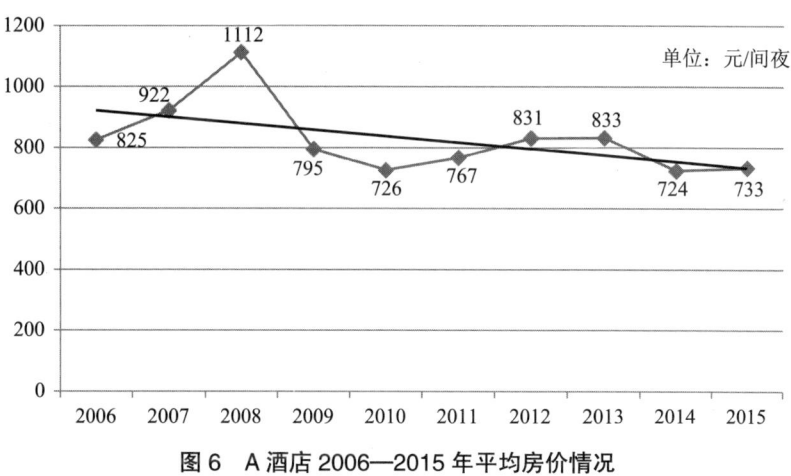

图6　A酒店2006—2015年平均房价情况

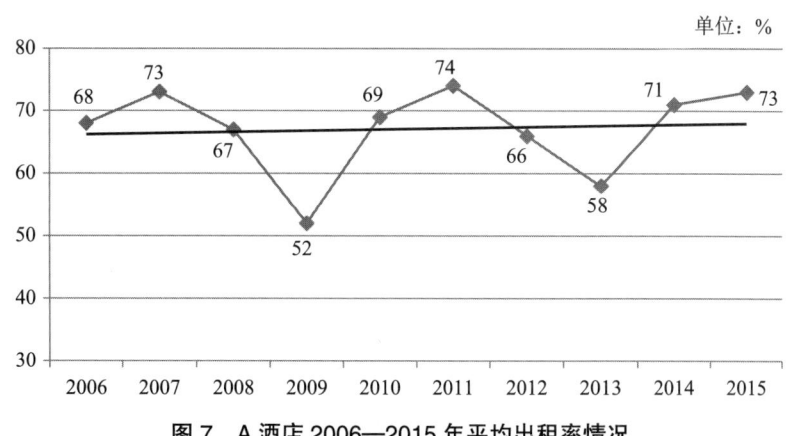

图7　A酒店2006—2015年平均出租率情况

总体来说，A 酒店中央订房系统（CRS）不完善，直销渠道受限，所在商圈竞争激烈，加之直客会员计划不完善、社交媒体营销较弱、官网预订量低，近年来对 OTA 客源的依赖程度越来越高。不过，行业内众多单体高档酒店都呈现上述特征。A 酒店是典型的城市型商务酒店，客房是 A 酒店的主力板块，又与餐饮、会议、康乐等板块联动经营，提供配套服务的同时，完善酒店消费附加值。在接下来的研究分析中，主要以客房客源作为深入研究对象。

4.2 A 酒店 OTA 销售渠道现状

4.2.1 近年来 OTA 渠道佣金负担加重

近年来，由于受到高端酒店业大环境不景气和所在区域酒店激烈竞争的不利影响，加之传统分销渠道受限，A 酒店加大了与以携程为代表的 OTA 的合作力度，并于 2012 年正式签约成为其金牌会员。从创收角度而言，此举确实给酒店补充了新的客源，但同时也对 OTA 形成了过度的依赖。A 酒店 OTA 客源占比由 2011 年的 18% 上升至 2015 年的 28%，超过会议客户占比，成为酒店第二大客源，仅次于主力客源协议散客。OTA 的佣金负担极高，2015 年 A 酒店佣金平均支付比例超过了 20%，全年共产生约 26 500 个间夜，平均房价达到 750 元/间夜，总佣金支出超过了 400 万元。

4.2.2 OTA 通过返现等手段时常扰乱 A 酒店整体价格体系

OTA 返现方式多次扰乱酒店的价格体系，使酒店价格倒挂。2013 年 A 酒店 C 类协议价格为 850 元（含单早），而 OTA 网络上线价格名义上为 898 元，但进行返现活动自行贴补住客后为 843 元（含单早），竟然低于酒店协议价格，明显出现价格倒挂的情况，严重干扰了酒店正常的价格体系，从而导致不少协议客人转向 OTA 进行预订，上述情况仅在 2013 年就发生过三次。

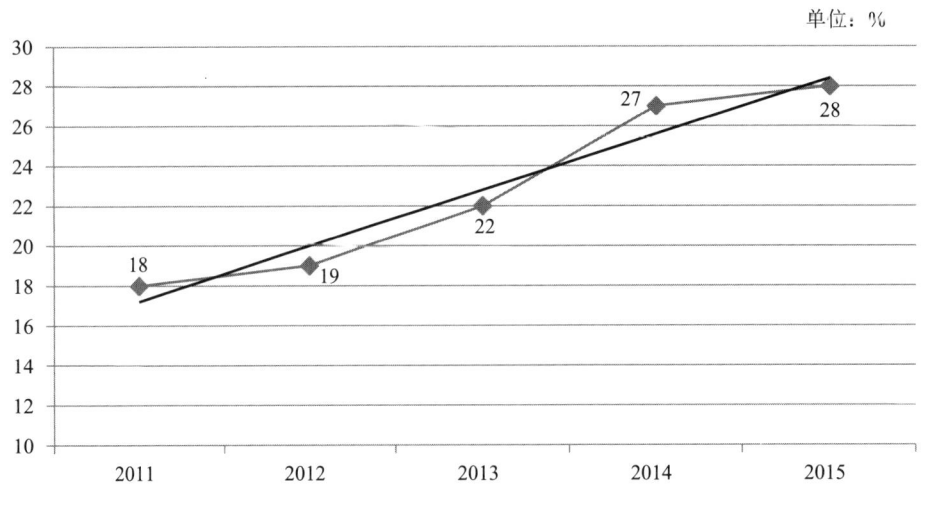

图 8　A 酒店 2011—2015 年 OTA 客源占比变化图

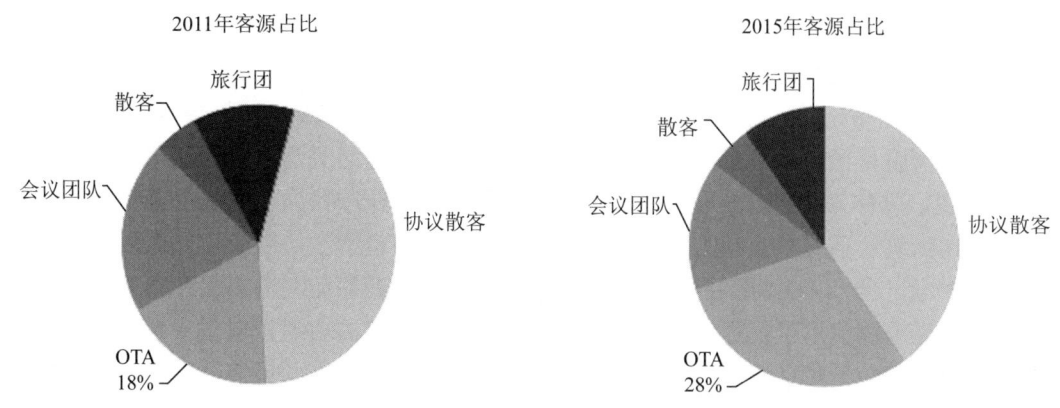

图 9　A 酒店 2011 年与 2015 年客源结构对比

4.3　A 酒店 OTA 客源直客转化结果分析

A 酒店通过全面的筹划和精心设计，搭建了基于微信平台预订服务的微官网，打通并完善了线上线下直客销售渠道，完善并丰富了有吸引力的直客会员礼遇方案。另外，A 酒店辅以合理的制度和激励机制，以培养全员营销的意识。在优化会员预订和接待流程的前提下，全面提升了会员预订体验，加强了客户关系管理，使预订更加便捷和高效。A 酒店直客转化工作取得了不小的成绩，2016 年全年月均转化率接近 28%，其中个别月份直客转化率甚至超过了 50%，转化工作取得不错的成绩。具体情况见表 3 所示。

表 3　A 酒店 2016 年 OTA 客源转化为直客情况的统计表

间夜量（间夜）	1月	2月	3月	4月	5月	6月	7月	8月	9月	10月	11月	合计
OTA 预订量	1166	666	1699	1894	1900	2174	1944	2187	1600	1789	2084	19 103
前台和订房中心直客预订量	616	354	611	529	513	492	590	334	200	263	355	4857
微信官网预订量	22	2	6	25	44	60	104	88	31	31	51	464
直客预订小计	638	356	617	554	557	552	694	422	231	294	406	5321
转化率（%）	54.72	53.45	36.32	29.25	29.32	25.39	35.70	19.30	14.44	16.43	19.48	27.85

4.4　A 酒店 OTA 客源直客转化总体思路分析

随着 OTA 在 A 酒店客源结构中占比越来越高，佣金支出的负担越来越重，OTA 在为酒店拓宽销售渠道和引入客流的同时，酒店难道不可以把他们发展成为自己的直客会员吗？他们下次再预订 A 酒店时可否直接通过直客渠道进行预订呢？带着这个问题，A 酒店从 2015 年下半年开始构思和筹划，制定了详细的直客转化方案。转化方案的核心是充分利用会员积分和礼遇，合理地将酒店 OTA 客人转化为酒店直客会员，并鼓励直客会员通过微信官网进行预订，扩充酒店线上微官网（微信公众号）关注度和预订量，逐步培养其预订习惯。具体来说，OTA 客人通过前台或预订人员的介绍后，愿意成为酒店直客会员并留下个人真实手机号，至前台扫描二维码关注或直接搜索酒店微信公众号后，即可享受直客会员价（当日 OTA 价格，基本以携程为准）。办理完入住后，预订人员会提醒客人下次通过微官网订房可享受更多优惠，引导客人下次预订酒店通过微信平台进行，最后预订人员将直客会员信息同步录入会员系统积攒相应积分，具体见图 10 所示：

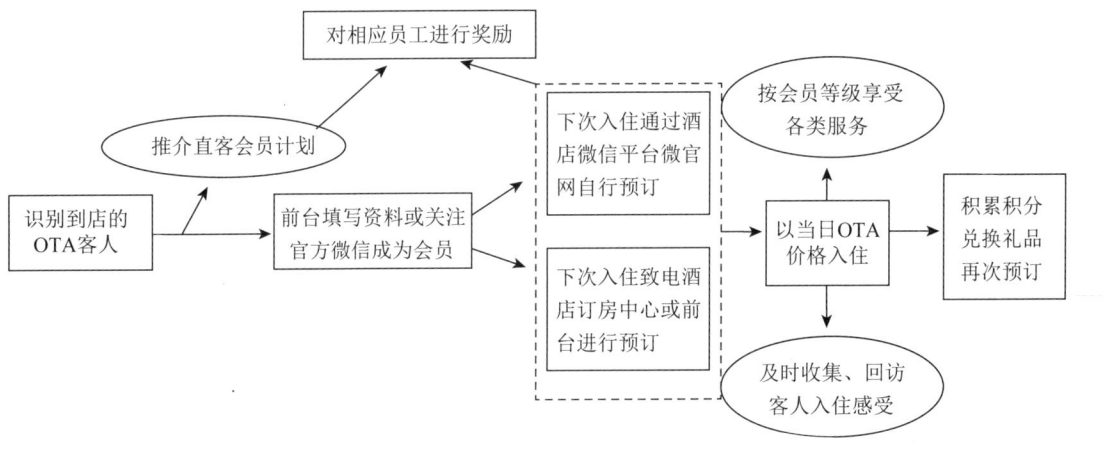

图 10　A 酒店 OTA 客源直客转化执行方案流程图

酒店上线交易也呈现向手机端发展的趋势，A 酒店首先想到的是建立手机客户端官网。像 A 酒店这样的单体酒店自行开发手机 APP 成本巨大，而且推广费用高、难度也较大。考虑到微信平台数以亿计的活跃客户量，基于酒店微信公众号平台开发酒店微官网才是明智之举。于是 A 酒店找到业内正蓬勃发展的直订网进行合作。直订网采用云技术，为 B 端酒店搭建微官网直销平台，直接下单达成交易，从而绕过 OTA，直接一对一进行交付，具体见图 11 所示。对酒店而言，直订网的优势在于免收佣金，并且支付完全绑定酒店自己账户直接进入酒店后台，整个过程公开透明。同时，酒店可以在直订网上全方位展示客房、餐饮、会务等信息，及时调整定价策略。另外，目前直订网开发的酒店微官网年维护费用不到 5000 元，成本非常低；如果与直订网签订协议用闲时客房进行置换维护费，费用更加微不足道。

图 11　直订网解决方案示意图

图 12　A 酒店直订网开发微官网预订界面图

4.5　A 酒店 OTA 客源直客转化具体方案设计分析

4.5.1　完善直客会员等级方案

对会员进行分级，可便于酒店给不同会员提供差异化的服务，有助于增强顾客黏性。A 酒店将直客会员分为三个等级：金卡、白金卡和钻石卡。首次注册成为微会员即可成为酒店金卡微会员，并享受金卡会员专享优惠；金卡微会员通过微信在酒店消费获取相应积分达到 15 000 点，即可升级为酒店白金卡微会员，并享受白金卡专享优惠；白金卡微会员通过微信在酒店消费获取相应积分达到 35 000 点，即可升级为酒店钻石卡微会员，并享受钻石卡专享优惠。

凡注册成为 A 酒店直客会员者，即可在酒店订房中心和微官网进行咨询或预订消费并获取相应积分。会员通过 A 酒店直客渠道预订客房、餐饮、康乐及其他酒店所属项目并实际消费成功的金额都将获得相应积分，未通过上述直客渠道预订的消费则将不予积分。直客会员预订客房、餐饮、康乐及其他酒店所属项目并实际消费成功后，会员系统后台自动将相应积分更新存至会员对应账户名下，会员可随时在个人中心进行积分查询、兑换等操作。直客会员通过 A 酒店直客渠道预订客房、餐饮、康乐及其他酒店所属项目而产生的有效消费的每 1 元可积 1 分。会员单次通过一个账户预订多间客房时，其所订房间消费所获积分都将赠予该账户微会员。会员积分达到兑奖值可兑取相应奖励，剩余积分可继续参与累加，兑换后会员级别不予下调。同时需要注意的是，微会员积分需在入会后 12 个月以内有累加或兑换记录，否则系统将做自动清零处理，会员级别不予保留。此规定是为了增强会员活性。另外，如下几种情况会员不可积分：如果会员住房享受旅游团体和会议价格、婚宴消费、通过置换协议获得的住宿、通过第三方订房或由第三方支付房费、免费住宿或未指定为符合奖赏标准房价的任何其他价格，以及酒店其他促销活动等都不参加积分。上述详细的规定是为了会员积分工作的顺畅进行，不与酒店其他活动冲突。

4.5.2 完善直客会员奖励和礼遇方案

直客会员价格应直接看齐 OTA 价格，否则转化无从谈起。随着 OTA 的兴起和酒店价格的透明化，大多数高星级酒店门市价已经名存实亡。A 酒店在此基础上详细制定了直客会员等级和贵宾礼遇方案，在为各类会员提供差异化服务的同时，让会员的每次消费，每个积分都有价值，具体可见表 4。

表 4 A 酒店直客会员等级和贵宾礼遇列表

金卡礼遇 （0~15 000点）	享受优先办理入住/退房手续； 预订客房可享受OTA价格，基本以携程价格为主（微信预订立减30元）； 可延迟至下午两点前退房（视酒店出租率而定）。
白金卡礼遇 （15 001~35 000点）	享受所有金卡礼遇； 预订客房时，房间可免担保保留至当日19:00； 入住时获赠欢迎水果 一份； 入住期间免费阅读当日报纸； 入住期间，每日可在彩虹吧（酒店大堂吧）享用咖啡一杯； 在餐厅和酒吧消费免收15%服务费。
钻石卡礼遇 （35 000点及以上）	享受所有白金卡礼遇； 预订客房享受免费升级并享受行政楼层待遇（视酒店出租率而定）； 可延迟至下午三点退房（视酒店出租率而定）； 抵/离店时，免费享受单程接机、接站或送机、送站服务（一自然年内可享受4次，未使用次数不得累加至次年，需提前24小时预订）。

4.5.3 完善会员积分可兑换奖励方案

会员积分奖励方案的一个重要原则是，在不加重酒店额外支出和负担的情况下，给酒店直客会员实在且高性价比的优惠，提升直客会员消费活跃度，增加会员黏性。除了上述不同等级的会员享受的专属待遇外，会员积分本身也可以兑换酒店产品和服务，具体可见表 5。

表 5 A 酒店直客会员积分奖励兑换列表

2000点	可兑换精选红酒一瓶（酒店指定红酒）
5000点	可兑换2磅蛋糕
8000点	可兑换双人游泳/健身一次
10 000点	可兑换客房200元电子代金券一张（价值200元，此券只适用于前台最优弹性价格）
12 000点	可兑换双人自助晚餐券一张（酒店主题活动不可用）
15 000点	可兑换客房500元电子代金券一张
18 000点	可兑换单次接机、接站或送机、送站服务（仅限抵/离店时使用）
25 000点	可兑换豪华间一间夜（含单早）
28 000点	可兑换行政豪华间一间夜（含双早、行政楼层待遇）
30 000点	可兑换商务套房一间夜（含双早、行政楼层待遇）

A 酒店会根据实际情况和酒店新增的产品及服务，让会员及时享受积分奖励，酒店积分奖励礼品及价值也会随市场价格及酒店活动的变化而改变。为保证会员的权益不受损害，酒店还将定期对礼品进行调整并以新闻信息更新推送的方式发布，便于会员及时获取最新资料。

4.5.4 建立直客会员招募制度保障并对员工进行奖励

A 酒店为了更好地实现 OTA 客源的转化，做了大量的准备工作，并制定了切实可行的制度保障和实施方案。A 酒店在大堂摆放直客会员奖励计划宣传海报，电子显示屏轮播直客会员元素，大堂休息区、各营业岗点摆放亚格力展示牌，前台、行政酒廊前台、房间摆放会员手册。前厅客户服务经理、客户关系主任、前台员工、礼宾部员工都应积极参与宣传招募吸收新会员，让更多的客人了解并加入会员奖励计划。预订部在接到客人订房时适时、主动地向客人推荐、介绍会员奖励计划，邀请客人加入直客会员奖励计划。客房部和餐饮部等其他营业部门都应主动为客人推荐、介绍直客会员奖励计划信息，邀请客人加入会员奖励计划。销售部等酒店一线部门都应积极参与直客会员招募，形成全员推荐全员招募的模式，提升酒店直客会员数量。所有部门当日新招募的直客会员都应汇总到订房中心。订房中心在每日最后一个班次下班前，要保证将当日新增入住会员信息更新至 Opera 系统中，确保会员个人信息及积分信息同步准确。当班主管负责人应反复核查会员信息录入是否准确，制表留存。

客人首次入会，并通过线下平台订房中心和前台进行首次预订，或者通过微官网进行首次预订后，对于促成此次直客会员的招募和预订的员工予以相应奖励。具体奖励方案为：豪华间、行政间、行政豪华间，5 元 / 会员；套间、行政套间、总统套间，10 元 / 会员。

4.5.5 优化直客会员预订和接待流程

为了更好地进行 OTA 客源转化，A 酒店对会员预订和接待流程进行了合理优化，在给会员预订创造更便利的条件的同时，严把服务质量，给予会员更好的预订感受。直客会员通过致电酒店订房中心或至前台进行预订，预订部或前台需在 Opera 系统中查找会员客史信息，确认无误后方可生成新预订。主要是为了防止各类会员预订发生混乱，干扰整体价格体系。前台及预订部在 Opera 系统中做好预订后,需及时与会员确认到店时间,告知其订单确认号等信息;在识别会员级别后,需及时发送水果单并安排欢迎水果配送。直客会员通过微信平台微官网进行客房、餐饮等相关项目预订时,正常工作日工作时间范围内,微信预订中的客房预订由预订部监控;新订单产生后,预订部需及时作出反应,对新预订进行确认订单、制作预订或取消;在识别会员级别后,需及时发送水果单并安排欢迎水果配送。当预订部下班后,微信预订中的客房预订需要前台安排专人负责监控;新订单产生后,前台需及时作出反应,对新预订进行取消或确认订单、制作预订;在识别会员级别后,需及时发送水果单。餐饮、康乐等项目的预订与咨询由相关部门安排专人监控,做好记录,并及时与客人沟通确认。

办理入住方面:直客会员办理入住前,A 酒店要求前台主管/行政楼层主管每日当班时,查询当日预计抵店会员预订;根据会员等级及特殊要求,优先排房、锁房;对高级别会员客人,提前准备好其所享礼遇。当有重要 VIP 客人办理入住时,由客户关系主任或客户服务经理检查当日预抵房间,并放置总经理/副总经理手写/机打欢迎信;前台服务人员在识别客人会员身份后,要优先为其办理入住,同时对客人进行会员认知,向客人介绍其所享礼遇,并快速办理入住;行李员及客户关系主任应积极配合前台办理入住,引领客人并送至房间,确保为会员提供高效的入住体验。另外,重要 VIP 客人办理入住时,可由客户关系主任或客户服务经理协助办理,并引领送至房间,同时电子商务部经理要求到场,与客人进行沟通,建立联系。针对每年免费享受 4 次单程接机/接站或送机/送站礼遇的会员,如有使用此项礼遇,前台员工在办理入住后,则需在会员系统提醒里备注清楚时间和剩余次数。

直客会员入住期间,A 酒店要求电子商务部根据不同渠道的会员用不同的方式适时与会员建立联系,了解客人喜好及需求,将信息及时分享至相应部门并要求作出回应。对于重要 VIP 客人,要求各部门进行识别,提供会员专享服务;对于第一次入住酒店的直客会员,着重关注其第二次入住的渠道,若仍然不是通过直客会员渠道订房,由前厅部和预订部及时通知电子商务部进行跟进,与客人进行沟通互动,了解其入住特性和是否有意愿通过酒店会员渠道预订入住,积极将此类客人转化为酒店有效的直客会员。A 酒店还要求客户服务经理适时收集客人有针对性的评论,着重关注会员感受。行政楼层每日打印在店客人生日报表时,标注是否有会员,报至电子商务部,电子商务部向客人发送微信/短信贺卡。在确认给会员赠送蛋糕的时间后,及时告知电子商务部,由电子商务部员工一起向客人赠送生日蛋糕,并向客人呈递名片,建立联系。如遇重要会员客人在店期间投诉,客户服务经理及电子商务部经理应第一时间出现,共同为会员解决投诉,通过为直客会员提供一致性的会员尊享礼遇,持续性为会员提供与众不同的价值体验。

退房方面:A 酒店要求优先为会员办理退房手续。在接到会员退房通知时,前台/行政楼层第一时间通知客房查房,并准备账单。重要会员客人退房时,要通知电子商务部,了解客人此次入住感受、满意度及下次大概何时再次入住等信息;其间可了解客人的目的地,帮客人安排车辆,然后与客户关系主任一同送离客人。

后台统计方面:A 酒店要求电子商务部每日根据 Opera 及前台、预订部提供的前一晚直客会员入住情况，在会员系统后台查询相应会员信息，登记记录到店会员、新增会员及累计会员数据，制表留存，并查询会员系统后台已有会员积分情况，依据积分奖励机制向已达到会员等级升级标准及积分兑换标准的会员推送消息通知，提醒客人可以享受会员相应礼遇及积分兑换方式。

4.5.6 制定管理部门标准化流程来加强管控并提升服务品质

为便于流程化管控，A 酒店 OTA 客源直客转化工作制作了工作时间排序表，通过提升部门标准化流程来提升服务品质。

表 6 A 酒店直客管理部门标准化工作流程

8:00	登录微信公众号后台，查询前一日微信粉丝量，包含增减量。
	登录直订网工作后台，查询是否有新的留言及建议，并及时作出回复；若有投诉，在回复客人之后，及时反馈到相关部门，作出相应整改。
	登录酒店PC端官网、微博后台，查询并回复会员及粉丝留言，记录反馈并分享有价值的信息至相关部门。
8:20	具体执行部门开晨会。
8:30~12:00	登录直订网工作后台，查询会员及订房情况；如有新预订，及时与预订部跟进确认是否已将新预订做进Opera系统，是否留好相应客史资料及提醒（表明会员等级、积分以及相应等级所享有的优惠待遇，并标注入住时，需电子商务部主管或经理与客人见面并留名片），及时跟进确认新预订入住前的准备工作（包括欢迎水果，欢迎卡等）。
	确认取消的订单，查看其付费方式，根据订单中会员留存的联系方式与会员取得联系，礼貌询问其取消原因，了解其订房渠道偏好；如若因酒店微信订房便捷度的原因，询问如若改进，是否愿意再次选择酒店官方微信订房，记录归档建议。
	查询已确认订单的积分赠送情况；当天应离店状态的订单可赠送积分，并标明此订单在Opera系统中的确认号及此积分为房费积分。
	每个订单中都会有微会员联系方式，尝试与住店会员建立联系，收集会员的资料和评论，并在系统中留存，确保其下次继续选择微官网订房，并为其下次入住有更好的入住体验做好准备。
13:00~17:30	关注出租率及OTA变价情况，及时将变更价格更新至直订网及官网后台；与预订部保持沟通，确保直订网与官网后台房态及房量准确。
	查询会员积分情况、当天生日会员；与会员建立互动，给会员发送生日祝福等。
	及时更新官网及微博新闻信息，与公关部保持良好沟通，及时更新酒店活动宣传材料及图片信息；遇节日或酒店推广活动时，与相关部门保持良好沟通，以制作相关微信及微博推文。
	实时关注其他酒店、社团、平台、自媒体等公众账号，准确捕捉时事热点，以构成相应宣传素材。
	关注并开发微信公众平台、微官网后台、PC端官网后台及企业微博后台推出的新功能，了解开发各种线上宣传推广小工具，结合各种节日及酒店特色产品、优惠活动，制作微图文推送或H5动画展示。
	关注自主预订的每日订房量及有效转化量。
	大堂及其他营业岗点巡视，主动引导客人使用酒店直订形式进行客房及餐饮等的预订及支付，并实时了解客人的满意度，整理记录归档。
	每周汇总网评（包括携程、艺龙、去哪儿、booking、直订网及官网）报表，汇总粉丝、会员增长转化量；汇总微官网订房量信息。
	每周五下班前，做本周工作总结及下一周工作计划，每月做月总结及下一月工作计划。
17:30	执行部门例会总结，梳理工作中存在的问题以便改进。

4.6 A 酒店 OTA 客源直客转化呈现的特征和问题分析

4.6.1 微信官网直客会员自主预订量占比分析

从 A 酒店 2016 年直客转化工作线上会员的预订量来看，总体数量比较低。原因一方面和 A 酒店打通线上平台开通微官网线上预订开始不到一年有关系，但另一方面也反映出会员价格管控、宣传推广和精准营销方面的不到位。通过微信平台订阅号进行酒店预订的客人还是少数，部分消费习惯还没有养成，这个阶段加大宣传推广和到店营销力度以及加大对员工的激励必不可少。另外，真正了解客户需要，符合客户的使用和预订习惯上仍有改善、提升空间。为促进微信官网自主预订量的提升，A 酒店给予会员额外 30~50 元的优惠，但此类订房受酒店市场及出租率整体调控影响较明显，所以在出租率不高的周末、节假日或者有特定的优惠活动时，在不影响协议客户和避开 OTA 价格限制的条件下，需要建立独立的直客会员价格体系。在 OTA 价格和协议价格的区间内，根据酒店出租率、房型等状态，在市场价格调控的范围内，调整直客会员价格，与 OTA 渠道形成优势化对比，加大会员转化及订单生成概率。客人预订习惯的培养和塑造需要时间，OTA 平台的发展过程已经验证过这个阶段。未来线上直销渠道的机会巨大，作为新生代的酒店人，需要认真了解客户需求，做好直客转化方案设计，提升客户服务质量，吸引更多会员和粉丝的关注，逐步积累直客会员和忠诚客户。

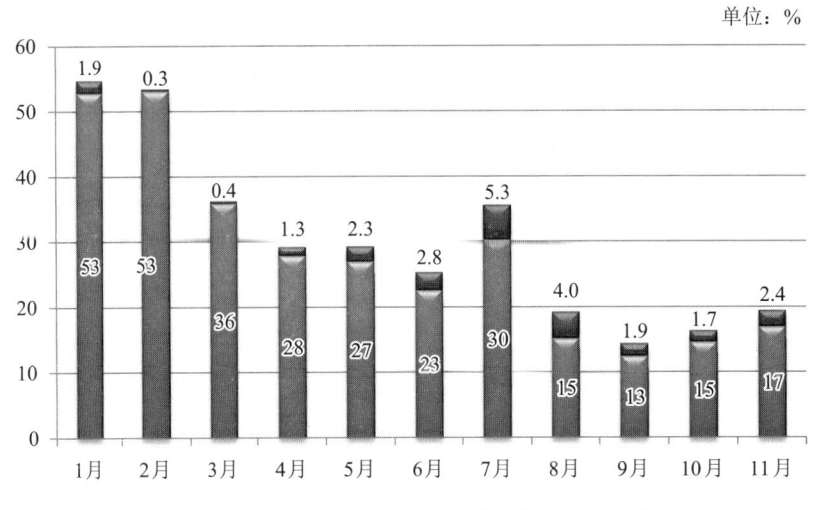

图 13　A 酒店 2016 年 OTA 线上线下客源转化率对比图

4.6.2 直客会员通过微信官网重复预订情况分析

2016 年 1 至 11 月，M 女士和 Z 先生通过 A 酒店微官网订房高达 43 次和 37 次之多，如图 14 所示。通过对他们的深度访谈了解到，这两位直客会员首先非常认可 A 酒店 OTA 直客转化方案，认为转化方案很切合实际，易于理解和接受。其次，线下通过订房中心或前台的预订方便快捷，尤其是预订反馈非常迅速（携程平台部分酒店确认需要 3 个小时）；线上微信平台微官网的使用符合大多数客户的使用习惯，和主流 OTA 平台预订基本没有什么区别，平台显示产品更加直截了当（OTA 平台经常出现直营或代理），还不用打开另外的手机 APP 进行搜寻和对比，并且基于微信的支付本身消费就有较高的认可度也很安全可靠。最后，A 酒店直销渠道预订酒店和主流 OTA 平台价格一致（A 酒店特殊促销时会更低），不仅能享受追加两小时的退房延时，还能累积 A 酒店会员积分，兑换相应礼品。另外，两位忠诚客户也提出尽管会员积分兑换 A 酒店的产品和服务都比较实用，但如能和外部积分平台进行互兑或兑换，如航空公司、打车软件或信用卡网站等平台的产品和服务，将更具吸引力。从目前的数据来分析，A 酒店直客会员微信官网自主订房量占比还比较低，但还是有不少直客会员已经熟练使用微官网预订系统进行订房，高级别会员表现出较强的预订需求和会员黏性，从一定程度说明了 A 酒店 OTA 直客会员转化方案的可行性，也给 A 酒店 OTA 直客转化工作提供了实际参考依据。

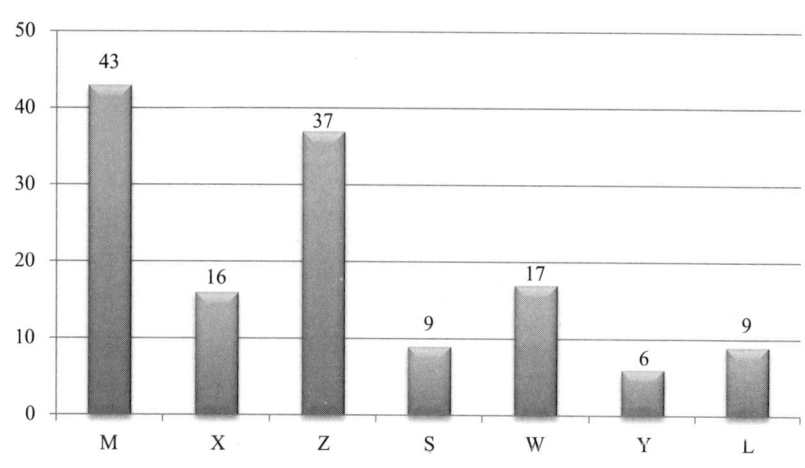

图 14　A 酒店 2016 年直客会员通过微信官网重复预订次数情况

4.6.3　直客会员客源结构分析

根据笔者现场观察和深入访谈情况得知，A 酒店转化的直客来源基本可以分为四大类，依据占比依次是预订需求有变更（包括延住、加房和更换房型等）占 65%、自来客占 20%、习惯性搜索酒店公众号并进行预订的客人占 10%、预订存在问题（包括预订房型错误、预订不存在等情况）占 5%。虽然 OTA 渠道引流的客户量较大，但通过此渠道的预订与酒店方面的对接时常出现一些错误，同时其中的商务客人需求变化较大，根据出差工作日程变化调整间夜量的情况非常频繁，延住、加房和更换房型等需求较多。加之单体高档酒店使用的酒店管理系统一般情况下不能与 OTA 平台直连，导致更换房型较为不便，这也给酒店经营者向到店客人推介直客会员忠诚计划提供了时间和机会。酒店服务人员应该抓住此良好契机适度向到店客人讲解酒店直客会员计划相较于 OTA 平台的优势，并重点提到客人通过前台、预订中心或者线上的微信平台都能方便快捷地完成预订，反馈也非常迅速，这种情况下 OTA 客源转化为直客的成功率是非常高的。

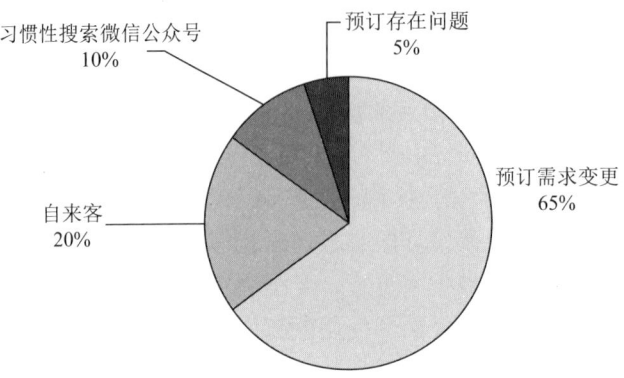

图 15 A 酒店 2016 年直客客源结构

5 研究发现和讨论

本文通过案例研究法对 A 酒店直客转化方案进行了深入剖析，发现构建完善的直销渠道和会员忠诚计划是 OTA 客源直客转化的基础和前提；以 OTA 价格为基准并动态平衡酒店价格体系，有助于降低 OTA 客源的转化成本；同时提升客户关系管理、加强社交媒体营销，有助于培养酒店忠诚客户。A 酒店 OTA 客源直客转化模型如图 16 所示：

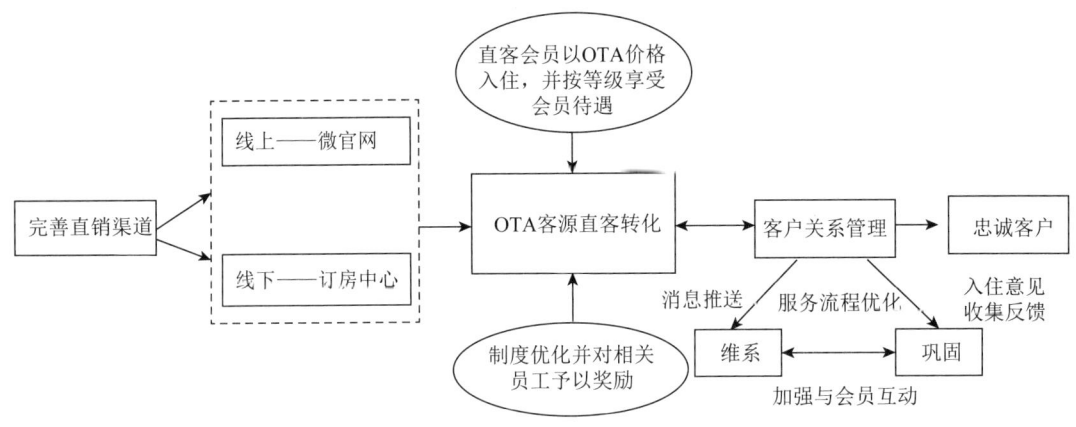

图 16 A 酒店 OTA 客源直客转化模型

5.1 构建完善的直销渠道和会员忠诚计划是直客转化的基础

OTA 的高速发展对传统酒店业冲击很大，进一步压榨了酒店业利润。OTA 平台弱化酒店业直销渠道是显而易见的，预订系统和会员制都不够完善的单体酒店，其对分销渠道的 OTA 平台依赖程度越来越高。酒店管理者当然希望构建自己的直销渠道做直客营销，但苦于宣传推广平台受限。单体酒店加大 PC 端官网建设和宣传并不现实，自行开发酒店

APP 成本也过高，同样也会面对宣传推广费用过高的难题。随着移动互联的发展和社交媒体的广泛使用，基于社交媒体的线上官网应运而生。如 A 酒店这样的单体酒店在微信平台搭建微官网做直销具有较强的可实施性，符合当前形势下顾客的使用习惯，运营管理成本也较低，和酒店线下订房中心渠道组合在一起完善了酒店的直销渠道，线上与线下相结合，搭配合理的会员忠诚计划，在 OTA 客源直客转化方面进展良好。直客计划和会员制营销在专业的连锁型酒店应用较广，如洲际酒店集团的优享会和万豪酒店集团的万豪礼赏，吸引了一大批忠诚会员，有着多次重复的消费需求。直客会员计划通过积分、储值和折扣等方式来吸引客人入会，入会手续简单便捷，直客价正常情况下都会低于一般的散客价格，还能获得相应积分，积分和储值金额都会记录在会员卡中并存入酒店的会员系统。在如今互联网和社交媒体高速发展的格局下，会员卡这一介质不一定要实物，也可通过关注酒店官网微信或微博等获取，还省去了随身携带的麻烦，便捷性大幅提升，这也催生线上渠道或移动客户端的需求。酒业店非常讲究服务和维系老客户并培养忠诚客户，因为维护一个老客户的成本是远低于开发一个新客户的。如 A 酒店这样的单体高档酒店同样也需要完善的客户忠诚计划。从 A 酒店 OTA 客源直客转化的实际效果来看，线上线下相结合的直销渠道和会员忠诚计划是开展此项工作的先决条件。

5.2　以 OTA 价格为基准平衡酒店价格体系有利于降低转化成本

随着互联网的发展和 OTA 平台的壮大，酒店业的价格越发透明，高档酒店业的暴利时代已经结束。当客人进入酒店订房时，酒店方还坚持门市高价给予客人，这是非常不明智的做法，无疑是将客人推向 OTA 平台进行预订，最终客人还是入住酒店，但酒店还得向 OTA 平台支付额外的佣金。所以，给直客会员以当日 OTA 价格（基本是以携程网上相同规格房型为准），有助于降低其转化成本，是进行 OTA 客源直客转化的关键。OTA 客源是价格敏感性较高的一类客源，追求性价比，如果酒店直销价格高于 OTA 价格，将增加直客转化的难度。从 A 酒店 OTA 客源直客转化的案例中也可以看出，除了少部分高黏性的直客会员在预订时不考虑随时变化的房价，其他的基本在房价跳高时就不考虑这个途径了，甚至跳转预订别家酒店。微官网订房受酒店市场及出租率整体调控影响较明显，除了给予直客会员以当日 OTA 价格外，还需要动态平衡酒店价格体系。在出租率不高的周末、节假日或者有特定的优惠活动时，在不影响协议客户和避开 OTA 价格限制的条件下，建立独立的价格体系。在 OTA 价格和协议价格的区间内，根据酒店出租率、房型等状态，在市场价格调控的范围内，调整微会员价格，与 OTA 形成优势化对比，加大会员转化及订单生成概率。在酒店出租率较高的情况下，可考虑采取类似 OTA 预留房的模式，在酒店价格体系调整范围内，保障直客会员的订房渠道的可靠性，提高直客会员对酒店的依赖。另外，完善除订房功能外的其他可产生订单的预订功能，例如多形式餐饮预订功能、酒店客用品线上展销等，实现多功能同渠道营销；可以增加酒店产品的丰富性，便于会员进行选择和预订，满足会员不同层次的需求。如 A 酒店的价格策略和管控办法，值得其他单体高档酒店研究和学习。

5.3 加强客户关系管理和社交媒体营销有助于培养忠诚客户

酒店业归根结底就是服务业,服务的对象是客人。在行业激烈竞争的背景下,酒店人都知道会员和忠诚客户的重要性,开发一个新客户的成本要远高于维护一个会员或老客户。现代服务业都以满足客户需要为宗旨,如何了解客户需要,提供什么样的产品至关重要。这就需要酒店人加强与客人的互动,提升客户关系管理能力,给客人提供所需求的服务,树立酒店品牌形象。优质的酒店品牌无一不强调对客服务和服务质量。互联网高速发展拉近了酒店与客人间的距离,提升客户关系管理不仅体现在传统意义上的客人到店服务,同样延伸到互联网线上平台。OTA 平台很好地培养了顾客在线预订习惯,客人习惯性在平台搜索目标酒店并查看在线评论,各酒店通过社交媒体平台微博、微信等吸引粉丝、会员关注,积极推送酒店优惠活动和最新动态,保持酒店热度持续吸引粉丝、会员的关注,通过上述活动加强互动和沟通,建立良好的联系,最大限度地形成会员的重复消费关系。其他单体酒店也可以参考 A 酒店的做法,对会员消费习惯、粉丝和会员增长情况、后台消息数据、图文转化数据等进行全面的认识和分析,加强与粉丝和会员之间的黏性,并通过分组建群,专人专项负责与不同标签粉丝会员的沟通和互动,有助于保持粉丝、会员的积极性,达到让粉丝、会员传播的效果。定期对运营后台数据进行采集分析,包括粉丝年龄分布、地域分布和消费习惯等,有助于更好地对粉丝进行分组互动。及时关注并回复粉丝留言反馈,并借此与粉丝产生互动联系。及时关注后台订单数据并作分析,及时给出有价值的建议。移动互联网时代亦是大数据时代,对数据的分析不到位,直接导致的结果就是失去客户。互联网思维即是客户思维,要站在客户的角度思考问题,在面对多元化的用户需求时,酒店作为旅游生态圈 O2O 的线下体验中心,必须围绕客户思维,整合资源,致力于创造不一样的客户体验,只有加强社交媒体营销并提升客户关系管理,才能在互联网营销时代中争得一席之地。

5.4 对策和建议

5.4.1 诚信并合理地进行 OTA 客源直客转化

尽管 OTA 平台的聚合给酒店业带来了不小的压力,在压迫酒店经营利润空间的同时还时常扰乱酒店原本正常的价格体系,但 OTA 平台的成功,确实很好地培养了消费者在线预订的习惯,合理地为酒店进行了客源引流,为酒店拓展了销售渠道并且丰富了酒店客源的来源。OTA 作为酒店的一种分销渠道,其整合旅游资源打包在线销售和非常有经验的预订管理、网络营销技术,是任何酒店方难以比拟的。酒店经营者应加强与 OTA 平台的往来,不应生硬地、野蛮地对到店 OTA 客人直接进行转化,即推介酒店自身直客计划使 OTA 客人取消原预订而改为酒店直订。酒店经营者要正确认识 OTA 的价值,即 OTA 平台除了能够引来入住客源以外,还是酒店的市场推广阵地,它具有很好的市场推广作用。可以预见的是,未来很长一段时间酒店业与 OTA 平台仍旧是在竞争与合作中互利共赢。酒店业特别是单体高档酒店,应从完善自身直客销售渠道和直客忠诚计划开始,提升服务质量,加强客户关系管理。在不影响 OTA 客人本次入住的前提下,合理推荐直销渠道和会员计划，鼓励客人下次入住酒店时通过酒店直销渠道进行预订。这不仅仅是销售人员的诚信问题，也是酒店行业开展 OTA 客源直客转化工作的规矩和操守。选取何种渠道预订酒店并入住能够说明该渠道更符合客户使用需求，也能显示酒店开展 OTA 客源直客转化工作是否成功。

5.4.2 全力吸引粉丝关注以提高转化效率

粉丝量是一个酒店受关注度高低的直接体现。往往拥有大体量粉丝群的酒店，在做活动的时候更容易达到推广的效果，在活动本身具有很大吸引力的前提下，也更容易让粉丝来帮酒店做宣传。在大多数情况下，仅仅多向客人推介一下直客会员计划就能促成客人成为酒店粉丝。根据目前酒店的现状，若要有效增加酒店的粉丝量就应加强各营销岗位的全员推广意识。前台是客人进入酒店后最先面对的服务岗位。就转化量来看，前台在转化中起着非常重要的作用。前台在为其他渠道客人办理入住及退房时，提示客人关注酒店官方微信公众号，增加粉丝会有很好的效果，而且也更容易形成订单。另外，在酒店人流量大的区域，比如大堂、餐厅、健身房等放置具有详细介绍酒店微官网信息的扫码关注引导图，对加入微会员权益及如何通过微官网优惠订房、订餐步骤进行详细且醒目的介绍，一方面可提高客人关注的概率，另一方面可实实在在让客人知道微官网的优势，从而也能增加会员和订单的转化概率。酒店的活动方案本身不错，也具有一定的吸引力，但往往活动结束后统计的结果并不是很好，效果不明显，最直接的体现便是，图文消息推广时阅读浏览量和转发率低，甚至有些时候酒店内部员工都不知道有这项活动在进行。鉴于此，应做好以下几个方面的工作。首先，加强与其他部门的联系，不仅仅只限于电话、微信，有些活动比较重要时，建议将活动策划方案、发文等以邮件的形式发给各部门管理者，由各部门管理者以交接班会的形式进行普及学习，目的是让每一位员工知道酒店正在进行的活动及优惠，达到全员推广营销的目的。其次，及时且高效地与活动发起者建立沟通，共同商议出合理的有吸引力的策划方案，并第一时间制作出相应的宣传推文，必要时可多次开展协调会协商，确保活动的准确性和线上推广的时效性。最后，确立完整的线上线下活动实施流程，确保活动顺利进行、责任落实到人。

全员线上营销意识不强是订单量上不去、粉丝增加困难以及会员转化率低的一个重要原因。当酒店员工都有推广宣传和招募的意识，效果会很不一样。力争每一位有微信的员工都是酒店的粉丝，甚至是会员；力争每一次发送活动推文时，每一位员工都是宣传者。通过部门管理者培训会，要让每一位员工都有微信推广宣传招募和营销的意识。但同时也要注意的是，员工推介直客会员计划时，注意方式方法，尺度拿捏得当，不要让客人反感，这也考验培训的质量。另外，在吸引酒店直客和粉丝关注时，一方面，酒店应该在官方微博上加强与粉丝的互动，在展示酒店新型产品的同时，增加抽奖体验环节，赠予活跃粉丝实实在在的优惠并对粉丝发朋友圈宣传进行奖励，增强客户黏性；另一方面，灵活加入互联网狂欢节如双 11、双 12 等，推出少量特价房源（如 11.11 元或 12.12 元）供会员、粉丝抢购，以吸引社会各界人士对酒店的关注。

5.4.3 加入酒店营销联盟以增强与 OTA 的议价权

在行业中，已有如家家盟、华住（Hworld）和开元等多家中高端酒店联盟。2016 年 3

月,由华天酒店、开元集团以及粤海等酒店管理集团共同出资的中国酒店联盟新公司正式成立,也说明酒店业加强业内合作,联盟化独立运营的步伐正逐步加快。在目前的大环境下,各种各样的酒店联盟应运而生,一些以往单独运营、各自发展的中高端酒店以互助合作的方式结盟,这样既有助于提升酒店业与OTA的议价筹码,反垄断以争夺定价自主权,也有助于互利共赢,加强沟通交流,共同应对环境的变化。

A酒店作为单体自管的高星级酒店,应加强与所处区域酒店联盟的沟通与交流,共同研判区域市场经营情况和发展趋势,整合优质资源,做好更加精准的客户细分与市场定位工作,制定出更有针对性的销售策略,合理分配OTA客源,争取自身最大利益。另外,A酒店还应持续关注基于云PMS系统的未来酒店联盟,如阿里入股后的石基公司、携程控股的众荟PMS以及住哲推出的免费PMS系统——为单体酒店和区域性连锁酒店提供整体电子商务服务。

5.4.4 借助外部平台来增加酒店消费的附加值

A酒店还可以通过外部电商平台与各相关行业各类积分实现互兑,如航空、滴滴打车、人气餐饮等,充分提升消费的附加值。例如,飞凡电商平台,这是由腾讯集团、百度公司、万达集团全力打造的利用互联网技术及资源,为商业地产和行业提供完整的"互联网+"商业解决方案。其发展模式是,飞凡开放平台为商业地产及商户提供覆盖会员、积分、营销、支付的全业务管理服务,同时提供找店、停车、排队和电影等体验式场景服务。A酒店直客会员积分目前只限于兑换酒店内部产品,倘若可以与外部知名平台相联系,共享积分使用、合理兑换奖品,可有效增强A酒店消费的附加值。

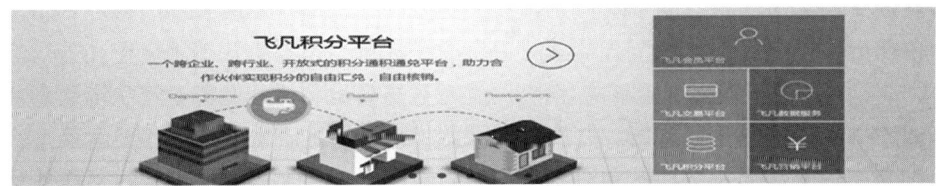

图17 飞凡电商积分互兑平台示意图

6 研究结论和研究局限

6.1 研究结论

第一,对酒店OTA客源进行直客转化具有现实市场及经营基础。随着OTA平台与酒店业的矛盾越发加剧,给酒店造成的影响是方方面面的,而对预订系统和直销渠道都不够完善的单体酒店的影响更为严重。OTA平台压迫酒店业利润空间是不争的事实。酒店经营方应该积极行动起来,而不是像过往一样将酒店线上营销基本交托于OTA平台,实行懒政或不作为管理。在移动互联网高速发展的酒店行业,酒店直客营销切实可行,也是未来酒店业发展的一个重要方向。本文对具有典型代表性的高档单体 A 酒店 OTA 直客转化过程进行了深入的剖析和探究,其 28% 的 OTA 客源直客转化率说明 OTA 客源直客转化大有可为。OTA 客源直客转化不仅有助于酒店构建并完善直客销售渠道,还有助于酒店业合理应对 OTA 并节省一定佣金支出。从 A 酒店进行 OTA 客源直客转化方案的过程和结果综合来看,酒店 OTA 客源直客转化可行性较高,与酒店本身的价格体系也不冲突,也能更好地融入酒店忠诚会员计划中去,成本费用较低。OTA 客源直客转化要求踏实地执行,从每一位客人开始,从点滴进行积累,厚积薄发,良好的转化结果可以预期。

第二,本文得出了酒店 OTA 客源直客转化模型和机制,即通过社交媒体平台完善线上线下直销渠道,利用合理的直客会员忠诚计划增强客户黏性,加强与会员和粉丝的交流与互动并不断提升客户关系管理水平与服务水平,增加酒店直客会员并培养酒店忠诚客户。本文对 A 酒店 OTA 客源直客转化方案进行了深入的剖析,发现线下预订与线上微官网相结合的直销渠道有利于 OTA 客源直客转化。提高 OTA 客源直客转化效率的有效手段如下:搭配合理的直客忠诚计划和价格策略,加强客户关系管理,增强酒店与客人的互动,提升服务意识,在符合消费者预订习惯的前提下提高预订的便捷性,增加消费的附加值等。A 酒店对会员消费习惯、粉丝和会员增长情况、后台消息数据、图文转化数据等进行全面的认识和分析,加强酒店与粉丝和会员之间的联系,并通过微信、微博平台保持互动,及时推送消息,通过加强社交媒体营销并提升客户关系管理,提高直客转化效率和培养忠诚客户。有不少酒店经营者不愿做线上直客,仍是把服务重点放在到店客人身上。在如今移动互联的环境下,这是不符合发展趋势的。酒店业做 OTA 客源转化,并非拒绝该渠道的客源,酒店方需要正确对待与 OTA 平台的发展关系,与其合作共赢。

6.2 研究局限性

本研究的不足之处主要有以下几点:

第一,本文选取的研究对象 A 酒店开展 OTA 直客转化工作时间较短(近一年),尽管显示的结果数据还不错,但不能形成转化数据的年度对比,说明的转化结果不够全面。

第二,餐饮和会议是酒店重要的组成部分,客房、餐饮和会议板块的联动性非常高。本次研究主要以 A 酒店客房部分为主体,并没有涵盖餐饮和会议这两个重要板块,有一定的局限性。其实,在微信官网上已经可以实现对酒店餐饮和会议的预订。

第三,与多案例研究方法相比,单案例研究法的外部适应性相对较差。虽然本文通过访谈、直接观察等方法收集了大量的第一手材料和二手材料,并通过案例研究和多个数据源的来源,以确保可靠性和有效性,但是本文的发现是基于单个案例研究,缺乏大量的案例比较、验证。在未来的研究中,应注重多案例资料的收集,进行跨案例的对比研究。

参考文献

[1] Anderson E W, Sullivan M W. The Antecedents and Consequences of Customer Satisfaction for Firms[J]. Marketing Science, 1993, 12(2): 125-143.

[2] Iii P E B, Kessler E H, Christensen E W. Organizational learning, knowledge and wisdom [J]. Journal of Organizational Change Management, 2000, 13(6): 595-618.

[3] Zeng B, Gerritsen R. What do we know about social media in tourism? A review [J]. Tourism Management Perspectives, 2014, 10: 27-36.

[4] Berry L L. Relationship marketing of services-growing interest, emerging perspectives [J]. Journal of the Academy of Marketing Science, 1995, 23(4): 236-245.

[5] Yen C L, Tang C H. Hotel attribute performance, eWOM motivations, and media choice [J]. International Journal of Hospitality Management, 2015, 46: 79-88.

[6] Davids M. How to Avoid the 10 Biggest Mistakes in CRM [J]. Journal of Business Strategy, 1999, 20(6): 22-26.

[7] Wang D, Li X, Li Y. China's "smart tourism destination" initiative: A taste of the service-dominant logic [J]. Journal of Destination Marketing & Management, 2013, 2(2): 59-61.

[8] Fornell C. A national customer satisfaction barometer: The Swedish experience [J]. Journal of Marketing, 2005, 56(1): 6-21.

[9] Tussyadiah I P, Fesenmaier D R. Mediating Tourist Experiences: Access to Places via Shared Videos [J]. Annals of Tourism Research, 2009, 36(1): 24-40.

[10] Holder D. Journal of Direct, Data and Digital Marketing Practice: Editorial [J]. Journal of Direct Data & Digital Marketing Practice, 2015.

[11] Jackson B B. Build customer relationship that last [J]. Harvard Business Review, 1985, 63(12): 120-128.

[12] Bulchand-Gidumal J, Melián-González S, Lopez-Valcarcel B G. A social media analysis of the contribution of destinations to client satisfaction with hotels [J]. International Journal of Hospitality Management, 2013, 35(35): 44-47.

[13] Jackson B B. Build Customer Relationships That Last [J]. Harvard Business Review, 1985: 121-123.

[14] Klempere.Markets with Consumer Swiching Cost[J]. Quarterly Journal of Economics, 1987, 102(2): 375-388.

[15] Berry L. Big ideas in services marketing [J]. Journal of Services Marketing, 1993, 1(2): 5-9.

[16] Starkov M, Price J. Mastering Internet Marketing in 2009. Results of the 3rd Benchmark Survey on Hotel Internet [D].2009: 14-20.

[17] Oliva T A, Oliver R L, Macmillan I C. A Catastrophe Model for Developing Service Satisfaction Strategies [J]. Journal of Marketing, 1992, 56(3): 83-95.

[18] Patton P. Bug: The Strange Mutations of the World's Most Famous Automobile [J]. Da Capo Pr, 2004.

[19] Phillips P, Zigan K, Silva M M S, et al. The interactive effects of online reviews on the determinants of Swiss hotel performance: A neural network analysis [J]. Tourism Management, 2015, 50(2): 130-141.

[20] Porter M E. Competitive Strategy: Techniques for Analyzing Industries and Competitors [J]. Social

Science Electronic Publishing, 2012（2）: 86–87.

[21] Ladhari R, Michaud M. eWOM effects on hotel booking intentions, attitudes, trust, and website perceptions [J]. International Journal of Hospitality Management, 2015, 46（3）: 36–45.

[22] Kim W G, Lim H J, Brymer R A. The effectiveness of managing social media on hotel performance [J]. International Journal of Hospitality Management, 2015, 44: 165–171.

[23] 桑辉.网上顾客转换成本的影响因素及其结果的实证研究[J].南开管理评论, 2007, 10（6）: 33–39.

[24] 王健康.网络时代的客户关系管理价值链[J].中国软科学, 2001（11）: 72–76.

[25] 王健康, 寇纪淞.客户关系管理价值链研究[J].管理工程学报, 2002（4）: 35–39.

[26] 杨惟舒, 杜梦菲.关于电子商务环境下顾客忠诚度培育的探究[J].中国商贸, 2011（26）: 110–111.

[27] 李晴晴, 陈少华.浅析酒店在线营销模式[J].中国旅游报, 2013（9）: 7.

[28] 杨俊博.电子商务环境下旅游营销模式的创新[J].价格月刊, 2014（4）: 8–10.

[29] 段耀婷.浅谈我国高星级酒店网络营销现状及对策[J].商场现代化, 2013（6）: 5–8.

[30] 吕荣胜, 孙魁伟.网络经济环境下的顾客忠诚研究[J].经济与管理研究, 2005（3）: 59–65.

[31] 张晓慧, 唐玉洁.网络承诺理论的影响因素实证分析[J].管理科学与工程, 2011（6）: 161–167.

[32] 孟太斗.4G环境下的微信营销优势[J].现代商业, 2014（6）: 12–15.

[33] 王立影.浅谈微信营销优势及发展前景[J].中国证券期货, 2013（9）: 16.

[34] 孟海.论企业运用CRM提高顾客忠诚度[J].内蒙古科技与经济, 2007（5）: 20–25.

[35] 温碧燕.顾客的消费情感与顾客满意感关系的实证研究[J].旅游科学, 2003（4）: 15–17.

[36] 陈兵兵.面向感情消费时代——客户关系管理系统浅析[J].企业管理, 1999（11）: 15–17.

[37] 南玉范.浅述客户关系管理与市场营销[J].工业技术经济, 2005（8）: 16–18.

[38] 陈京民.客户关系管理（CRM）的分阶段实施[J].中国管理信息化, 2006（1）: 54–58.

[39] 齐加音, 李怀祖.客户关系管理的管理学探讨[J].管理工程学报, 2002（3）: 22–24.

[40] 蔡淑琴.客户关系管理的大客户描述和识别[J].管理评论, 2004（2）: 25.

[41] 赵焕炎.中国酒店业O2O的机遇之窗[J].销售与市场, 2014（8）: 10–15.

[42] 陈明亮.客户忠诚与客户关系生命周期[J].管理工程学报, 2003（2）: 67–70.

[43] 吕清远.大数据时代下的微信营销价值[J].现代经济信息, 2013（20）: 10–15.

[44] 张金玲, 赵婷婷.微淘、微信、微博的三微营销价值深度解析[J].当代经济, 2014（6）: 22–26.

[45] 齐佳音, 李怀祖.我国客户关系管理研究的紧迫性和方向分析[J].管理科学学报, 2002（4）: 20–25.

[46] 吴立蓉.客户关系管理的两点异议[J].北京市经济管理干部学院学报, 2002（3）: 15–18.

[47] 王素芬, 汤兵勇.客户终生价值分析[J].东华大学学报, 2002: 12–16.

[48] 李纯青.基于知识管理的动态客户关系管理研究[J].中国管理科学, 2004（2）: 19–23.

[49] 彭翠珍.管理客户转换成本：提高客户忠诚[J].科技与管理, 2004（3）: 61–62.

[50] 万正峰,刘云华.西方的顾客忠诚研究及实践启示[J].当代财经,2003(2):89-92.

[51] 严浩仁.服务业转换成本的形成机理和管理策略[J].商业经济与管理,2003(2):18-21.

[52] 于坤章,袁金魁.转移障碍、顾客满意和顾客保持之信度与效度分析[J].现代管理科学,2005(9):68-69.

[53] 韦福祥.品牌忠诚度——未来企业竞争的焦点[J].企业研究,1995(3):36-37.

[54] 李莉.电子商务为企业营销带来的新契机[J].电子商务,2013(8):25-27.

[55] 卢爽.连锁经营酒店企业的营销策略初探[J].中国商贸,2011(5):12-15.

[56] 邱诗雨,吴思,毛秀利.微博与微信营销能力比较与未来预期[J].中国商贸,2013(7):91-92.

[57] 齐超.你所不知道的微营销[J].中国商贸,2014(1):21-22.

[58] 王文亮.中小企业开展电子商务营销模式策略的研究[J].中国商贸,2010(16):24.

[59] 刘柯.体验式营销在酒店营销中的应用分析[J].河南农业,2013(2):32.

[60] 王玲.浅谈中国酒店业信息系统应用现状及发展前景[J].企业导报,2012(3):25-28.

[61] 杨宝珍.企业营销战略创新[J].经营谋略,2011:22-24.

[62] 北京旅游学会.北京旅游发展报告[M].北京:社会科学文献出版社,2015.

[63] 曹芳华.聚合营销网络整合营销传播[M].北京:人民邮电出版社,2014.

[64] (美)Chuck Y. Gee.国际饭店管理[M].谷慧敏,主译.北京:中国旅游出版社,2002.

[65] (英)Dimitrio Buhalis.旅游信息技术与战略管理[M].马晓秋,张凌云,译.北京:旅游教育出版社,2004.

[66] (印)Shama Hyder Kabani.网络社交媒体营销[M].黄小鹏,译.北京:东方出版社,2011.

[67] 邓超明.网络整合营销实战手记[M].北京:电子工业出版社,2012.

[68] 谷慧敏,田桂成.饭店集团案例库(中国卷)[M].北京:旅游教育出版社,2008.

[69] 谷慧敏,克里斯瑞安.饭店集团案例库(中国卷)[M].北京:旅游教育出版社,2009.

[70] 甘嵘静,陈文林.电子商务概论[M].北京:电子工业出版社,2006.

[71] 郭国庆.市场营销通论[M].北京:中国人民大学出版社,2011.

[72] 刘赵平.分时度假产权酒店[M].北京:中国旅游出版社,2002.

[73] 菲利普·科特勒.市场营销:原理与实践[M].楼尊,译.16版.北京:人民大学出版社,2015.8.

[74] 王宜.赢在网络营销[M].北京:人民邮电出版社,2011.

[75] 王宏.酒店服务精细化管理全案[M].北京:人民邮电出版社,2009.

[76] 王文慧,吕莉.酒店营销新拓展[M].北京:企业管理出版社,2011.

论文二 H酒店成本管理研究

2011级研究生 林学峰

摘 要

中国酒店业经过30年的迅猛发展,进入了调整期。物价的上涨、政策导向的变化以及通货膨胀都在挤压着酒店的生存和发展空间。降低生产成本,向管理要效益已成为酒店管理者共同的心声。

本文通过对已有文献的回顾,从中选择适合酒店的成本管理理论和成本控制方法作为研究基础。通过对H酒店经营管理现状和成本管理中存在的问题进行分析后,对酒店成本管理和成本控制进行了重新设计,建立了以全面控制,即全员、全系统、全过程控制为底蕴的酒店成本管理架构。在以全面预算为起点、目标管理为导向、产品标准成本为基础的框架内,对酒店成本预算管理程序作了设计,明确了酒店成本管理的内容,并对酒店成本控制流程进行了设计。

关键词: 酒店;成本;成本管理;成本控制

Research on Cost Management of Hotel H

Abstract

Chinese hotel industry after 30 years of rapid development, has entered a period of adjustment. Prices rise, policy changes, inflation, at the hotel are squeezing a hotel room for survival and development. To reduce the production cost, benefit from management has become the common aspiration of hotel managers.

In this article, through a review of the existing literature, choose suitable for the hotel cost management theory and cost control method as the research basis. In the analysis of the existing H hotel management present situation and the problems in the cost management, redesign the hotel cost management and cost control. Established by comprehensive control, namely, full, whole system and whole process control for the hotel cost management architecture. Established by comprehensive control, that is, all staff, the whole system, whole process control on the basis of hotel cost management structure. In the comprehensive budget as a starting point, goal management as the guide, based on the product standard cost within the framework of the hotel cost budget management program design, clear the content of the hotel cost management. On the basis of the design of hotel cost control process.

Key words：Hotel；Cost；Cost Management；Cost Control

1 绪论

1.1 研究背景与问题提出

1.1.1 酒店在旅游发展中的地位和作用

自 1978 年改革开放以来，旅游业已经成为中国第三产业中最具活力与潜力的新兴产业，旅游业在国民经济中的地位不断得到巩固和提高。2012 年，全国国内旅游人数为 29.57 亿人次，同比增 12.0%；国内游客人均花费 767.9 元，同比增 4.9%。国内旅游收入相当于当年国内生产总值（GDP）的 4.4%，相当于当年第三产业增加值的 9.8%，相当于社会消费品零售总额的 11%（国家旅游局统计处，2013）。

酒店作为吃、住要素的重要载体，是旅游业的主要基础设施，支撑着旅游的发展，酒店行业对旅游产业来说至关重要。

酒店是旅游者的活动基地，是旅游者食宿等基本生活的物质承担者，是旅游服务体系的重要环节；酒店业的设施条件、服务质量影响着旅游者的体验感受，酒店对延长游客的逗留期和增加旧地重游的机会起到重要作用；酒店是旅游业收入的重要组成部分，酒店在营运的过程中带动系列行业的共同发展，具有很大的"乘数效应"；酒店是拉动社会就业的重要载体，酒店是一种劳动密集型的行业。

为了满足宾客的需要，酒店必须雇佣很多员工以保证每天 24 小时运转。酒店业的发展，将为社会提供更多的就业岗位、吸纳大量的劳动力。同时，酒店还带动相关行业的发展，从而间接地提供大量就业机会。同时酒店也是当地居民、政府机关、企事业单位等举行各种活动的重要场所，而且通常还成为一个城市、地区的对外窗口。它是反映一个国家或地区旅游接待能力的重要标志。从某种意义上讲，酒店数量和服务质量是旅游业发展水平的重要标志之一。

1.1.2 中国酒店业发展存在的困惑

随着改革开放的不断深化，市场经济的不断成熟，酒店业已从高收益时代走向今天微利时代。2009 年是酒店的一个低谷期，酒店平均出租率 51%，意味着我们中国酒店全行业都在亏损（魏小安，2013）。

2013年12月4日中共中央政治局会议出台了关于改进工作作风、密切联系群众的八项规定，称"新八条"。"新八条"出台后对中国酒店业尤其中高档酒店无疑是一次洗礼，央视2013年2月22日新闻1+1《将"节约"进行到底》披露，春节期间北京、上海、苏州、成都高端餐饮企业营业额同比下降20%以上，H酒店餐饮收入则下降五成。

政治导向要求酒店收入结构必须改变，以政务接待、会议为主或是重要构成的酒店要适应市场进行重新定位和产品转型。尽管在"十二五"规划中旅游业占有重要的位置和充足的发展空间，但对酒店而言，生存的压力却明显加大，尤其是三线以下城市的单体酒店危机更为严重。在这种背景下，合理利用有限的资源，开拓广阔的市场，发现新的利润增长点，全面降低运营成本，建立有效的内部管理和监督系统，已经成了酒店业生存和发展的重中之重了。如何进行成本控制，是酒店业管理者重点思考的问题。

1.2 研究价值

1.2.1 理论价值

通过对相关文献、期刊历年发表的论文，以及对近年的关于成本理论各类专著和文献的阅读与研究来看，国内外成本理论研究大都是以工业企业为研究对象得出的结论。本文在研究中把标准成本控制体系下未实现的收入作为成本进行考核，扩大了酒店成本控制的范围，可以有效地节约成本增加收益。

1.2.2 实践价值

中国现代酒店业30多年的发展过程中，学术界、业界在酒店成本控制方面做了大量的研究和实践工作，管理水平不断提高，但业界仍然以经验主义管理占主导，没有形成适合酒店业的成本管理和控制模式。本文通过对理论的研究，提出了酒店管理的总体思路，设计了基于目标成本和标准成本理论的酒店成本控制架构。

1.3 研究思路和研究方法

1.3.1 研究思路

本文以H酒店为研究对象，通过观察、面谈、收集文件证据、描述统计、测验、问卷等方式，全面分析研究H酒店的经营管理中成本管理与控制存在的问题及原因，运用会计学原理、成本会计学、管理会计学、管理学理论、价值链理论对H酒店的成本管理架构和成本控制流程进行重新设计；建立以顾客需求为导向，产品设计为核心，成本管理以经营目标为起点、目标采购为终点，成本控制以目标采购为起点，实现经营目标为终点的成本管控模式。

本文的研究思路沿着提出问题、分析问题、解决问题的路径来进行，文章的框架如下：从选题背景、文献综述、案例分析到对策与建议、结论与展望。文章分为以下六部分：

第一部分绪论：对本文的研究背景和意义，以及研究思路和方法进行了阐述；

第二部分文献综述：通过对现有研究进行文献综述，明确成本控制理论的方法和内容，作为本文研究的理论基础；

第三部分酒店成本控制理论基础：以文献理论为基础，明确酒店成本控制的目的、范围、内容、方法和影响因素；

第四部分案例研究：以 H 酒店为研究对象，分析单体酒店成本控制存在的问题及原因；

第五部分对策与建议：对酒店的成本管理架构和成本控制流程进行设计；

第六部分结论与展望：对全文的主要观点进行概括阐述以及指出本文的局限性。

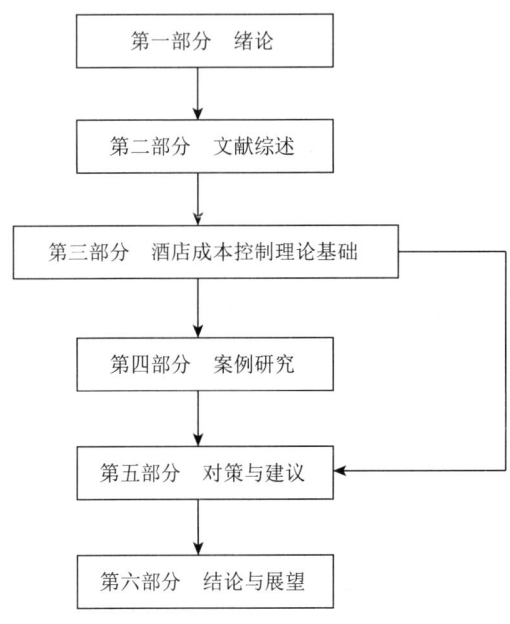

图 1 研究思路图

1.3.2 研究方法

（1）文献资料研究方法

通过图书馆、网络等对与研究论文直接或者间接相关的文献进行检索，并查阅大量的书籍、学术期刊、报纸、统计年鉴等科学文献资料，对有关资料进行筛选、分类、分析、整理，构建本文的理论基础。

（2）个案研究法

本文通过成本管理和成本控制理论的阐述，选择适合酒店的成本管理和成本控制的基础理论，设计出以全面控制，即全员、全系统、全过程控制的酒店成本管理架构。在以目标管理为导向、产品标准成本为基础的框架内，对酒店成本预算管理程序作了设计，明确酒店成本管理的内容，从而实现酒店成本控制。

本文以 H 酒店为研究对象，通过观察、面谈、收集文件证据、描述统计、测验、问卷、搜集历史数据等方法获取第一手数据和相关信息，并进而对数据进行取证分析。在文献理论的基础上构建成本管理架构和成本控制模式。

1.4 研究的局限性

限于资料的限制,对一些相关理论的介绍和实证数据的提供不够详细、完整,使得证明时的实证支持显得薄弱。本文的研究是对酒店成本管理的一般分析,重点是关注酒店内部环境,对外部环境的影响未做深度探讨。同时人力资源管理是影响酒店成本控制的重要因素,为不影响本文主题,没有进行具体分析。因此,本研究可以用一些实证的方式来验证,但由于时间、篇幅的限制,本文未能对所研究分析的结论进行实证检验,有待用数据来进一步证明本文的研究结果,这也为将来更好地进行该课题的研究提供了支持。

2 文献综述

2.1 国外成本控制理论

成本控制产生于19世纪近代工业经济发展的萌芽时期。随着第一次工业技术革命的兴起,社会化大生产成了人类社会发展的一种必然趋势,现代意义上具有一定规模的生产经营企业基本形成,成本控制也就开始在企业管理中确立了其举足轻重的地位。国外酒店成本控制理论研究的主要显著成果如下:

(1)标准成本控制理论

标准成本控制理论是通过制定标准成本,将标准成本与实际成本进行比较获得成本差异,并对成本差异进行因素分析,据以加强成本控制的一种会计信息系统和成本控制系统(孙茂竹,2009)。

1895年,美国工程师泰勒(Frederick Winslow Taylor)首次提出在人工成本计算中要考虑实际耗工时间与科学耗工时间的差异。1903年,泰勒发表了《工厂管理》一书,提到产品的标准操作程序及时间定额,成为标准成本制度产生的基础。1911年,泰勒在《科学管理原理》一书中,提出科学管理学说。泰勒提倡的定额管理、标准化原理、计件工资制等都体现了提高效率、降低成本的思想。其中,标准化原理不仅带来时间的节约和成本的降低,而且推动了成本会计、成本核算的改革。

1904年,美国效率工程师哈尔顿·爱默森(H. Emeson)首先在美国铁道公司应用标准成本法。1909年,他在《作为经营和工资基础的效率》一文中,对标准成本进行了更为详尽的研究。

1911年,美国会计师卡特·哈里逊(Charter Harrison)第一次设计出一套完整的标准成本制度。1930年,哈里逊把他对于标准成本计算所作的研究写成了《标准成本》一书。这本书是世界上第一部论述标准成本制度的专著,其中阐述了关于标准成本制度的几个方面的内容。

1932年,E. A. 坎曼发表了题为《基本标准成本、制造业的控制会计》的文章,丰富了标准成本理论。

最初的标准成本是独立于会计系统之外的一种计算工作。1919年美国全国成本会计师协会成立，对推广标准成本起了很大的作用。1920年至1930年，美国会计学界经过长期争论，才把标准成本纳入会计系统。

（2）作业成本（ABC）理论

作业成本理论认为，企业的全部经营活动是由一系列相互关联的作业组成的，企业每进行一项作业都要耗用一定的资源；而企业生产的产品（包括提供的服务）需要通过一系列的作业来完成（孙茂竹，2009）。

1952年，埃里克·科勒（Eric Kohler）在《会计师词典》中，首次提出了作业、作业账户、作业会计等概念。

1954年，乔治·斯托布斯（George Staubus）在《收益的会计概念》一文中，提出了全面研究"决策有用性目标"的概念。这对作业成本理论的形成有重要意义。1971年，乔治·斯托布斯在《作业成本计算和投入产出会计》（*Activity Costing and Input Output Accounting*）中，对"作业""成本""作业会计""作业投入产出系统"等概念作了全面、系统的讨论。

美国哈佛大学的青年学者罗宾·库珀（Robin Cooper）和教授罗伯特·卡普兰（Robert S. Kaplan）于1988年至1990年连续在《成本管理杂志》（*Journal of Cost Management*）推出多篇论述作业成本计算的文章，简称ABC（Activity-based Costing）。

作业成本计算是一个以作业为基础的管理信息系统。它以作业成本为中心，而作业成本的划分是从整体设计开始到物料供应，从生产工艺流程的各个环节、质量检验、总装到发运销售的全过程。通过对作业及作业成本的确认、计量和核算，最终计算出相对真实的产品成本。同时，通过对所有与产品相关联的作业活动的分析，提供有用的信息，促使损失、浪费降低到最低限度，提高决策、计划、控制的科学性和有效性，最终达到提高企业的市场竞争能力和盈利能力，增加企业价值的目的（孙茂竹，2009）。

（3）目标成本管理理论

1954年，美国学者彼得·德鲁克（Peter Ferdinand Drucker）在《管理实践》一书中，提出了目标管理理论，进一步推动了成本管理思想的发展，并最终形成了目标成本管理理论体系。

1960年，日本丰田汽车公司首创目标成本管理。目标成本管理强调在产品设计之前，按客户能接受的价格确定产品售价和目标利润，然后确定目标成本，即对产品进行事前控制，对其全过程都实行目标成本控制。这样，成本管理的内容扩展到技术领域，从经济着眼，从技术着手，把技术与经济结合起来，从而有效地降低成本（聂永刚，2012）。

（4）战略成本控制管理理论

1972年，美国学者伊戈尔·安索夫在《战略管理思想》一文中，正式提出"战略管理"的概念。

1981年，英国学者西蒙德发表了《战略管理会计》一文，首次提出了"战略管理会计（Strategy Management Accounting，简称SMA）"的概念。在这之后，他又对战略管理会计与战略管理相结合的问题进行了一系列的研究。

1985年，美国学者迈克尔·波特在其《竞争优势》和《竞争战略》著作中，对价值链战略成本分析法作了研究，提出利用企业的价值目标获取竞争优势。波特认为，企业创造的价值产生于其自身一系列的生产经营活动之中，具体包括研究与开发、设计、采购、生产、营销、配送和售后服务等环节，每一个企业都是这些活动的集合体，所有这些活动都可以用一个价值链表示。

1995年，美国管理会计著名学者杰克·桑克等人接受了西蒙提出的观点，并在迈克尔·波特研究的基础上，出版《战略成本控制管理》一书，使战略成本管理的理论方法系统化、具体化。

1999年，美国学者罗宾·库珀在美国《财务成本管理会计》杂志上发表了一年的连载，提出了以作业成本为核心的战略成本管理体系。

20世纪80年代以后，日本成本管理的理论界也开始加强战略成本管理方面的研究，提出了具有代表意义的战略成本管理模式，即成本企划。

（5）变动成本理论

变动成本法，即变动成本（variable costing）计算法，也称直接成本法或称边际成本法。它是指在将成本划分为变动成本和固定成本的基础上，计算产品生产过程中的变动制造成本，包括直接材料、直接人工和变动制造费用，将全部固定成本包括固定制造成本在发生当期直接计入当期损益的一种成本计算方法。

关于变动成本法的起源，国外会计专著的论述众说不一。据有人考证，早在1836年英国的曼彻斯特工厂就出现了它的雏形。有会计学家指出，法国的斯特劳斯·别尔格在1876年曾宣布过直接成本法（变动成本法）的初步设想。英国人则强调1904年在英国出版的《会计百科全书》中已经记载了与变动成本法有关的内容。

据美国权威的《柯勒会计辞典》记载，第一篇专门论述直接成本法的论文是由美籍英国会计学家乔纳森·N·哈里斯撰写的，刊于1936年1月15日的《全国会计师联合会公报》。文章追溯了1934年哈里斯在杜威-阿尔末化学公司设计"直接标准成本制造计划"中所发现的问题。当时该公司销售量上升利润反而下降的现象，引起了哈里斯的注意。他发现问题的根源在于，采用传统的完全成本法。依据此资料，哈里斯对比新旧两种方法对营业净利润的不同影响，揭示了直接成本法的优点。自哈里斯的文章公开发表之后，直接成本法的概念才得以迅速传播（李劲等，2005）。

（6）预算控制

西方国家普遍认为控制成本有效的办法除了制定标准成本以外，还有预算编制。1921年，美国国会公布了《预算和会计法案》，对于企业实行预算控制产生了很大的影响，企业竞相采用预算控制。1922年，芝加哥大学教授麦金赛出版了《预算控制》一书，这是研究预算控制的第一部著作。但当时的预算都是单项预算，即销售预算、现金预算等，各自独立没有结合在一起。后来才发展成为全面预算，以利润为目标，以销售为重点，把各个单项预算密切联系在一起。这样，不仅对于企业成本，而且对于企业全部经济活动，都起到了控制作用。

2.2 国内成本控制理论

中华人民共和国成立之前,美国的标准成本就已经传入。中华人民共和国成立初期,苏联的定额成本法也被原样引进。有学者对我国成本管理现状的评价是成本管理意识淡化、成本管理理论僵化、成本管理方法老化、成本管理作用弱化、成本管理组织软化等(王宏鹰,2003)。1980 年 9 月,我国成立了"中国成本研讨会"专业学术团体,先后 10 余次组织全国性的成本理论和实践研讨会,并多次出版《成本理论文集》。该学术团体通过开展学术交流活动,密切结合我国实际对成本管理理论及其发展方向、成本管理方法管理等进行了广泛深入的探索,有力推动了我国成本管理工作的研究(赵权,2003)。

1990 年 3 月,邯钢创建实施了"模拟市场机制,实行成本否决"的管理模式。其主要内容是,厂内所有生产经营单位都要按市场经济办事,以国内先进水平和本单位历史最好水平为依据,对组成成本的各项指标逐一进行比较,找出潜在效益。以市场价格为核算参数,对原材料和出厂产品予以核算,核定出产品的内部目标成本和目标利润,然后层层分解落实,实行成本否决(陈虹等,2001)。

1994 年 4 月,厦门大学教授余绪缨在《当代财经》发表了《以 ABM 为核心的新管理体系的基本框架》一文,系统地介绍了 ABC/ABM 的基本理论。

20 世纪 90 年代,中国矿业大学经贸学院财务教研组提出效益成本法,即从经济效益的角度出发来确定成本是否发生、发生的范围、额度及其分配去向的一种成本计算和控制的方法(赵金柏,1998)。

夏宽云(2000)在其所著的《战略成本管理》一书中,采取桑科模式对战略定位、价值链分析和战略成本动因作了详细阐述。

陈柯(2001)在其所著的《企业战略成本管理研究》一书中,从成本预测、决策、计划、控制、考核与评价等环节入手,对战略成本管理程序和方法进行了深入的研究,并提出了如何运用战略成本管理理论提升国有企业成本竞争力的建议。

2000 年初,南京大学会计系课题组的一项专项调研结果表明,中国企业对成本性态理论的认识还主要停留在成本责任的可控性和成本数额的变动性方面,而对成本行为因果性的研究及重视程度还远远不够;企业已开始重视运用成本数额实现控制和责任归属,但是未能将成本发生和企业价值创造有机联系起来,可能会导致企业成本管理实践的不良发展(杨雄胜等,2001)。

2.3 文献评述

通过对相关文献、期刊历年发表的论文,以及对近年的关于成本理论各类专著和文献的阅读与研究来看,国内外成本理论研究大都是以工业企业为研究对象得出的结论,而专注于服务业为研究对象的成本理论几乎没有。

1978 年中共十一届三中全会通过了"对外开放,对内搞活"的方针后,中国旅游饭店业开始步入正规化的管理轨道(马勇等,2009)。在 30 多年的发展过程中,学术界、业界在酒店成本控制方面做了大量的研究和实践工作,管理水平不断提高,但业界仍然以经验主义管理占主导,没有形成适合中国国情的酒店成本控制理论和控制模式,因此,中国酒店成本控制研究任重而道远。

3 酒店成本控制的基础理论

3.1 相关概念的界定

3.1.1 本文对酒店概念的界定

酒店的概念很多,现代汉语词典将酒店定义为酒馆或较大而设备较好的旅馆。为方便研究,本文选用"旅游饭店"作为酒店的概念。

旅游饭店(tourist hotel)是指以间(套)夜为单位出租客房,以住宿服务为主,并提供商务、会议、休闲、度假等相应服务的住宿设施,按不同习惯可能也被称为宾馆、酒店、旅馆、旅社、宾舍、度假村、俱乐部、大厦、中心等(中国旅游出版社,2010)。

3.1.2 酒店产品

(1)产品

广义的产品是指凡是能够满足人们的某种需要和欲望的东西,就是产品。显然它既包括有实体形状的实物产品,又包括无形的服务。而狭义的产品则只包括具有某种特定物质形态和用途的物体,即实体的产品。

广义的产品概念又称为产品的整体概念。它包含以下三个层次:

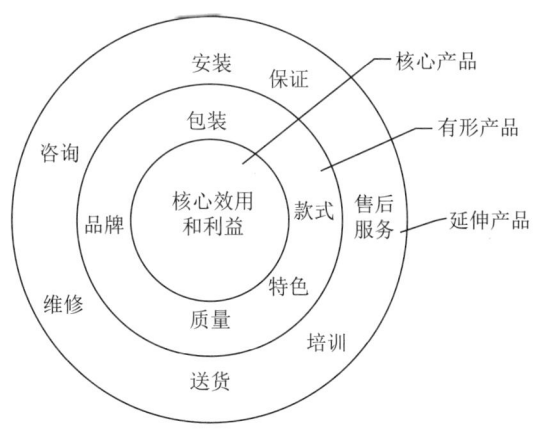

图2 产品的整体概念示意图

资料来源:刘诗白,邹广严.新世纪企业家百科全书[M].北京:中国言实出版社,2000:2707-2708.

①核心产品,也称产品核心,是指产品能够给顾客提供的基本效用和利益,这是最基本的和实质性的,也是顾客需求的中心内容。

②有形产品,是指由营销者所提供的,能为消费者所识别的有形输出物,即产品的实体性。有形产品向人们展示的是核心产品的外部特征,是核心产品借以实现的形式,它能

满足同类消费者的不同要求。有形产品一般是以产品的外观、质量、特色、品牌和包装等表现出来的。

③延伸产品，也称附加产品，指人们购买有形产品时所获得的全部附加利益和服务，如安装、维修、保证、运送及其他售后服务。延伸产品能带给顾客更大的满足，这是赢得顾客最重要的一个产品层次或竞争层面，营销决策者应予以重视（刘诗白等，2004）。

（2）酒店产品

酒店产品，是指经营者为了满足旅游者在旅游活动中的各种需求，而向旅游市场提供的各种物质产品、精神产品和旅游服务的组合。酒店产品由旅游资源、旅游设施、旅游服务和旅游商品等多种要素组合而成（骆静珊等，1997）。

从顾客角度讲，酒店产品是一段住宿经历，是由物质产品、感觉上的享受、心理上的感受三部分构成的组合产品。

从酒店角度讲，酒店产品是饭店有形设施和无形设施的综合。它包括饭店的位置、饭店的设施、饭店的服务、饭店的气氛、饭店的形象。

在实际经营过程中，酒店产品通过价格表现为房费、餐费、场地费、服务费等收费经营项目，具有无形性、差异性、信息反馈的直接性、不可贮藏性等特点。

本文对酒店产品的概念界定为两个层面：一是可以直接转化为商品进行交易的产品，称为收益性产品，通过以货币计时的方式表现为收入；二是不能直接进行交易，但有助提升酒店的形象、改善客户认知效果、提高酒店收入的产品，称为非收益性产品。非收益性产品是酒店文化的体现。

3.1.3 酒店成本

（1）成本

成本，是企业在生产过程中，为了生产产品而耗费的物化劳动和活劳动的总和，它是一种补偿价值。

马克思主义的政治经济学指出，产品的价值由三部分组成，即生产中消耗的生产资料价值（C）、劳动者为自己的劳动创造的价值（V），以及劳动者为社会创造的价值（M）。产品成本是前两个部分劳动价值之和（C+V）。因此，从理论上说，产品成本是企业在生产过程中已经耗费的、用货币表现的生产资料的价值与相当于工资的劳动者为自己劳动所创造的价值的总和。这种成本，可以称为"理论成本"。

在工业企业成本核算工作中，为了促使企业加强经济核算，节约耗费、减少经营损失，某些不形成产品价值的损失（例如报废损失、停业损失）也作为生产费用计入产品成本。此外，企业为组织销售而发生的销售费用、经营管理过程中发生的管理费用、筹集资金发生的财务费用，由于大多按时期发生，难以归集到具体某一产品，为了简化成本核算工作，都作为期间费用处理，直接计入当期损益，从当期利润中扣除，不计入产品成本。因此，实际工作中的产品成本，是指产品的生产成本，亦称制造成本，不是指产品所耗费的全部（侯加恒，1998）。

成本的经济实质是生产经营过程中所耗费的生产资料转移的价值和劳动者为自己劳动所创造的价值的货币表现，也就是企业在生产经营中所耗费的资金总和。

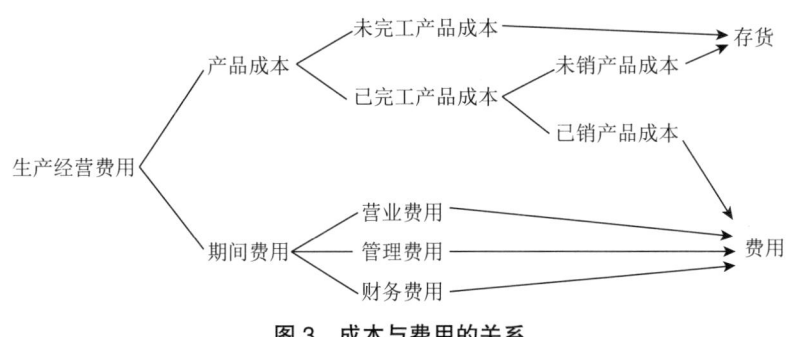

图 3 成本与费用的关系

（2）酒店成本

从产品设计的角度讲，是指酒店产品设计所耗用的支出总额。具体包括，餐饮的，原材料成本、商品成本、包房装修成本摊销、厨房设备折旧、能耗、消耗品以及直接人工成本等；客房的，房间装修成本摊销、设备折旧、布草摊销、能耗、消耗品以及直接人工成本等。

从收入实现的角度上讲，是指酒店各营业部门为正常营业所需而购进的各种原材料及相关费用，即运营成本＝产品成本＋部门运营费用。

从管理角度上讲，则包括原材料、工资费用、其他间接费用（包括煤气、购买餐具、厨具费用，餐具破损费用，清洁、洗涤费用，办公用品费，银行利息，租入财产租金，水电费，交通费，通信费，差旅费和客房管理费等），即管理成本＝产品成本＋部门运营费用＋其他间接费用。

通常酒店成本控制的内容是，从管理角度出发，即以管理成本为控制对象。

根据成本的概念，以及产品的特性，本文将酒店成本定义为：酒店以利润为导向，为实现设计收入目标所耗费的物化劳动和活劳动的总和，通过货币形式表现为酒店在经营过程中所耗费的资金总和。

3.1.4 收入确认的原则

酒店的收益性产品通过客人消费体验，明确了价格和结算方式，便形成了收入。根据《企业会计准则第 14 号—收入》[财会〔2006〕3 号]，收入是指企业在日常活动中形成的、会导致所有者权益增加的、与所有者投入资本无关的经济利益的总流入。本准则所涉及的收入，包括销售商品收入、提供劳务收入和让渡资产使用权收入。

收入是产品的货币表现，酒店收入既包含商品销售又包含提供劳务。因此，酒店收入确认适用原则如下：

销售商品收入的确认条件：①企业已将商品所有权上的主要风险和报酬转移给购货方；②企业既没有保留通常与所有权相联系的继续管理权，也没有对已售出的商品实施有效控制；③收入的金额能够可靠地计量；④相关的经济利益很可能流入企业；⑤相关的已发生或将发生的成本能够可靠地计量。

提供服务收入的确认条件：①收入的金额能够可靠地计量；②相关的经济利益很可能流入企业；③交易的完工进度能够可靠地确定；④交易中已发生和将发生的成本能够可靠

地计量（王云艳，2006）。

3.2 酒店成本管理理论基础

3.2.1 成本管理概述

成本管理是对企业生产经营过程中各项成本核算、成本分析、成本决策和成本控制等一系列科学管理行为的总称。科学的成本管理是企业应对成本核算与管理基础建立的一个系统，即科学、合理并完善它的经济责任制——根据自身特征利用计算机和新时代的管理技术及方法，实行的战略成本和质量成本管理观念，抓好各个环节，力求以较少的耗费来寻求最大的补偿，以获得最大限度的利润，并提高资金运用率，做到精细化的成本管理（乔旭江，2010）。

3.2.2 成本管理的对象

成本管理的对象是与企业经营过程相关的所有资金耗费。既包括历史成本，也包括重置性成本。成本管理的对象最终是资金流出。但是具体到每个企业的成本管理系统，成本管理的对象还是有所不同。

（1）酒店的历史成本，又称实际成本，是指取得或制造某项财产物资时所实际支付的现金或者其他等价物的金额（中国注册会计师协会，2007）。在历史成本计量下，酒店的固定资产、设备设施、低值易耗品、存货都是成本管理的重要内容。

（2）重置成本，是指按照当年市场条件下，重新取得同一项资产所需支付的现金或现金等价物的金额（中国注册会计师协会，2007）。在重置成本计量下，酒店要关注固定资产原始价值的增减变化，后续改良的支出与重新购置之间的差异；设备设施、低值易耗品要考虑，在用历史成本、维护、保养支出、使用年限与市场重新购置成本之间的差异；存货则要考虑根据市场价格变化趋势制定进货批量。

除此之外，当市场竞争加剧、市场趋于饱和时，酒店还要关注竞争对手和潜在的所有利益相关者，因此其成本管理对象也就突破了企业的界限。

3.2.3 成本管理的目标

成本管理的基本目标是提供信息、参与管理，但在不同层面又可分为总体目标和具体目标两个方面。

（1）成本管理的总体目标，是为企业的整体经营目标服务的。具体来说，包括为企业内外部的相关利益者提供其所需的各种成本信息以供决策和通过各种经济、技术和组织手段实现控制成本水平。在不同的经济环境中，企业成本管理系统总体目标的表现形式也不同，而在竞争性经济环境中，成本管理系统的总体目标主要依竞争战略而定。在成本领先战略指导下，成本管理系统的总体目标是追求成本水平的绝对降低；而在差异化战略指导下，成本管理系统的总体目标则是在保证实现产品、服务等方面差异化的前提下，对产品全生命周期成本进行管理，实现成本的持续性降低。

（2）成本管理的具体目标可分为：成本计算的目标和成本控制的目标。

成本计算的目标是为所有信息使用者提供成本信息，包括为外部和内部使用者提供成本信息。外部信息使用者需要的信息主要是关于资产价值和盈亏情况，因此成本计算的目标是确定盈亏及存货价值，即按照成本会计制度的规定，计算财务成本，满足编制资产负债表的需要。而内部信息使用者利用成本信息除了了解资产及盈亏情况外，主要是用于经营管理，因此成本计算的目标是通过向管理人员提供成本信息，借以提高人们的成本意识，通过成本差异分析，评价管理人员的业绩，促进管理人员采取改善措施；通过盈亏平衡分析等方法，提供管理成本信息，有效地满足现代经营决策对成本信息的需求。

成本控制的目标是降低成本水平。在历史的发展过程中，成本控制目标经历了通过提高工作效率和减少浪费来降低成本，通过提高成本效益比来降低成本和通过保持竞争优势来降低成本等几个阶段。在竞争性经济环境中，成本目标因竞争战略而不同。成本领先战略企业的成本控制的目标是，在保证一定产品质量和服务的前提下，最大限度地降低企业内部成本，表现在对生产成本和经营费用的控制。而差异化战略企业的成本控制目标则是，在保证企业实现差异化战略的前提下，降低产品全生命周期成本，实现持续性的成本节省，表现为对产品所处生命周期不同阶段发生成本的控制，如对研发成本、供应商部分成本和消费成本的重视和控制。

3.2.4 成本确认的原则

（1）配比原则，是指企业在进行会计核算时，收入与其成本、费用应当相互配比，同一会计期间内的各项收入和与其相关的成本、费用，应当在该会计期间内确认。

根据收入与成本费用的联系方式，收入与成本费用的配比方式主要有两种：一是根据收入与成本费用之间的因果联系进行直接配比，如主营业务收入与主营业务成本相配比，其他业务收入与其他业务成本相配比；二是根据收入与成本费用项目存在的时间上的一致关系，将某些与特定的收入项目没有存在明显的因果关系的费用项目，如广告费、办公费和经理人员工资等，与发生在同一期间的收入相配比。在会计核算中遵循配比原则，就是要求一个会计期间内的各项收入同与其相关联的成本、费用，应当在同一会计期间内进行确认、计量并登记入账，借以计算确定该期的损益。

（2）权责发生制原则（Accrual Basis），亦称应计基础、应计制原则，即以权利和责任的发生来决定收入和费用归属期的一项原则，是指以实质收到现金的权利或支付现金的责任权责的发生为标志来确认本期收入和费用及债权和债务。即收入按现金收入及未来现金收入——债权发生来确认，费用按现金支出及未来现金支出——债务的发生进行确认；而不是以现金的收入与支付来确认收入费用。按照权责发生制原则，凡是本期已经实现的收入和已经发生或应当负担的费用，不论其款项是否已经收付，都应作为当期的收入和费用处理；凡是不属于当期的收入和费用，即使款项已经在当期收付，都不应作为当期的收入和费用。权责发生制能更加准确地反映某一会计期间实际的财务状况和经营业绩（中国注册会计师协会，2003）。

因此，权责发生制属于会计要素确认计量方面的要求，它解决收入和费用何时予以确认及确认多少的问题。

权责发生制原则运用的另一个结果是，在账面上形成大量的债权、债务，而且并不完全是真正的债权、债务，在一定程度上增加了财务人员的工作量。

3.2.5 成本习性分析

成本习性是指成本动因与成本总额之间的依存关系（Charles T. Horngren，2002）。按成本习性可将企业全部成本分为固定成本、变动成本和混合成本。

（1）固定成本，是指总额不随业务量变动而变动的成本。根据固定性强弱差别通常可细分为约束性固定成本和酌量性固定成本（孙茂竹等，2001）。

约束性固定成本，是指为维持企业提供产品和服务的经营能力而必须开支的成本。由于这类成本与维持企业的经营能力相关联，也称为经营能力成本。这类成本的数额一经确定，不能轻易加以改变，因而具有相当程度的约束性。在实际管理中，约束性固定成本亦称刚性成本。酒店的约束性固定成本有楼房、建筑、房产税、土地税、管理人员工资等。

酌量性固定成本，是指企业管理当局在会计年度开始前，根据经营、财力等情况确定的计划期间的预算额而形成的固定成本。由于这类成本的预算数只在预算期内有效，企业领导可以根据具体情况的变化，确定不同预算期的预算数，所以，也称为自定性固定成本。这类成本的数额不具有约束性，可以斟酌不同的情况加以确定。如酒店的产品开发设计费用、广告费、员工培训费等就属于这类成本。

（2）变动成本，是指其总额与业务量的增减成同比例变动的成本（刘恩等，2003）。在一定期间内，变动成本的发生总额随着业务量的增减而成正比例变动，但单位产品的耗费则保持不变（如图4所示）。酒店餐饮的菜品成本、商品成本，客房的消耗品、客备品都属于变动成本。变动成本是酒店成本管理的重点。

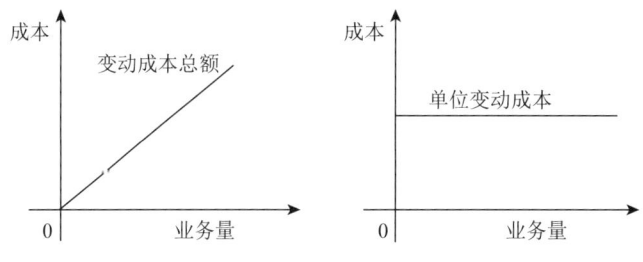

图 4　变动成本模型

（3）混合成本，是变动和固定因素的组合（万寿义，2002）。管理会计把混合成本分为半变动成本、半固定成本和延期变动成本三类。

半变动成本，是指总成本虽然受产量变动的影响，但是其变动的幅度并不同产量的变动保持严格的比例。半变动成本是一种同时包含固定成本和变动成本因素的混合成本。如饭店的电话费、水费、电费等就属于这类成本。

半固定成本又称阶梯式成本，是其总额会随产量呈阶梯式变动的成本。这类成本的特点是，在一定业务量范围内其成本不随业务量的变动而变动，类似固定成本，当业务量突破这一范围，成本就会跳跃上升，并在新的业务量变动范围内固定不变，直到出现另一个新的跳跃为止。如厨房的加工设备，假如一台烤炉每餐可以烤10只羊腿，当客人对羊腿的需求量超过10只时，就要增加一台烤炉。

延期变动成本的特征是，在业务量的某一临界点表现为固定成本，超过这一临界点时则表现为变动成本。在酒店表现比较典型的是超时工资。劳动法对工作时间有明确的规定，超时工作支付150%的工资、休息日加班支付200%的工资、法定休假日加班支付300%的工资。酒店是一个不间断经营的行业，工作超时比较普遍，延期变动成本也就成了酒店成本控制的一项重要内容。

3.2.6 成本管理环节

成本管理由成本规划、成本计算、成本控制和业绩评价四项内容组成。

成本规划是根据企业的竞争战略和所处的经济环境制定的，也是对成本管理作出的规划，为具体的成本管理提供思路和总体要求。成本计算是成本管理系统的信息基础。成本控制是利用成本计算提供的信息，采取经济、技术和组织等手段实现降低成本或成本改善目的的一系列活动。业绩评价是对成本控制效果的评估，目的在于改进原有的成本控制活动和激励约束员工和团体的成本行为。

3.2.7 成本管理过程

成本管理的过程通过成本预测、成本决策、成本计划、成本核算、成本控制、成本分析、成本考核七项职能来体现。

首先，要认真开展成本预测工作，规划一定时期的成本水平和成本目标，对比分析实现成本目标的各项方案，进行最有效的成本决策。其次，应根据成本决策的具体内容，编制成本计划，并以此作为成本控制的依据，加强日常的成本审核监督，随时发现并克服生产过程中的损失浪费情况。再次，平时要认真组织成本核算工作，建立健全成本核算制度和各项基本工作，严格执行成本开支范围，采用适当的成本核算方法，正确计算产品成本。最后，要安排好成本的考核和分析工作，正确评价各部门的成本管理业绩，促进企业不断改善成本管理措施，提高企业的成本管理水平。要定期积极地开展成本分析，找出成本升降变动的原因，挖掘降低生产耗费和节约成本开支的潜力。

3.3 酒店成本控制理论基础

酒店成本控制是成本管理的一个重要组成部分。强化酒店成本控制，实现成本管理的目标，需要对成本控制的概念、原则、客体、主体、范围、内容、步骤、方法进行具体的分析，构建与酒店成本管理体系相应的控制模式，指导酒店成本控制实践。

3.3.1 成本控制概述

成本控制是企业根据一定时期预先建立的成本管理目标，由成本控制主体在其职权范围内，在生产耗费发生以前和成本控制过程中，对各种影响成本的因素和条件采取的一系列预防和调节措施，以保证成本管理目标实现的管理行为。成本控制是对成本发生和形成过程以及影响成本的各种因素和条件施加主动影响，以实现最优成本和保证合理的成本补偿的一种行为（高晖，2007）。成本控制是成本管理的具体化。

3.3.2 成本控制的基本原则

（1）全员参与原则。成本发生在酒店经营的全过程，酒店每一位员工都是成本制造者和管理者，成本控制必须在全体员工的通力合作下才能实现成本管理的目标。在此过程中，管理者必须充分重视，身体力行，提高成本意识，实现成本控制。

（2）全面控制原则。从成本习性上讲，不仅要控制变动成本，还要控制固定成本；从流程上讲，不仅要控制成本费用支出，还要控制产品设计与开发、产品定价、产品销售和收入控制等，有一笔收入就支出相应的成本，同样，有一笔支出带来一笔收入。

（3）因地制宜原则。成本控制最重要的是适应本酒店，学习可以，但不可完全照搬。酒店规模不同、地域不同、员工文化层次不同以及同一个酒店在不同时期成本控制的重点、方式、方法都会不同。例如，多开发票问题，在有些酒店是不存在的，在有些酒店却是普遍现象，而多开发票带来的财务风险，不会在短时间消失。因此，酒店成本控制模式设计要因地制宜，适时调整，不可一成不变。

3.3.3 成本控制的客体

成本控制客体，即成本控制的对象。从酒店的主营业务上讲，酒店成本控制的客体包括客房布草、消耗品、能耗、设备设施的使用维护与保养，餐饮的菜品、商品、厨房设备设施与用具、能耗等。当然，无论客房还是餐饮，人工成本都是重要的控制内容。人力资源既是成本也是资源，员工既是人工成本支出的客体，同时又是控制的主体；不同层级的员工，体现的主体与客体的权重不同。除此之外，其他间接费用、期间费用也是成本控制的对象。成本控制的客体，遍布酒店每一个环节，每一个角落。

3.3.4 成本控制的主体

在大多数酒店包括其他企业，一般都认为成本控制就是成本核算，成本核算是成本会计，把成本控制完成当成财务部会计人员的事。这种观念的形成除了对成本控制工作不了解、不理解、不掌握之外，还有一个重要的原因就是不想承担责任。在酒店经营过程中，成本无处不在；而财务部会计人员作为成本核算主体，是成本控制主体的一部分，无论从体力、精力和时间上都无法实现成本的全面核算。在全员参与的基本原则下，酒店的每位员工都要成为酒店成本控制的主体。

3.3.5 成本控制的方法

成本控制的方法有很多，如绝对成本控制法、相对成本控制法、全面预算成本控制法、定额法、成本控制即时化法、标准成本法、经济采购批量、本量利分析法、线性规划法、价值工程法、目标成本法、成本企划等。本文选用全面预算法、目标成本法、标准成本法和本量利分析法作为酒店管理控制的理论基础。

（1）全面预算控制

全面控制是以预算为核心建立起来的一种明确责、权、利关系的机制，以提高经济效益为目的。预算本身是一种计划过程、决策过程和执行过程的完整体系（蔡万坤，2006）。

预算是以目标营业收入预测为起点，通过配比的原则，确定标准成本，通过标准成本测算预算期内的采购总量和经济进货量、直接成本、间接成本、期间费用以及测算预算期内人力资源成本等，最后确定目标利润，并编制预计损益表、预计现金流量表和预计资产负债表，反映企业在未来期间的财务状况和经营成果。

全面预算是成本控制的基础，是成本预测、成本决策、成本计划的重要参考，是成本控制、成本分析的重要依据。

（2）目标成本控制

目标成本控制是一种以目标成本为对象的管理理念，是目标管理的一种形式，是企业目标管理的重要内容。目标成本控制是在全面预算的基础上，对目标成本进行分解、落实、分析、控制、考核、评估的一系列工作，它以管理为手段、效益为目的，对成本进行事前测定、日常控制和事后考核。目标成本控制为酒店各部门成本控制提出了明确的目标，从而形成一个全系列，全过程，全员的多层次、多方位成本控制模式（斯蒂芬，2001）。

（3）标准成本控制

标准成本法，是指通过制定标准成本，将标准成本与实际成本进行比较获得成本差异，并对成本差异进行因素分析，据以加强成本控制的一种会计系统和成本控制系统（中国注册会计师教育教材编审委员会，1995）。标准成本的意义在于，使用酒店进行全面预算的编制和执行，而标准成本本身就是单位成本预算，标准成本可以有效地控制成本支出，帮助酒店进行产品的定价，同时可以简化存货的计价以及成本核算的账务处理工作。

成本差异分摊执行是标准成本控制的重点也是难点。

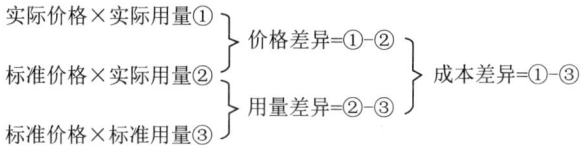

图 5　成本差异计算公式

（4）本量利分析控制

本量利分析是对成本、产量（销量）、利润之间相互关系进行分析的简称，也称 CVP 分析（哈罗德，1999）。这种分析是在成本习性的基础上建立起来的，主要是分析销售收入、价格、成本和利润之间的相互关系，找到盈亏临界点，为成本控制提供有效的依据。

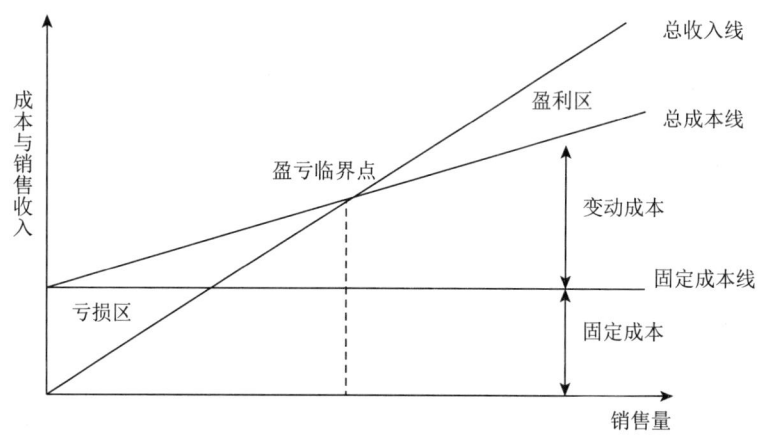

图 6　传统式本量利关系图

3.4 成本管理与成本控制的关系

3.4.1 成本管理与成本控制的联系与区别

成本控制是成本管理的具体化职能之一,成本管理指导成本控制。

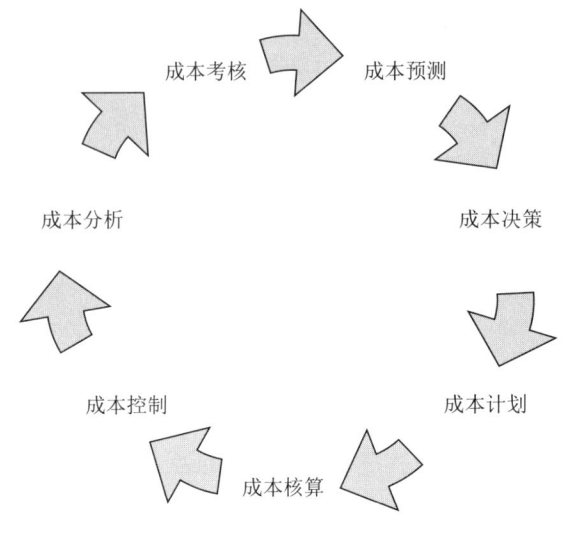

图 7 成本管理的职能结构图

两者的联系:①主体相同,都是以全体员工为主体。②客体相同,都是以企业的直接成本、间接成本、期间费用为对象。③原理相同,成本控制是成本管理的一部分,在原理应用上必须以成本管理原理为基础。

两者的区别:①实现的目标不同。成本管理是为实现企业的经营管理目标,成本控制是为实现成本管理的目标。②角度不同。成本管理是从企业宏观的角度出发,兼顾到企业管理各个方面,成本控制是在企业微观的角度落实,确保成本管理目标的实现。③方法侧重点不同。成本管理方法侧重理论,制定企业成本管理的政策;成本控制方法侧重实际,执行成本管理政策。

3.4.2 酒店成本管理的重要性

成本管理是酒店效益的保障,在酒店管理中至关重要。通过成本管理,可以及时有效地控制各项成本费用的发生,将成本控制在有效范畴之内,从而使酒店管理实现可控,提高收益。在竞争的环境下,成本管理的重要性体现在如下几个方面:

(1)成本管理是酒店抵抗内外部压力、求得生存的保障

现代酒店生存环境复杂,外有同业竞争、政策导向影响、经济环境逆转、物价上涨的威胁,内有招工难、留人难、工资福利上涨、成本费用上升的压力。在这种环境下,有效的成本管理是抵御压力的保障,有效的成本管理可以使酒店明确生存所需要的必要成本,清楚经营管理中存在的不必要成本,以及降低成本的途径。通过本量利分析找到酒店的盈亏临界点,也就是生存的底线。

（2）成本管理是酒店定价策略制定的依据，是酒店经营决策的参考

在竞争的环境下，酒店的销售价格不能一成不变，但如何调整价格获取最佳的收益是所有酒店面临的共同问题。有效的成本管理，标准成本的确立，可以清楚地知道产品的固定成本、变动成本，从而制定出具有竞争力的产品价格，为酒店的产品开发、经营战略调整提供参考依据。

（3）成本管理是酒店增加收益的途径、求得发展的基础

酒店收益的增加体现在增加收入和降低支出两方面。有效的成本管理可以从绝对控制和相对节约的角度降低酒店的成本费用支出。通过酒店利润率可以知道每降低 1 元的成本便是收益的绝对增加，而浪费 1 元的成本则需要增加成倍的收入来分摊。在有效的成本管理的支持下，酒店可以通过动态收益管理增加酒店的出租率提高收益，增强酒店的实力，为酒店的发展壮大奠定良好的基础。

（4）成本管理是控制各种成本费用支出的手段，是酒店管理的重要内容之一

从成本管理的目的上讲，并不是一味地降低酒店的各种成本费用支出，而是让支出更为有效；成本控制的另一个目的是保障成本的品质，有效的成本费用支出是为了确保收入的实现。因此，在酒店成本日常管理中，成本控制是重要的内容之一。

总之，在竞争的环境下，加强成本管理工作对酒店来说，其重要性是非常明显的。加强成本管理不仅仅是财务会计问题，更是整个酒店的命脉，只有抓住这条命脉，才能使集团增收节支，创造更好的收益。

4　案例研究

4.1　案例背景

4.1.1　H 酒店的基本情况简介

H 酒店（四星），1961 年开业，1998 年前为事业单位，实行事业单位企业化管理，1998 年改制为国有企业，2006 年改制为国有参股企业，2010 年国有股全部退出，成为以员工持股为主体的民营企业。H 酒店是海拉尔地区具有代表性的酒店。

由于受公司法对有限责任公司股东人数的限制，酒店法人治理结构为，员工持股人组成员工持股会选举代理人，作为公司发起人，同时从员工持股人中选派两人作为自然人股东与外部股东共同组成公司股东会。股东会选举董事、监事，董事选举董事长，聘任酒店管理层。管理层任命工会主席组织选举员工监事与股东会选举监事共同组成监事会，对董事会、管理层进行监督。

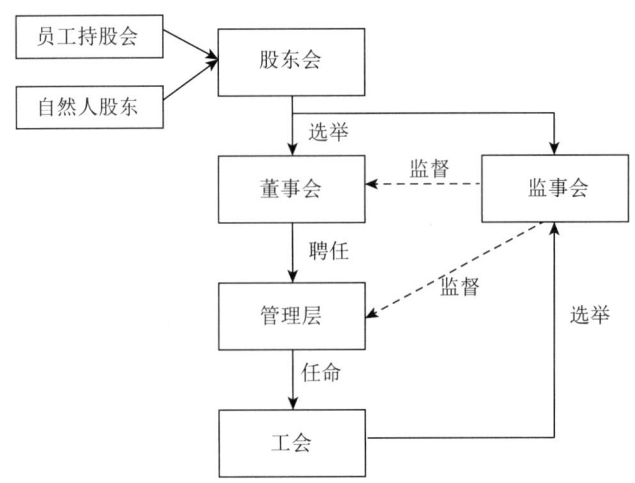

图 8　H 酒店法人治理结构

H 酒店拥有客房 221 间，其中套房 28 间、单人标准间（大床房）43 间、双人标准间（双床房）150 间；设施配套齐全的 100 人以上会议室 2 个、70 人中型会议室 1 个，30 人以下小型会议室 3 个；餐饮设有独立的中餐厅、西餐厅、民族餐厅和 2 个宴会大厅。酒店可同时容纳 380 人食宿 1000 人就餐。

H 酒店是本地政务和旅游接待重要基地。曾先后接待过老一辈无产阶级革命家刘少奇、朱德、董必武、刘伯承，新一代国家领导人江泽民、李鹏、胡锦涛、朱镕基、温家宝，以及新加坡总统王鼎昌、澳门首任行政长官何厚铧等历代党和国家领导人及国内外各界名流。2007 年以来，宾馆连续五年荣获内蒙古自治区旅游局评选的"全区最佳星级饭店"称号，曾获内蒙古自治区优质服务十佳企业和民族餐饮十强企业。

4.1.2　H 酒店的组织结构

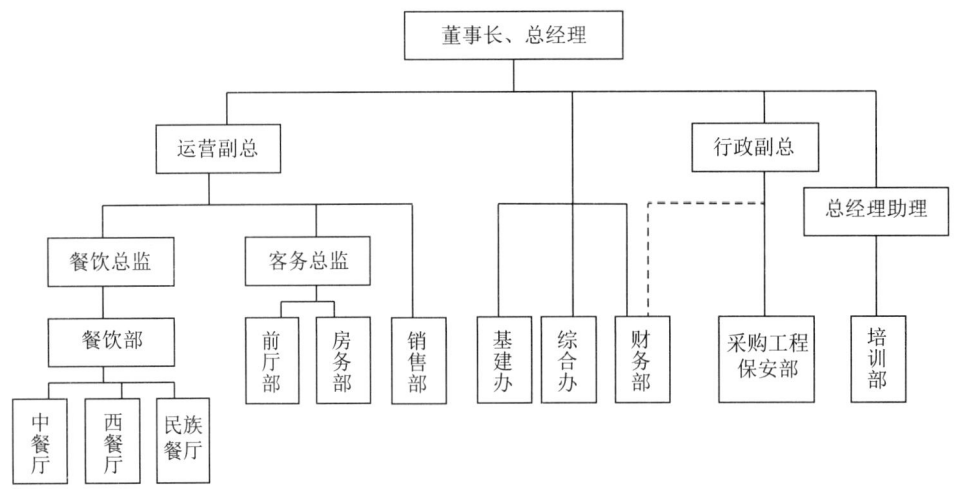

图 9　H 酒店组织结构

4.1.3 H 酒店的竞争环境

（1）城市概况

H 酒店所在城市为内蒙古东部的地级市呼伦贝尔市的政治、经济和文化中心海拉尔区，市区总面积 1440 平方公里，人口 34 万，是呼伦贝尔重要的交通枢纽和物流、旅游、信息集散地。呼伦贝尔市 2003 年被评为中国优秀旅游城市，2006 年在由中央电视台举办的"CCTV 2006 年度中国魅力城市展示"活动中，荣获"CCTV 2006 年度中国最佳民族风情魅力城市"奖。

2008 年以来，伴随着旅游开发知名度的提升和大量游客的涌入，呼伦贝尔成为国内旅游热点城市之一。"一床难求""一票难求"的现象开始出现。据海拉尔区统计局 2012 年统计公报，截止到 2012 年 12 月 31 日，海拉尔区共接待国内外旅游者 309.5 万人次（含一日游游客），旅游收入 31.8 亿元，同比增长 20%。

（2）酒店竞争环境

呼伦贝尔市《"十二五"规划纲要》明确将旅游业确定为资源转型的主导产业、第三产业的核心、呼伦贝尔经济的重要支柱之一。

截至 2012 年 12 月 31 日，海拉尔地区经营中的 200 间客房以上的四星级或按四星级标准设计的酒店已经达到 5 家。建设中的有四星级酒店国贸呼伦贝尔大饭店、五星级酒店碧海云天、委托开元酒店集团管理的民族风情园度假酒店、呼伦贝尔喜来登酒店。与此同时万豪国际、洲际、包商银行培训中心等高星级酒店项目也在逐步落实。

2013 年受"新八条"影响，建设中的酒店纷纷停建，或延期开业，从竞争结构上缓解了经营中酒店的压力，但严峻的市场环境又使酒店陷入生存的危机。

（3）竞争策略

H 酒店是海拉尔区唯一一家四星级酒店。"新八条"出台以前，酒店将竞争对象锁定为 200 间客房以上的四星级或按四星级标准设计的酒店（H 酒店总经理将其定义为竞争酒店）和高端社会餐饮。采取的竞争策略是，目标集中战略。酒店总经理将目标市场定位为"占客户群总量 20% 的高端商务、政务市场"，多年来 H 酒店一直是海拉尔地区酒店房价的引领者，餐饮消费禁止自带酒水的坚持者。

"新八条"出台之后，市场环境急剧变化。餐饮方面：高端社会餐饮基本"关停并转"，中低端社会餐饮生意火爆，同时一些单位的招待所、职工食堂和私密性较强的会所开始走红。客房方面：竞争酒店房间出租率持续低迷，而三星以下酒店和快捷酒店出租率一路上升。H 酒店的竞争对象从以往的竞争酒店转向三星级以下酒店、快捷酒店和中低端社会餐饮。在这种形式下，H 酒店开始进行产品转型和竞争策略调整。通过客房降价、增加旅行社房差；餐饮降低毛利率、推行小盘菜、消费打折、回馈代金券、允许自带酒水等手段进行竞争。经过 3 个月的调整虽有好转，但营业额却无法回到"新八条"出台之前。

4.1.4 H 酒店的经营情况

H 酒店的主营业务是客房和餐饮，其他非主营业务有物业租赁、会议室、存车、洗涤、客房迷你吧、鲜花、水果、打字、复印等。本文选取主营业务作为分析内容，非主营业务不作考虑。

表1 H酒店2012年主营业务收入损益表

单位：万元

项目	行次	1月	2月	3月	4月	5月	6月	7月	8月	9月	10月	11月	12月	合计
一、营业收入	1	372.77	270.72	258.22	217.33	259.41	490.32	800.95	832.03	589.22	398.52	339.71	511.16	5340.34
客户收入	2	84.57	88.04	70.02	56.13	65.99	203.45	404.80	306.86	268.61	231.03	133.27	177.28	2090.04
餐饮收入	3	288.20	182.68	188.19	161.20	193.42	286.86	396.15	525.17	320.61	167.49	206.44	333.88	3250.31
其中：餐费	4	222.74	139.77	146.93	119.70	149.21	229.27	312.06	434.73	250.03	135.26	161.55	302.01	2603.17
商品	5	65.46	42.91	41.37	41.50	44.21	57.59	84.09	90.44	70.58	32.23	44.90	31.86	647.14
二、营业成本	6	129.82	117.23	123.38	94.49	107.27	169.75	229.27	264.90	173.05	108.48	124.67	153.67	1795.98
餐费成本	7	97.30	90.92	96.71	70.80	80.77	131.08	183.43	211.03	135.04	84.81	88.55	124.67	1395.11
商品成本	8	32.52	26.31	26.67	23.69	26.50	38.67	45.85	53.87	38.01	23.67	36.11	29.00	400.87
三、营业费用	9	66.64	68.01	44.22	46.76	68.08	84.25	137.00	242.89	98.54	116.96	81.43	105.89	1160.68
客户费用	10	26.84	28.21	15.35	16.70	38.38	38.23	88.10	184.75	52.65	48.09	34.15	42.83	614.27
餐饮费用	11	39.79	39.80	28.87	30.07	29.71	46.03	48.90	58.14	45.90	68.87	47.28	63.06	546.41
四、营业税金及附加	12	21.25	15.43	14.72	12.39	14.79	27.95	45.65	47.43	33.59	22.72	19.36	29.14	304.40
五、经营利润	13	155.07	70.04	75.90	63.69	69.27	208.36	389.02	276.81	284.04	150.36	114.26	222.46	2079.29

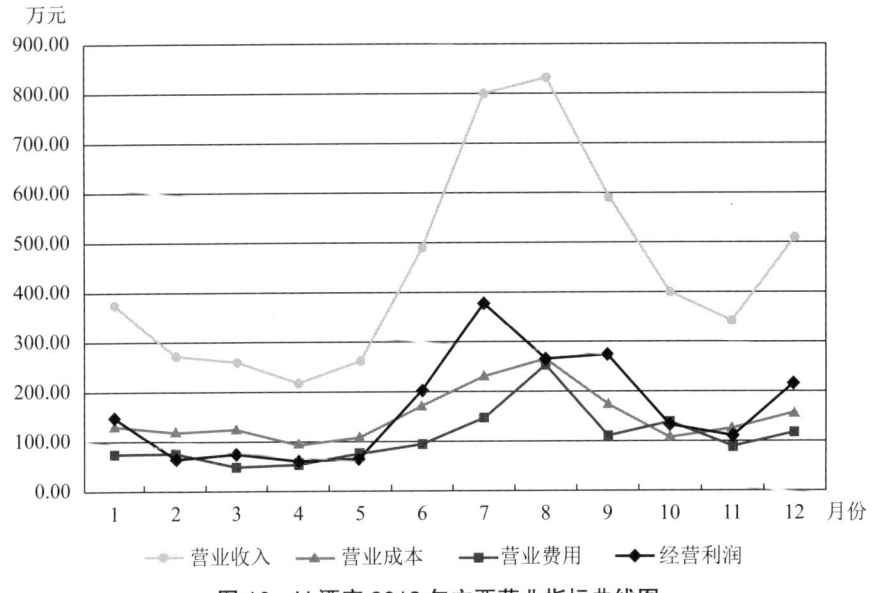

图10 H酒店2012年主要营业指标曲线图

酒店客房收入与餐饮收入比例为4∶6。营业成本单指餐饮收入成本。综合成本率55%，餐费成本率54%，商品成本率62%。综合费用率22%，客房费用率29%，餐饮费用率17%。经营利润率39%，客房经营利润率65%，餐饮经营利润率22%。从数据中可以看出，酒店受季节影响淡旺季波动较大，6、7、8、9四个月的营业额占全年营业额的

50%，利润为全年的 55%。

从经营情况来看，H 酒店获得能力较强，然而 2012 年酒店的最终利润总额是 70 万元。管理费用支出 1680 万元，财务费用支出 180 万元。影响较大的项目有行政及后勤人员工资 230 万元、社会保险 100 万元、折旧费 80 万元、低值易耗品摊销 43 万元、维修费 177 万元、取暖燃料费（煤）50 万元、电费 122 万元、汽车油料费 48 万元、贷款利息 150 万元、信用卡结算费用 30 万元、缴纳企业所得税 47 万元。

4.2 对成本控制产生直接或间接影响的因素

4.2.1 H 酒店的经营预算管理（目标管理）

H 酒店的经营预算编制模式是"自上而下，自下而上"。具体流程是，每经营年末召开由总经理主持的预算编制委员会会议，确定预算年度的目标营业额、成本率、费用率、利润额、应收入账款余额和考核办法，由财务部整理后下发至各部门，称作"自上而下"；各部门根据年度目标和财务部提供的历史数据分解预算，上报财务部，财务部汇总整理后，报预算编制委员会，通过后执行，称作"自下而上"。

从流程上看，酒店的预算编制工作没有什么问题，但从实际操作来看，则是为了预算而预算，在经营中起不到监控作用。

H 酒店的经营预算的方法是，简单的增量预算法。预算年度营业收入确定的原则，是在上一年经营收入基础上按百分比增加，财务部根据目标预算额，以上一年度实际经营情况作为基期数据进行增减调整。

4.2.2 H 酒店的产品设计与开发存在的问题

2009 年，H 酒店开始使用酒店产品的概念，将服务作为产品进行管理，强调服务的重要性。当年 5 月份，随着酒店第一批到青岛海景花园大酒店（简称海景）学习的管理人员回来后，酒店掀起了学海景的热潮，先后五个批次 40 多人到青岛海景进行了学习，目标是打造"草原上的海景"，口号是"学习、引进、模仿、创新"。

基本做法是，海景员工问候做得好，酒店员工也要问候，不问候罚款；海景员工鞠躬礼做得好，酒店员工也要鞠躬，不鞠躬罚款；海景有稽查部，酒店也成立稽查部；海景员工有"用心做事"、给客人留言，酒店也要给客人洗袜子，给客人留言，上报后奖励。遵循的理论是海景的"想让员工做什么就奖励什么，不想让员工做什么就处罚什么"。在最初的行动中获得了顾客的一致好评，H 酒店在内蒙古酒店行业中成为佼佼者，但运行一段时间以后，随着顾客的适应性的增强和员工的懈怠，学习的效果也就慢慢地减退了。因为有了之前的服务产品作参照，顾客对 H 酒店的预期要高于其他竞争酒店，同样一项服务产品在其他竞争酒店有没有，做得好不好，都没有人关注；而在 H 酒店则会引起客人的不满意或投诉，对酒店的经营没有产生积极的效果。其后酒店又派人到北京、重庆、杭州、济南、呼和浩特等城市多家酒店进行学习。2012 年，青岛海景的"北京版"北京宴开业，H 酒店再次组织大规模学习。

在整个过程中，就是别人有什么，自己就要有什么，酒店某高管到台湾品尝了台湾成吉思汗火锅，大加赞赏，如果不是出境不方便，酒店几乎就要派人员到台湾去学习成吉思汗火锅，殊不知呼伦贝尔草原是涮羊肉的发源地，这里的火锅才是最正宗的。

几年来，H 酒店除了学习、模仿之外，几乎没有进行完整的有效的产品设计与开发。在市场火爆的时候，所有酒店都能赚到钱，看不出问题的严重性，危机到来，市场清淡的时候，却拿不出适应的产品面对。从这个意义上讲，酒店最大的问题是，没有设计出适销对路的产品。

4.2.3 H 酒店的定价方法存在的问题

（1）餐饮定价

H 酒店餐饮定价的方法是，成本加成定价法（cost-plus pricing），即按产品单位成本加上一定比例的毛利定出销售价。

其计算公式为：$P = c \times (1+r)$

其中，P—产品的单价，c—产品的单位总成本，r—产品的加成率

但在实际操作中却很随意，有人称作是"拍脑袋定价法"。同时对其他菜品进行统计后发现，酒店 60% 的菜品成本率在 45% 以下，30% 的菜品成本率在 35% 以下。再加上包房费、台位费、茶水费、敬酒费等，一餐下来消费金额已经很可观了。在海拉尔地区，H 酒店是公认的高端消费场所，从菜品定价角度看，的确是一个高消费场所。

（2）客房定价

客房的定价方法是，随行就市定价法。H 酒店是海拉尔地区酒店客房价格的引领者。酒店将一年分为淡、平、旺三季，淡季每年 10 月 16 日至次年 4 月 15 日、平季 9 月 16 日至 10 月 15 日和 4 月 15 日至 6 月 15 日、旺季 6 月 16 日至 9 月 15 日。酒店每年春秋召开两次定价会议，春季定价会议确定旺季的房价，定价的参考要素是上年度旺季的房间供给紧张程度和定价年度的市场预期；秋季定价会议确定淡季和平季的房价，定价原则是低于本地最高档的政务接待酒店天骄宾馆的价格，高于其他竞争酒店。房价一经确定，基本保持不变，团队、会议旺季不讲价，平季和淡季一团一议，请求总经理批准后确定，散客按规定的折扣权限调节房间价格。

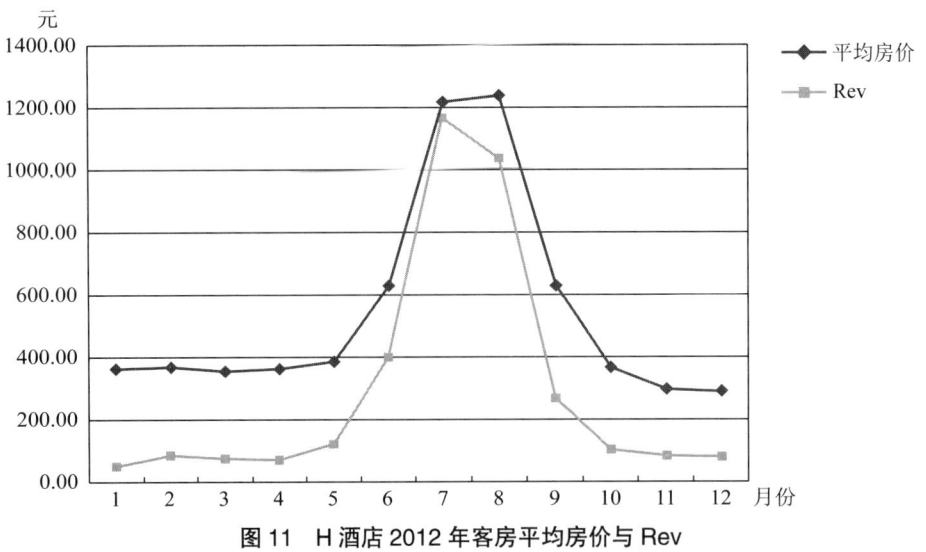

图 11　H 酒店 2012 年客房平均房价与 Rev

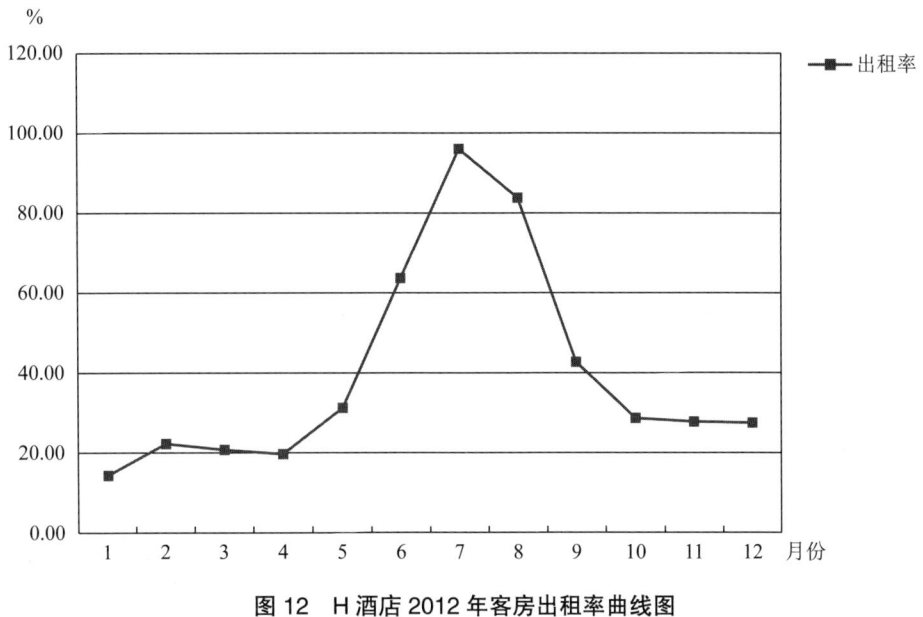

图 12　H 酒店 2012 年客房出租率曲线图

H 酒店在客房定价方面存在的问题如下：第一，淡平旺季的划分有很强的人为性，并没有按实际经营规律确定；第二，房价没有灵活度，前厅的折扣权限无法满足客人需求，很多商旅客人因房费超出报销标准太多而拒绝选择入住；第三，不关注市场动态及需求变化。2013 年 4 月 13 日为呼伦贝尔市公务员考试日，根据呼伦贝尔日报消息有 1.8 万名考生。考试当天，海拉尔区各种档次酒店基本爆满，而 H 酒店的房间出租率却只有 36%。事后统计，考生占出租房间数的 70%，根据前厅客人意见反馈，入住的考生大部分是因为其他酒店已经没有房间最后选择了 H 酒店。

4.2.4　H 酒店的销售管理存在的问题

H 酒店设有销售部。销售部设经理 1 人，经理助理 1 人，策划 1 人，客户经理 3 人。H 酒店对客户的管理分为三类：第一类是协议客户，由销售管理；第二类是旅游团队和政务、商务会议，由销售部负责洽谈和跟进；第三类是散客，由前厅部负责维护。

H 酒店的协议客户，全部是本地政府机关和企事业单位，这些单位基本是签单客户，或按期结算或按额度结算。在海拉尔地区流传着一句话，"签单消费到 H 酒店"。由此签单客户的账单管理成了财务工作的重要内容，欠款清收工作也占据了客户经理的大部分时间。同时大量应收账款影响着酒店的资金运转。

"新八条"出台以前，H 酒店很少做商业广告宣传，作为本市唯一一家四星级酒店基本上没有经营压力，旺季"一床难求""一餐难求"，淡季客房收入大幅度下降，餐饮却需求旺盛。策划人员也只是做一些图片、视频、酒店内部宣传版和内部刊物等，而每年一次的平安夜、圣诞节晚会则是由运营副总和餐饮部设计策划的。

"新八条"出台以后，H 酒店在当地电视台、报纸等新闻媒体做商业广告，同时制定了全员营销方案，方案的核心内容是给每位员工下达了销售任务指标，完成有奖励，完不成处罚,给员工造成很大的压力。

4.2.5 H 酒店收入控制存在的问题

H 酒店对收入的管理依赖中软酒店管理系统(简称中软系统),虽然中软系统的功能不限于收入管理,但 H 酒店仍然没有将收入管理好。

(1)基础设置混乱

H 酒店使用中软系统近 20 年,积累了大量的数据,但由于系统设置混乱,很难进行分析。如,客源分类是市内、区内、国内、国外、接待办、饭店自用、其他,这种分类在统计分析时几乎是完全不可用的。尽管中软系统提供了很多种顾客统计分析模式,但由于酒店在进行基础设置时没有认真地设计,毫无章法,每个经营期结束,通过酒店管理系统获得的只是营业收入总额,再继续分析就没有依据了。

(2)信息录入管理不严格

原始信息录入是收入管理的基础,是成本控制的依据。H 酒店的原始信息录入非常乱。

餐饮原始信息方面。统计 2013 年一季度餐饮菜品销售,仅中餐厅就统计出 1059 道菜,销售数量 51 480 例,其中,数量最多的是"标准"13 995 例,占销售总数量的 27.18%。在 H 酒店,"标准"是指顾客的消费额度的标准,通常是顾客在预定时告知酒店按 500 元、800 元或 1000 元标准进行宴会安排。服务员在开单时就直接写个"标准",收银员按服务员开的餐单录入中软系统。一个季度下来 13 995 例"标准"中有多少是 500 元标准,有多少是 800 元标准,每例"标准"都由哪些菜品构成,无从考证。数据统计也没有意义了,成本考核无法进行。

客房原始信息方面。出现的问题主要有:①登记把关不严谨,协议单位经办人预定房间后,便把房卡取走,客人抵店时,不经过总台核对信息,直接进入房间,酒店对实际入住客人信息完全不掌握。②宾客姓名录入太随意。如,客人要求信息保密,便在客人名字后面加注保密两字,在系统中宾客姓名显示为"客人姓名+(保密)";而中软系统提供了客人信息保密功能,并且还设定了相应的保密级别。③客人的基本信息证件号码、联系电话、住址录入不完整,一个有效证件开多个房间等。中软系统提供了较为完善的客史档案管理模块,但在实际操作中却毫无用处。

(3)签单不及时

H 酒店客人签单有两种情况:一种是在店客人消费挂账,客人在住店期间发生的洗衣、客吧、存车、用餐、鲜花水果等消费。另一种是协议单位消费确认签单,协议单位接待的客人离店后,由经办人到酒店签单确认。签单不及时容易造成结算歧义,争执不下时,酒店或让步免单,或强行收费,无论怎么做都给酒店带来不同程度的损失。

(4)收入分析过于简单

目前,酒店对收入的分析属简单的对比分析阶段,也就是在一个经营周期结束后将营业收入总额与上年同期、与计划进行对比增减;分析平均房价、出租率、餐饮人均消费等指标,仅是与上年同期比较。

4.3 H酒店成本管理存在的问题

4.3.1 成本管理主体不明确、客体不清晰、成本意识扭曲

H酒店一直把成本管理当成是财务部的事,财务部是酒店成本管理的名义主体。酒店财务部设有成本会计1人,负责材料物资的采购核算,存货的收、发、存核算,组织盘点、归集分配部门成本费用和供应商付款单据审核。会计的职能是核算和监督。在酒店成本管理过程中,财务部所起到的成本作用是信息的收集、整理、分析,为总经理提供决策依据。成本信息的来源和提供者,也就是事实的管理主体是使用部门,是经办人。会计人员由于不在成本现场或者说无法时时在现场,无法全面掌控成本发生的过程,如果成本发生部门不对成本进行管理、记录、跟进,所得到的成本信息的真实性、准确性、及时性无法保证,对信息的质量也就无法进行正确评估,只能以倒挤的方式进行成本核算,最后形成的成本控制的结果,和最初的预期已经无法匹配了。没有全员的参与,是无法实现全面成本控制的。

H酒店对成本的关注点是成本费用支出,也就是只有花出去的钱才是成本,对成本管理强调的是节约费用,控制支出。管理者认为,经营预算、成本设计与开发、销售策略、收入控制等均与成本控制没有关系。酒店一直倡导"三一工程",即节约一度电、一滴水、一张纸,而且是工作检查的重点,处罚严厉,员工也非常重视。以预定管理为例,为节约纸张,预定工作人员在预定本上用铅笔记录,然后用一片废纸将预定结果抄给经营部门,然后用橡皮将记录本擦净继续使用,这样一张预定表可以使用一周或更长时间,一年下来也用不了几张纸,但结果是管理者只知道预定的总数,其中客人预定的原因、预定要求、预定成功率、预定次数无法进行统计和分析。纸是节约了,预定管理也简化得不能再简化了,诸如此类。事实上,酒店的人、财、物、信息、技术、时间、社会信用等一切资源都是成本管理与控制的客体。

酒店是劳动密集型重资产微利企业,这在国内单体酒店业内是一个共识,酒店所有者和管理者都深有体会。管理者都不约而同地把目光聚集在成本控制上来。"提高成本意识"也就成了酒店管理者经常表达和传递的概念。可是什么是成本意识,成本意识都包括哪些方面,如何提高成本意识,却少有人能回答得上来。成本意识通常被理解为"节省成本的观念",重点是节约,也就是少花钱多办事,或者不花钱也要办事。单独就一个点来看,开源节流是正确的,降低成本是正确的,节约也是正确的,但如果太刻意去强调就会矫枉过正,造成成本控制概念的扭曲。

成本管理主体不明确、客体不清晰、成本意识扭曲,最终导致哪些成本应该控制,怎样控制等问题无意识也无人过问,成本意识淡薄。员工则认为干好干坏一个样,感受不到市场的压力,即使是能感觉得到也认为和自己没有关系。控制成本的积极性无法调动起来,浪费现象严重,酒店失去对成本的控制作用,成效当然不会明显。

4.3.2 成本核算方法简单

餐饮成本率是经营管理中非常重要的指标,起到指导定价、衡量管理水平的作用,管理者必须关注。在酒店管理中,成本率通常是指餐饮部门的销售成本率,是成本消耗与销

售额之间的比率。在实际管理中，管理者在控制成本方面存在两个误区。

一是不知道什么是成本率，什么是毛利率。

$$成本率 = \frac{营业成本}{营业收入} \times 100\% \qquad 毛利率 = \frac{营业收入 - 营业成本}{营业收入} \times 100\%$$

有的管理者把成本率理解为：$成本率 = \frac{营业收入 - 营业成本}{营业成本} \times 100\%$

二是唯成本率。20世纪90年代中期，全国掀起了一股"学邯钢、降成本、增效益"热潮，学习的核心内容是"成本否决制"。每月餐饮部门经营数据出来后，高层管理者第一个看的是营业额，然后便是综合成本率。在进行经营业绩分析时，则用比较法，即与同期相比，与计划相比。分析原因时，则是以物价指数为参考指标。

H酒店成本核算的方法是倒挤成本法。计算公式如下：

$$成本 = 期初原材料余额 + 本期出库金额 - 期末盘点余额$$

H酒店采用的是数量金额管理方式，而收入则由于收入核算不精确而无法与成本实现配比，简单的倒挤成本，根本无法实现控制成本。

4.3.3 资产管理简单粗放

从会计原理上讲，企业管理就是资产管理。会计恒等式表述为：资产=权益。酒店的实物资产包括固定资产、流动资产（商品、消耗品、原材料、低值易耗品）。

（1）固定资产管理

固定资产管理是指对固定资产的计划、购置、验收、登记、领用、使用、维修、报废等全过程的管理。H酒店对固定资产的管理是用友财务管理系统的卡片录入。但录入信息不全面，只包括购置时间、折旧年限、使用部门、报废清理。中间的维修、维护、转借、后续支出等全无记录。固定资产卡片是酒店固定资产的唯一管理工具，如果系统瘫痪、数据丢失，除了重新盘点无法知道固定资产的数量，而价格、购置时间则要翻阅原始凭证才能知晓。如果酒店建立时间较晚，原始凭证尚可查找；如果酒店建立时间很长，原始凭证已超过保存年限被销毁，则是永远无法知道固定资产的真实信息了。

（2）商品

商品包括餐饮销售的商品和客房迷你吧的商品。商品因整件购进整体销售，不需要加工，在营业收入中单独反映，因此只要将商品的进销差价、进货销售盘存数量管理清楚就可以了。在这里价格是影响因素，而不是管理手段。

$$商品销售成本 = \sum（期初存量 + 本期增加 - 期末存量）\times 单价$$

H酒店对商品的成本核算却是采取金额管理。

$$商品销售成本 = 本期商品销售额 - 期初商品金额 + 本期商品增加金额 - 期末商品盘点金额$$

（3）消耗品

消耗品包括餐饮和客户的布草、客房的客备品（六小件），以及为客人免费提供的卫生纸、打火机、就餐时菜品的加热的燃料、制冷的冰块等。

虽然消耗品在使用时也不需要加工，但因其不在收入管理中单独反映，缺少闭合的钩稽关系，H 酒店对其管理的方式是实地盘存制。

消耗品成本 = 期初盘存 + 本期购进 − 期末盘存

由于使用部门未做消耗品实际消耗率的测算，无法得出消耗与销售行为的数量比例关系。酒店对消耗品的考核也仅限于耗用的金额和营业收入之间的金额比例关系，无法得出是节约还是浪费。

（4）原材料

原材料主要是指加工菜品的原材料，也就是菜品成本。

菜品虽然也在收入管理中单独反映，但因为经过加工的原材料本身已经无法反映，因此对原材料的核算是通过"标准成本卡"建立钩稽关系。由于没有"标准成本卡"，或有但不严格执行，导致酒店成本管理中最重要的餐费成本得不到真实反映。餐饮原材料成本的核算同样是倒挤。

餐饮原材料成本 = 期初厨房盘存 + 本期购进 − 期末厨房盘存

其结果是单独核算每一道菜品的成本率都在 50% 以下，而餐费综合成本率却是 54%。

（5）低值易耗品

低值易耗品在大多数酒店处于管理失控的状态。由于酒店低值易耗品品种多、数量大、体量小，在会计核算上通常是做一次性摊销处理。由于没有台账清单，往往成为酒店成本管理的漏洞。在调查过程中，笔者曾问有谁知道整个酒店有多少把椅子，多少张桌子，结果是无人知晓。有经理说，给一周的时间搞清楚，一周后数据报了上来。笔者又问，都是什么时间购进的，分几个批次，又一周后数据再次报上来。经实际盘点，结果大相径庭，事后了解所报数量是从财务账上查找的。

在实际工作中，虽然要求对固定资产、低值耗品、材料物资进行每月小盘点，季度大盘点，年终总盘点，但大多都是为盘点而盘点，只是完成一项工作，对成本管理意义不大。

4.3.4 能耗控制不专业

高寒地区的酒店最大的能耗支出是冬季的取暖费，其次是蒸汽、热水、电费和水资源费。近些年国家能源价格不断上涨，酒店的压力越来越大。

H 酒店冬季取暖由自己供应，有取暖锅炉两台，同时还有蒸汽锅炉和热水锅炉。虽然酒店对能源消耗非常重视，但没有制定出切实有效的管理措施。基本做法是，冬季加大保温措施、改善热循环模式、关闭过热房间的暖气阀、根据室外温度调烧锅炉的时间，但结果仍然是房间冷热不均，能耗支出也没有明显的降低。

由于只有总表没有分表，电费和水资源费在进行部门费用分摊时只能采取估算的方式，人为性大，准确性差。能耗管理由酒店工程部负责，而工程部的员工文化素质普遍偏低，很难从专业的角度对能源进行控制。

4.3.5 销售与收款环节存在的问题

在销售和收账环节中，财务人员编制的记账凭证所附原始单据稽查简单，虽然酒店设夜审员，但只是核对手工单据与录入信息是否相符和编制一张当日营业日报表，对单据的结构、复核审核程序、价格的准确性、折扣权限没有进行核查。因此，经常有一旦出现差错，无法确定相关责任人员，工作中出现职责不清、相互推诿的情况，不利于内部控制的有效执行。

另外，财务部应收账款的入账手续显得较随意，缺乏可信度。应收账款是权责发生制原则下营业收入的一种管理工具。酒店应收账款产生的原因主要有两点：一是酒店为增加销售额，二是客户为方便统一结算。H酒店虽然与客户签署了消费协议，明确以消费额度或消费期限作为消费限制和结算的依据，但是在实际运行中往往是超限消费，结算不及时，结果导致应收账款余额越来越大，有些客户以此为借口对酒店提出各种不合理要求，形成利益威胁。因为应收账款清收不利而关门的酒店也不在少数。因此，在应收账款管理上，应对所有原始单据完善编制、复核、审核和稽查签名制度，一方面可明确各岗位工作人员职责，另一方面内部控制的各环节的执行情况可在单据的流转过程中以签名的形式保留清晰的痕迹，更清楚地落实责任。

4.3.6 人工在成本管理中定位模糊

在成本管理客体中，员工既是管理中的客体，也是实际操作的主体，因为管理者本身就是员工。酒店作为劳动密集型的服务性企业，服务质量好坏取决于一线服务人员的素质、服务意识，而一般酒店人力资源的管理却与此背离。具体表现为：①个人价值取向影响。社会普遍认为酒店服务员社会地位较低，从事酒店一线工作是因为没有其他更好的工作可以选择。在对酒店一线工作人员进行访谈时发现，超过90%的员工是因为不得已才做服务员；超过70%的员工表示，只要能到行政或后勤岗位即使工资低些也转岗。②酒店没有尽到培训和培养的义务。酒店一线人员的受教育层次普遍较低，酒店和员工的关系是纯粹的雇佣关系，虽然很多酒店也在做"员工终极关怀"工程，倡导"家和文化"，但目的也只是为了留住员工，提高员工的工作积极性。③视员工为成本。在"新八条"的冲击下，很多酒店开始裁员或降薪，目的是节约人力资源成本共渡难关。人力到底是资源还是成本，这是一个问题。按照心理学的反应对等原理，如果把员工看作资源便是资源，看作成本便是成本，企业如何对待员工，员工就会如何对待企业。

4.3.7 酒店成本管理模式设计不到位

（1）把财务成本核算当作成本管理

财务成本会计是成本核算的具体执行者之一，成本核算不等于成本管理，但酒店的成本管理几乎是完全依赖于会计成本核算。而现有的成本管理体系没有采用灵活多样的成本方法，导致成本管理的目的是单纯为降低成本而降低成本，无法提供对决策有用的信息，无法深入反映经营过程，不能提供各个作业环节的成本信息，反映不出各个环节发生的情况，结果误导酒店经营策略的制定。另外，现有成本管理对象局限于酒店产品财务方面的信息，不能提供管理人员所需的资源、服务、产品、原料、客户、销售市场等非财务方面的信息，不能为企业的战略管理提供充分有效的信息。现有酒店对成本的控制基本只是依赖会计核算软件所能提供的一些事后信息，酒店内部流程进程混乱，直接反映企业经营过程的ERP系统在酒店中的成功运用还很少。要对酒店进行全面成本控制，就要对酒店各个环节进行分析改进，对酒店各方面的经营信息进行即时反映；但受制于酒店企业目前较低的信息化水平，实现全面有效的成本管理还有很长一段路要走。

（2）成本控制管理基础工作薄弱

成本管理的基础是信息管理，信息质量的好坏，决定着酒店成本管理水平的高低。酒店信息管理工作不健全、不系统，管理者对此也不重视，或者甚至是抵制。从会计的角度上讲，确定一条信息有用至少包括时间、地点、经办人、审核人或见证人、可精准量化等要素，信息载体必须是书面，而且相关人员亲笔签字方为有效。在实际工作中，绝大多数员工包括高管层都认为信息要素的要求太过麻烦，而对签字确认则更是全面抵触，普遍共识是领导签字是权力，员工签字是责任，员工都不想承担责任。

以物品借用为例，酒店部门之间物品借用是常有的事，通常的流程是：

要约→借出→归还→告知→致谢

借用部门经理给物品所在部门经理打个电话，派人将物品借出，使用后派人将物品还回，然后再给物品所在部门经理打个电话，告知已归还并致谢。

这个流程本身没有问题，但在实际操作中没有任何记录却是大问题。

从财务成本管理的角度要求，物品借用应该这样落实：

a. 要约申请。使用部门工作人员对要借用的物品向部门经理提出申请，申请要包括借用什么物品、为什么要借用、借用的时间长度、频率、借用人、使用人等。

b. 要约发出。使用部门经理审核作出决定，如果是高频率借用，则可向高管层申请将借用物品管理转移至本部门或申请购置。借用人执《物品借用申请单》到物品所在部门，请经理签署，物品所在部门经理也要对物品是否借出作出决定。

c. 借出。物品保管人和借用人在《物品借用申请单》上同时签字，并在申请单或台账上注明借出时间，验证实物完好有效后，方可借出。

d. 归还。归还的原则是谁借用谁归还，从谁处借的还给谁。归还时，在《物品借用申请单》或台账上注明归还时间，验证实物完好有效后，归还完毕。

e. 每月部门填报物品借用清单报财务部成本会计，进行账务处理。

笔者曾向走访的其他酒店推荐这种物品借用管理模式，结果都一致回答，太麻烦了。管理的麻烦是为了结果不麻烦。

（3）缺少一套完善可行的制度

在单体酒店管理中，最尴尬的是制度建设。酒店在处理事务时用得最多的几句话是，"按酒店规定""按酒店管理制度要求"。可酒店怎么规定的，怎么要求的，却说不出所以然。再进一步说，把制度和规定拿出来看看，却大多是拿不出来，也有真能拿出来的，却是从其他酒店抄来的或是从网上下载的。H酒店包括走访的海拉尔地区其他几家酒店的制度管理，都是口头制度，口口相传，没有进行综合整理，落实到具体文本。

（4）考核与激励政策不完善

许多内部业绩考核较好的单位，如青岛海景花园大酒店，指标定得很细，很有实操性，对酒店经营过程中的成本费用的发生都有完整的控制标准，对每道菜式成本利润率、每个季节的房价政策都会作精确计算，只有经过充分论证可行的模式才会大量推出，并在经营过程中严格执行既定控制标准。

H酒店包括走访的其他酒店，考核只是酒店内部考核，没有很好地跟市场联系起来；考核只考核到部门，没有落实到个人，考核结果仍存在吃大锅饭现象、搞平均主义；奖惩措施力度不够，调动不起员工积极性。大多数酒店内部业绩的考核只是粗略地以部门为单位，考核指标的制定缺乏科学依据，基本上只是在上年实际发生的基础上浮动一定比例即成为下一年度指标，且在运行过程中也不会随市场情况变化作相应的调整，考核指标往往严重偏离实际，起不到考核指标的作用。为考核制定的奖惩措施也往往很难兑现，能否实现经营目标影响不大，甚至亏了也可找个理由来推卸，因为这些部门经理都有各自的人际脉络，不是轻易能作处理的。考核制度不能起到调动员工积极性的作用，使企业失去活力和动力，其后果是相当严重的。这种现象单体酒店中普遍存在，只是程度不同而已。

酒店对员工的正向激励是表扬、提成、加薪、晋升，反向激励是通报、批评、罚款、降薪、降级。这些激励措施从人力资源管理的角度上看，也无可厚非。但酒店只是将其作为一种手段，只做了其中的一点，而没有建立完整的系统。例如，表扬最多是范围、层面、级别、方式不同，其他的没有什么区别；对为什么要表扬，员工被表扬前的状态、表扬后的状态，对周边同事的影响，对营业收入的影响，表扬效果的衰减时间等都没有评估。这种激励也只能是为激励而激励，流于形式化，对成本控制并没有起到积极的效果，有时甚至会起反作用。

4.4　H酒店成本管理问题原因分析

4.4.1　管理者素质偏低，影响企业管理水平

H酒店共有员工370人，其中管理人员48人，共分为三级：高级管理人员6人，包括总经理1人、副总经理2人、总经理助理1人、总监2人；中层管理人员11人，包括部门正职6人、副职3人、助理2人；基层管理人员即部门主管31人。

根据美国社会心理学家戴维·麦克利兰（David C. McClelland）素质冰山模型，结合管理学理论从基本知识、基本技能、角色定位、团队建设四个方面分析H酒店管理者的素质水平。

（1）基本知识

学历与职称统计：48名管理人员中，接受过高等教育的10人，其中在读硕士研究生1人、本科毕业4人、专科毕业4人、中专毕业1人，占管理人员的比例为20.83%。其余管理人员大部分没有完成基础教育。48名管理人员中，高级职称1人、中级职称4人、初级职称1人，共6人，占管理人员的比例为12.76%；6人中，会计系列5人，工程系列1人。虽然说人的学历、职称与实际工作能力没有直接关系，但基础知识薄弱直接影响管理者的基本技能。

（2）基本技能

基本技能是指一个人能完成某项工作或任务所具备的能力。H酒店管理人员基本技能偏低，具体表现如下：

①表达能力。H酒店管理人员最怕的就是写东西，但都表示会说，经常说"我干活行，但写东西很为难我了"。在论文撰写过程中，笔者曾经要求相关管理人员把工作内容说出

来，由笔者进行记录整理，结果是说了半天翻来覆去就是几句话，没有什么实际内容。能说不等于表达能力强。

②处理问题的能力。H酒店对问题的处理原则是"就事论事"，这也是管理人员经常表达的一个概念，意思是体现自身为人正直光明磊落。这看起来似乎是没什么问题，但在执行的时候却是大相径庭。例如，北方冬天经常下雪，为避免下雪天将地毯踩脏，2012年冬季酒店要求员工进楼必须戴鞋套，不戴者每次罚款50~100元。某管理人员上班时没有戴鞋套，但其常年的习惯是进门先擦鞋，擦干净后再进办公室，却被罚款100元，理由是检查的是戴不戴鞋套，而不是鞋脏不脏。最后终于因处罚到总经理引起强烈不满而逐渐废止。这种看似公平的"就事论事"实际上以点带面，忘记了制订某项措施的最初目的。

③概括总结能力。H酒店自1992年开始进行制度建设，历经20多年但始终没有整理出适合自身的管理制度。2010年末，酒店再次组建制度建设工作小组。当时工作组的负责人主张，通过对具体工作进行观察、访谈、记录、总结、测试的方式整理适合H酒店的工作流程、质量标准、操作规范、岗位说明书和约束条款，但遭到小组成员、酒店中高层管理者，甚至是总经理的强烈反对，理由之一是浪费时间，理由之二是让酒店管理人员归纳总结工作流程、质量标准、操作规范、岗位说明是不可能的，没有人会做。最后通过参考已出版的其他酒店制度文本和网络资料下载的方式于2011年5月完成了制度建设工作，但此次修订的制度文本并没有下发到各部门执行，对酒店管理没有任何的指导意义。2013年3月，酒店总经理再次要求重启制度建设。

④分析能力。酒店管理者处理问题时，不考虑事情发生的前因后果、发生过程，以及对未来的影响。具体表现为，分析问题时只看表面、不看实质，头疼医头、脚疼医脚。2013年4月13日，公务员考试作为一个经典案例在运营会议上进行了分析，但分析的结论是酒店房价不合理。在公务员考试前一天应降低房价，以吸引考生入住，相关管理人员不关注市场动态受到了批评。其实，除公务员考试外，还有各种考试；除了考试，还有其他形式的大规模的单一目的的人群聚集，都会在淡季带来可观的出租率。此外，大规模单一目的的人群聚集除有食宿需求外，还有其他需求，这也是酒店重点考虑的内容。在产品设计开发上，只重名称，不重概念内涵。青岛海景的鞠躬和问候，在不同的时间、地点、场景、氛围有不同的要求，应根据实际情况把握。用心做事是根据客人的需求进行判断的，而不是洗个袜子、送杯糖水、留个言就能达到的。在收入控制中，不能正确按照客人的性别、年龄、身份属性、客源地、渠道进行分类设置，造成经营数据无法深入分析。

⑤学习能力。管理者的一个主要责任就是培育学习的环境，以建立整个组织的学习能力。H酒店非常重视学习，酒店多年来不停地组织管理人员到国内先进酒店去学习，耗费了大量的时间、金钱和精力，但酒店的管理水平并没有明显的提高，服务也没有根本的改观，产品设计甚至要跟在本地社会酒楼后面，总经理感到非常困惑。概括原因有两点：一是不想学，二是不会学。H酒店派出的管理者大部分因基础知识薄弱、学习能力差不会学，也有的是认为学习的层次太低不想学。

（3）管理者的角色定位

明茨伯格管理者角色理论将管理者角色分为三类10种角色：人际关系角色，挂名首脑、领导者、联络者；信息传递角色，监听者、传播者、发言人；决策者角色，企业家、混乱驾驭者、资源分配者、谈判者。管理者角色强调的重点随着组的层次不同而变化，信息传播者、挂名首脑、谈判者、联络者和发言人的角色更多地表现为高层管理者，领导者的角色（按明茨伯格）在低层管理者身上表现得更加明显（斯蒂芬，2011）。

表2 管理者的角色

角色	描述	特征活动
人际关系方面		
1.挂名首脑	象征性的首脑，必须履行许多法律性的或社会性的例行义务	迎接来访者，签署法律文件
2.领导者	负责激励和动员下属，负责人员配备、培训和交往的职责	实际上从事所有的有下级参与的活动
3.联络者	维护自行发展起来的外部接触和联系网络，向人们提供恩惠和信息	发感谢信，从事外部委员会工作，从事其他有外部人员参加的活动
信息传递方面		
4.监听者	寻求和获取各种特定的信息（其中许多是即时的），以便透彻地了解组织与环境	阅读期刊和报告，保持私人接触作为组织内部和外部信息的神经中枢
5.传播者	将从外部人员和下级那里获得的信息传递给组织的其他成员——有些是关于事实的信息，有些是解释和综合组织的有影响的人物的各种价值观点	举行信息交流会，用打电话的方式传达信息
6.发言人	向外界发布有关组织的计划、政策、行动结果等信息；作为组织所在产业方面的专家	举行董事会，向媒体发布信息
决策制定方面		
7.企业家	寻求组织和环境中的机会，制定"改进方案"以发起变革，监督这些方案的策划	制定战略，检查会议决策执行情况，开发新项目
8.混乱驾驭者	当组织面临重大的、意外的动乱时，负责采取补救行动	制定战略，检查陷入混乱和危机的时期
9.资源分配者	负责分配组织的各种资源——事实上是批准所有重要的组织决策	调度、询问、授权，从事涉及预算的各种活动和安排下级的工作
10.谈判者	在主要的谈判中作为组织的代表	参与工会，进行合同谈判

资料来源：斯蒂芬·P·罗宾斯.管理学［M］.北京：中国人民大学出版社，2011.

按照明茨伯格管理者角色理论，H酒店管理者的角色定位层次显得有些混乱，具体表现如下：

人际关系角色方面：高层管理者主要是总经理，是酒店挂名首脑，但在实际工作中有些协议、合同却由中层管理者或者基层管理者签署，而且只是电话告知而没有书面制授权，当协议、合同出现问题时，则将责任全部推在签字人身上。领导者（按明茨伯格），从高层到基层的管理者都有充分体现。联络者，外部联络工作既是资源也是任务，H酒店在这一角色分配上的原则是选择个人形象好的管理者和总经理信任的管理者，而不是按工作需要分配。

信息传递方面：每位管理人员都是监听者，但对信息筛选更关注小道消息或负面消息。每位管理人员都是信息传播者，但传递的信息更多的是与自己意见不合或是对立面的管理者的负面消息，也就是平时所说的小话和告状。酒店没有统一的发言人制度，高管层虽然是酒店的发言人，但在信息传递上更多是个人主观判断，而不是会议讨论通过的一致结果。"新八条"出台后，因某高管将之对酒店的影响程度说得过高，在社会上造成酒店已经经营不下去，很快就要倒闭的错觉。

决策者角色方面：高管层是酒店的决策者，但决策的过程不严谨。年度预算指标的制定实际就是总经理与经营部门经理讨价还价，然后经营部门经理与财务部讨价还价，这中间有很大的人情和人为因素。曾经出现总经理到财务部替经营部门说情的现象，企业家这一角色是总经理、经营部门经理，还是会计，说不清楚。2013年3月，某部门出现员工集体罢工事件，部门经理请示总经理时，得到的答复是"自己看着办"。虽然罢工事件最终得以妥善解决，但其中的风险和责任却全落在部门经理一人身上。总经理是酒店唯一的资源分配者，在资源分配的过程中，更多的是看总经理的心情而不是工作需要。

H酒店的管理角色分配定位，导致不承担责任的工作大家抢着做，有些责任风险的工作没人愿意做。在成本管理工作中，没有人承担管理控制责任。

（4）团队建设

美国组织行为学的权威斯蒂芬·罗宾斯（1994）认为，团队是指一种为了实现某一目标而由相互协作的个体所组成的正式群体。

H酒店80%的管理人员没有接受过高等教育，95%的人没有读过管理学方面的书籍。对团队管理建设进行访谈的结果是，都知道团队这个概念，但什么是团队建设，团队建设都包括哪些内容，如何管理团队，没有太多的认识。管理者对团队的普遍理解是，酒店是一个大团队、部门是一个小团队、领导班子是核心团队。在这种认知下，"团队建设"就是"一把手工程"，在沟通、决策、资源分配上突出"一把手的权威"，"团队"成员所作的工作是为了完成和实现"一把手"的业绩，成员之间不是角色互补、彼此合作，而是重在个人表现，即在"一把手"面前有面子，受"一把手"赏识成为工作的目标。

4.4.2 思想意识僵化，制约企业发展

H酒店虽然经历了事业单位、国有企业、国有股企业、民营企业所有制转变，但管理者没有改变，管理者的经营思想没有改变。具体表现为，权力意识浓厚、经营思想僵化、成本概念片面。

（1）权力意识浓厚，制约企业发展

受中国传统权力思想的影响，管理者的权力意识非常强烈。在走访的几家酒店中，均有不同程度的派系之争，下达指令不考虑酒店的生存和发展，而是个人权力神圣不可侵犯，自己权力范围之内说一不二，即使是错了也要执行；在用人方面甚至是任人唯亲，而非任人唯贤。这种形式产生下的管理人员上岗后，个人素质无法适应酒店的经营管理需要，使成本管理起不到应有作用。这些人在经营中的决策不是经过科学严格的可行性论证，而是"三拍工程"，即"拍脑门、拍胸脯、拍大腿"，草率的决策给酒店的经营带来的后果不言而喻，甚至部分管理人员将职权作为谋私手段，不择手段地侵吞企业公共财

产，导致企业员工人心涣散。

由于管理者刻意维护自己的权力和地位、突出个人业绩，很少关心企业的长远发展，在成本费用的划分上经常进行人为的调整，致使该提的不提、该摊的不摊，弄虚作假，虚报经营期间的业绩，最终酒店经营看起来很好，实际上很糟。

（2）经营思想僵化，不适应市场变化

2005年以前，H酒店是行政公署、市政府唯一的政务接待酒店，一直把政府官员作为酒店接待的重点对象，只要政府领导满意就是接待成功。2005年，政府新建接待酒店天骄宾馆开业以后，作为政务接待的补充，H酒店开始面对市场商务客人，但原来的经营思想并没有改变。例如，政务客人与商务客人同时入住酒店时，所得到的服务是不一样的；总经理的客人就餐与普通客人就餐服务也是不一样的。因此，社会上对H酒店的服务评价是很好和很差两个截然相反的结论。

在产品开发上，H酒店一直沿着新奇特的思路以取悦高端客户的心态进行，市场形势好的时候颇有收效，当市场形势变化时，则难以适应。准备了大量的原材料，却卖不出去，造成成本浪费，用酒店总经理的话说，"连普通的家常菜都做不好"。

在产品定价上，H酒店仍然沿用不考虑产品成本构成、预期收益、市场需求程度的"拍脑袋定价"的原则。

在人力资源管理上，H酒店基本还是延续国有企业的人事管理模式，只管理招聘、社会保险、劳动关系档案和离职，虽然酒店也在做员工职业生涯规划，但只是一个模仿的文本，晋升、加薪仍然由总经理圈定，对员工的成长没有实际意义。

（3）成本概念片面，管理控制不到位

酒店很重视成本管理与控制，但成本管理的范围仅仅局限在对支出和消耗的管控，也就是只重视绝对成本，不考虑相对成本、机会成本和沉没成本。在实际经营过程中，预算管理、产品设计、定价策略、收入控制、销售政策都会对成本控制产生重要影响，而影响程度会超过绝对成本支出所带来的损失。

在成本管理归集上，不考虑成本的配比性，经营部门的支出无论是否与收入相关、有没有配比关系，只要是部门发生的就一定要计入部门成本费用；而与部门收入相关的支出，则会因与高管层协商不在本部门列支；当期成本费用过高，则会转到下月，人为调节成本率，造成成本不实，失去控制的意义。

4.4.3 技术水平影响了成本降低

（1）专业技术

酒店的专业技术体现在产品设计与加工、产品创新、服务礼仪、仪容仪表、顾客需求识别、处理投诉等方面。在"学习、引进、模仿、创新"口号的带动下，酒店推出了很多的技术创新手段和措施，但由于只关注冰山水平面以上部分，而没有关注创新的实质，最终没有坚持下来。

（2）工程技术

酒店的工程技术体现在酒店功能设计，装修、装饰、装潢，设备设施购建、维护与保养，降低能耗等方面。H酒店是有50年历史的老店，总体功能设计已无法改变。但H酒店在装修、装饰、装潢上，没有按顾客需求进行设计，而是模仿：香格里拉的地毯、北京四季饭店的装饰、北京宴的大理石，七拼八凑没有自己的主题风格，同时给设备设施维护与保养带来了诸多的困难。能耗上不研究替代产品，只是一味地节约，顾此失彼。例如，太阳能、光能、LED 照明等清洁能源由于技术要求较高，一次性投入太大，酒店没有实施；而同在一个城市的政府接待酒店天骄宾馆已经实现了太阳能热水，几年下来综合成本远远低于 H 酒店的热水供应成本。

（3）管理技术

酒店管理技术体现在企业文化、质量标准、工作流程、操作规范、岗位说明、约束条款等方面。由于 H 酒店注重模仿不做研究，历经 50 年，最终依然没有形成适合自身的管理模式。

（4）信息技术

H 酒店将信息管理技术认定为是计算机管理，事实上管理系统只是信息管理的一个工具。酒店于 1995 年会计电算化采用用友财务管理系统、1996 年局域网建设采用中软酒店管理系统、1998 年启用门禁系统，这些在海拉尔区同行业都是首家。但十几年下来，会计电算化系统只是一个汇总工具，酒店管理系统只是起到登记簿和计算器的作用，门禁系统只是取代了物理开锁方式。真正的信息技术是对信息的收集、记录、筛选、分类、整理、评估、应用、检测等，而不是单纯的计算机系统。

5 酒店成本管理对策与建议

根据上述研究结论，针对 H 酒店成本控制存在的问题及原因分析，结合本人多年从事酒店财务管理的心得，借鉴国际品牌酒店在我国成功的运作经验，对 H 酒店的成本管理架构进行重新设计。

5.1 总体思路

5.1.1 合理制定全面预算

全面预算是一种全过程、全方位、全员的预算。它需要全员的参与、全方位的行动，涉及企业经营全过程。全面预算的内容体系由经营预算、专项预算和财务预算构成。制定合理的全面预算管理，建立一套有效的、操作性的控制系统，是实现酒店成本控制的基础。

5.1.2 以目标管理为导向原则，确定酒店目标成本

目标管理是一个全面管理系统，它用系统的方法，使许多关键管理活动结合起来，有效地实现组织和个人目标。成本管理从目标成本的制定开始，以目标为执行导向，最后以目标完成程度作为业绩评价的依据。

5.1.3 核算产品标准成本，推行标准成本制度

产品标准成本是产品定价的基础，核算产品标准成本，可以清楚地知道产品的固定成

本、变动成本,从而制定出具有竞争力的产品价格,为酒店的产品开发、经营战略调整提供参考依据。

标准成本制度是把企业的科学管理方法应用于成本计算,将成本计划、成本控制、成本计算和成本分析有机结合的一种会计信息系统和成本控制系统。推行标准成本制度便于酒店编制全面预算和进行预算控制,可以有效地控制成本支出,帮助酒店进行产品价格决策和预测,简化存货计价及成本核算的账务处理工作。

5.1.4 建立成本费用预测与决策制度

星级酒店及时提供成本信息,为企业管理部门控制生产费用提供资料,以了解成本变化动态,进行经济决策,如制定销售价格等。

通过建立信息管理中心,使成本信息成为信息中心管理的一个重要组成部分。通过信息中心对酒店基础信息、全面预算信息、酒店目标成本、产品标准成本、采购信息、库存信息、成本费用实际支出情况等进行收集、整理、分析、评估,为成本预测、决策、分析与考核职能提供数据基础。

5.2 酒店成本管理架构设计

酒店成本管理架构设计是实施成本控制的基础工作。完善的管理架构,可以让成本控制更为清晰、更有条理、责任明确,从而实现成本管理的目标。本义对酒店成本管理架构设计的原则是,全面控制,即全员、全系统、全过程控制,按成本管理主体设置主体架构,按成本管理客体设置客体架构(也称配比客体架构),按成本发生流程设置流程架构。

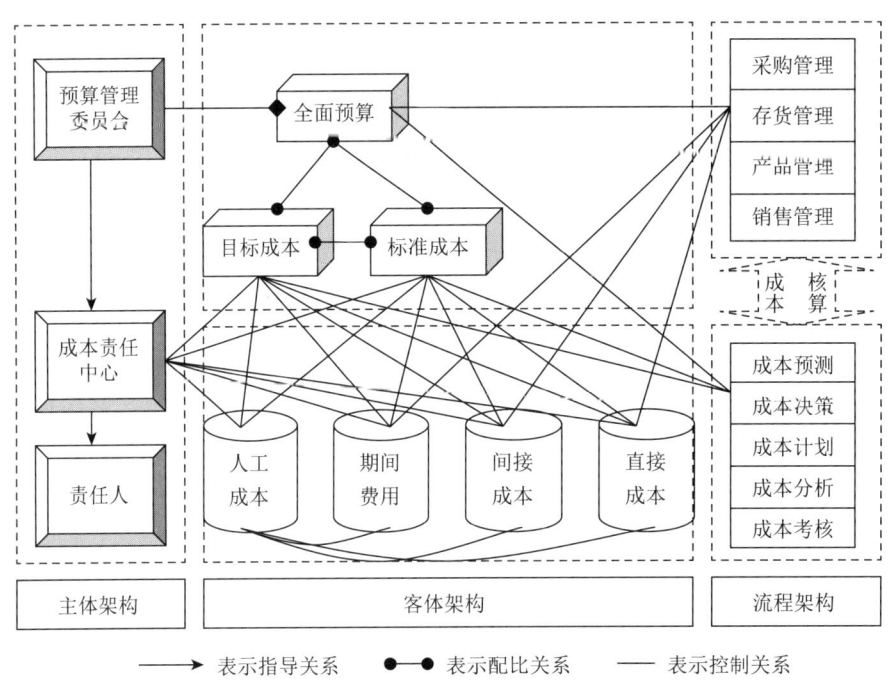

图 13 酒店成本管理架构设计图

5.2.1 主体架构

成本管理主体从企业组织结构的层面认识，大体分为三种：决策主体、组织主体、执行主体，对应三个机构：预算管理委员会、成本责任中心和责任人。

预算管理委员会是酒店预算管理的最高权力机构。预算管理委员会的职责如下：经营目标的确定；制定有关预算管理的政策、规定、制度等相关文件；组织酒店相关部门或聘请有关专家对目标的确定进行预测；审议、确定目标，提出预算编制的方针和程序；审查各部门编制的预算草案及整体预算方案，并就必要的改善对策提出建议；审查、批准预算方案，根据需要就预算的修正加以审议并作出相关决定。

传统的成本责任中心，是指只发生成本（费用）而不取得收入的责任中心，只考核成本不考核其他内容。在竞争环境中，成本的发生与收入、利润密切相关。因此，酒店设立成本责任中心时，按与收入的配比关系进行设置，原则是谁受益，谁承担。按酒店组织机构分类，可以分为经营部门、仓储和管理部门三类。每类可以细分，如，经营部门可细分为餐饮部、客房部，餐饮部可以再细分为前厅、厨房，前厅还可以再细分到班组。

责任人是责任中心的终端细分。在成本可分的前提下，每个责任人就是一个责任中心，也可以说责任人是责任中心的最小单位。

5.2.2 客体架构

按与产品的配比关系，可分为直接成本、间接成本、期间费用和人工成本。人工成本既可以是直接成本，也可以是间接成本，还可以是期间费用，之所以要单独列示，是因为酒店是劳动密集型产业，根据重要性原则，进行单独反映。

5.2.3 流程架构

流程架构分为成本预测、成本决策、成本计划、成本分析、成本考核5个环节，以及采购、存货、产品、销售管理4个环节。两者通过成本核算实现酒店成本控制。

5.3 酒店成本预算管理程序和内容

5.3.1 主营收入预算控制

酒店的主营业务收入是客房收入和餐饮收入。在进行预算编制时，统一预算编制时间，通常在每年的第四季度，也就是10至12月份；统一相关概念，如经营年度和预算年度，历史数据和经营数据（连续三年以上的分析数据是历史数据，编制预算的当年数据为经营数据，如在2012年末编制2013年预算，2012年为经营年度，2013年为预算年度，2012年的数据为经营数据，对连续三年或以上的经营分析为历史数据）；全面了解本地区酒店连续三年或以上的经营趋势，预算期内可能出现的市场变化因素；明确酒店的经营能力是否有变化或调整。

（1）经营能力分析

在进行预算制定之前，首先要做经营能力分析。经营能力分析，是指酒店在某一经营期（预算期）内假设条件下各项经营指标的最高值。

例如，H酒店房间总量是221间，其中，套房28间、单人标准间（大床房）43间、双人标准间（双床房）150间。假设按挂牌价，套房2780元/房晚，标房1280元/房晚，

出租率100%的情况下,每房晚的客房可实现收入如下:

套房　　　　　　28×2780元/房晚=77 840.00元
单人标准间　　　43×1280元/房晚=55 040.00元
双人标准间　　　150×1280元/房晚=192 000.00元
合计　　　　　　　　　　　　　　324 880.00元　　　　　　　　　　　　　　　　（5.1）

按每个服务员管理14个房间（套房按1.5计算），月薪2400元计算：

用工人数=（28×1.5+43+150）÷14≈17人　　　　　　　　　　　　　　　　　　（5.2）

客房每房晚直接人工成本=（2400÷30）×17=1360.00元　　　　　　　　　　　（5.3）

房间每房晚单位直接人工成本=（2400÷30）÷14=4.71元　　　　　　　　　　（5.4）

房间布草按一天一换，床位全部住满（套房按大床计算），大床布草洗涤费8元/套，双床布草5元/套计算：

洗涤费=[（28+43）×8]+[150×2×5]=2068.00元　　　　　　　　　　　　　　　（5.5）

洗涤成本比率=1318.00÷324 880.00=0.41%　　　　　　　　　　　　　　　　　（5.6）

以此类推，核算出房间各项直接成本和间接成本，减去固定成本核算出最高利润，然后分析各项要素的变动影响。例如，假设酒店每天的实际洗涤能力只有大床布草80套，双床布草200套，双床房住两人（不考虑双开率）时对收入的影响表现为：

收入=28×2780+43×1280+100×1280=260 880.00元　　　　　　　　　　　　（5.7）

双床房出租率=100÷150=66.67%　　　　　　　　　　　　　　　　　　　　　（5.8）

实际管理中，各种因素影响关系非常复杂，在此不做一一列举。

经营能力分析的目的在于，明确酒店经营要素的极限能力和要素之间的影响关系，是预测的基础。通过经营能力分析推导出酒店在各种因素影响下的预期的经营获利能力，选择酒店的经营目标，为预算的制定做好基础准备。

（2）客房收入预算控制

下面以客房收入为例，说明酒店收入控制预算的基本程序和内容。

客房收入主要参数：平均房价、出租率、销售量。客房收入预算的步骤如下：

①分析酒店连续三年或三年以上的经营数据和业务数据，分析出客房的收入总额、经营规律、平均房价、出租率以及变化趋势。

②根据分析，结合市场综合因素估算预算年度客房收入的预期收入总额，报预算管理委员会审议批准。

③以连续三年的历史数据为基础进行主要参数测算。

$$增长幅度（\%）=\frac{预期收入总额-连续三年的收入总额加权平均值}{连续三年的收入总额加权平均值} \quad (5.9)$$

以经营期平均房价基数，测算预算期预期平均房价和预期出租率：

预期平均房价=经营期平均房价×增长幅度（%）　　　　　　　　　　　　　（5.10）

预期出租率（%）=预期收入总额/预期平均房价　　　　　　　　　　　　　（5.11）

按连续三年或以上经营数据分析，将预期营业收入分解到各月，细分到每周每天。按上述公式进行对应测算。

根据对预算年度的评估调整预期平均房价和预期出租率，如2012年春节是1月23日，2013年的春节是2月10日，在没有特殊变化的情况下，这两个日期的经营规律应该相同。

根据调整后的预期平均房价和出租率，重新测算预算年度收入总额，报预算委员会批准。根据批准方案再次进行测算调整，直到预算收入确定。

（3）预算收入分析

Rev = 出租率 × 平均房价

Rev' = 预算期出租率 × 预算期平均房价 − 经营期出租率 × 经营期平均房 　　（5.12）

出租率影响因素 = 预算期平均房价 × （预算期出租率 − 经营期出租率）　　（5.13）

平均房价影响因素 = 预算期出租率 × （预算期平均房价 − 经营期平均房价）　（5.14）

在预算的执行过程中，时时关注实际收入与预算进度的差异，定期进行因素分析，从中发现酒店定价策略和销售政策中存在的不足，并提出整改意见和建议，使酒店收入管理控制在健康良性的轨道上运行。

5.3.2 主营成本预算控制

酒店的主营业务收入是客房收入和餐饮收入，对应的主营业务成本是客房成本和餐饮成本。因此，通常酒店所说的成本专指餐饮，也就是餐费成本和商品成本。

现行会计制度对酒店成本核算的内容也只是餐饮成本，餐饮经营的其他各项支出和客房的各种费用支出都通过费用形式核算。为避免概念混淆，本文将客房和餐饮的各项费用支出，称作费用成本，即客房费用成本、餐饮费用成本。下面以客房费用成本为例，阐述本文对费用成本控制的观点。

客房成本的特点是，一次性投资较大、日常经营中耗费较小，各类经营业务间相互交叉，直接费用和间接费用不易划分，计算酒店客房营业成本的难度较大。酒店客房费用成本主要由三部分组成：一是消耗类费用成本，如客备品（六小件）、纸张、免费饮品、鲜花、水果等；二是分摊费用成本，如布草、用具、摆件、设备设施、折旧费、装修费用摊销、水电费等；三是人工费用成本，包括员工的工资、社会保险及各种福利。

现代酒店管理通常将客房与前厅分设，是两个部门，但从责任会计的角度讲，前厅与客房同属一个利润中心。根据配比原则，客房成本主要体现在人工费用、物料消耗、水电消耗、布草消耗和洗涤费用。

客房费用成本的预算控制的步骤和方法如下：

（1）分析酒店连续三年或三年以上的经营数据和业务数据，分析出客房费用成本与出租率的配比关系和经营规律。如，工作人员清理房间的标准时间、管理房间标准数量、客备品使用率、纸张的消耗率、不同季节的用量等。

（2）根据客房收入预算和历史数据测算各项费用的数量总额，如人工成本。

预算期房间出租数量 = 可用房间总数 × 预算出租率 　　　　　　　　　　（5.15）

工作日需求总量 = 预算期房间出租数量 / 员工管理房间的标准数量 　　　（5.16）

根据劳动法工时管理要求计算每天、每月以及全年的用工人数。

（3）根据测算的费用数量总额和酒店在预算期内的管理要求，以及物价变动情况计算出预算期客房的目标费用成本额。

（4）分摊费类成本通常由财务部和工程部门核算，客房无法控制，但也可以纳入预算控制之中，通过了解和掌握其性能、维护、保养的方法，增加使用期限，相对降低客房成本。

（5）根据成本的习性对固定成本和变动成本进行分类，通过本量利分析，找出客房的盈亏临界点，为实现客房动态收益管理打下基础。

在实际运营过程中，对费用成本进行实时监控，定期分析实际成本与目标成本的差异，分析各种因素对客房利润的影响，及时修正，实现管理可控。

5.3.3 餐饮餐费成本预算控制

餐饮成本主要是指销售的餐费成本和商品成本，是酒店成本控制的重点。对餐饮成本进行预算控制一般采用标准成本控制的方法，可以分为以下几步：首先制定标准成本；其次将实际成本与制定的标准成本进行比较以确定餐饮成本的节约程度；最后采取有效的措施，及时消除不利差异。

（1）标准成本的制定

餐费成本是餐饮成本控制的重中之重。原材料经过厨房加工后制成菜品，而酒店的餐品是非国标品，没有专门的机构和标准来管理。因此，酒店在菜品管理上要制订自己的管理标准。

菜品的标准成本。首先，要明确菜品的原材料成本构成。按主料、辅料、调料分类统计数量、单价、金额，核算出原材料成本总额。其次，核算加工工艺成本。在菜品加工的过程中，处理原材料的方式多种多样，有的是打水焯，有的是过油，有的需要蒸煮。对加工工艺成本控制的重点是燃料能耗标准和辅助用料标准。最后是盘饰。菜品加工完成后是否有卖点，盘饰很重要。盘饰包括花饰、雕刻、加热、制冷、特种器皿等。随着消费者品位的提高，在现代酒店餐饮服务中盘饰变得越来越重要。因此，盘饰成本的标准也成为餐费成本的重要控制内容之一。

（2）标准成本卡

菜品的各种标准确定后，通过标准成本卡进行管理控制。

表3　餐饮菜品标准成本配置卡

菜品名称：干锅茶树菇　　　　　　规格：　　　　　制表日期：

	名称	品牌	规格	单位	单价	数量	成本
主料明细	茶树菇		净料	克	0.03	400.00	11.00
	五花肉			克	0.03	50.00	1.40
	圆葱			克	0.01	30.00	0.16
	合计						12.56

续表

	名称	品牌	规格	单位	单价	数量	成本
辅料明细	盐			克	0.00	10.00	0.03
	味精			克	0.03	10.00	0.30
	一品鲜			克	0.02	30.00	0.45
	辣面			克	0.02	50.00	1.10
	白糖			克	0.01	15.00	0.11
	青红尖椒			克	0.01	30.00	0.18
	色拉油			克	0.01	100.00	1.16
	干锅油			克	0.01	50.00	0.59
							3.92
加工工艺	加工工艺		名称	单位	单价	数量	成本
	打水焯						
	合计						
	加工燃料		名称	单位	单价	数量	成本
	柴油灶		0号柴油	升	6.97	0.30	2.09
	合计						2.09
盘饰			名称	单位	单价	数量	成本
	干锅						
	酒精加热			盒	1.00	1.00	1.00
	合计						1.00

合计成本：19.57　　　　销售价：58.00　　　　成本率：33.74%

制表人：　　　　行政总厨：　　　　财务审核：　　　　总经理审批：

标准成本卡是菜品操作的指南、成本控制的依据、预算编制的基础。

（3）成本率控制

成本率是酒店餐饮成本管理最为重要的指标，是酒店管理者重点关注的对象。成本率是经营管理中非常重要的指标，起到指导定价、衡量管理水平的作用。与成本率相对应的是毛利率。正确地理解成本率和毛利率对餐饮成本控制非常重要。

$$成本率 = \frac{营业成本}{营业收入} \times 100\% \tag{5.17}$$

而通常管理者理解的毛利率则是：

$$毛利率 = \frac{营业收入 - 营业成本}{营业收入} \times 100\% \tag{5.18}$$

有的管理者把成本率理解为：

$$成本率 = \frac{营业收入 - 营业成本}{营业成本} \times 100\% \tag{5.19}$$

5元的成本卖10元的价格，毛利率50%，而不是毛利率100%。

成本率控制的基础就是标准成本和标准成本卡，因此酒店餐饮部门必须了解、掌握标准成本和标准成本卡的应用，真正理解成本率、毛利率的概念和应用，才能有效地控制餐费成本。

（4）目标成本的制定

在预算收入的基础上，通过成本率配比，计算成本总额。根据历史数据分析菜品销量的构成，设定目标菜品销量，结合标准成本卡计算出各种主料、辅料、用工用料、燃料以及盘饰的成本名称、数量和目标价格。经预算管理委员会审议修订后执行。

目标成本是餐饮成本控制的重要参考和控制依据，也是采购和存货的依据。在实际工作中，通过对营业收入的监控，考核实际成本与目标成本、标准成本的差异进行分析控制。

（5）实际成本与标准成本之比较

根据上述内容，可以分别计算出实际的餐费成本和餐费成本率，以及标准餐费成本和成本率。如果直接采用实际餐费成本与标准餐费成本进行比较，由于二者对应的营业可能不同，可比性不强。因此，可以采用实际食品成本率与标准食品成本率相对比的方法，进行比较分析。

实际餐费成本率与标准餐费成本率之间存在差异，并不能说明酒店内部管理一定存在问题，应根据具体情况，对产生的差异进行具体的分析。差异可分为合理差异和不合理差异两大类。一般来说，合理差异有：①产品结构差异。由于消费者偏好变化，对菜品的需求的改变，如引进的卖点非常好的菜品变成滞产品，此时，酒店及时调整产品结构，创新菜品。②物价成本的差异。在物价变动较大的情况下，酒店及时调整标准成本卡，重新计算菜单成本，并相应调整菜肴的售价。③酒店改变会计核算程序、报表编制方法、收款方法等引起的差异。

不合理的差异有：原材料进货过多，验收不严格；保管不妥，未严格执行领发料制度，浪费，职工偷盗；每份菜肴分量不正确，未按标准配方进行生产等。对于这种差异，酒店经管人员应通过深入调查，查明问题，采取改进措施，缩小差异。

5.4 酒店成本流程控制

5.4.1 采购控制

采购控制的设计思路为，以预算为基础，目标成本为采购对象采购标准计价的计划采购控制模式。

（1）采购预算

采购预算是采购控制的基础、酒店经营活动的起点。采购预算是根据酒店全面预算，通过配比原则、标准成本法、目标成本法等一系列计算过程确定的目标采购量，是原材料物资采购的重要依据。

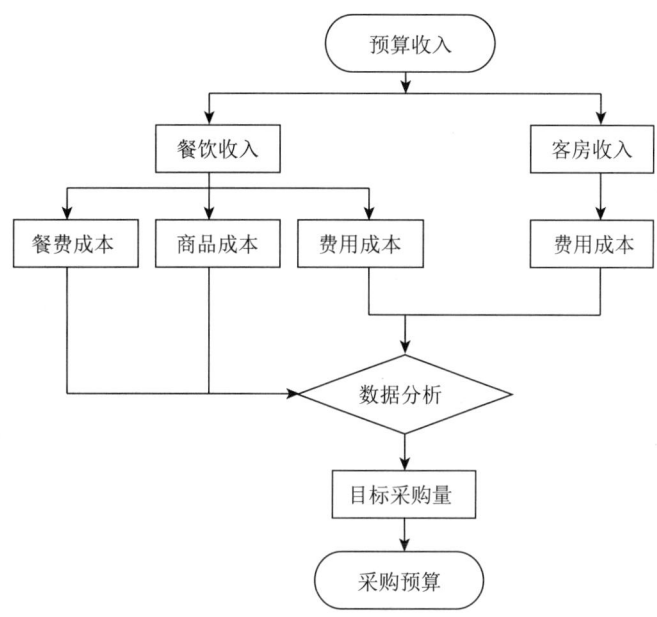

图 14　采购预算编制流程简图

（2）采购控制的原则

酒店采购成本控制的原则如下：①品种上。以预算确定的目标成本品种作为采购依据，预算外品种的采购需要经过审批。审批流程：发起部门（或使用部门）提出申请计划；主管领导或总经理对申请计划进行审阅批准；采购部门对申请采购内容进行寻价，确定渠道、选择供应报发起部门（或使用部门）；经主管领导或总经理批准后，方可采购。②数量上。按预算执行的进度和标准成本进行采购。例如，某月客房预算收入是300万元，1000个房晚，消耗品的预算使用率是80%。假设以房间为单位按套计量消耗品，则消耗品的月采购量为1000×80%=800套。③价格上，货比三家选择性价比。当然，不是价格低的就优先采购，也不是性价比最高的就必须采购，还要充分考虑供应商的实力、质量的稳定性、退换货的方便程度和供应商的售后服务等多方面因素。进货批量上实施经济进货批量控制和战略采购控制。

（3）验收控制

验收所依据的标准是，在采购之前制定的采购计划标准。验收主要是确保接收原材料物资的数量、价格、质量、批次、时间与采购计划标准相符。验收成本控制采用四方验货制度，即供应商、使用部门（或申请部门）、财务部、库管。确定酒店原材料物资到货的数量准确性、价格真实、质量可靠、批次准确、时间及时。

5.4.2 存货控制

酒店存货的特点是品种多、数量小。酒店通常有几百种或上千种存货，因此存货控制非常重要。

（1）库存控制

没有卖出的库存都是成本。库存控制的目的是，实现酒店原材料物资存量的最优化，确保原材料物资储存期间的完好性和有效性。库存控制可以通过计算机系统监控、分析和判断最优库存数量，按先进先出的原则保证存货的最优性。对于低于存货限额和高于存货限额的材料物资及时上报。每月对库存时间较长或已经不用的材料物资进行统计，报送酒店高管，经分析原因后作出处理决定。

（2）发出控制

原材料物资发出控制的依据是，使用部门的领料单。成本会计要根据预定性情况对使用部门原材料物资的需求进行测算，库管根据成本会计测算的结果和使用部门领料单进行对比，记录差异报成本会计。

另外，酒店原材料物资的发出通常分为两类：一类是入库管理，即原材料物资先进入库房储存，然后使用部门根据需要出库；另一类是直拨管理，即原材料物资不经过库房储存，直接进入使用部门，如时令蔬菜、海鲜等。无论是入库管理还是直拨管理，都要办理出入库手续，做到有记录、可计量、可追溯。

（3）盘存控制

在仓储工作中，除了注意保管、确保食品原料的质量、搞好安全保卫工作、防止物品失窃外，还应保存完整的书面记录，即对各种原料物品的价格成本信息进行记录。科学的存货记录是实现有效成本控制的基础。常见的存货盘存制度有以下两种：永续盘存制和实地盘存制。

①永续盘存制。永续盘存制是一种逐笔记录存货数量和金额增减变化的存货控制制度。它要求设置专门的库管员负责存货的分发和保有存货记录（通过存货的明细账记录），随时反映某一存货在一定会计期间内收入、发出及结存的详细情况，有利于加强对存货的管理与控制。

②实地盘存制。实地盘存制是通过实际观察，即点数、称重等确定存货数量的一种盘存制度。为了保证存货账实一致，酒店每月至少应进行一次实地盘存。在成本核算上，这是一种倒挤成本的方法。

如今大多数酒店已经实施了计算机管理系统。H酒店应用的是用友财务管理系统，从技术支持上已经具备了永续盘存制的条件。因此，实施以永续盘存制为主、实地盘存制抽查为辅的盘存制度，可以对库存原材料物资实施有效的控制。

5.4.3 加工控制

加工控制主要表现为厨房菜品加工方面。原材料经过采购与验收、储存与发放，进入加工制作环节。加工制作是整个成本控制程序中最困难、最重要的环节。

（1）标准成本控制

在操作上严格按照标准成本卡进行加工，在计量上按成本进行计量。在实际操作中，无论主料或辅料，是否正确投放，都按标准成本进行计量和计价。

例如：某日酒店购入茶树菇12斤，每斤11元。加工后净9.6斤，出成率80%。当日"干锅茶树菇"销售10例。

控制过程如下：

标准成本卡主料用量：茶树菇每盘用400克，五花肉每盘用50克，圆葱丝30克。茶树菇成本11元，其他主料成本合计1.56元、辅料成本3.92元、加工成本2.09元、盘饰1.00元，合计成本19.57元，售价58元/例，成本率33.74%。

①根据标准成本卡计算，可加工菜品数量

[（12×80%）×500]/400=12例

②根据标准成本卡计算，当日"干锅茶树菇"的主料成本

标准净料使用数量=[400×10]/500=8斤

当日茶树菇成本=[（10×400）/80%]×11=110元

③当日厨房茶树菇盘存量=9.6-8=1.6斤

经查当日茶树菇已全部使用完毕，而且全部用于干锅茶树菇，没有其他菜品的辅料。假设其他投料和成本正常没有差异，按标准成本法考核如下：

当日实际销售收入=10×58=580元

当日标准销售收入=12×58=696.00元

当日标准成本=19.57×10=195.7元

当日实际用量成本=（1.56+3.92+2.09+1）×10+120=205.69元

当日实际用量成本率=205.69/580×100%=35.46%

当日考核成本=实际用量成本+未实现的收入

＝205.69+（696-580）

＝321.69元

当日考核成本率=321.69/580×100%=55.46%

根据酒店业绩考核标准对"干锅茶树菇"的考核结果进行处理。

在实际操作过程中，标准成本控制十分复杂，除"干锅茶树菇"出现的投料浪费现象外，如果加工制作中由于错误地使用了调料或减少了分量，都会影响到所制作饭菜的质量，从而失去顾客的信赖，也失去自己的诚信。因此，为了防止在加工过程中浪费食品或偷工减料，酒店必须加强标准成本控制。严格监督和控制厨房工作人员在加工、制作食品时有意克扣分量，把克扣下来的食品带回家或出售等现象。因此，管理人员要经常到厨房进行抽查，如到厨房查看工作人员是否按照烹饪标准配菜，到客房检查客房的配备是否齐全等。这种监督检查制度会使酒店的饭菜质量得到保证，能够使顾客吃得满意，从而吸引更多的顾客光临酒店。

（2）菜品推介

菜品推介是有效提高销售收入，避免厨房原材料因积压而造成损失的必要手段。厨房通常会以预定情况和经验判断作为原材料出库的依据。原材料到厨房后，要经过二次加工、切配、打荷准备加工，如果不能及时销售，则会形成厨房储存成本，时间长了会引起

原材料变质造成浪费。因此，餐饮前厅和厨房必须保持时时沟通，以便服务人员将厨房准备的菜品顺利销售出去。

5.4.4 销售控制

销售成本控制主要从定价策略、提供服务和顾客维护三个方面考虑。

（1）定价策略

如何制定具有竞争力的价格是酒店产品销售成败的关键。酒店产品的定价通常以成本为导向。简单地说，酒店产品的价格是由成本和利润构成的。以客房价格为例，客房的成本构成包括：建筑投资、客房设备、物资用品、客房人员工资福利、保险费、利息、修缮费、土地使用费、经营管理费、营业税等，利润包括客房利润和所得税。

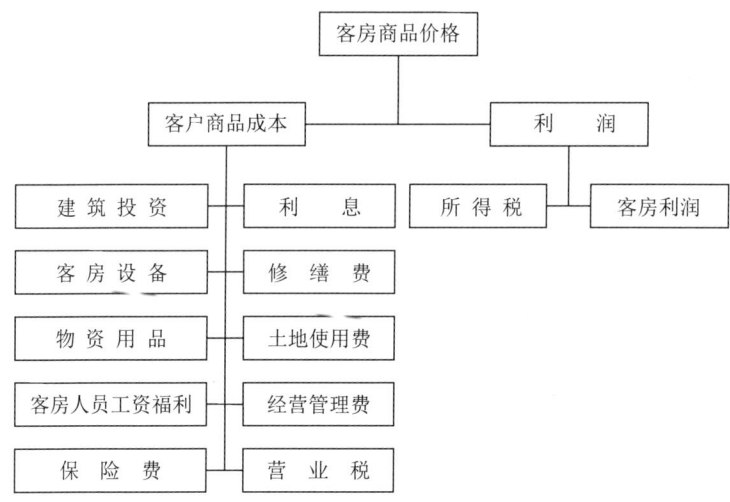

图 15 客房价格的构成图

在竞争环境下，一成不变的价格，会使酒店失去很多实现销售的机会。在实际经营中，经常会出现顾客因几十元，甚至几元的价差而放弃选择酒店的现象。因此，采取以顾客需求为导向的动态定价策略，是酒店增加收益、降低成本的必然选择。

（2）提供服务

即酒店产品销售的过程。酒店产品销售可以分为两部分：一是销售预定，二是现场服务。两者相互影响，相互制约。在销售过程中，硬件设施设备的完好度、环境的舒适度、菜品质量的标准、工作流程的完善程度、操作规范的到位情况，以及员工的态度、仪容仪表、顾客需求和发现与满足等构成酒店产品的具体内容，也是此环节成本控制的重点。

（3）顾客维护

顾客维护通过顾客回馈与顾客拜访来实现。

顾客回馈也是目前酒店常用的一种营销方式，如折扣、代金券、小礼品等，目的是增加顾客满意度和重复消费的概率。在成本核算中的重点是回馈效果的评估，以确定回馈的有效性。

根据消费进程顾客拜访分为消费前拜访、消费中拜访、消费后拜访。消费前拜访是一种需求沟通，以实现销售为目的，为客户解决问题为导向，让顾客了解酒店与酒店产品。要约与承诺是消费前拜访的主要内容，通常此项工作由销售经理来完成，方式有电话拜访、上门拜访、函件拜访等。消费中拜访是兑现承诺、解决问题，是诚信的体现，是销售工作的核心内容。此项工作由现场服务人员完成，根据需要可设定为主管级、经理级、总监级，方式是面对面沟通。消费后拜访，也就是离店管理，是营销工作的重要环节。但在海拉尔地区酒店调研过程中发现，大多数酒店很少或是从来没有进行顾客离店管理。按照离店顺序消费后拜访分为送客、致谢、道别、6小时电话或短信致谢、24小时电话或问候、节假日贺卡、周年函件问候、小礼品寄送等。消费后拜访的要点是拜访者的一致性，沟通的有效性。

6 结论与展望

6.1 研究结论

随着经济的日益发展，酒店业正面临严峻的挑战，"新八条"的出台让酒店业对未来的发展有了重新的思考。在竞争的环境下，只有进行有效的成本管理和成本控制才能提升酒店的生存和发展空间。

本文通过对已有研究文献的回顾，从中选择适合酒店成本管理理论和成本控制方法作为研究基础，通过对H酒店经营管理现状和成本管理中存在的问题进行分析后，对酒店成本管理和成本控制进行了重新设计，建立了以全面控制，即全员、全系统、全过程控制为底蕴的酒店成本管理架构。在以全面预算为起点、目标管理为导向、产品标准成本为基础的框架内，对酒店成本预算管理程序作了设计，明确了酒店成本管理的内容，并在此基础上对酒店成本控制流程进行了设计。

6.2 研究局限性

在论文的写作过程中，从研究框架的搭建到研究方法的选择再到数据的收集、整理、分析以及最终研究结果的形成，力求做到严谨科学、分析透彻。但是，由于时间和个人能力所限，以及本文案例代表的有限性，在案例资料的收集上有一定的局限性，再加上本人是利用繁忙工作之余进行的研究，时间仓促、有限，对文献的研习不仅广度有限，而且深度也不够，本文的一些观点难免会有一些错漏，还有待进一步完善。

在研究过程中，就人力资源对成本管理的影响没有进行深入的探讨，这使得本文在写作时出现诸多障碍。另外，在本文举例中存在客房与餐饮混合的现象，这样容易给人造成思路混乱的错觉，但由于酒店客房与餐饮同样重要，而且在成本管理与控制的理论应用上又存在着一定的差异，很难从中取舍，这也是本文的不足之处。

6.3 研究展望

由于本人理论水平和研究能力的局限，关于酒店成本管理与控制的研究将来还有待深入研究之处如下：

（1）成本管理与成本控制在酒店成本管理中经常混用，由此造成酒店管理虽然对成本管理与控制非常重视，却不知从何处下手，本文提出了酒店成本管理与成本控制的联系与区别，但为了不影响本文的结构和进程，没有进行深入探讨。在以后的研究中，对酒店成本管理与成本控制的联系与区别可以进行更加深入的剖析。

（2）酒店餐饮与客房虽然同属一体，相互依存，但在研究中发现，二者在成本管理中却存在很大的差别，这种差别导致酒店成本管理与控制中存在盲区，使有些成本失去控制。增加餐饮与客房成本控制的关联度和钩稽关系，也是未来研究的方向。

（3）本文的立意在于收入控制成本，通过目标成本和标准成本，用配比的原则实现成本控制立体模式，但这一点在本文中体现得并不明显，今后还有待更加深入的研究。

参考文献

［1］国家旅游局统计处，中国旅游研究院产业处．2012年国内旅游市场发展综述［N］．中国旅游报，2013-03-01（1，8）．

［2］魏小安．如何警惕中国酒店业发展的泡沫［N］．中国旅游报，2013-03-01（7）．

［3］孙茂竹．管理会计学［M］．北京：中国人民大学出版社，2009．

［4］陈柯．企业战略成本管理研究［M］．北京：中国财政经济出版社，2001．

［5］聂永刚．企业成本控制与风险管理［M］．北京：科学出版社，2012．

［6］李劲，胡文君．变动成本法的历史沿革、意义与作用［J］．科技创业月刊，2005（11）：65-66．

［7］王宏鹰．现代企业如何实施目标成本管理［J］．理财杂志，2003（4）：18-20．

［8］赵权．企业成本控制技术［M］．广州：广东经济出版社，2003．

［9］陈虹，颜廷标．邯钢以成本为核心的管理思想的普遍性与特殊性［J］．财务与会计，2001（4）：11-15．

［10］赵金柏．实行目标成本管理是提高企业经济效益的现实选择［J］．上海会计，1998（3）：33-35．

［11］杨雄胜，陈丽花．成本性态管理在中国企业的运用及思考［J］．会计研究，2001（11）：34-39．

［12］马勇，李丽霞．改革开放30年中国饭店业发展的回顾与展望［J］．北京第二外国语学院学报，2009（1）：1．

［13］GB/T14308—2010旅游饭店星级的划分与评定［S］．北京：中国旅游出版社，2010．

［14］刘诗白，邹广严．新世纪企业家百科全书［M］．北京：中国言实出版社，2000．

［15］骆静珊，黄继元．饭店管理学概论［M］．昆明：云南大学出版社，1997．

［16］侯加恒．成本会计［M］．北京：经济科学出版社，1998．

［17］王云艳．企业会计法律与准则［M］．北京：中国法制出版社，2006．

［18］乔旭江．浅谈企业的成本控制与成本管理［J］．科技情报开发与经济，2010，20（3）：205-206．

［19］中国注册会计师协会．会计［M］．北京：中国财政经济出版社，2007．

［20］侯加恒．企业会计制度［M］．北京：经济科学出版社，2001．

［21］戴德明，林钢．财务会计学［M］．北京：中国人民大学出版社，2001．

［22］中国注册会计师协会.会计［M］.北京：中国财政经济出版社，2003.
［23］（美）Charles T.Horngren，等.会计学［M］.王化成，等译.3版.北京：中国人民大学出版社，2002.
［24］孙茂竹，文光伟，等.管理会计学［M］.北京：中国人民大学出版社，2001.
［25］刘恩，秦书华，陈林.企业财务成本控制技术［M］.北京：中国经济出版社，2003.
［26］万寿义.成本管理［M］.北京：中央广播电视大学出版社，2002.
［27］高晖.目标成本管理理论及其应用研究［D］.南京：南京林业大学，2007.
［28］蔡万坤.餐饮管理［M］.北京：高等教育出版社，2006.
［29］斯蒂芬·P.罗宾斯.管理学［M］.北京：中国人民大学出版社，2011.
［30］中国注册会计师教育教材编审委员会编.成本管理会计［M］.北京：中国人民大学出版社，1995.
［31］哈罗德·孔茨.管理学［M］.16版.北京：经济管理出版社，1999.
［32］习志波.关于标准成本制度在我国的应用研究［D］.大连：东北财经大学，2002.
［33］谢朝武.信息化背景下的酒店成本管理及其控制流程设计［J］.北京工商大学学报，2002（1）：57-60.
［34］张帆，蒋亚奇.餐饮成本控制［M］.北京：中国旅游出版社，2001.
［35］刘伟.前厅与客房管理［M］.北京：高等教育出版社，2007.

论文三　中端酒店服务接触过程中宾客满意度影响因素研究

——以北京地区为例

2015级研究生　蔡　科

摘　要

酒店是传统的服务行业，酒店的竞争力很大程度上取决于服务水平。酒店的服务水平高，宾客满意度才会高，从而才能获得充足的客源和稳定的收益。而服务是一个生产和消费同步进行的过程，服务质量的好坏主要是由服务过程中员工和顾客直接接触决定的。

在实践中，酒店管理人员需要清楚地知道，服务接触中员工的哪些行为容易让客人满意，哪些行为容易引起客人不满，继而在服务管理过程中对员工的行为进行有针对性的培训和控制，提升酒店服务接触的质量，提升顾客满意度。在理论上，研究者也需要在酒店业的具体情境下认识影响服务质量和顾客满意度的因素究竟有何特征、有何规律、相互间的关系怎样，这些认识对于完善和拓展一般的服务质量理论也具有较大的价值。

近年来，中档市场的快速发展成为中国饭店业中一个令人瞩目的现象。与经济型酒店客人追求基本住宿功能不同，中档酒店顾客对服务接触的质量有较高的要求。然而，与高档酒店相比，对中档酒店的服务质量和服务接触问题的研究还比较少。

本文在回顾国内外服务接触和饭店服务质量相关文献的基础上，选取不同种类的中端酒店11家，通过筛选这11家酒店2016年度携程网上的客户评论，运用关键事件分析法，找出关键事件209起，再按照BBT分类系统进行分类分析，试图找出服务接触中影响顾客满意度的因素。

研究结果发现，热情、周到的态度和对顾客的主动关怀行为，是让酒店宾客满意的最重要因素；酒店核心服务出错却没有及时补救，或者顾客的正常需要不能得到满足，是导致顾客不满的最重要因素。通过对比引起顾客满意和不满因素的差异，发现容易引起顾客满意的因素，如果表现不佳，不一定会同样程度地导致顾客不满，比如不能提供常规服务、遇到不利环境时员工的表现，更容易出现客人不满意的案例；对顾客犯错的处理、对顾客提出额外要求的反应，则正好相反，与之关联的满意事件更多。

关键词：中端酒店；服务接触；关键事件技术；BBT分类系统；顾客满意与不满

In the Process of Mid-scale Hotel Service Contact Influence Factors of Customer Satisfaction

Abstract

Hotel is a traditional service industry, the competitiveness of the hotel largely depends on the level of service. The higher service of the hotel, the more satisfaction will be realized by customers, and then the hotel will obtain enough resource and stable income.Service is a process which production and consumption is synchronized, the level of service depends on the contact process between the staff and the customers.

Hotel service contact is reflected in every link of the interaction between customers and staff. Hotel managers need to know clearly that which kind of behavior will lead to the customers be satisfied and which not. Thus in the process of manage the behavior of the staff to carry out targeted training and control, improve the quality of hotel service contact, improve customer satisfaction.

This paper selected 11 hotels from the high stars, medium and economical ones, by screening the customer review about this 11 hotels, using the key event analysis, find out the 209 key events, and then analyze according to the BBT classification system.

The results of the study indicates that the intense and the thoughtful service and initiative care of the customers is the most important factor to lead to the hotel guest satisfaction; The error of core service wasn't repaired timely or the normal needs of customer can't be met are the most important factors which lead to customer feel dissatisfied. Found the factors which will lead to customer fell satisfied, by comparing the differences factors which make satisfaction and dissatisfaction. If the poor performance does not necessarily lead to customer dissatisfaction with the same level of service, such as slow speed, the performance of staff when they encounter adverse environment, more dissatisfied with things related to customers; make mistakes, put extra the response to the customer, on the contrary, events associated with more satisfaction.

Key words: Mid-scale Hotel; Service Contat; Critical Incident Technology; BBT Classification System; Satisfaction and Disatisfaction of Customer

1 绪论

我国的酒店业经过30余年的发展已经日趋成熟，酒店产品也越来越多样化。近几年，中端酒店蓬勃发展，其中有不少国外品牌的进驻，还有很多我国本土品牌的新起，中端酒店市场正呈现出日渐激烈的竞争状态。

与经济型酒店相比，中端酒店的硬件设施更好，对服务质量的要求更高。但是跟高端酒店相比，中端酒店仍然属于有限服务型酒店，保留酒店高品质的核心产品，去掉宴会、餐饮、康乐等附加产品，甚至在做产品设计时，大部分中端酒店都保留了面积充足、形态美观、功能方便的公共区域，让客人在客房之外有更多的开放空间。另外，大部分中端酒店在服务项目有限的情况下，都提出了服务不局限的经营理念，酒店会营造出开放轻松的氛围，鼓励员工跟客人做更多交流，也引导客人多跟酒店建立归属感。所以从客人的消费趋势和中端酒店的服务质量反馈来看，会发现中端酒店的员工跟客人的互动更频繁，服务接触的环节更分散。

酒店作为传统的服务行业，服务质量的高低直接影响宾客满意度，而宾客满意度的高低又在很大程度上影响酒店的收益。因此，在竞争日趋激烈的中端酒店市场，越来越多的酒店品牌开始关注服务管理工作。服务工作的顺利进行需要酒店设施设备的保障，但更多还是由酒店员工跟客人的直接接触来完成。服务的设施设备是由投资者决定的，属于酒店管理人员不可控制的硬件投入；但是员工跟客人的服务接触过程却充满了不确定性，服务接触点发生的面广而分散，接触的频率有高有低。因此，服务接触环节成了酒店服务管理中最难控制的部分。本文试图通过对中端酒店宾客满意度的研究，去探索在服务接触过程当中，引起客人满意或者不满的因素都有哪些？这些因素是否呈现出同样的规律？即让客人满意的因素如果表现不好，是否会导致客人同样程度的不满？针对这些特征酒店可以在服务管理上作出哪些改进？

为了回答这些问题，笔者选取了北京不同品牌的 11 家中端酒店作为研究对象，选取酒店在携程旅行网上具有关键事件属性的 209 条点评作为研究样本，通过对这些样本分类统计，对比分析得出研究结论。下面将详细地讲述一下本研究的背景和基本研究框架。

1.1　研究背景

1.1.1　我国中端酒店发展迅速

改革开放初期为解决住宿难的相关问题，许多地方由政府牵头，接待性部门与外商合资，兴建了一批类似三星级标准的饭店，成为早期传统中档酒店发展的开端。

三星级饭店最辉煌的时期是 20 世纪 90 年代，当时整个饭店业正处于蒸蒸日上的发展阶段。三星级饭店在进入市场后很快树立起良好的品牌形象，能够入住三星级饭店更是一种身份的象征，而其建筑物往往成为当地的标志性建筑。1988 年至 1998 年，传统的三星级酒店属于高级场所，装修豪华，设施设备齐全，餐饮、娱乐、康体一应俱全，所占市场份额比重较大，营业收入也是中国星级酒店营业收入的主要支撑力量。

然而 2005 年左右，经济型酒店异军突起，其价格低廉，有限服务特色化，设计品位时尚化，迎合消费者的需求，给中档酒店业的发展带来巨大压力。除了外部的竞争压力，范智军、李莉以及张秀玲、章锦河、王妙妙的调研表明，"大部分传统中档酒店多属国有老企业，受到体制的约束，管理模式较为落后，而且历史包袱沉重，为求生存，不少酒店不顾成本竞相降价，陷入恶性循环中"。此外，"传统中档酒店数量多，规模小，市场定位雷同，单体酒店居多，难以形成规模经济。因而，2010年至2013年，中国酒店业整体一直保持盈利，但三星级酒店却持续亏损"。

随着经济的发展，我国居民人均收入提高，中产阶级的规模逐渐壮大。快捷酒店已经不能满足他们的全部需求，但出于成本考虑，他们又不会频繁地花高昂费用在高端酒店消费。他们希望在自己经济承受范围内，享受时尚、舒适又富有品位的私人空间。因此，具备优质产品和多样服务的中端酒店得到越来越多中产阶级人士的青睐。同时，随着大众旅游的发展，我国公民出游人次的增加，旅游消费日趋成熟。消费者的变化和成长成了刺激中端酒店市场发展的主要因素。

另外，国家政策的调整给中端酒店的发展也带来了机遇。2012年底"国家八条规定""六项禁令"出台后，公务消费规模骤减，极大削减了对高星级酒店会议和宴会的需求。很多城市把五星级酒店排除在政府采购名单之列，全国高端酒店的经营业绩受到了巨大影响，Revpar巨幅下降，个别区域的高端酒店甚至出现了关、停、转型的情况。

与经济型酒店相比，中端酒店品质更高。经济型酒店干净整洁、安全舒适、价格优廉，这是它的核心竞争力，这类酒店强调的是住宿这个核心产品。中端酒店区别于经济型酒店的是：服务种类更多、产品更高档、提供的附加产品也更丰富。当然，中端酒店的价格也会更高一些。与高端酒店相比，中端酒店在价格上更有竞争优势。高端酒店虽然具有更高档次的硬件条件，也有更加丰富的附加服务，但过度服务太多，甚至很多服务设施是客人用不上的，但是却需要付出费用来为那些用不上的设施设备埋单。因此，高端酒店价格居高不下。中端酒店保证酒店核心产品品质的前提下，去除了一些使用率不高的服务项目，附加服务种类相对较少，更强调客人对核心需求的体验，服务突出专而精，满足顾客对舒适、便捷、品质、高性价比的需求，因此具备独特的优势。

面对日益细化的市场需求，中端酒店对中产阶级消费群体具有特别的吸引力，其消费潜力远大于经济型酒店消费人群，并已成为中端酒店发展的主要推动力量。

从我国酒店行业发展的大背景来看，酒店业是我国开放时间最早、开放程度最高，最早与国际接轨的行业之一。经过30余年的发展，我国饭店业经历了从小到大、从不规范到比较规范的一系列转变过程，基本形成了按市场经济规则运行的局面，成为国民经济中最具活力的行业之一。

然而，市场经济的核心是竞争和竞争制度，饭店业的蓬勃发展也给国内饭店带来了前所未有的挑战。近年来，国内饭店建设规模成倍地扩大，导致饭店企业竞争加剧。同时，经济全球化的趋势加快了外国饭店进入中国市场的步伐，国内外饭店展开角逐，竞争异常激烈。过度的市场竞争，以及近年来政策导致的消费变化，致使许多饭店处于低利润率或负利润率的状态。为解决困境，扭转不利的局面，饭店纷纷将注意力转移到了顾客身上，满足顾客需求、提高饭店服务质量和水平，成为摆在业界和研究者面前的重要课题。

相比较目前供大于求的经济型酒店和高端酒店，中端酒店因其服务、管理、口碑、高性价比等方面领先于其他类型酒店，现今发展状态还是比较良好的，也因此吸引了更多资本涌向中端酒店领域。但随着资本市场的青睐，中端酒店数量增多，市场竞争也不断加剧，酒店风格、特色的差异性日益缩小。在这样的条件下，唯有用不同的服务，才能体现酒店的独特魅力。因此，中端酒店重视服务营销是一种必然的经营趋势。本文通过分析客户对中端酒店服务的反馈，试图找到中端酒店影响客户满意度的核心因素，从而为中端酒店的服务管理提供一定的参考。

1.1.2 酒店服务接触环节对宾客满意度的重要影响

时代不断发展，现代科技不断进步，新产品的附加价值也越来越多样化、个性化。消费者有了更多的选择空间和自由。特别是体验消费大潮的逼近，越来越多的消费者开始渴望在消费过程中拥有更加难以忘怀的经历，期待与企业和服务人员的良好沟通，也因此对服务质量提出了新的看法。酒店服务的基本特征要求顾客必须直接参与消费过程，与服务提供者面对面接触，顾客不可能通过类似于信息服务等远程方式获得体验。顾客不仅重视饭店服务过程给他们带来的功能利益，更重视消费过程中所获得的符合自己心理需要和情趣偏好的特定体验。顾客与服务提供者之间的互动时刻——"服务接触"的管理和控制，成为提高饭店服务质量的新焦点。

早在服务质量研究的探索阶段，许多国外学者就开始对服务的互动本质和服务接触过程的重要地位展开研究。Gronroos教授首次把感知的服务质量划分为技术性质量和功能性质量（过程质量）两部分，强调过程质量的重要性。尔后，学者们对顾客与服务接触者之间的相互作用展开探讨，把服务接触的营销称为"互动营销"，提出利用顾客的"控制欲""角色感""期望"等因素来提高服务质量，并建立了"关系分析模型关系中的互动层次"模型，创建了理解和分析连续性互动关系的基本理论框架。国内关于服务质量、服务互动接触研究开展得相对较晚，大多国内学者的研究仍处于解读西方成熟理论的阶段。自吕建中、汪纯孝等人游学回国后对服务质量进行了持续、系统的研究，关注服务质量的国内学者与日俱增。不少学者将西方的研究理论与中国国情的实践相结合，引入了一些新兴理论，如员工授权理论、服务过程理论，以及通过服务业的有形证据管理、推动服务质量的提高等理论，强调服务无形成分的重要性，剖析导致服务过程质量问题的因素，提出重视服务过程质量、加强真实瞬间的管理与有形展示管理等结论。

综合国内外学者对服务质量的研究发现，无论是服务质量的构成还是服务质量的度量和控制，基本都是以服务接触为基础的。目前，服务接触的研究主要围绕顾客与服务提供者之间的互动问题进行，具体从以下三方面入手：员工与顾客地位的再认识，如何处理一线管理人员与顾客合作生产者之间的关系；如何正确对待顾客对服务接触或服务生产的参与作用；有形线索在顾客对服务质量感知中的作用。在酒店管理中，引入接触理论、更新服务质量管理方法，从顾客的体验出发对酒店服务接触的互动要素进行研究具有积极的意义。

1.2 研究的意义及目的

1.2.1 研究意义

从理论角度来看，目前西方管理学界对顾客感知服务质量、互动和服务接触的理论研究已经比较成熟，对理论与实证研究也比较深入。相形之下，我国酒店管理研究者对顾客感知互动质量的研究还不够系统和全面，虽然许多国内学者致力于酒店服务质量的研究，意识到"人际接触"的重要性，但欠缺统一，特别是涉足服务过程质量的研究表现出混乱的局面，而且大多研究直接沿用了国外的研究理论和方法，却忽略了我国的文化背景。酒店属于高接触型服务行业，中端酒店又是正处于方兴未艾阶段的一类酒店产品，所以，对这一类酒店的服务接触进行研究，能填补一些理论上的空白。

从实践角度来看，面对激烈的市场竞争，相当数量的酒店都意识到市场的竞争最后就是服务质量的竞争，因此为提高服务质量不遗余力，使出了浑身解数。酒店在投资经营中若一味追求硬件的提升，而忽视"服务的互动本质"，只会带来行业的无序竞争。服务质量是一种互动质量，在与人接触过程中体现出来，只有不懈地追求服务过程中员工与顾客的互动质量，才能确保顾客获得满意的服务体验，从而激发顾客的黏性，获取持久的竞争优势。服务接触是一种人与人之间相互接触的行为，酒店管理人员很难做到全面统一的管理。因此，通过顾客对服务过程的质量感知，了解中端酒店服务接触中那些容易引起客人满意或不满的因素，这对酒店的质量控制和改进是十分有效的。

研究从中端酒店的服务接触过程入手，针对中端酒店的服务亮点和服务缺陷进行实证搜集，特别是服务体验过程的接触质量要素展开研究，同时结合笔者在中端酒店工作的实践经验，给出一些建议和方法，为酒店互动质量的控制和改进提供一定的参考。

1.2.2 研究目的

作为酒店服务的应用性研究，本文在服务接触和服务互动质量的相关研究文献支持下，重点研究在服务接触这一具体过程中的互动质量控制，期望通过对以往的文献回顾和梳理，切实找到可以控制、提高饭店服务接触质量的关键因素，并根据实证研究的结果提出相应的对策建议，为提高我国中端酒店的服务接触质量提供理论和实践支持。本文的研究要解决以下三个问题：

（1）中端酒店服务接触中，最容易引起顾客满意的因素有哪些？

（2）中端酒店服务接触中，最容易导致客人不满的因素有哪些？

（3）容易引起客人满意和不满的因素是否呈现出一样的规律？即引起顾客满意的因素如果表现糟糕，是否一定会导致顾客相同程度的不满？

1.3 研究方法

本文首先运用关键技术法，从酒店顾客体验的角度，通过顾客的网络评论去采集那些让顾客满意或导致不满的关键事件。然后采用 Binter、Booms、Tettreault（1990）开发的影响顾客满意度的分类系统（简称 BBT 分类系统），将中端酒店满意和不满事件分为三大类，分别是服务系统出错的反应、顾客提出需要和要求时的反应、服务人员自发主动的行为，之后又将这三大类细分成 11 个子类进行研究。

1.4 研究内容及框架

研究主要从整个酒店业服务质量现状入手，通过对服务接触这一理论进行详细阐述，探讨服务接触过程对影响服务质量进而影响宾客满意度的关键作用。研究采用理论与实证分析相结合的方法。全文的研究内容及框架如下：

第一部分绪论：对整篇文章的框架做简单介绍。

第二部分文献综述：梳理我国中端酒店的发展现状，回顾国内外服务质量理论的相关内容（如服务的互动本质、服务质量的构成要素及评价方式等）；梳理服务接触的相关理论。

第三部分研究方法与研究设计介绍：在文献整理的基础上，提出研究要解决的问题，根据问题制定研究方案。

第四部分结果分析、讨论及建议：通过数据分析，确定服务接触中影响宾客满意度的因素，分析各因素的特征和规律，探索这些规律背后的原因，并给中端酒店做好服务管理提供建议方案。

第五部分结论：总结全文的研究成果，指出研究不足及后续研究的发展空间。

1.5 创新之处

与前人的研究相比，本研究的创新之处主要体现在以下三个方面。

首先，从现有的理论研究来看，已有的研究成果多是围绕酒店服务系统的质量评价展开的，专门针对服务接触这一板块的研究并不多，本研究的结论能填补一些理论的空白。

其次，从研究方法来看，现在对于服务质量和宾客满意度的研究，多是从传统的PZB模型出发，从服务质量的五维度进行分析。本文则采用关键事件技术这种定性的研究方法进行研究，试图从顾客感知的角度，更直接地找到影响宾客满意度的因素。

最后，针对中端酒店这一主体进行服务接触的研究，解决的是行业发展的热点问题，对这一新兴产品的服务管理具有一定的实践价值。

2 文献综述

下文将对我国中端酒店的定义、国内外服务质量管理、服务接触研究成果做一个梳理。

2.1 中端酒店的界定

从2012年开始，我国中端酒店开始大跨步发展，业内关于中端酒店的讨论越来越多。这个档次的酒店难以定位，也没有标准化的产品模板。中端酒店的体量需要做多大？要不要提供完全服务项目？酒店的区位要如何选择？按什么标准去定价？用什么模式来运营？那时候，无论是产品模式还是商业模式，中端酒店的投资者和经营者都是摸着石头过河，边走边改进。经过四五年的发展，如今中端酒店的产品和经营模式已经逐渐走出了自己的道路，但是这条路子仍然谈不上成熟。何谓中端酒店，行业内还没有统一的标准。

业内人士主要以高星级酒店和经济型酒店作为参照物，认为介于高星级酒店和经济型酒店之间的产品就属于中端酒店。本文通过整理国内外学者对中档酒店概念的界定，对现阶段我国的中档酒店的界定做一个总结。

在酒店业发达的欧美国家，根据《国际酒店品牌的等级分类》以及华盛国际（HVS）在欧洲和美国出版的《酒店品牌等级分类表》来看，国际上按照酒店的豪华程度大致可将酒店分为六个等级，主要是豪华酒店、高档酒店、中档酒店（含餐饮）、中档酒店（不含餐饮及大型娱乐设施）、经济型酒店、廉价酒店六类；而中档酒店主要有两类：一类是提供餐饮完全服务型中档酒店，一类是不提供餐饮有限服务型中档酒店。

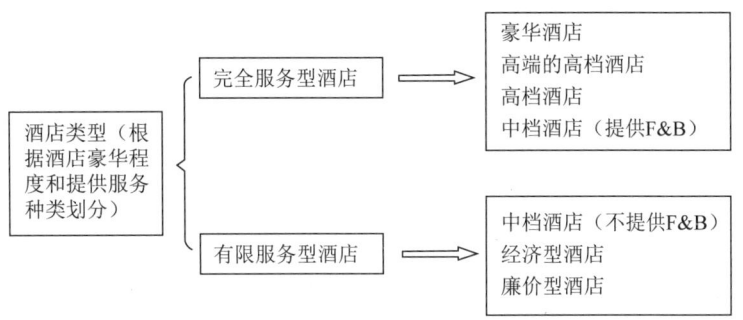

图 1　国际常用的酒店登记分类法

完全服务型中档酒店除了提供标准的住宿设施外，还配备有餐饮、会议、娱乐等多种功能设施设备，这类酒店从消费者核心需求出发，比高星级酒店价格更优惠，比经济型酒店更具舒适性和功能性。中档酒店更强调提供精致舒适的房间，同时配备一系列标准服务。20世纪40年代，欧美国家此类型的酒店就得到了长足的发展，成为服务大众市场的中坚力量。较典型的完全服务型中档酒店连锁品牌包括假日酒店、最佳西方、欢朋、华美达和豪生等。

有限服务型中档酒店是在完全服务型的基础上衍生出的一类更突出核心住宿功能的酒店，该类中档酒店市场定位明确，只针对目标客户提供针对性的服务，在保证舒适的住宿功能外，还设有简单的自助早餐及小型会议厅等设施设备。

国内对中端酒店是如何界定的呢？谭欣（2015）提出："在我国，酒店的档次习惯于用星级来表示，因此大多数人把三星级左右的酒店或者是准三星、准四星的酒店以及高端经济型酒店纳入中端酒店的范畴。从价格来说，一个初步的判断是，中档酒店的价格至少是要高于该中档酒店所在区域的经济型酒店的最高价格，而低于该区域各个四星级酒店的最低价格，300元到500元。当然，在这个区间的端点之外的价格也可以是中档，如500元甚至600元，取决于城市、地理位置、产品定位等因素。"由于我国经济发展不平衡，不同的区域物价水平和消费能力差别很大，若只是以价格来界定中端酒店确实是不合理的，比如有的三四线城市，三四百元都能入住五星级饭店，而在北上广这样的一线城市，快捷酒店在旺季都能卖到四五百元。从设施设备上来看，中档酒店与高星级酒店和经济型酒店相比，在硬件和服务上怎么去体现出差异化，也是一个众说纷纭的现实问题。中国旅游研究院院长戴斌（2013）认为，"虽然中档酒店拥有巨大的发展潜力，但是真正能够契合市场需求的中档酒店仍然不多"。在保证个性化的同时，又能符合大众市场的需求，这样的产品才能获得可持续的发展。

随着人们出游方式的变化，我国整个酒店业正在面临巨大的变革。国内酒店市场新起的一些中档酒店连锁品牌，对中档酒店的发展起到了推波助澜的作用。2009年9月28日，国家商务部发布了《住宿业业态分类（征求意见稿）》国家标准，该标准在按经营档次分类时，将中档酒店描述为"面向中等消费层次客人的需求，以合理的价格提供具有较高接待水准的住宿设施与服务的饭店"。中国饭店业最重要的行业标准《旅游饭店星级的划分与评定》经过重新修订后，将一星级到五星级饭店分别归纳为适用型饭店、经济型饭店、中档饭店、高档饭店和豪华饭店，其中中档饭店强调规范、舒适，突出主打产品客房的核心价值，同时关注饭店的前厅、餐饮及公共区域等。

对于中端酒店的定义，无论是业内人士还是消费者，目前在认知上都存在一定的误区。对此，北京第二外国语学院李彬、谷慧敏教授（2013）在2013年做过一些概念辨析："中档酒店既不是现有三星级酒店的翻版，也不是经济型酒店的2.0版。从产品模型来看，传统三星级酒店追求大而全的产品和服务，同质化严重。中档酒店不是简单地把现有三星级存量酒店进行翻新，然后挂一个统一的牌子，而是要针对中端消费顾客的核心需求和消费特征考虑产品设计、投资模式和运营模式等。主要有两个方向：第一个是在高档酒店产品线基础上降低档次，或是高档酒店的'浓缩版'。第二个是强调核心产品突出'有限服务'的质量型中档酒店，这一点与经济型酒店的产品设计思路有相同之处。"中档品牌要始终根据本品牌所要定位的顾客的具体需求，把产品要素及其组合重新定位与设计，突出"物有所值"或"物超所值"，满足这个顾客群体对便捷、品质、舒适、有面子、性价比高、超值等需求。也就是说，这类中档酒店的产品既要比经济型酒店的产品品质更高、价格更高、服务种类更多，也要比三星级酒店更加懂得满足顾客的核心需求，发挥其有限服务的优势。

从2013年开始，我国中端酒店的新业态开始呈现。东呈酒店集团在国内首先提出"精选服务酒店"这一概念，在经营过程中，试图完善酒店市场两级划分的状况，其通过强调"精选服务"这一经营理念，建立起中端酒店市场的行业标准。"精选服务"最早在国外被提出，它的覆盖面低于完全服务，同时高于有限服务。完全服务注重服务的涉及面更广泛，而有限服务主要强调简单便捷，大多以客房服务为主。"东呈酒店集团董事长程新华表示，精选服务就是将服务精挑细选，对全服务进行功能整合；浙江省饭店业协会会长王建平也表示，精选服务不是简单地对服务内容做加减法，而是结合高星级酒店的品位格调和经济型酒店的方便快捷，设计出适合于中端酒店的服务模式"（卢骋，2016）。

因此，根据中档酒店相关研究资料以及中档酒店品牌酒店的实践情况，本文将中档酒店定义为：突出酒店核心功能，通过极具性价比的优质服务吸引中端消费人群的精选酒店。该类酒店单间房造价10万到15万元，提供有限服务，聚焦顾客的核心需求，满足顾客核心体验诉求，房价300元到500元，可称为一个标准的中端酒店产品。

2.2 服务质量管理的相关理论

"酒店的服务质量管理是指酒店的所有人员以服务质量为中心，通过长期的努力共同维护顾客满意度的管理方法和途径"（杨韫，2011）。在酒店的服务质量管理概念中，质量是酒店所有员工都要达到的标准,而服务则是实现目标的过程,管理则是实现目标过程中酒店所采用的方法和措施(丁于思,2014)。

国际上对于服务质量研究开始于20世纪80年代,历经了30多年的发展。服务质量的概念是由Gronroos(2007)首次提出的。他认为服务质量的高低取决于顾客期望的服务与服务人员提供的服务的差异。如果前者高于后者,那么服务质量是不好的;如果二者相当,那么服务质量是合格的;如果后者高于前者,那么服务质量是优秀的。虽然Gronroos只是定性地对服务质量做了界定,但这对于服务质量的研究打下了基础。

无论是学者还是企业的管理人员,都日渐重视服务质量对于企业经营的重要作用。服务质量可以提高顾客的满意度、提升企业的知名度、提升顾客的忠诚度。服务质量会直接影响顾客对于企业的认知,进而影响顾客的购买意愿,最终决定顾客的购买行为。

Gronroos提出服务质量的两个维度:即功能质量和技术质量,这两个质量是相辅相成的,而两个质量的连接则由公司质量来完成。而后,Lehtinen又将服务质量进行了细分,具体分为实体质量、相互作用质量和公司质量,并对这三种质量进行了详细的介绍和研究(Lehtinen U等,1983)。Parasuraman等人则在随后的研究中将服务质量量化并建立模型,这就是服务质量差距模型,并提出了著名的服务质量五维度模型(Parasuraman A等,1988)。

在对服务质量管理的研究上,我国国内的研究起步较晚。几乎是从1999年之后才开始兴起的。下文仅罗列出2010年之后国内服务质量研究的一些文献。

张焕勇等(2013)对实用经济型的酒店质量进行了详细的分析,通过服务质量体系,提出当前我国经济型酒店服务质量管理中存在的问题,并通过实证分析,指出我国经济型酒店提升服务质量应采取的措施。

张翠等(2012)实证分析了影响酒店服务质量的因素,通过各项因子的重要相关性提出了主客冲突时应该采取的缓解策略。

罗选荣(2013)通过对网上经济型酒店的评价结果进行统计分析,提出了基于顾客体验为基础的酒店服务质量管理模型,并通过分析发现:服务质量、服务价格、服务设施和周边环境四项因子是影响顾客对酒店满意度的最主要因素,这四项因子对于顾客的感知起到了决定性作用。

伍晓奕等(2012)对酒店的服务质量概念、标准等进行了详细的讨论,并在前人的研究基础上分析了服务质量的维度与测量对于顾客的影响,还分析了存在的问题,提出了相关的对策。

易银飞等(2010)研究了近几年出入境游客对我国旅游质量的评价,并对相关的7个服务因素进行了分析,指出针对不同服务类别应该采取的不同措施。

钱瑞霞等(2013)以西安的如家酒店为例,运用国外学者的Servqual模型与QFD方法对其研究,提出了存在的问题及解决方案。

沙绍举等(2012)从顾客价值的视角出发,对影响我国经济型酒店顾客忠诚度的因素进行了分析,从质量、情感价值、会员制、产品价值及获取便利性五个方面对经济型酒店的顾客忠诚进行研究并建立模型,分析了存在的问题,提出了解决对策。

2.3 服务接触的相关理论

服务的过程主要是通过服务人员和顾客的接触完成的。每一个接触点都可能是一个影响服务质量的重要时刻。服务接触的质量直接影响着宾客满意度。一旦时机错过，服务过程结束，宾客对服务的感知就已成形。为此，若要提高服务质量，就必须做好服务接触的质量控制。

2.3.1 服务接触的定义

在服务理论的相关研究中，"服务接触"内涵的界定是国外学术界探讨的重点。通过对这一根本问题的追溯，可以进一步分析企业与顾客在接触点的一系列状态和行为，寻找相应的有效管理措施。

从对国内文献的搜索情况来看，由于国内服务理论的整体研究起步较晚，该问题还没有引起太多的关注。只有章海荣（2001）对"服务接触"及"关键时刻"的界定缘由和区别有自己的思考。综合而言，国内外学者基于不同的理论框架对"服务接触"的内涵做了界定，代表性的看法如下：

广义的界定：持这类观点的学者一般是根据服务过程理论得出结论的。新服务管理学派的学者依据服务的性质把服务看成是人体、物体、脑刺激及信息处理四个过程的统一。因为他们认为组成服务的要素是非常广泛的，除了服务人员、顾客，服务过程还应包括其他有形要素的参与。服务接触点虽然只是服务过程中转瞬即逝的短暂时刻，但其发生状态却是复杂的，内容是丰富的。其中，代表性的便是 Shostack（1985）在服务研究领域首次提出"服务接触"的概念。他把服务接触定义为"顾客同一项服务直接相互作用的一段时间"。这一含义强调的"一项服务"所涉及的范围除了顾客和员工外，显然还包括了服务企业的设施、氛围、环境等。与之理解相似的是 Johnston 等（1987），他们从系统论出发，把服务接触定义为"通过对顾客、材料和信息三种输入的处理过程获得特定的服务结果"。从这一表述看来，他们也认为服务接触的内涵并非是单一的，它还包括有形环境因素。

狭义的界定：这类观点是部分学者随着服务营销理论的进一步发展，关注点发生变化形成的。虽然服务过程中的各种有形因素涵盖范围较广，但一线员工和顾客才是服务接触点的最主要的参与者。基于这一认识，"服务接触"的概念被部分学者给予了细化，使其所包含的因素仅包括一对一的顾客与服务提供者。如 Czepeil 等（1985）认为，当员工与顾客之间发生面对面交互时，就叫"服务接触"。1987年美国著名学者 Surprenant 与 Solomon 也指出，"服务接触"就是顾客和服务提供者之间的二元关系。Micheal（1995）把服务接触定义为"顾客与员工之间的一次偶然交互"，提出一对一的服务接触概念框架，并从社会心理学的角度指出服务接触是人与人之间的互动。而 Gutek（1999）和 Markus（2001）更明确指出，"服务接触"就是顾客与员工之间的一次互动服务行为。可见，他们提出的概念都不包括顾客与其他有形因素的交互，"服务接触"就是顾客与员工面对面的相遇点。

2.3.2 "服务接触"与"关键时刻"

关键时刻，又被译为"真实瞬间"或"真实时刻"。它原本在英文中的意思是指斗牛士与公牛的交锋。Norman 于 1984 年最早将它引入服务管理文献，意喻顾客与服务提供者之间的服务交互过程关系重大。北欧航空公司总裁卡森也在《关键时刻》一书中说，"关键时刻就是客人与公司的面对面接触，无论多么微不足道，但都是给客人留下好印象或坏印象的一个机会"。可以看出，以上观点都从服务质量角度出发，把"服务接触"看作是影响顾客最终体验和感知的重要时刻，因而赋予了其更直接简洁的内涵。因此，从这一意义上来说，"服务接触"和"关键时刻"的概念范畴是一样的。

除了这几种提法，国外还有学者从服务的偶然性入手，将"服务接触"（Service Encounter）与"服务交互"（Service Interaction）的内涵进行了比较和区分，提出后者比"服务接触"容纳的时间和空间范围更大，更重视长远关系的建立。

尽管对服务接触内涵的理解有所差异，但经以上整理可以看出，研究者一致认为服务接触是即逝的、短暂的，正是无数个接触点构成了企业的服务过程，也构成了顾客感知服务的重要时刻，把握好这些接触点对服务企业来说非常关键。

由上述定义可以看出，服务接触是整个服务质量和顾客满意的表现区和工作区，是企业向顾客展示服务的时机，顾客经由服务接触得到服务体验，并对服务质量作出评价。服务接触的核心就是服务提供者与顾客之间的互动，顾客的行为和服务提供者的行为对互动的结果都有很大的影响。

顾客光顾服务组织，必然经历一系列的"真实瞬间"。例如，旅客在饭店经历的服务接触包括入住登记、服务人员领入客房、饭店用餐、叫醒服务、结账离开等，顾客有意无意地都会和这些接触点发生亲密接触，对每个接触点的感受都会影响到整体体验的质量。若对真实瞬间留下美好印象，顾客关系就会得到强化，持续更长时间并得到更多业务。反之，如果处理不当，顾客关系一旦破坏，企业形象必然受损，经营业绩就会出现滑坡。

接触是一个整体过程，所有环节中只要有一个环节产生负效应，那么就可能破坏整体感知，即感知评价可以采取"一票否决制"。著名的"质量否定公式 100-1=0"明确地指出，即使以前的每个接触环节都提供了优质服务，只要一个环节出了问题，也就注定了客人对整个服务过程的质量的否定。接触时间越长，接触机会越多，同样服务失误的风险也越大。

2.3.3 服务接触的分类

（1）依据接触方式分类

按照接触方式，将服务接触分为远程接触、电话接触和面对面接触三类。远程接触是一种不完全发生在人与人之间，借助某些新型科技手段进行的接触方式。它可以是人与人的交流，如网络预定、远程教学等；可以是人与物的接触，如顾客与自动售货机、邮寄等。电话接触是指以电话为接触媒介进行交流，此时接电话的语气、处理问题的效率即成为质量评价准则。面对面接触是旅游企业最常见的一种接触方式，如酒店客户服务。这类接触决定质量的因素更加复杂，如 Zeithaml 和 Bitner 的研究发现，员工制服在很大程度上会影响顾客对于服务业者的印象。

（2）按照接触主体分类

服务接触依据接触主体还可以分为以人际互动为基础和以人与科技之间互动为基础两类。随着资讯科技的进步，Bitner 提出，科技应用于服务接触，服务接触的形态由传统人员接触转变成借由网络达成服务之自助服务科技,即顾客在无服务人员涉入之下,自行完成服务交易。传统人员服务接触的形态,服务提供者与顾客间具有紧密的互动关系,但在作业效率与顾客便利性的因素考量下,有些顾客则会选择不需要亲自到场的服务,即通过网络与企业完成服务交易。

(3)依据顾客参与程度分类

威斯按照顾客和服务过程接触的高低划分服务体系。接触程度是指服务体系为顾客服务的时间与顾客必须留在服务现场的时间之比。这个比率越高,顾客和服务体系接触程度就越高,反之亦然。据此,他将服务体系划分为三种类型:纯服务体系、混合服务体系和准制造体系。纯服务体系与顾客直接接触,其主要业务活动需要顾客参与;混合服务体系的"面对面服务"服务工作与后台辅助工作松散地结合在一起;而准制造体系与顾客几乎没有面对面的接触。

洛夫洛克在威斯的研究基础上,将顾客介入划分成三个层次。顾客在服务推广过程中参与其中全部或大部分的活动,如电影院、娱乐场所、公共交通、学校等部门提供的服务——高接触性服务。顾客部分地在局部时间内参与其中的活动,如银行、律师、地产经纪人等所提供的服务——中接触性服务。服务推广中顾客与服务的提供者接触较少的服务,其间的交往主要是通过仪器设备进行的,如信息、邮电业等提供的服务——低接触性服务。

为了能更专注地研究员工与顾客在服务接触中的互动情况,随后的研究将依据"服务接触"的狭义界定,即 Czepeil 等学者提出的观点——服务接触就是指员工与顾客的面对面交互,仅着重关注员工与顾客在面对面接触点的行为状况,而不考虑其他有形因素的参与。

3 研究方法与研究过程

既然服务接触对酒店的服务质量和宾客满意度如此重要,而酒店内服务接触的环节又十分多样化,所以作为酒店管理人员,必须清楚地知道,在服务接触中,员工的哪些行为容易让客人满意,哪些行为容易引起客人的不满,从而在服务管理过程中对员工的行为进行有针对性的培训和控制,提升酒店服务接触的质量,提升顾客满意度。

本文试图通过研究获得以下几个问题的答案。

(1)酒店服务接触中,最容易引起顾客满意的因素有哪些?

(2)酒店服务接触中,最容易导致客人不满的因素有哪些?

(3)容易引起客人满意和不满的因素是否呈现出一样的规律?即引起顾客满意的因素如果表现糟糕,是否一定会导致顾客相同程度的不满?

3.1 研究方法

为了回答前面提出的 3 个问题,笔者采用关键事件技术法进行分析。关键事件技术最初由 Flanagan 于 1954 年用于调查空军飞行员在何种情况下和由于什么原因迷失方向,目的是改进驾驶座舱和仪表盘设计,为更好地培训飞行员提出有效的建议。该方法目前被广泛地运用于教育、管理等众多领域（White and Leek；Copas，1984）。在识别和发现顾客在服务接触中满意或不满的潜在原因方面，关键事件技术被认为是一种非常合适的方法（Nyquist & Booms，1987）。

作为一种分类技术，关键事件法属于内容分析方法的范畴，因此它和因子分析、聚类分析、多维量表等分类技术有明显的不同。后者属于定量分析技术，在分类时需要运用一组具体的数据，而关键事件法所运用的"数据"则是在访问或询问过程中得到的"故事""经历"和"事件描述"，然后对这些事件进行分类。因此，从本质上讲，关键事件技术是一种定性分析方法。该方法可以有效地识别顾客在服务接触中满意或不满意的潜在原因：第一，CIT 技术法捕捉的是服务过程的具体情节（Edvardsson，1992），有利于发现出现问题的具体环节；第二，CIT 方法搜集到的信息不仅仅有顾客对服务质量的评价，还有顾客的行为，包括直接针对饭店的行为（抱怨、转移购买）和第三方间接行为（如向他人建议或警告）（卢骋，2016）。

与普通的内容分析（如广告内容分析或新闻主题内容分析）不同的是，关键事件技术需要通过访问或观察，来记录使某项任务完成或导致失败的事件与行为。不是消费者描述的所有行为和事件都视为关键事件，通常只有那些可以观察、描述比较完整而且能据此对行为人进行推断和预测的活动才被界定为关键事件。在本研究里，关键事件是指发生在顾客与提供服务的员工之间、令顾客特别满意或不满的互动或行为。根据 BBT 的研究，一项关键事件需要满足 4 个条件：①涉及顾客与服务人员间的互动；②从顾客角度看，这种互动令人非常满意或非常不满；③构成一个独立的情节；④有足够的细节，能使访问者感受或体会到当时的情境。

3.2 研究过程

3.2.1 研究对象

在本研究里，关键事件是指发生在酒店员工与顾客之间、令顾客特别满意或导致不满的服务接触行为。我国权威的旅游市场研究咨询机构"劲旅咨询"最新发布的《2015—2016 年中国在线住宿预订市场研究报告》显示，2015 年，中国在线住宿预订市场交易规模达 1141 亿元，在线渗透率为 36.4%（比 2014 年高了 9.1%）。由此可见，网络预订已经成为客人预订酒店的主要渠道。因此，本研究在数据采集上做了一个新的尝试，以消费者在携程上对中端酒店的网络评论为研究样本，在评论中去搜集关键事件。携程网不同于 TripAdvisor 和大众点评等平台网站，携程网的点评都是顾客在真实入住之后所做的点评，并且点评时间多是在结束消费不久之后，所以以网络评论为样本，一定程度上能保证样本的真实性。另外，携程网上除了展示自身平台的点评外，还同步展示了艺龙、去哪儿两个网站的客人点评。2015 年，这三大网站在我国 OTA 市场的占有率达 56.3%。因此，以这一平台的网络点评做样本，基本能代表酒店主要消费群里的真实反馈。此外，与直接访谈或问卷调查相比，网评分析避免受到调研条件的限制，而且能在短时间内取得大量数据。同时，样本的来源广泛，能保证样本结构的合理性。但是，选择携程网有一个弊端，就是只能看到国内客人的点评。因此，本文的研究结果仅适用于反映国内住宿人员的服务体验行为。

在关键事件分析法中，并非所有顾客描述的事件和行为都是关键事件，它必须是那些可以观察、描述比较完整而且能据此对行为人进行推断和预测的活动。所以在对网络评论进行筛选的过程中，笔者制订了以下标准：①点评中明确表示了客人对酒店员工服务接触的满意或不满态度；②评论中对事件描述完整具体，有详细的情节；③事件中顾客跟员工发生直接接触。在此分别列出表现出客人满意或不满意的点评样本一条，见表1。

表 1 网络点评样本摘录

满 意	这里真的要多说几句，有一点小感动。入住的时候主要看中的是酒店的位置，入住过程中也很愉快。离店时，我忘了手机充电器，于是店员找到我还免费帮我第二天就寄到了上海。良心店家！	这是我在北京最喜欢的酒店，没有之一！干净，空气味道好闻，用的东西样样贴心（洗漱用品、毛巾、拖鞋、床单、枕头……100分）。书吧、洗衣房一应俱全！最最好的是人。前台一位叫判官的小伙，给了我好几次惊喜。帮我蒸大闸蟹不算，还给我调了那么多调料（我抓拍了照片），同时还给我送了水果。在我离开酒店后，忘记东西在冰箱里，判官先生还特地给我打电话，并给我邮寄到上海。我要特别说明，所有这些增值服务，全部免费的。在此，我要特别感谢判官先生和所有的服务员。所以，我真心诚意地推荐这家酒店。真的让我感觉宾至如归，好像在家一样放松舒适！
不满意	从来没见过服务这么差的酒店！这么热的天，房间没有取电卡，而且也只有一张卡。酒店前台说满房了没有卡了，这是什么解释？本来住这就是想逛逛南锣鼓巷的，这样太不方便了。酒店前台的态度也很差，不会再住了！	去年到北京出差也是住这儿，感觉很好、干净、安静，服务特别好，特别是前台。今年和老公一起到北京还选这儿，结果天壤之别。前台有位拽上天的女服务员，办入住的时候读卡器有问题，办好一直没给我送房间，下午出门时管前台要，那口气直接告诉我说早上的同事没说，然后就打量着我不说话了，不明白什么态度。打扫不换牙具，不给卫生纸，非得打电话去前台让送；住的四楼，就像没门没墙一样，那隔音简直了。总之，最后一次住。

3.2.2 数据收集

现阶段我国中档酒店主要有四大类：第一类，国际酒店集团旗下的成熟品牌。例如，近年来万豪的"万怡"，雅高的"美居""诺夫特"，洲际的"智选假日"，喜达屋的"雅乐轩"以及凯悦的"Hyatt Place"和"Hyatt House"，均被引入中国市场。第二类，本土经济型酒店集团的产品升级。例如，如家推出的"和颐"，华住打造的"全季"和"星程"，锦江拓展的"锦江都城"，以及铂涛新创的"丽枫""喆·啡"和"ZMAX"，都是经济型酒店进军中档市场的举措。第三类，专注于中档产品的本土酒店集团。例如，"维也纳酒店""桔子酒店""山水时尚""亚朵酒店"等都是定位于中档酒店市场的本土连锁品牌。第四类是以主题特色为竞争力的各类精品酒店。比如，在少林寺附近有武术主题酒店，在北京、西安这样的古城有极具历史风韵的传统文化酒店，在大型主题公园周边有因地制宜的亲子酒店等，这些酒店除了保证优质的硬件设施之外，还极具设计感和文化气息，但经营模式跟前三类不同，多为单体酒店经营。

因此在样本选择上，笔者分四步完成样本的收集。

第一步是确定酒店所在地。考虑到市场和消费者的成熟度，本研究全部选择了北京的中端酒店。因为北京各大品牌的中端酒店基本都有，而且基于笔者酒店从业8年的经验，北京的客源来自全国各地，出差、旅游、本地休闲这几大客源占比较为均衡，消费者的消费经历也更加成熟，所以在数据采集上更方便。

第二步是确定酒店的类型。本文只研究我国的中端酒店，因此未选择国际品牌，同时也舍弃了传统的三星级酒店。因为在对酒店点评进行取样时,发现老牌的三星级酒店基本还沿用了传统的管理模式,一部分酒店网络口碑很差,即便一些网评分数在4分以上的,也很难从评论中看到较有质量的服务接触行为。这类酒店会降低样本结构的均衡性,故做了舍弃。最终在经济型酒店的升级品牌、纯粹的中端品牌、主题特色酒店、非标酒店中做选择。考虑到这几类酒店的市场占有率,按比例分别选取4家经济型酒店升级后的中端酒店、4家专注于中端市场的酒店、2家主题特色酒店和1家酒店式公寓。

第三步是确定具体的酒店。在以上确定的酒店品牌和种类中,到底选择哪些酒店来研究?笔者以开业时间、网评条数、网评分数为指标制订了三个标准:①开业时间在2016年1月1日之前;②网评条数大于600条;③网评分数在4分以上。开业时间大于1年才能保证酒店管理的稳定性;若是新开业酒店,前期管理的不稳定性也会影响服务表现。网评条数大于600条,代表酒店网络客源比较充分,通过网络预订的人多,才会有较多的点评,点评中客人反馈才更具代表性。在业内人士和消费者看来,酒店的宾客满意度至少不低于平均水平(网络评分在4分以上)。因为需要对顾客满意和顾客不满意的因素进行分析,在对满足以上条件的20家酒店进行点评略读并确保顾客满意和不满意的点评能有相对平衡的数量后,最终确定了11家酒店。

第四步数据采集。采集的时间段是2016年全年,从11家酒店2016年1万余条点评中找出符合关键事件标准的点评共213条。

3.2.3 数据分类

根据关键事件分类的标准(参照图2),对213个关键事件逐个分类。

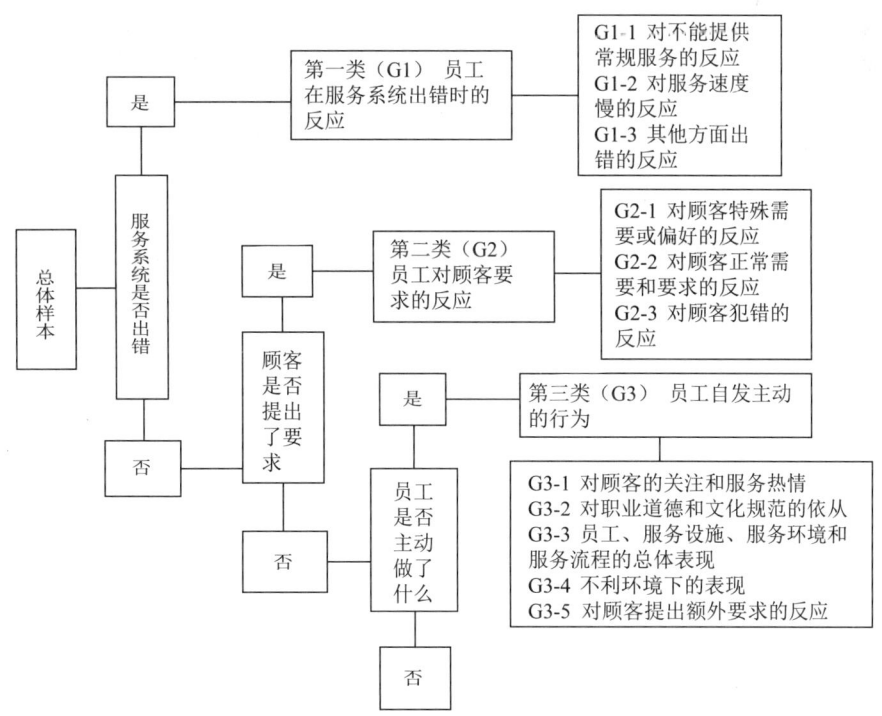

图2 关键事件分类标准

在对 213 个样本进行分类时，绝大多数事件都可纳入这个分类系统，这说明本项研究的分类系统是有效的。仅出现少数新的小类。比如，有点评说道："办理入住时只有一个人带了身份证，前台非要两个人都出示，等会儿送过来都不行，垃圾！"基于对酒店工作的了解，这样的点评虽然描述了具体事件，也表明了顾客态度，但属于顾客对酒店工作的不配合，提出了明显不合理的要求，故在统计时做了删除。对于不在分类系统内的极少部分点评样本做删除处理，共删除了 4 条。

另外，若一个点评里出现两个关键事件，且两个关键事件属于不同的分类，那么只选取其中的一个事件来做统计。比如，下面这条点评：

提前订好的房间，酒店打电话确认，七点多导航找到的，两个店离得不远，不是特别好找，也许对附近不熟悉的原因。进入大堂感觉挺温馨的，但是前台办理入住真心不敢恭维。前面就一拨客人，一个服务员在办理另一个在接电话，也没有打招呼，等了七八分钟才到我们。给了一间过道的房间不是很满意，最后和酒店协商换了间房，不过等待时间较久。还是很感谢给我们换了房间。换了一间门锁有问题，值班经理为我们处理的，这一点很满意，很负责任的一个东北帅哥，言语中就和前台差距很大，很感谢。本人有点洁癖，枕套有破洞，里面也不是很干净，但太晚了就没有麻烦工作人员。暖气不热，只能靠空调取暖，Wi-Fi 也一般。最满意的就是酒店的大床，很舒服，也很干净。房间略小，但很温馨。如果有机会，还会再考虑，总体来说还是可以的。

点评的前半部分描述了办理入住手续慢，房间不满意要求换房也很慢，这是一个独立的关键事件，按分类标准划分属"G1-2 对服务速度慢的反应"；但是后半部分提到了门锁出问题时一名值班经理的处理让客人很满意，这也是一个独立事件，属于"G1-3 员工对其他服务出错的反应"。对于这样的点评，只选取其中对事件描述更清楚，客人情感表现更重的一个事件做样本。前述举例的点评就选取了第一个事件。经过以上筛选，最终确定了 209 个关键事件。

之后依据关键事件的分类标准，对 209 个关键事件逐一打上标签。对所有关键事件的分类附在文末。表 2 仅对每个子类选取一条点评进行说明。

表 2 关键事件分类示例

关　键　事　件	分类归属
说有发票，但要一个星期后寄，好吧，等了一个多星期没收到。电话询问，根本还没开，忘记了！好吧，说马上开。过了几天一问，查了一圈，说刚寄，好吧，我马上要快递号。对不起，财务还没反馈快递号过来。过了好几天，宅急送拿着破破烂烂的信封过来了。	G1-1 对不能提供常规服务的反应
服务也很到位，走的时候信用卡忘在了酒店，打电话过去很热心地帮我去确认，最后还快递过来了。感谢！	G2-3 对顾客犯错的反应
酒店入住前没有说明没有停车场，提出修改还不能退换；讨厌的是入住后窗户是坏的，窗户关不上，服务员修了半天也不行，弄到夜里11点多又换房；更可恶的是，我自己的刷牙口杯破了，服务员非说是她们的，查房确认没有问题后客服还发信息说打破了她们的杯子。	G1-3 对其他服务出错的反应

续表

关　键　事　件	分类归属
酒店每天及时整理，添加被用掉的物品，并且在看到我们回来太晚后送上脚盆和药包，以及牛奶，太贴心了，电话拨服务台，马上都能办到，不能办到的也是轻声细语解释。我爱北京这浓浓的味道，99%好评率真不是盖的！	G3-1服务热情及对顾客的关心
进房间后才发现联通没有手机信号，打电话到前台要求换房，服务员说满房了，说你就将就一晚吧。在强烈要求之下，连换两间房，终于有了微弱信号。	G2-2对顾客正常需要和要求的反应
我早上出去的时候就跟服务员说了我出去办事会晚些退房，晚10分钟左右，要是晚了就先给我退了，结果她压根不搭理我。我临回去时还给前台打电话叫她们先给我退房，我马上就到，结果晚回来5分钟还多收我钱！	G2-1对顾客偏好和特殊需求的反应
果然是服务周到，就是那种有什么问题跟前台说，都态度极好地帮你解决。反映Wi-Fi慢，他们专门给了我们额外的路由器；反映没地方晒衣服，专门给了我们一个晾衣架解了燃眉之急；甚至我退房时粗心忘了拖鞋，恰好我电话又坏了，他们两天打了四五次电话给我，最后顺利帮我从北京寄过来。	G3-4不利环境下的表现
前台服务员态度极端恶劣。酒店管理太不人性化。当我从携程上订的单信息还未到达时，我们先开了一个房间，第二天要我们结算两个房间的费用，无论怎么商量都不给退。	G3-3总体表现
服务态度好，办手续时间长了一点前台不住地道歉。说实话，如果不是有急事，晚几分钟没关系，态度好客人心里立马就舒服多了。	G1-2对服务速度慢的反应
这间房的位置就在酒店一进门的位置，进出酒店必经之路，而且酒店隔音不好，晚上被进店的客人吵得无法入睡。我现在写这篇评价就是因为刚又进去一家人，吵吵闹闹进来把我给吵醒了。昨晚大半夜前台电话响，许久没人接，白天玩得很累晚上又睡不好觉，那个滋味真的很糟糕。早晨看有人退房，去跟前台交涉想要换间屋，前台以我这屋就是"豪华大床房"为由就是不给换。	G3-5对顾客提出额外要求的反应
我订了大床房，信用卡担保，到酒店给我双床，前台的解释就一句话，房间满了。我不知道我预付房费的意义何在？非常失望。	G3-2对职业道德、文化规范的依从

4　结果分析、讨论及建议

　　把209个关键事件分类完毕之后，按每一小类逐个进行统计，统计结果如表3所示。本部分内容将对统计数据进行分析，去探寻中端酒店影响宾客满意度的因素有哪些？通过数据对比去观察这些因素是否表现出了特定的规律？并且试着回答出现这些特征和规律的原因，最后从服务接触的角度为中端酒店提升宾客满意度提出相应的建议。

表3 关键事件分类汇总

类别		关键事件类型				合 计	
		满意事件		不满意事件			
		样本量	占满意事件的百分比（%）	样本量	占不满意事件的百分比（%）	样本量	占总样本的百分比（%）
第一类（G1）：服务人员在服务系统出错时的反应	G1-1对不能提供常规服务的反应	3	2.52	9	10.00	12	7.45
	G1-2对服务速度慢的反应	1	0.84	1	1.11	2	1.24
	G1-3对其他核心服务出错的反应	8	6.72	16	17.78	24	14.91
	小 计	12	10.08	26	28.89	38	18.18
第二类（G2）：服务人员对顾客需要和要求的反应	G2-1对顾客偏好和特殊需求的反应	2	1.68	2	2.22	4	2.48
	G2-2对顾客正常需要和要求的反应	2	1.68	17	18.89	19	11.80
	G2-3对顾客犯错的反应	10	8.40	2	2.22	12	7.45
	小 计	14	11.76	21	23.33	35	16.75
第三类（G3）：服务人员自发主动的行为	G3-1服务热情及对顾客的关心	39	32.77	11	12.22	50	31.06
	G3-2对职业道德、文化规范的依从	2	1.68	6	6.67	8	4.97
	G3-3总体表现	39	32.77	13	14.44	52	32.30
	G3-4不利环境下的表现	5	4.20	10	11.11	15	9.32
	G3-5对顾客提出额外要求的反应	8	6.72	3	3.33	11	6.83
	小 计	93	78.15	43	47.78	136	65.07
总 计		119	100.00	90	100.00	209	100.00

4.1 结果分析

按照关键事件三大类别逐一对结果进行分析。

4.1.1 服务人员在服务系统出错时的反应

在本研究中，属于这一类别的关键事件有38起，占样本总数的18.18%，其中满意事件12起，不满意事件26起。对每一子类的满意事件和不满意事件进行比较，发现以下三种情况：

（1）服务补救可挽回宾客满意度，但服务人员大部分时候做不到

从样本内容来看，当服务系统出现错误时，如果服务人员及时补救，是可以让客户化不满为满意的。例如，有顾客评论："前台服务妹子人超好，隔壁家空调外挂机有噪声，

我妈神经衰弱睡眠浅。妹子来确认后二话不说直接给换了房间，换房间前还在新房间里仔细帮我们确认过没有噪声，真是无比地贴心啊！"还有客人在遇到服务速度慢时，被服务人员的真诚致歉所打动："服务态度好，办手续时间长了一点前台不住地道歉。说实话，如果不是有急事，晚几分钟没关系，态度好客人心里立马就舒服多了。"

但从客户满意与不满的样本数量占比来看，大部分时候酒店的服务人员并不能及时做出补救行为，所以网上会看到各种情况服务出错导致顾客不满的吐槽。比如说开不了发票、预定信息留错导致客人无法按计划房型入住、房间的基础设施出现问题不能正常使用等。

（2）服务补救措施不当，过犹不及

这是在数据整理时发现的一个特殊情况，客人在首次网络评论之后再追加评论。事件一如下：

> 到店的时候前台说查不到订单，后来等了快20分钟终于查到了。本来就想早点到早点睡觉休息。查到了后，又说要等10分钟才能打扫出来……又等得都快睡着了。希望以后不要再出现这种问题了。房间还是挺好，就是隔音稍有点差，别的都很好。之后追加道：跟酒店电话沟通过，态度很好，也真正替我们着想，承诺下次再去的时候不会出现这种情况，很不错。住酒店就是想住个舒心。给服务人员点个赞。

但类似问题的处理，另一个关键事件却是完全不同的结果，如下文所述：

> 环境一般，性价比没有那么高。最重要的是信号真的太差，根本不是换房间的问题，开业前就应该考虑到的问题。后来找到酒店，酒店却推托说是移动的问题，帮帮忙好吗，这个说得太荒唐了吧？还有阿姨打扫房间，居然没有发现饮料少，饮料也没有补齐，大热天要渴死别人吗？反正一个精选酒店，有这样的硬伤，实属不该。7天后追加：今天接到酒店电话，让我修改评价。这让我怎么理解？认可了我说的问题，你们正视了这个问题吗？你们也知道这样的问题，那为什么在我入住时候不给我解决呢？现在打电话有什么意义呢？不要一味说新酒店如何如何，正因为新酒店各项才应该更好不是吗？一个好的酒店，不会一味骚扰顾客，让客人改评价吧？如果做得好，也没有人会随随便便写出不好的意见吧。还是把问题改正，比事后打电话来得更实际吧。这样的体验，我想也不是你们连锁酒店的初衷吧？如果顾客不满意，就骚扰顾客改评价吗？评价肯定不会改。这就是实际体验。

从以上这两个事件的描述可以看出，都是入住酒店期间出现了问题，客人在网络上给出反馈后接到了酒店的回访电话，但是事件一是真诚地表示歉意并给出了改进的承诺，让顾客的不满得以化解。事件二是出于让客人删除差评的目的去回访客人，这样的功利心反而激化了客人的不满。所以，对于服务系统出现问题时，究竟应该如何补救，需要酒店管理人员去认真思考。

（3）客人对中端酒店的服务速度满意度相对较高

客人对服务速度慢的点评只有2条，在关键事件的11个子类中占比最低，且两条中一个是好评一个是差评。这跟笔者之前统计高星级酒店的网络评论相比，对速度不满的反馈要少很多。究其原因，笔者认为，一方面中端酒店的服务项目有限，客人在住宿之外提出其他要求的概率较低，因此检测服务速度的机会就少了。另一方面，现在很多中端酒店在办理入住和退房的环节做了系统优化,例如简化 PMS 系统的操作流程,节约登记入住时客人的等待时间,同时针对部分或全部客源推出免查房制度,节约结账离开时客人的等待时间。

4.1.2 服务人员对顾客需要和要求的反应

(1)正常需要得不到满足时,最易引起客人的不满

关键事件的第二大类"服务人员对顾客需要和要求的反应",满意事件 14 起,不满意事件 21 起,占全部样本的 16.75%。而在 21 起不满意事件中,第二子类"对顾客正常需要和要求的反应"的不满意事件共 17 起,占不满意事件的比例为 81%。可见当顾客的正常需求不能被酒店服务人员满足时,极易产生不满情绪。

再对这 17 条点评进行分析,发现客人直接对酒店的服务提出需求未被满足的有 8 条。比如有客人说:"这么热的天,房间没有取电卡,而且也只有一张卡。酒店前台说满房了没有卡了,这是什么解释?""要了一床被子,但是送来的是被子和被罩,自己动手没什么,可足见服务员不够专业。""也不知是携程的原因还是酒店的原因,都说对方给开发票,虽然最后携程给开了,但酒店前台没做任何解释,很冷淡地让我找携程客服就不管了,感觉很差。"给房间添加物品、打扫卫生、开具发票等都是酒店应该提供的服务,但是在客人提出要求时却被酒店拒绝了,这必然会导致客人的不满。

还有 9 个不满意事件,其中 5 个是客人对房间设施设备不满要求换房、2 个是预付订单因行程变更需要取消、1 个是临时续住酒店未同意、1 个是需要延迟退房酒店却加收了房费。对于这些服务,虽然说不在酒店的承诺范围内,但是从客人需求角度讲,这类需求其实是最迫切的。在导致客人产生换房需求的原因中,比较突出的是噪声和异味。

比如有一条点评这样描述道:"垃圾酒店!住四楼,出了电梯,过道向前走五米,能坚持十秒算你厉害,非常够味,估计从装修到现在都没有通过风。房间也没有通风扇,空调不能开,令人窒息。第一晚闷在被子里将就了一晚,第二晚实在受不了,酒店不给处理,只好在大堂里睡了一晚。即使不被窒息而死,店员那种国企式的回答也能把你气死!房间不给退。"

还有一条点评:"入住非常不愉快!晚上 9 点多到的酒店,11 点了旁边的房间一直有很多人大声吵,还在楼道里跑,根本无法入睡。要求换房,服务员开始同意换,后来又称没房。我们觉得这种情况没办法睡,想换别家,他们居然一分钱不给退,因为实在没办法睡觉,就这样不到两个小时,给他们全款,只是事情不是我们造成的,那么晚都被打扰得无法入睡,作为消费者我们是受害人,却要承担整件事情的责任,酒店的管理者,你们真的觉得这样处理妥当吗?"

客人住宿酒店就为了睡一宿好觉,结果因入住的房间噪声大、地漏返味等难以入眠,意味着客人支付了全额的住宿费用,核心需求却没有得到满足。还有预付订单申请免费取消、延迟一小会退房等需求,其实对酒店来讲不需要付出任何成本,但是对客人来讲,一次拒绝就意味着一晚房费的损失,虽然酒店的拒绝并不意味着未履行住宿合同,但是客人仍然会埋怨在心。

(2)顾客犯错时,酒店的宽容和补救容易让客人满意

在第二大类 35 个关键事件中,对顾客犯错的反应共有 12 个,其中满意事件 10 个。

满意事件中，顾客犯错的原因分两类：一是丢失或损坏了酒店的物品；一是个人物品遗留在酒店，酒店给予免责处理或主动将客人的遗留物品寄回，让客人非常感谢。比如有客人说："服务超级好，房卡丢了非常客气帮忙补卡，而且不要钱，很难得。""服务很到位，走的时候信用卡忘在了酒店，打电话过去很热心地帮我去确认，最后还快递过来了。感谢！"不满意事件只有2个，但是属于同类事件，就是客人错过了预订保留时间到店，酒店在未通知客人的情况下取消了。"服务员特牛！订了房间，迟到了，得知房间被取消。别的酒店都来电话问问，这里不问，直接取消，害得我大晚上到处找酒店！"虽然顾客知道错过保留时间未到店，酒店就可以取消预订，但是由于顾客以往的消费经历让他有所预期，所以当酒店对顾客的错误不做任何提示而直接取消订单时，令顾客非常生气。

4.1.3 服务人员自发主动的行为

关键事件的第三大类"服务人员自发主动的行为"共有136个案例，其中满意事件93起，不满意事件43起，占所有样本的比例为65.07%，在三个大类中占比最高。而其中满意事件数量远超过不满意事件，占总样本数量的比例为44.5%。

（1）服务人员自发主动的行为是最易令客人满意的因素

酒店的服务都是由一线员工提供的，所以服务会有很强的主观性。有些满意或不满意事件，是由于服务人员自发、主动采取了一些出乎顾客意料的行为。若是帮助顾客解决困难或不便，就会让客人感到惊喜；若是对顾客不尊重不礼貌，就会使顾客非常不满甚至气愤。

由于员工主观发挥的空间很大，很多行为是很难量化的，所以这一大类被分成了5个子类：①服务热情及对顾客的关心。比如说，得知客人到得晚主动给客人煮了夜宵，客人问路时主动将客人带到目的地，为过生日的客人准备生日惊喜等。当然，也有反面的例子。比如，接待客人的时候没有笑脸，对客人不耐烦等。②对职业道德、文化规范的依从。诚实、公正、平等……这些都是基本的道德规范，有些服务人员能自发地在行为中体现这些道德规范，但也有些服务人员不能平等地对待客人，甚至连基本的职业道德都不具备。比如，酒店的员工跟客人吵架，对贵宾和普通客人差别接待等。在本研究摘取的样本里，4个不满意事件都是未按预订给客人保留房间所致。比如："在线支付预订的房间居然有一间没有预留，擅自给换了普通房。由于入住比较晚，没法计较了！很不好的体验！"③总体表现。很多时候，酒店顾客满意与否不能归因于某一个服务人员，或者服务接触中的某一个环节，而是酒店整体的服务氛围。若整体的服务氛围很好，客人就会对整个服务过程非常满意。比如，一位顾客说道："看到我们回来太晚后，送上脚盆和药包，以及牛奶，太贴心了。电话拨服务台，马上都能办到，不能办也是轻声细语地予以解释。"④不利环境下的表现。酒店服务高峰期时，会出现拥挤、场面乱、员工和客人都很焦躁的情景。在这种情况下，如果服务人员仍旧表现得镇定有序，礼貌热情，并且还能对顾客的焦躁进行疏导，就会赢得顾客的赞誉。⑤对顾客提出额外要求的反应。顾客在特殊情况下，可能会提出一些额外要求，这些要求不在酒店的正常服务范围内，酒店也没有现成的条件能满足。比如有客人说道："最最最好的是人。前台一位叫判官的小伙，给了我好几次惊喜。帮我蒸大闸蟹不算，还给我调了那么多调料，同时还给我送了水果。在我离开酒店后,忘记东西在冰箱里,判官先生还特地给我打电话,并给我邮寄到上海。我要特别说明,所有这些增值服务,全部免费的。在此,我要特别谢谢判官先生和所有的服务员。真的让我感觉宾至如归,好像在家一样放松舒适!"

(2)中端酒店强化主动服务意识,收效良好

在服务热情及对顾客的关心、总体表现、对顾客提出额外要求的反应这三个子类中,发现了很多深度服务的案例。这三个小类对应的满意事件共86个,占第三大类满意事件的比例为92.5%。从这个数据明显能看出,一方面,中端酒店在服务流程的设计上做了一些尝试。比如,给过生日的客人准备惊喜、退房的时候询问客人感受、给客人赠送当地特色的礼物等,受到了客人肯定。如样本中说道:"服务特别贴心,入住那天刚好是我生日,酒店送了我一个蛋糕、一个果盘,还有一瓶酸奶,给我一个惊喜!""前台有茶水和咖啡喝,服务人员主动帮忙打咖啡,很贴心。离店还送小礼物,处处都透着一股人性化和温暖,值得再来的酒店,推荐。"另一方面,酒店鼓励员工更具创造性地满足客人需求,也取得了很好的效果。"北京这两天降温,晚上风尘仆仆到店的时候,酒店送上一杯热牛奶,十分暖人心。第二天做卫生的阿姨还帮我晾晒了衣服,留了字条。午餐小队长帮我热心热午餐。不能用服务好来形容,而是每个店员都真诚地对待客人,很舒心。""酒店服务人员总是面带微笑,很有耐心地帮我们解答所有的问题,这一点让我们对微笑服务、贴心服务有了实实在在的体验。酒店的服务真的让我们很感动,尤其是我因为嗓子不好咳嗽了几下,服务人员就很关心地给了我一杯温水,并关切地提醒我因为最近天气比较干燥,要多喝水。"

(3)服务人员在不利环境下的表现有待提高

第四个子类"服务人员在不利环境下的表现",满意事件有5个,不满意事件10个,可以看出服务人员在不利环境下的表现还有待提高。

案例中不利环境的情况可以分为三类:第一类是内部环境不利,比如电梯、热水系统等酒店内部的大型设施出现问题、酒店工作忙人手不足等;第二类是外部环境不利,主要是外部的噪声或者安全隐患、天气不好等;第三类是案例发生的现场,在责任不明的情况下酒店处于不利地位,比如客人提出有物品在酒店内丢失。从客人反馈来看,员工在不利环境下的服务显得缺少经验和应变能力。其中较为典型的一个案例是某酒店员工遇到客人提出物品丢失时的处理过程。案例描述如下:

在酒店丢了首饰包,我就没想着找到,结果家人说让去前台看看监控能找到最好,于是我就去说了一下情况就走了。第二天睡起来去问前台人员给我看监控,就一个服务员进去过,他说就算进去了他们的工作人员也不可能拿,那我还查什么,想想算了,丢就丢了吧,我就走了。结果我刚回房间,他们又打电话,让我去看监控说不对劲,我去之后才知原来是让我看自己手里拿的东西。我说那是钱包,那个服务员也过来说不行就报警,他没拿不怕。我从头到尾都没说报警,也没冤枉谁。可是他们从头到尾也没有领导出来,也没给我道过歉。第二天,我在外面给前台打电话让打扫房间,我很累回去要睡觉。结果她说,让我什么时候回去当面看着人家打扫,怕东西丢了说是他们的人拿的,你们说这种态度不恶劣吗?我的东西丢了我没说过什么,他们

一直咄咄逼人，可能我太看得起他们酒店的档次了。一般酒店出这种事都会给个解释或者道歉，他们不但没有道歉反而恶人先告状，简直太可恶了！这种素质的工作人员，注定在服务行业待不久，一定会自尝苦果！祝你们都一帆风顺！"

以笔者多年酒店工作的经验来看，处理这个事件的员工一定是接受过培训的，因为非常懂得在这种不确定原因的劣势事件中保护酒店利益，但是由于员工缺乏对顾客情绪的拿捏经验，实践中过于刻板，以至于过于谨慎和避责的行为让顾客很恼火。客人物品丢失的种类不同，客人反映情况的前提背景不同，不能用同一种方法去处理所有的物品丢失。服务人员需要根据现场情况，用自己的经验去做一个主观的判断再来处理。

4.2 对结果的解释

样本分析至此，我们回到文章开头提出本研究试图解决的三个问题：

（1）酒店服务接触中，最容易引起顾客满意的因素有哪些？

（2）酒店服务接触中，最容易导致客人不满的因素有哪些？

（3）容易引起客人满意和不满的因素是否呈现出一样的规律？即引起顾客满意的因素如果表现糟糕，是否一定会导致顾客相同程度的不满？

通过上面的数据对比和分析，我们将尝试回答这几个问题。

4.2.1 对服务接触满意的原因

从表3可以看出，让顾客满意的事件，按照出现频率从高到低依次为服务人员自发主动的行为（78.15%），服务人员对顾客需要和要求的反应（11.76%），服务人员在服务系统出错时的反应（10.08%）。

从顾客满意的角度来看，服务人员自发主动的行为细分的五个子类中，热情服务和对顾客的主动关心以及总体表现是所有样本里占比最高的，各占32.77%。比如客人点评道："由于入住期间有点儿感冒，客房服务人员真的超级贴心，不仅补足了饮用水，还各种关心，让我都不好意思了。"整个服务接触的过程也许没有特别深入的故事，但是每一个跟员工接触的服务环节都让客人印象极佳。比如客人点评道："非常不错的酒店，房间干净，温馨！客房服务也特别棒！在前台叫了快递，也非常热情地帮我办理！有问必答！""酒店环境很好，每个服务人员都很热情。天很冷，门口接待的从头到尾服务很好。"但是G3-2对职业道德、文化规范的依从占比就较低，只有1.68%。从这五个子类的样本分布可以发现，酒店员工对顾客主动的关心最容易拉近彼此距离，赢得客人的好感。对职业道德、文化规范的依从虽然大部分酒店都能做到，但是顾客会认为这是一种理所当然的表现，所以很难去刺激顾客的满意感，所以在出现明显有悖于职业道德的情况时，顾客的不满意容易表露出来。

服务人员对顾客需要和要求的反应是令酒店顾客满意的第二大原因，样本占比11.76%，三个子类中最容易令客人满意的是顾客犯错时员工的处理。该类事件共10个，占满意事件的比例8.4%。比如客人点评道："房卡丢了非常客气帮忙补卡，而且不要钱，很难得。""没来得及12点前退房，前台主动帮忙退房，没有加收钱，还让我不着急，安全行驶。"反映出来的现象就是，客人难免有疏忽，如果不小心犯了错，工作人员不要用赔偿或责怪的方式来"处罚"客人，因为客人有自省意识，犯了错本身都会有一些自责，这时候如果工作人员给顾客更多的理解和包容，甚至想办法给客人一些安慰和补救，客人往往会非常感动，从而对服务接触的过程有强烈的满意感。而第二子类"对顾客正常需要和要求的反应"满意事件只有2个，原因可能是客人会认为常规的需要都是酒店应该提供的服务，很难让顾客产生超过预期的惊喜。第一子类"对顾客偏好和特殊需求的反应"满意事件也只有2个，可能是持有偏好和特殊需求的客人并不多，基数小，自然满意的事件也少。

服务人员在服务系统出错时的反应，共采集到12个满意样本，占满意事件的百分比是10.08%。虽然该类事件占比不高，但是当服务系统出现错误的时候，员工及时地服务补救是可以将顾客的失望扭转为满意的。比如客人网评说道："由于预订的房间漏水，前台为此送了两张早餐券，退房时间也延到第二天下午两点，处理问题的态度让人很舒服。"

4.2.2 对服务接触不满的原因

从表3可以看出，导致顾客不满的事件依次为服务人员自发主动的行为（47.78%），服务人员在服务系统出错时的反应（28.89%），服务人员对顾客需要和要求的反应（23.33%）。

酒店服务人员自发主动的行为中，"总体表现"这一子类引起顾客不满的概率最高。这种总体表现没有指明具体的点，但是整个服务过程让客人不愉悦，比如客人的评论中说道："明显前台在推销卖不出去的房间。给网订的客人安排的都是布局差的房间。一去就说订的房满了，让换特价房。坚持不换，就又有大床房了。但给的房间很让人怀疑，还是特价房！"员工素质和业务技能参差不齐，即便是同一个员工，也会在不同的环境下表现出不同的状态。酒店没有办法时时刻刻对员工的服务接触行为进行现场管理，这种服务管理的不确定性提醒酒店的管理人员，可以采用一些处罚的方式直接对结果进行监督，从而让员工自发约束自己的负面行为。

服务系统出错时，客人本身就已经有了不满情绪，如果员工没有意识到也没有采取补救措施，就会让客人的不满进一步扩大，从而酿成严重的顾客投诉。比如客人网评说道："酒店入住前没有说明没有停车场，提出修改还不能退换；讨厌的是入住后窗户是坏的，窗户关不上，服务员修了半天也不行，弄到夜里11点多又换房；更可恶的是，我自己的刷牙口杯破了，服务员非说是她们的，查房确认没有问题后客服还发信息说打破了她们的杯子。"对于绝大部分酒店而言，服务系统都是相对稳定的，出现错误只是偶然情况，所以管理人员极容易对这种偶然情况疏于关注，面对服务系统出错时客人的情绪也疏于关注，但其实这一类情况导致的后果可能比其他服务接触的问题更加突出。所以，酒店需要特别关注服务系统出错时的服务接触行为，同时制定方案对这些行为进行管理。

虽然"服务人员对顾客需要和要求的反应"占不满意事件的比例最低，但是出现了一个集中的情况，就是第二子类所述的员工不能满足顾客正常的需要，引起的顾客不满最多，共17个案例，占了这一大类不满意事件的81%。比如客人网评说："客房的服务人员也很少，白天我们出门特意关了窗，后来晚上遇上暴雨，回房一看，地面和床单全部湿光！！！我们找前台找服务员来打扫，换床单，等了很久，服务员来了一会就被前台叫去服务别的房间了，整个地面依旧是湿的！！！再也没有来过！！！""给老妈订了一晚后，再通过携程延住，竟然遭到酒店方拒绝，并且不打扫房间、拒绝刷新门卡。他们的理由很简单，就是涨价了，不想和携程合作！"对于这类事件顾客不满的原因，我们可以做一个简单的总结，就是希望越大失望越大。顾客认为自己只是提出了正常的需求，酒店理所当然应该予以满足，所以客人对此的期望值是很高的，但如果服务人员不能满足，就会让顾客的期望值跌入谷底。

4.2.3 令顾客满意和不满的原因对比

由表3可以看出，在三类因素中，每一类因素令酒店顾客满意与不满的概率是不一样的，也就是说，一个容易令客人满意的因素，如果表现糟糕的话，未必会同等程度地引起客人不满。

分类系统的第一类因素"服务人员在服务系统出错时的反应"，满意事件占比10.08%，不满意事件占比28.89%。这一数据表明，酒店的服务系统出错极容易引起客人不满，但是并不是所有的出错客人都会不满，如果酒店及时予以恰当的补救，客人是会化不满为满意的。

分类系统的第二类因素"服务人员对顾客需要和要求的反应"，满意事件占比11.76%，不满意事件占比23.33%；三个子类中，满意事件和不满意事件都有分布。但是"对顾客正常需要和要求的反应"这一子类中，满意事件只有2个，不满意事件有17个，占比差别较大。比如网评中说道："刚办理入住，但是临时有事要去火车站，退的时候不能退，白浪费了一晚，这个规定不知道是携程网还是酒店定的，太不人性化了。"参照赫兹伯格的双因素理论，满足顾客正常需求更像是顾客满意的 个保健因素，如果做到了，客人不会觉得惊喜，但假如没有做到，客人则会非常失望。

分类系统的第三类因素"服务人员自发主动的行为"，满意事件占比78.15%，不满意事件占比47.78%。其中"服务热情及对顾客的关心"共有满意事件39个，占比32.77%，这是所有事件类型中占比较高的一类。点评中提到了一些非常深入的服务接触故事。比如点评说道："酒店有特色，服务到位。朋友感冒发烧，酒店知道后给熬的粥、咸菜和鸡蛋，体贴入微，很让人感动，关键是免费哦。重点是临走时送了小礼物！下次有机会还会去住。""工作人员服务特好。再此表扬下陕西老乡。第一天到北京已经是凌晨2点多了，之前在艺龙订的是另一家酒店，当时到了酒店，结果告知我没房了，让一外地人半夜凌晨找酒店很不厚道。在走了30分钟左右来到了这家酒店，此时的我们已经饥肠辘辘，碰到了陕西老乡在告知缘由后，给我们煮了员工餐的饺子。"从中可以看出，对顾客主动的关心和帮助更像是顾客满意的一个激励因素，如果做不到，顾客一般不会觉得失望，但是如果做到了，顾客会觉得非常惊喜和感动。第四个子类"不利环境下的表现"，满意事件5个，不满意事件却有10个。比如点评说道："我为我帮人订这个酒店感到羞愧！住宿人员毫无素质，凌晨一点多还在楼道里浪笑，工作人员也没有制止。居然还有送小广告的！严重影响了北京的形象。太差了！"酒店没有办法选择顾客，服务人员面对的不利因素会很多，如果遇到部分顾客有不文明行为影响到了其他顾客，工作人员需要进行提醒和协调，这时候需要工作人员具备一定的应变能力和服务技巧，对员工的能力要求就较高了。第五个子类"对顾客提出额外要求的反应",满意事件8个,不满意事件3个。例如网评中说道:"在前台办手续时会给倒水;我们没有水果刀,快十一点了还帮我们把水果切好;床单很干净;每天都会打扫房间,房间的免费矿泉水、茶包和一次性用品不需要说也会换新。最最重要的是,这次我们住了很多家酒店,只有这家酒店的服务人员面对我们的时候会永远面带微笑,态度很好。"顾客的额外要求被满足时,通常都会因满意而对服务人员大加赞赏,数据也表明服务人员也很少拒绝客人提出的合理的额外要求。

4.3 讨论

将本研究得出的结果,与张萍、符国群在2015年对银行、零售、餐饮行业服务接触中宾客满意度因素研究的结论对比,发现了一些不同之处。后者的研究发现,这三个行业引起宾客满意的因素呈现出一致的规律,按事件呈现的比例依次为满足顾客提出的要求、主动关心顾客、在服务系统出现错误时一线员工的反应。而本研究中发现,在中端酒店的服务接触过程中,服务人员自发主动关心顾客是最容易让顾客满意的因素,其次是服务人员对顾客提出需求的满足情况影响顾客的满意度。这个不同的表现,原因可能是由于酒店行业跟其他行业的差异引起的,相比银行、零售和餐饮,酒店服务中,员工跟顾客的接触机会更多,顾客的需求的复杂性和不确定性更高,所以致使员工在服务中主动发挥的空间更大,如果员工表现得好,自然也更容易令客人满意。

黎冬梅、朱沆在2007年对引起酒店商务客人不满因素的研究中,发现服务系统的差错及服务设计组合的缺陷是导致顾客不满的重要原因。这与本研究发现的规律基本一致。笔者可以大胆地推测,无论是哪种类型的酒店,服务设施及服务水平达不到顾客期望的标准、服务过程出现了差错等,让客人极易失望并且不容易被原谅。

陶伟、王妙以天津市中档酒店为研究对象,于2014年从顾客价值的角度对顾客需求进行了研究,归纳了5个影响中档酒店顾客价值的因子,按重要性由高到低排列依次为功能价值、精神价值、形象价值、隐性成本价值和显性成本价值。中端酒店核心的设施设备和服务质量都属于功能价值。该研究建议,中端酒店要舍弃大而全的经营理念,做好核心功能,这样更易于提升顾客感知的价值。而本文通过研究也发现,近年来无论是单体中端酒店,还是连锁的中端品牌,更加注重在顾客核心需求上的投入,做好核心功能区域的品质,在服务上拓展深度,确实赢得了顾客更高的口碑。

4.4 建议

酒店的服务管理工作充满了不确定性,而中端酒店因为提供的是有限型服务,所以员工会遇到很多不能靠酒店硬件满足客人需求的问题。从上面的结论可以看出,员工自发主动的行为是服务工作中应该去主要培养的,因为好的服务员可以在这方面发挥出巨大的能量。但是我们在服务管理中仍然存在很多共性的问题,比如服务补救能力的缺乏、不利情况下的应变能力等。笔者结合实际的工作经验,提出以下几点建议,希望对饭店的服务管理工作有所启示。

4.4.1　只招聘适合服务行业的人员

在跟酒店同行交流的过程中，经常听到大家感叹人员流失率高。确实如此，人员的频繁流失会给服务工作带来很大困难，也因此导致有些酒店在人员缺编时病急乱投医，不管应聘人员合适不合适，先招来用着再说。固然，有些员工天赋很好，但是倘若没有耐心、没有服务从业人员基本应有的乐观和助人为乐之心，也未必适合从事酒店服务工作。在此摘录一段酒店业前辈斯塔特勒在一个世纪前写给他的连锁店店长的一封信——《只招聘天生脾性好的人》：

> 从今天起，我命令你们只能招聘天生脾性好的人，他们乐观、开心、常轻松自然地微笑。这个原则将要贯彻到所有岗位，他们是指所有的部门经理、前台服务员、出纳、领班、电梯接待员、行李员、接线员，以及所有与顾客直接打交道的员工。必要的话，你们要毫不留情地清理门户，不要找借口。把脾气坏、爱发牢骚、愁眉苦脸、紧绷着脸的人清理出去。你不可能改变他们，你不可能指着他们赚钱。你要把他们赶出去，把他们让给竞争对手。我们聘用可以塑造的人。仅仅接待好第74位顾客，而把第75位得罪了，这是不行的。在一个小时的58分钟里充满活力，而有2分钟却十分沮丧，这也是不允许的。第10个员工给顾客提供优质的服务，而让第11个给搞砸了，这不好……

酒店服务的工作跟机器操作不同，员工的情绪会直接影响到客人，也会影响到其他同事，从而影响整体的服务效果。这段朴实的文字，其实告诉了我们，酒店对服务人员的招聘最重要的标准——好脾气、可塑造、宁缺毋滥。

4.4.2　加强培训，全面提高员工的服务能力和服务技巧

若想让员工在客人面前呈现出好的状态，需要扎实的培训来保证。现在我国中端酒店市场的后起之秀，基本都是经济型连锁酒店的升级品牌。产品升级了，对员工的培训也要升级。但是中端酒店的人员配比却无法达到星级酒店的标准，所以需要员工一岗多能。比如，酒店的窗口部门前厅部，除了要熟悉前台的业务，还要对酒店周边的餐饮、游乐、购物等信息足够了解，只有这样，在客人需要出行帮助的时候，才能准确及时地给予帮助。

除了业务操作、应知应会信息的掌握这些硬实力外，员工察言观色、跟客人寒暄的软实力也需要通过培训来提升，而且这样的服务技巧培训起来更难。比如，笔者给前台员工做过一系列情景对话的培训：夏天客人拖着行李大汗淋漓地进入酒店，该怎么问候？年轻人带着老人出行，该如何接待？妈妈带着年幼的孩子一起入住，该怎么去跟母子交流？沟通是服务的第一步，诸如此类的沟通技巧，是一名良好的服务人员需要掌握的。

4.4.3　做好服务设计，激发员工主动发挥创意

如果酒店的管理人员对所有工作环节都进行控制，不但会浪费许多的人力和精力，而且"胡子眉毛一把抓"，实际控制的效果很差。再加之所有的服务过程都是实时发生的，管理人员无法在现场督促服务的质量。所以在服务控制过程中，最主要的是找准关键点。比如，酒店对容易令客人满意的环节进行设计，然后鼓励员工按照设计的方案去适当发挥。例如，遇到客人生病的时候，多送水，在饮食上为客人做特殊准备；遇到客人生日或者纪念日的时候，提供房间布置或者准备生日礼物；客人退房的时候，送上具有纪念意义

的小礼物；遇上暴雨、雾霾等极端天气的时候，给客人准备雨具、面巾、口罩等必需品；遇上客人晚到的时候，给备些简单的夜宵等。

可喜的是，从本文所调研的好几个中端酒店品牌来看，大家都开始在服务设计和主动服务方面进行了积极的探索。

4.4.4 建立完善的服务保障制度

好的服务一定不只是员工的责任，酒店还需要从管理的角度建立完善的制度。第一，需要统一服务理念。比如，样本中好几条点评说到的预付订单不能退款的事情，员工固然需要用好的技巧跟客人解释，但作为酒店的管理者应该反思，既然客人无法接受，为什么一定还要坚持执行预付订单不退款的政策呢？酒店利益跟客人利益出现冲突时，是否真正做到了以客人利益优先？

第二，只有在人力和物力上做好保障，才能保证中端酒店的服务品质。比如说，调研酒店中有一家专门建立了一个租借物品库，各种客人可能会用到但房间里没有标配的东西，前台都有储备，这样就为员工解决客人的不时之需提供了很大的便捷。巧妇难为无米之炊，酒店把后勤保障做好了，员工在服务上才有可以发挥的空间。

第三，建立服务奖励制度。很多管理人员认为，奖罚应该同时存在，但是笔者认为，在员工服务的管理上，以奖励为主，除非员工主观上的错误，否则不应惩罚。因为处罚会让员工产生焦虑感，在服务上缩手缩脚。比如，丽思-卡尔顿一直为同行所称道的一流卡（first class card），在我们的中端酒店也可以使用。酒店同事对那些创造了优质服务案例的同事授予一流卡（first class card），一方面是对当事人的赞扬，另一方面对其他同事也是一种服务上的启发。

4.4.5 对服务失误建立系统的补救方案

酒店的服务系统难免出错，无论是人为的还是硬件设备方面的，如果出现问题一味地只是道歉，客人也会失去耐心。与其坐以待毙等着客人投诉，不如主动给客人提供补偿。比如，样本中多次提到酒店爆房了，客人到店后未按订单房型给予安排；或者酒店的设施设备出现问题，对客人来讲，他支付了全额费用却并没有享受到酒店完整的服务和产品。客人投诉是因为心理不平衡，如果酒店针对常见的失误制定补救方案，主动给予顾客物质上的补偿，相信顾客这种不平衡心理就会得到缓和，员工在跟客人沟通的时候，也会更加坦诚和勇敢。

4.4.6 设计酒店主动服务的流程图

依据客人进入酒店的时间顺序，笔者结合自己工作的尝试，还做了一个具体的服务流程梳理，便于给酒店服务管理提供更实用的参考。

预定：大部分预定都是通过电话进行的，所以预定这个环节其实是酒店给客人留下第一印象的时候。第一印象要出彩。不能面对面服务，就只能从语言上去雕琢。例如，首先询问客人的姓氏，坚持用姓氏称呼客人，保证整个过程的礼貌和热情；预定结束加上一句"如果有什么需要帮助的，您可以随时联系我们"，用我们热情积极的语言，即便是通过一根电话线，也能让客人感受到我们的感情色彩。

入住当天核对预定：国内酒店一般都会在客人入住当天再打电话核对预定。在礼貌热情地核对完预定信息后,加上两个行动:①询问客人是否需要把乘车路线以短信形式发送给他(她);②告诉客人如果行李多,到了地铁站可以联系我们去接。尽可能地向客人释放出我们主动帮助的意愿。

登记入住:很多中端酒店都推出了迎宾饮料这一服务。客人到了前台之后都能倒上一杯应季的饮料,办理入住的过程中轻松地跟客人聊一聊出行原因、行程安排之类的,在聊的过程中发现客人可能的需求,从而为主动提供帮助寻找契机。当然,办理完入住手续,还有一些后续的服务可以提供。比如,看到客人有行李,主动帮客人把行李送到房间;看到有老人就主动给客人房间送上防滑拖鞋,告诉客人"带着老人出门不方便,有什么需要帮助的您随时告诉我们"。另外,前台还可以准备一些糖果或者玩具,有小孩时主动提供糖果或玩具。

客房打扫:入住期间,客房服务员会不时地发现客人的需求。比如,看到客人有药,能大概推测出客人身体不舒服;看到女客人用卫生巾了,便能知道客人在生理期。这些信息反馈出来,我们就可以利用好"留言条"的功能,给房间里准备一袋红糖、一个热水袋,然后附上一张简单的留言条"×女士,给您准备了热水袋,也许您能用得上,多喝点红糖水,身体会舒服些""×先生,看您备着胃药,酒店备有小米粥,如果需要您随时给前台电话,我们给您送到房间去"……总之,客房打扫其实是很重要的信息搜集渠道,却是我们管理上很容易疏忽的环节,把这个环节把握住,我们就能像贴身管家一样获取给客人惊喜的很多机会。

退房:退房时的入住感受询问很重要。客人讲述了入住感受,我们又该如何去回答?所以,教会员工如何在退房的环节跟客人再做一次有效沟通,这跟做房间销售和会员卡销售一样,是有技巧和方法的。在此特别要提的是,退房时跟之前入住过程的衔接很重要。比如,客人因为噪声问题换过房,退房时要再次跟客人道歉。这就需要前台利用PMS系统将客人入住过程中的一些特殊事情记录下来,提醒退房时的当班员工做好关注。

以上是按照客人从预定到退房整个过程梳理的一个流程,把被酒店员工经常疏忽掉的环节做了罗列。从这些环节中提炼出具体的行动点,然后培训员工去推广普及,或者某些项目也需要安排专人负责。酒店可以选一项或者两项试着去做,员工做得越多,得到客人积极的反馈也就越多,这些积极的反馈又会刺激员工更加主动和创造性地给客人提供好的服务。

5 结论

5.1 研究结论

本文运用BBT分类框架和关键事件技术分析了顾客在服务中满意与不满的原因,得出如下基本结论:①热情周到的服务和对顾客的主动关怀,是令中端酒店宾客满意最重要的因素。②酒店服务出错却没有有效补救,或者顾客的正常需要不能得到满足,是导致中端酒店顾客不满意的最重要因素。③其他一些因素中，如不能提供常规服务的反应、遇到不利环境时员工的表现，更多地与不满意事件相联系；对顾客犯错的反应、对顾客提出额外要求的反应，则正好相反，与之关联的满意事件更多。

5.2 研究局限与展望

由于笔者的个人能力所限，本文亦存在以下方面的局限：

第一，本项研究的资料全部来自酒店客人的网络点评，存在两个弊端：一是没有事件当事人的具体资料，如年龄、教育背景、消费经验等；另一个是研究者没有办法对顾客文字描述中不够具体的地方进行追问，也就无法更深入地了解更多为研究所需要的信息。

第二，选择了北京地区11家酒店作为研究对象，仅能说明中端酒店在服务接触中影响宾客满意度的因素；若再做深入研究，可以找出高端酒店和低端经济型酒店的特征，再去研究这三类酒店的异同。

为了完善上述的种种不足，在做进一步加深研究时，可以考虑扩大样本容量，选择地域覆盖更广、数量更多的酒店。此外，从顾客感知的角度，专门针对某一客源特征的酒店进行深度分析，或专门针对某一个品牌的门店进行整体研究，也是可以尝试的方向。

5.3 结语

我国的中端酒店正发展得如火如荼，这类酒店跟传统的高星级酒店和经济型酒店相比，无论是规模、硬件设施还是顾客需求都有很大不同。本文的研究只是围绕中端酒店服务接触这一个问题进行的，希望对酒店服务管理中的痛点找到一些解决之道。但是，针对中端酒店的服务还有很大的空间需要去探索，也期待日后有更多理论研究去助力中端酒店的发展。

参考文献

[1] Gronroos C. Service management and marketing[J]. Business Book Review Library, 2007, 11(4): 2-4.

[2] Parasuraman A, Zeithaml V A, Berry L L. SERVQUAL: A multiple-item scale for measuring consumer perceptions of service quality[J]. Journal of Retailing, 1988, 64(1): 12-40.

[3] Chandon J L, Leo P Y, Philippe J. Service encounter dimensions-a dyadic perspective: Measuring the dimensions of service encounters as perceived by customers and personnel[J]. International Journal of Service Industry Management, 1997, 8(1): 65-86.

[4] Solomon M R, Surprenant C, Czepiel J A, et al. A Role Theory Perspective on Dyadic Interactions: The Service Encounter[J]. Journal of Marketing, 1985, 49(1): 99-111.

[5] Gremler D D. The Critical Incident Technique in Service Research[J]. Journal of Service Research, 2004, 51(1): 65-89.

[6] Bo E. Service Breakdowns: A Study of Critical Incidents in an Airline[M]// Proceedings of the 1992 Academy of Marketing Science (AMS) Annual Conference. Springer International Publishing, 2015:

17-29.

[7] Bitner M J, Booms B H, Tetreault M S. The Service Encounter: Diagnosing Favorable and Unfavorable Incidents [J]. Journal of Marketing, 1990, 54 (1): 71-84.

[8] 张秀玲, 章锦河, 王妙妙. 中国中档酒店业转型时期的竞争态势和对策分析 [J]. 云南地理环境研究, 2010, 22 (1): 87-91.

[9] 赵焕焱. 论我国中端酒店发展的若干问题 [J]. 饭店现代化, 2013 (7): 36-37.

[10] 谭欣. 论我国中端酒店发展机遇与对策 [J]. 价值工程, 2015 (4): 10-12.

[11] 戴斌. 把握旅游市场格局 推动中端酒店业态创新 [J]. 饭店现代化, 2013 (7): 28-29.

[12] 李彬, 谷慧敏. 对我国中档酒店发展中几个误区的辨析与建议 [J]. 饭店现代化, 2013 (7): 10-12.

[13] 卢骋. 国内中档品牌酒店经营模式研究——以维也纳酒店为例 [D]. 杭州: 浙江工商大学旅游管理学院, 2016.

[14] 杨韫, 颜麒. 度假酒店服务绩效感知环节及要素探索性研究 [J]. 旅游学刊, 2011 (5): 3-5.

[15] 丁于思, 肖轶楠. 五星级酒店服务质量评价指标体系研究——基于网络点评内容分析 [J]. 消费经济, 2014 (2): 62-63.

[16] 张焕勇, 李峰, 张侠. 基于顾客满意度的经济型酒店服务质量评价及提升 [J]. 商业时代, 2013 (36): 68-69.

[17] 张翠, 林美珍. 酒店对客服务中主客冲突管理研究 [J]. 沈阳大学学报, 2012 (6): 28-33.

[18] 罗选荣, 韩顺平. 基于顾客体验的服务品牌接触点管理 [J]. 技术经济与管理研究, 2013 (8): 69-73.

[19] 伍晓奕, 董坤. 内部服务质量研究前沿探讨与未来展望 [J]. 外国经济与管理, 2012 (11): 35-43.

[20] 易银飞, 李红. 入境旅游者对我国旅游服务质量评价的对应分析 [J]. 科技创业月刊, 2010 (4).

[21] 钱瑞霞, 李晓冉, 宋明顺, 方兴华. 快捷酒店服务质量改进实证研究 [J]. 中国质量, 2013, 382: 91-95.

[22] 沙绍举, 邹益民. 基于顾客感知价值的经济型酒店顾客忠诚驱动因素研究——以西安市经济型酒店为例 [J]. 旅游论坛, 2012 (5): 19-24.

[23] 章海荣. 服务理论的核心概念: 服务即遇 [J]. 上海大学学报: 社会科学版, 2001, 8 (3): 79-84.

[24] 黎冬梅, 朱沆. 引起饭店商务旅客不满的服务接触研究 [J]. 旅游科学, 2007 (4): 46-51.

[25] 金立印. 基于关键事件法的服务失败原因及补救战略效果定性分析 [J]. 管理科学, 2005, 18 (4): 63-70.

[26] 石景. CIT——测量服务质量的有效工具 [J]. 商业研究, 1999 (11): 106-107.

[27] 符国群, 俞文皎. 从一线员工角度探讨服务接触中顾客满意与不满的原因 [J]. 管理学报, 2004 (1): 98-102.

[28] 范秀成. 服务质量管理: 交互过程与交互质量 [J]. 南开管理评论, 1999 (1).

[29] 刘沧. 基于"服务交互本质"的饭店服务质量控制 [J]. 饭店现代化, 2007 (2): 62-64.

[30] 马媛媛,肖念.西方服务质量研究综述[J].商业时代,2007(15):26-27.

[31] 张萍,符国群.运用关键事件技术分析服务接触中顾客满意与不满的原因[J].南大商学评论,第七辑:87-98.

[32] 黄婷.饭店服务接触互动质量控制研究[D].杭州:浙江大学旅游管理学院,2006.

[33] 李平,刘翠华,阳玉浪,张小芳.内部营销、员工满意、服务质量与顾客满意关系研究[J].财经理论与实践,2009(7):95-101.

[34] Jeff Gilleland.精心策划客户互动——改进客户体验管理[J].金融博览,2009(10):17.

[35] 王海忠,于春玲,赵平.银行服务质量与顾客满意度的研究[J].中山大学学报:社会科学版,2006(6):107-125.

[36] 周孟娟.饭店服务互动质量影响因素研究[D].杭州:浙江大学旅游管理学院,2008.

[37] 吕艳玲,王兴元.服务互动及其对顾客满意影响的实证研究[J].山东大学学报:哲学社会科学版,2012(6):101-107.

[38] 刘焱.酒店服务接触中的一线员工管理研究[D].重庆:西南大学旅游管理学院,2007.

[39] 薄湘平,韩买红.试论旅游服务接触质量[J].科技和产业,2005(6):29-32.

[40] 齐欣.宾客互动——饭店互动质量管理模式中的重要因素[J].山东纺织经济,2007(2):104.

[41] 邱念东.如何通过顾客授权改善服务交互质量[J].营销战略,2007(22):35-36.

[42] 铁梅.高接触型服务企业的顾客满意战略研究[D].南京:南京理工大学,2008.

[43] 王文君.饭店服务质量影响因素研究[M].北京:中国旅游出版社,2012.

[44] 胡敏,张雪丽.饭店服务质量管理[M].3版.北京:清华大学出版社,2015.

[45] 钱志新.客户互动管理[N].中国经济时报,2007-01-11(3).

[46] 刘艳华.对饭店服务质量问题的再认识[J].旅游学刊,2007,22(6):64-68.

[47] 陶伟,王妙.基于顾客价值的中档酒店市场顾客需求研究——以天津市酒店为例[J].天津商业大学学报,2015(1):41-47.

[48] 艾尔·里斯,杰克·特劳拉.定位[M].北京:中国财政经济出版社,2003.

[49] 范秀成,罗海成.基于顾客感知价值的服务企业竞争力探析[J].南开管理评论,2003(6):41-45.

[50] 安吉洛,弗拉迪米尔.在不尽如人意的条件下提供最佳服务[J].当今饭店业,2011(1):32-35.

[51] 张延.现代酒店个性化服务现状[J].酒店个性化服务与管理,2012(1):17-18.

[52] 王赫男,杨海.饭店服务心理学的培养[J].饭店服务心理学,2013(2):46-53.

[53] 李天元.旅游市场细分与目标市场策略[J].旅游市场营销,2015(4):81-87.

[54] 张延,钟艳.酒店VIP服务与管理[M].沈阳:辽宁科技技术出版社,2004.

[55] 汪中求.细节决定成败[M].北京:新华出版社,2004.

[56] 斯盖特·舒尔茨.顶尖管理思想[M].北京:地震出版社,2002.

[57] 克里斯托弗·洛夫洛克,约亨·沃茨.服务营销[M].北京:中国人民大学出版社,2010.

[58] 菲利普·科特雷,约翰·T.保文,詹姆斯·C.迈肯斯.旅游市场营销[M].4版.大连:东北财经大学出版社,2006.

［59］焦丽娜.顾客感知价值及其驱动因素的研究述评［J］.冶金经济与管理，2008（2）：35-38.

［60］叶碧华.中档酒店大战变数［N］.21世纪经济报道，2013-08-27.

［61］闵梅梅.顾客感知价值各维度与顾客行为、产品外部属性的影响关系研究［D］.广州：中南大学，2007.

［62］赵雅萍.基于顾客价值的饭店业顾客满意度研究［D］.天津：天津商业大学，2007.

［63］纪峰.饭店顾客价值研究［D］.济南：山东大学，2007.

［64］申丹.基于顾客价值的星级酒店顾客忠诚度［D］.重庆：西南交通大学，2011.

［65］周超.饭店企业顾客价值——顾客忠诚与绩效的关系研究［D］.长春：吉林大学，2009.

［66］蒋婷.服务接触中游客间互动行为研究［J］.旅游学刊，2011（5）：26.

［67］黎建新，康君，蔡恒，等.服务接触中的顾客兼容性感知：前因、后果与行业比较［J］.长沙理工大学学报：社会科学版，2009（4）：5-10.

［68］黎建新.服务环境中的顾客间关系及其管理［J］.求索，2007（6）：40-41.

［69］银成钺，杨雪.服务接触中的兼容性管理对顾客反应的影响研究［J］.管理学报，2010（4）：547-554.

［70］银成钺，杨雪，王影.基于关键事件技术的服务业顾客间互动行为研究［J］.预测，2010，29（1）：15-20.

［71］汪纯孝，岑成德，温碧燕，等.服务性企业整体质量管理［M］.广州：中山大学出版社，1999.

［72］温碧燕.服务质量管理［M］.广州：暨南大学出版社，2010.

［73］范秀成，杜建刚.服务质量五维度对服务满意及服务忠诚的影响——基于转型期间中国服务业的一项实证研究［J］.管理世界，2006（6）：111-119.

［74］韩经纶，董军.顾客感知服务质量评价与管理［M］.天津：南开大学出版社，2006.

［75］苏秦.服务质量、关系质量与顾客满意——模型、方法及应用［M］.北京：科学出版社，2010.

［76］刘慧君.基于顾客满意的酒店服务接触优化策略研究［J］.酒店管理研究，2015（2）：1.

［77］刘焱.酒店重要服务接触点实证研究［J］.长沙大学学报，2010，24（4）.

［78］符国群，俞文皎.从一线员工角度探讨服务接触中顾客满意与不满意的原因［J］.管理学报，2004（1）.

［79］文吉，曾婷婷.主题酒店顾客感知服务质量与购后行为的关系研究——基于深圳市主题酒店的实证研究［J］.人文地理，2011（7）：12-15.

［80］许红格，林美珍，陈秋萍.情感营销对顾客感知服务质量的影响研究［J］.企业活力，2012（6）：44-46.

［81］许国平.酒店服务质量影响因素及对策研究［J］.江苏商论，2010（8）：56-58.

［82］王智娜.试论如何提高酒店服务质量［J］.管理观察，2014（6）：98-100.

［83］朱伟.论酒店员工的工作满意度及对策［J］.山西财经大学学报，2012（7）：45-47.

［84］陈航.从员工培训角度论酒店服务质量提升［J］.时代经贸，2012（3）：3-5.

［85］邹益民，等.顾客价值对饭店服务流程优化的启示［J］.商业经济与管理，2003（8）：50-53.

论文四 营业税改增值税对我国饭店企业的影响研究

2011级研究生 刘 琳

摘 要

营业税改征增值税（营改增）是我国税制改革的重要组成部分。自2013年8月1日起交通运输业和部分现代服务业开始实行增值税制度，下一步改革的范围将扩大到所有行业，其中也包含饭店业。在这种现实背景下，营改增到底会对饭店企业产生什么影响、饭店企业如何应对，是理论界和实践中必须回答的课题。

本文共分四大部分。首先，对国内外相关文献进行了回顾，发现现有研究成果集中在宏观层面、政府角度，而从企业角度研究得较少，专门针对饭店企业营改增问题的研究几乎没有。基于上述研究背景，本文将研究视角界定在企业角度，分析了营改增对饭店企业的影响状况及企业对策。

其次，梳理了我国与饭店业营改增相关的政策，界定了营业税、增值税、营业税改增值税的概念，对比了营业税和增值税在纳税人身份、计税基础、价内税价外税、税率、计税方法以及税负影响因素等方面的差异。此外，分析了饭店主要业务涉及的流转税情况，并对比了不同经营模式下饭店相关各方主体的应税行为。

再次，在上述理论分析的基础上，以S饭店为例进行了案例研究，分析了饭店的经营现状，并分别测算其应纳营业税额和增值税额，对比税负情况。通过对营业税和增值税税负测算过程的比较，发现营改增后，决定企业税负高低的因素增多，可分为政府政策因素和企业经营因素两大类。其中，政策因素包括饭店业适用税率和相关抵扣政策，企业经营因素包括成本构成、采购途径、饭店规模、经营所处阶段和收入构成。此外，本文通过对S饭店税负的测算结果还发现，营改增后饭店企业重复征税问题得到解决；改革并不一定会减轻饭店企业税负，不同企业在实行增值税后的表现也会有显著差异。

最后，根据案例研究结果，提出新税制下饭店企业可以采取服务外包、拓展业务范围、提高智能化程度、延迟固定资产购入时间、改变采购途径等手段降低税负。此外，规模较大的饭店未来应注重拓展团队市场，而小规模饭店可以发挥价格优势更多关注个人市场。

关键词：营业税；增值税；饭店企业

Research on the Influence of Reform of Replacing Turnover Tax with Value-added Tax on Hotel Enterprise

Abstract

Transforming business tax to VAT is an important part of our country's tax reform. Since August 1, 2013, transportation and some services implemented the VAT system, the scope of further reform will be extended to all sectors, which also includes the hotel industry. In the context of this reality, the huge change mentioned above will yield what kind of impact to the hotel business and how to deal with the phenomenon, is the subject must be answered both in the theory and practice.

This paper is divided into four main parts. First of all, in retrospect of the relevant literatures domestic and abroad, we found that existing researches focused much more on the macro level, the governments' point of view, studies from the perspective of business is scarce, and specializing in tax reform for the hotel business growth issues is almost blank. Based on the above background, this paper will pay more attention to the enterprises' perspective and analysis the influences of the tax reform to the hotel business and corporate countermeasures.

Secondly, carding the relative policies of our country's tax reform. Defined the concepts of business tax, value-added tax, business tax transforms to VAT. Contrast the differences of sales tax and VAT in aspects of taxpayer identifications, tax basis, tax included in price and OTM tax, tax rate, tax method, tax burden. In addition, analysis of the main business turnover tax case involving hotels and compare hotel's taxable activities related to the main parties in different operating modes.

In the theoretical analysis, based on the example of S Hotel case analysis. Analysis of the operating status of the hotel, and were estimated its business tax and VAT payable, compared to the tax situation. By comparing the sales tax and VAT tax calculation process, the discovery of replacing turnover tax with value-added tax, decided to increase the level of corporate tax factors can be divided into government policy factors and business factors in two parts. Policy factors which include the hotel industry and related tax rate applicable deductible polices, business factors, including cost structure, purchasing channels, hotel size, and operating revenues constitute the stage. In addition, this paper estimates the S hotel tax results also found that after replacing turnover tax with value-added tax repeat business property tax issues have been resolved; reform will not necessarily reduce the property tax burden on enterprises of different enterprises in the implementation of the VAT performance will there are significant differences.

Finally, according to the results of case analysis, under the new system proposed hotel can take service outsourcing enterprises to expand business scope, improve intelligence, time delay purchase of fixed assets, changes in procurement methods and ways to reduce the tax burden. In addition, the larger the team hotel in the future should focus on expanding the market, and small-scale hotel business can pay more attention to the individual market price advantage.

Key words：Business Tax；VAT；Hotel Enterprise

1 绪论

1.1 研究背景

营业税改征增值税是我国的一项重要税制改革，将改变当前营业税和增值税并行的局面，对国家经济发展影响深远。涉及的对象主要为原缴纳营业税的行业，饭店业包含其中。

我国饭店业自 1984 年工商税制改革起适用营业税。1994 年、2004 年和 2009 年在增值税改革的同时，我国对营业税计税依据、税率结构、发票管理、纳税地确定作了一些修改，但没有进行过大的制度变革（邓奕羿，2012）。本轮营改增后饭店业适用的营业税将转换为增值税，税率、计税方法都会产生巨大变化，必然会对饭店的税负情况、管理机制产生深远影响。

本轮营业税改增值税的改革建立在丰富的理论研究成果之上。自 1994 年我国营业税、增值税两税并行局面形成起，营业税改征增值税问题开始受到学术界关注，相关研究成果也逐渐增多。针对营改增问题的研究可以划分为三个阶段：第一阶段是从 1994 年到 1998 年，研究的核心问题是营业税如何改进以及其是否应该存在。第二阶段是 1999 年至 2009 年，研究内容主要是针对营业税是否要改征增值税问题的探讨。第三阶段是 2010 年至今。由于 2009、2010 年的中央经济工作会议及中共第十七届中央委员会第五次全体会议先后认可开展营业税改增值税试点工作，因此自此以后的研究重点不再是营业税是否改征，而转为改革如何推进以及改革后的影响状况问题。

之所以从 2010 年至今，营改增后的影响状况问题会成为研究重点，是由于营业税改征增值税属于结构性减税的重要组成部分，结构性减税意味着改革会导致不同行业、不同企业的税负"有增有减"，而非"普惠制"，因此不同行业、不同企业在营改增后的表现不同，饭店业在改革后的税负并不会必然降低，进而营改增对我国饭店企业的影响状况成为值得研究的问题。

1.2 研究价值

1.2.1 理论价值

第一，从研究层面上看，本文分析了营改增对饭店企业的影响，弥补了该微观研究成果的不足。现有研究成果多是从宏观层面研究营业税改增值税对社会的影响，对某一具体行业的研究较少，而对于饭店业受营改增影响的研究成果几乎没有。同时，与饭店业相关的涉税研究成果也集中于对营业税条件下企业如何避税问题的研究，而尚未有针对饭店业在增值税条件下的分析。本文探索了营改增对饭店业的影响机制和影响状况，为相关理论的完善作出贡献。

第二，从研究视角上看，本文从企业角度入手研究了营改增的影响问题。针对营业税改增值税问题的成果大多是从政府角度研究制度设计问题，而从企业视角考虑如何应对营改增带来的变化的理论成果较少，本文在这一问题上进行了探索，为未来的相关研究提供参考。

1.2.2 实践价值

第一，本文为税制改革后企业如何应对提出对策。文章对饭店营改增后的影响机制和影响状况进行了研究，分析了饭店可以通过调整哪些经营策略进而在税制改革中获益，为饭店企业如何应对增值税改革带来的变化提供参考。

第二，本文为政府制定相关政策提供参考。文章分析了不同增值税政策条件下饭店的税负情况，直观展现了饭店受政府政策的影响状况，从而为相关部门在对饭店业实行营改增的制度设计方面提供政策参考。

1.3 研究内容

1.3.1 研究对象界定

本文的研究对象是单体饭店，即房屋产权和经营权均归属饭店自身的经营类型。饭店企业目前经营模式多样，房屋产权、饭店经营权与饭店所有权有可能分离。本文的研究对象是饭店自身业务的营业税和增值税问题，不包括房屋出租行为和提供咨询服务行为的税务问题。在各类经营模式中，单体饭店最为典型地展现了饭店自身的流转税情况，所以对其重点研究。房屋出租人和咨询管理方属于饭店利益相关者，不作重点研究。

本文的研究重点是饭店各项经营业务中的住宿和餐饮业务。饭店经营业务包括住宿、餐饮、商品零售、娱乐等。其中，住宿和餐饮是饭店核心业务，商品零售一直以来归属于增值税范围，不存在营业税改增值税问题，娱乐业各酒店情况差异较大，而且并不是饭店业的核心业务范围，所以本文只重点研究单体饭店的住宿和餐饮业务的营业税、增值税问题。

1.3.2 主要研究内容

本文主要围绕饭店企业营业税改增值税后两方面的问题进行了探索研究，即影响状况和企业对策。

第一，本文通过对案例进行实证研究，分析案例饭店的经营现状，并分别测算其在营业税和增值税条件下的应纳税额，对二者进行对比，寻找营业税和增值税之间的计税差异和税负差异，考虑营改增后饭店企业流转税负的增减情况。

第二，以减轻流转税负为切入点，分析营业税改增值税后饭店企业应如何调整经营策略，采取切实对策以在税制改革中获益，即企业对策研究。

1.4 研究方法

第一,案例研究法。本文采用了案例研究法。案例研究法是社会科学以及其他科学研究中的一种独立的研究方法,它综合运用多种收集数据和资料的技术与手段,通过对特定社会单元(个人、团体组织、社区等)中发生的重要事件或行为的背景、过程的深入挖掘和细致描述,呈现事物的真实面貌和丰富背景,从而在此基础上进行分析、解释、判断、评价或者预测(王金红,2007)。

本文采用了单案例研究法。案例研究法可以分为多案例研究和单案例研究。本文研究的问题为营改增对饭店的影响情况,需要收集企业成本费用明细账目。由于上述资料属于企业保密范畴,因此收集大量资料存在困难,进行多案例研究的可行性不足。此外,由于单案例研究适合于对独特的、从未研究过的问题进行探索,而营改增对饭店企业的影响尚属研究空白,因此出于研究可行性和科学性两方面的考虑,本文选择了一家饭店进行单案例研究。

第二,文献法。本文收集了营业税改增值税、国外服务业流转税制等方面的文献资料,整理了营改增必要性、营改增后的影响等研究成果。

第三,比较分析法。本文对营业税、增值税进行了对比,分析二者在纳税人身份、计税基础、价内税价外税、税率、计税方法以及税负影响因素等方面的差异,从而建立实证分析的理论基础。

1.5 研究思路及技术路线

第一部分导论:介绍本文的研究背景和研究价值,概述文章思路和方法。

第二部分文献综述。由于直接对饭店营业税改增值税问题研究的成果几乎没有,因此本部分分别收集了"饭店业税务问题""营业税改增值税的必要性""营改增对服务业的影响"以及营改增对物流业、建筑业的影响等相关文献,并对其进行整理和述评,找到本文要研究的核心问题。

第三部分相关概念及理论综述:整理了我国饭店流转税制情况,包括营业税改增值税问题和饭店流转税问题两部分。营业税改增值税相关概念介绍了营改增的含义、改革进展、现有政策等内容。二者同属于流转税,但也存在明显区别。本部分对其进行了对比,从理论上分析其在适用范围、纳税人身份、计税基础、税率、影响因素等方面的差异,并着重研究其计税方式的不同,找到营改增后企业税负变化的影响因素,并以此作为本文的研究基础。此外,本部分也对饭店的流转税问题进行了讨论,从不同业务、不同相关主体两个维度分析了企业的应税行为。根据对上述两部分的理论探讨,本文对研究范围进行了界定。

第四部分营改增对饭店税负影响研究:是本文的核心章节,运用案例分析法,将S饭店的实际经营情况和前文的理论相结合,测算饭店整体运营、住宿业务、餐厅三方面在两种税制下的税负情况,寻找营业税改征增值税后带来的影响。

第五部分对策与建议:通过上述分析得到的结果,找到饭店应对营业税改增值税的策略方向，寻求切实可行的应对对策。

第六部分结论及展望：对全文进行总结，提出本文的不足及未来相关研究的方向。

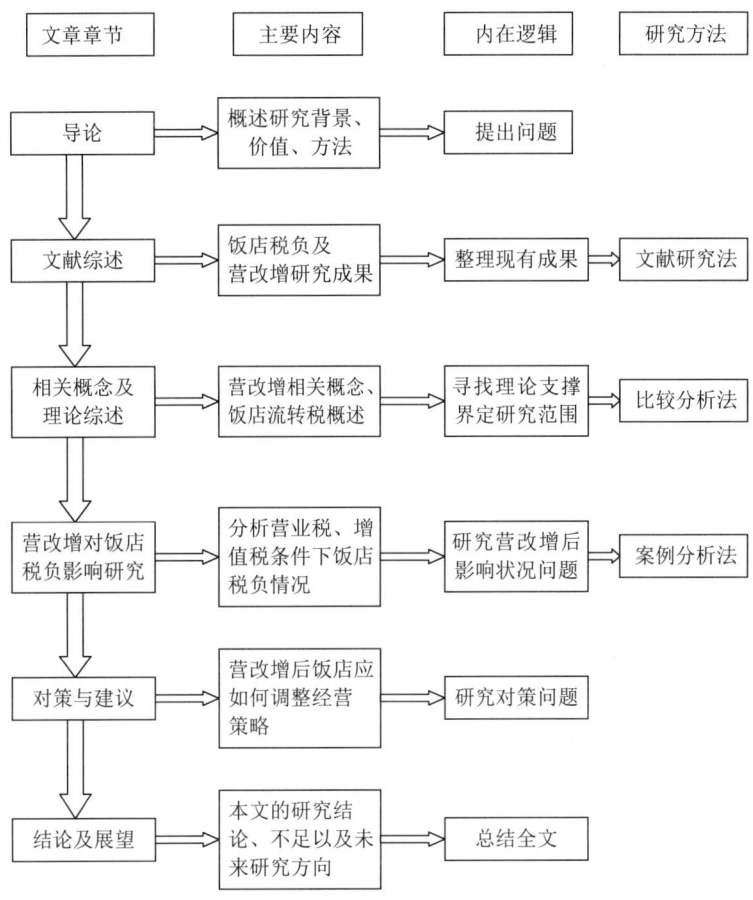

图 1　本文研究思路及方法

2　文献综述

国内营改增相关的研究成果较多，研究范围宽泛，本文选择了其中与"饭店业营业税改增值税"问题关系较为密切的成果进行述评，具体包括"营业税改增值税的必要性""营业税改增值税的影响"两大方面。由于直接与旅游饭店业相关的研究成果几乎没有，因此在文献选择中将研究对象的范围界定在"服务业"领域。

由于营业税改增值税是我国在税制建设方面进行的大胆探索，国外并无类似先例，因此与营改增直接相关的国外研究成果不足。文献综述中，重点对国外与服务业税收问题相关的成果进行了整理。

2.1 国外相关研究成果

对服务业适用增值税问题的研究成果方面：目前国外的研究成果基本肯定了其在税收中性、减少重征、遏制逃税等方面的优势，但也指出增值税可能会引发的一些问题，如征管成本高等。艾伦·A.泰特认为，应将增值税的征收范围扩大到覆盖从生产至零售的各环节。斯蒂芬·R.刘易斯（1998）认为，增值税抵免征收可以有效消除其他流转税产生的重复征税问题。Kranss和Bird提出，与其他类型流转税相比，增值税更为简洁。Kay和King指出，增值税在适用过程中也会产生不利影响，其征管成本较高，会大量耗费纳税人的费用和精力。Due和Brems也认为，增值税比其他流转税的征收成本更高。

专门针对饭店业增值税问题的研究方面：有学者对各国饭店业流转税制进行了整理。Alberto Gago、Xavier Labandeira、Fidel Picos、Miguel Rodrı'guez（2009）整理了欧洲实行增值税的国家对住宿、餐饮业设定的增值税率，并将之与本国通用增值税税率进行对比。通过对比可见，欧洲各国住宿、餐饮业的增值税税率均等于或低于通用税率。平均来看，住宿业的增值税税率约为各国增值税税率均值的0.41，餐饮业税率约为通用税率均值的0.78。此外，波兰和斯洛文尼亚两国对酒吧和咖啡厅设定了单独税率，略高于餐饮业税率水平。针对住宿业，部分增值税税率较低的国家在此基础上，加征客房税，以保证国家税收。Wanhill（1995）证实，英国增值税税率改变对游客及旅游产业产生了多种影响。

2.2 国内服务业营业税改增值税研究

2.2.1 对营业税改增值税必要性的研究

近年来，在与服务业营业税改增值税相关的研究中，对增值税改革必要性的研究成果最多，主要是从以下四个方面进行研究的：

（1）关于税收负担的研究

有学者从营业税和增值税本身的制度设计出发，分析了营业税不合理的原因。谢娜（2013）认为，营业税本身在制度上存在缺陷，其按营业总额征税，已课征营业税的营业额流转到下一环节时，会成为下一环节营业额的组成部分，导致上一环节营业额的重复征税，且流转环节越多，税负越重。

营业税与增值税并行的情况，也使得缴纳营业税的行业负担加重。李贺涛（2011）认为，服务业在涉税劳务过程中购置固定资产，买入各种低值易耗品、油料燃料、业务用品和原料、配件、能源、专用用品等支出，以及企业在修理、租赁、运输等项目上的费用支出已缴纳过增值税。这一部分增值税在服务业不能得到抵扣，进而造成上游税负转嫁到下游服务业的情况，进而加重了服务业流转税负担。另外，国务院发展研究中心市场经济研究所课题组研究（2011）也表明，营业税税负较增值税税负高。2008年我国服务业营业税实际税负超过5%，远高于规模以上工业的3.5%的水平。住宿业的流转税税负达到4.5%，餐饮业更是高达8.5%。

另有部分学者指出，流转税负担重已成为服务业发展的阻碍因素之一。潘文轩（2012）认为，我国目前的税制和服务业发展水平不相适应，税率较高、营业税税负不均匀、税制繁杂、税收相关政策优惠不足等问题业已成为制约服务业进一步发展的重要障碍。此外，服务业与制造业税制不一致导致适用服务业被重复征税，进而导致负担偏重。所以，转变增值税与营业税并行的局面，是减轻第三产业税收负担，推动其发展的重要手段。贾康（2012）认为，从税制的完善性角度看，两税并行的局面会打破增值税抵扣链条，影响其中性税收作用的发挥。增值税的覆盖面应尽可能宽阔，产业链覆盖越全，越能够体现其税收中性原则。

（2）从服务业产业升级和分工角度

学者们普遍认为，营业税、增值税并行局面限制了服务业的产业升级和产业分工。杨默如、李平（2010）认为，货物和服务并不是相互独立的类别，如果在税制设计中对二者区别对待就会产生避税和税收筹划方面的激励。我国现行的营业税与增值税并征的政策不仅会导致大规模服务业重复征税现象，也会限制服务外包等进一步分工的发展（贾康，2012），所以有必要将服务业纳入增值税征税范围。贾康也指出，从经济结构调整角度看，营业税制度不可避免地使企业小而全、大而全。另外，由于营业税无法出口退税，服务企业出口服务也遇到困难，在竞争中处于劣势。

（3）从消费者利益角度

服务业适用营业税对消费者造成了伤害。平新桥（2009）等学者的研究成果表明，营业税对我国消费群体产生的福利伤害程度远高于增值税。折算为增值税后，当前我国服务企业缴纳的营业税实际负担率约为18.2%，显然超出增值税标准税率17%。服务业适用17%现行标准增值税率，对消费者来说，其福利损害程度会有所降低，因此消费者会支持税制改革。

（4）从政府管理角度

营业税、增值税并行的局面引发政府管理困难。贾康（2012）指出，随着经营形式的复杂化，商品和服务展现出捆绑销售的倾向，精确划分商品和服务的各自领域也日渐困难，这就对我国原来国地税分收增值税和营业税的制度框架提出了挑战。因此，从政府角度看，营业税改征增值税后会减少行业区分模糊带来的征收困难。

2.2.2 服务业实行营业税改增值税的影响研究

（1）对宏观经济的影响

大部分学者认同营业税改增值税会促进我国宏观经济发展，有拉动GDP增长、扩大内需（林娜，2012）、减轻企业负担、推动相关产业发展（杨默，2010）的作用。也有学者指出，服务业增值税改革可能会引发我国资本有机构成变动，短期内会造成劳动力市场压力增大（陈烨等，2010）、带来投资过热（杨抚生等，2006）、地方财政收入的大幅减少（张悦，2010）、部分商品和服务价格上涨（林娜，2012）等不利后果。

（2）对各行业的影响

在营改增对服务业影响的研究中，现有成果主要是对服务业税负情况进行的分析和预测，并大多集中于生产性服务业，如交通运输业、建筑业及物流业（邓奕羿，2012），对生活型服务业的研究较少。

何骏（2012）对上海已实行增值税的11个现代服务业进行了测算，证实软件业、文化艺术业和租赁业的税负是增加的，其余8个行业税负均有所降低。

对于交通运输业的研究方面：刘东辉（2015）认为，由于交通运输业属于资本密集型行业，折旧和摊销占运营成本的比例较高。对已经完成投资建设的企业来说，可抵扣额较少，导致其营改增后税负增加。贾康（2012）分析了上海进行营改增试点后交通运输业税负不降反升的原因，认为税负增加主要由于其固定资产更新的周期比较长、占总资产的比重大。而其他一些行业呈现营改增后税负升高现象，主要是因为其不能调动自己的专业化潜力。另有成果对航空公司营改增后的税负转嫁情况进行了详细分析，认为受替代性强、竞争激烈以及政府控制等因素影响，税制变化带来的利润变动不会影响到产品的最终价格（罗春，2013）。

对物流业的研究方面：刘东辉（2012）认为，营改增后，物流业由于服务外包导致重复征税的现象不复存在，所以这一行业的税负会明显减轻，进而促进其收益增加。但也有学者对此提出不同意见。周敏（2012）认为，物流业在实际操作中，占运输企业总成本较大比重的人力成本、路桥费等支出在增值税抵扣范畴以外，这是引发物流业企业税收负担激增的原因。

对建筑业的研究方面：刘东辉（2012）认为，由于水泥、钢材等成本占建筑业总成本比重高，且在增值税中均可以得到抵扣，那么全面实行营改增以后会大幅度降低房地产业的建筑成本，提高行业利润率。

还有部分学者对尚未进行改革的生活型服务业未来可能受到的影响加以分析。潘文轩（2012）认为，由于营业税改为增值税后会同时出现增减税效应，服务业不同行业的税负可能会出现不均衡的变动。汪德华、杨之刚（2009）也认为，我国现在针对不同类型的服务业设定了多档税率，如果扩围后使用统一税率则可能会加重部分行业的负担，因此可以在实行统一增值税税率的前提下用消费税或其他特殊税种对不同行业税负进行调整。

另有学者将服务业与工业税负进行对比，量化了增值税对两种行业影响程度的差异。姜明耀（2011）认为，营业税改征增值税引发的第三产业税负波动要大于工业，原因在于服务业增值率偏高，且各服务行业税负波动较大是形成上述现象的主要原因。当采用统一10%的增值税率条件下，工业税负有所降低，但服务业税负升高。

除了针对税负情况的研究外，还有部分成果对营业税改增值税可能带来的投资情况变化作了分析。部分现代服务业营改增，长期来看能够起到推动企业投资增加的效果，但在短时期内可能会对我国的服务业投资产生不利影响。有些企业可能会推迟购买固定资产的投资行为至改征增值税全面实施的时期，以求避免近期投入的固定资产不能抵扣进项税额的风险（范颖茜，2013）。

（3）对企业的影响

关于营改增对企业影响的研究成果主要集中在对服务企业税负情况以及如何合理避税等方面。周敏（2012）认为，对不同类型的企业来讲，劳动密集型企业由于受抵扣项目的限制，相对税收负担会重一些；而外部采购数额偏大的企业，税收负担会相对较轻。营改增对处于不同发展阶段企业的影响也会有差异：对于处于初创期、发展期的企业来讲，其采购固定资产的数额较大，可抵扣的进项税额较多，税负会降低；反之，税负增加。

有学者从更广泛的角度研究了这一问题，研究范围不仅仅限于直接受到营改增影响的服务业企业，也对相关的上下游企业税负情况进行了分析。杨志勇（2012）认为，营业税改征增值税试点之后，除了曾缴纳营业税的企业直接受惠外，受改革有利影响的还包括原先购买营改增企业服务的增值税纳税企业。

此外，也有学者从企业如何调整发展策略来应对营改增的角度作了研究。张永泽（2013）认为，企业通过外包服务会实现合理避税，进而可能会将人事、财务、后勤等部门外包，降低管理成本，实现进项抵扣。

2.3 国内饭店业增值税问题研究成果

目前，对旅游饭店行业营业税改增值税问题的研究成果几乎没有。对本行业与税收相关的研究集中在纳税筹划、消费税征收以及如何推进税收优惠政策以促进地区旅游业发展等问题上。

有学者对旅游饭店业营业税改增值税的可行性进行了分析。何健民（2013）认为，旅游企业如果改为增值税，旅行社和景区宜采用较低税率，饭店业可以采用6%或更低税率，并要同步将航空、火车、电信等行业纳入增值税征收范围。陈娟（2012）认为，我国餐饮企业税负过重，应采用17%的税率开征增值税以替代营业税。

李小热、夏杰常（2010）认为，我国旅游相关税收制度在优惠的广度、深度上存在一定缺陷，而且歧视性税收政策依然存在。政府应在维持基本税制不变的前提下，对部分领域实施优惠政策以推进旅游业发展。

针对饭店如何减轻自身税负，学者也提出了多种见解，但均建立在缴纳营业税的条件下。何住（2013）提出，由于饭店业经营范围涉及多个行业，而营业税分行业设定税率，所以为避免从高适用税率，饭店应将健身、娱乐等项目从"服务业"类别中剥离开来分别纳税，进而上述项目可以适用3%的低税率，降低企业税负。周婷认为，饭店业务中，为客人提供服务和获得价款的时间往往不一致，如果饭店采用分期收款的方式，签订分期收款合同，就能获得延迟纳税产生的财务效应。

表1 与本文相关的国内现有研究成果整理

研究对象	研究成果	主要研究方法
服务业营改增的必要性	营业税自身缺陷以及两税并行制度导致服务业税负高（谢娜，2013）（李贺涛，2011）（潘文轩，2012）（国务院发展研究中心市场经济研究所课题组，2011）（贾康，2012）（姚尧，2009）（张文春、陈奎，2000）（陈柏华、张慕颜，2010）（龚辉文，2008）（陈仪，2011）（许伟，2011）	文献研究法、比较分析法
	营业税增值税并行限制了服务业产业升级和分工（杨默如、李平，2010）（贾康，2012）	
	服务业适用营业税伤害了消费者利益（平新桥、梁爽、郝朝艳、张海洋、毛亮，2009）	
	服务业征收营业税不利于政府管理（贾康，2012）（吴菲、李玉娇、熊羽，2013）	

续表

研究对象	研 究 成 果	主要研究方法
营改增对宏观经济的影响	营业税改增值税会促进我国宏观经济发展,但也可能在就业、投资、财政收入等方面产生不利影响(林娜,2012)(杨默,2010)(陈烨、张欣、寇恩惠、刘明,2010)(杨抚生、蔡军,2006)(张悦、蒋云赟,2010)(樊其国,2013)(章雁,2012)(蔺红、厉征,2011)(陈金保、赵晓、何枫,2011)(何骏,2012)(范颖茜,2013)(杨抚生,2006)	内容分析法、比较分析法、统计资料分析法
营改增对不同行业的影响	对交通运输业的影响(刘东辉,2012)(贾康,2012)(罗春,2013)(成寿萍,2012)(李晓灿,2013)(谈佳隆,2013)(何骏,2012)(姜明耀,2011)(潘文轩,2012)	案例研究法、比较分析法、统计资料分析法
	物流业(刘东辉,2012)(周敏,2012)(许超伊,2010)(何骏,2012)(潘文轩,2012)	
	建筑业(刘东辉,2012)(于艳芹,2011)(董新歌,2013)(曹杰岚,2013)(何骏,2012)(姜明耀,2011)(潘文轩,2012)	
	其他行业(潘文轩,2012)(汪德华、杨之刚,2009)(姜明耀,2011)(范颖茜,2013)(周敏,2012)(陈来芳,2011)(何骏,2012)	
营改增对不同企业的影响	企业运营模式不同,受营改增影响不同(周敏,2012)(杜欢,2012)	文献分析法、比较分析法
	营改增对企业的影响与其上下游产业相关(杨志勇,2012)	
	企业如何调整经营策略(张永泽,2013)(刘练芸,2013)(李晶,2012)(吴明辉,2012)(聂辉华、方明月、李涛,2009)	
营改增对旅游饭店的影响	旅游饭店业营改增的可行性(何健民,2013)(陈娟,2012)(白佳易,2013)	文献研究法、实地调查法
	旅游饭店税收政策创新途径,饭店如何进行纳税筹划(李小热、夏杰常,2008)(何佳,2013)(邓禾,2007)(马衍伟、商庆军,2005)(李小热、夏杰长,2010)(王周飞、孙剑林、王正明,2011)(叶乔浩,2007)(沈腊梅,2007)(高宇轩,2003)	

2.4 研究述评

2.4.1 国外研究述评

国外研究成果方面:与服务业商品税制相关的研究内容中,针对增值税优劣势的研究多,而对其具体应用的研究少;对静态税制的研究多,而对动态税制改革的研究少。

国外研究多偏重于增值税问题本身,倾向于分析增值税与其他商品税相比的优势和不足,大多集中在其对宏观经济、国际贸易的影响等方面,单独就增值税是否适用于某个行业的研究成果几乎没有。这种研究现状与国外税制历史相关。由于大多数国家在适用增值税时就已经将服务业划入征收范围,并未进行过增值税改革,因此研究成果多为针对静态的增值税问题的研究,与我国"改征"带来的动态后果相关性不大。

2.4.2 国内研究述评

国内营改增问题的研究方面:对其改革必要性问题的研究成果多,而对改革后影响的研究少。自1994年营业税、增值税两税并行局面形成开始,对二者优劣的争论一直存在,因此研究成果较多。而2009年以后,理论研究的重点逐渐转移到营改增后的影响上,同时由于我国试点工作自2012年1月1日才开展,所以实证研究资料较少,从而导致了影响研究成果较少的情况。

营改增的影响研究方面：从宏观角度的成果多，而从企业角度的成果少；针对政策设计的研究成果多，而对企业如何应对制度变化的成果少；对生产型服务业的研究多，对生活型服务业的研究少；对已纳入增值税范围的行业研究多，而对仍适用营业税的行业研究少。饭店企业作为社会经济运行中的个体，在经营中会受到政策因素的直接影响，因此在营业税改增值税势在必行的情况下，有必要探索企业受到营改增的影响状况、影响机制等问题，并为其如何应对宏观环境的变化提供理论对策。

从研究方法上看，针对营改增必要性的研究大多是纯理论研究，主要研究方法有文献分析法和比较分析法等。而对于营改增后引发的影响研究则多是实证研究，部分成果利用了现有的宏观经济统计数据分析的方法，另有成果采用了案例分析的方法，以更加深入地解释和了解不同行业在营改增后的表现。本文借鉴现有成果的研究思路，主要采用案例研究的方法，以某饭店为切入点，着重分析营改增对其的影响。

3 相关概念及理论基础

3.1 概念界定

3.1.1 营业税

营业税是对在我国境内提供应税劳务、转让无形资产或销售不动产的单位和个人所取得的营业额征收的一种商品和劳务税（全国注册税务师执业资格考试教材编写组，2013）。自新中国成立伊始，营业税就是构成我国税收制度的几大税种之一。营业税在1958年被归并为工商统一税，1984年又重新划分出来，单独针对商业和服务业征收。随后，营业税又经历过多次改革，并于1994年建立了统一、规范的营业税制。2009年我国对《营业税暂行条例》进行修订，使营业税制度更加严谨完善。

现行营业税税目共有9个，包含交通运输业、建筑业、金融保险业、邮电通信业、文化体育业、娱乐业、服务业、转让无形资产和销售不动产。2013年改革后，交通运输业从营业税转为征收增值税。营业税的计税依据为纳税人提供劳务、转让无形资产或者销售不动产收取的全部价款和价外费用，即销售额（全国注册税务师执业资格考试教材编写组，2013）。

3.1.2 增值税

增值税是以单位和个人生产经营过程中取得的增值额为课税对象征收的一种税（全国注册税务师执业资格考试教材编写组，2013）。从世界范围看，法国于1954年最先成功实行增值税，随后多个国家也开始采用这一税种。我国于1979年进行增值税试点，于1984年颁发了《中华人民共和国增值税条例（草案）》，并正式建立了增值税制度；1994年通过一次大规模增值税改革，构建了新型流转税制格局。自此我国增值税开始进入规范化增值税的行列。

我国增值税征收范围具体包括：销售货物、提供加工和修理修配劳务、进口货物。增值税以增值额为课税对象，以销售额或营业额为计税依据，实行税款抵扣的计税方式（全国注册税务师执业资格考试教材编写组，2013）。

3.1.3 营业税改增值税的内容

（1）内涵

2003 年我国提出分步实施税收制度改革，推出一系列结构性减税政策，营业税改增值税是其中重要的一部分。在现行税制结构下，我国营业税和增值税是两个最为重要的流转税税种，二者的征税范围可以大致划分为第三、第二产业。随着经济的发展和第三产业地位作用的提升，这种按照产业划分的不同税制逐渐显现出不合理性。营业税改增值税即是在这样的背景下，将原来适用营业税的行业分步骤地转为适用增值税，以完善税收制度，优化经济结构。

（2）目的和意义

首先，营业税改增值税有利于推进我国第三产业发展，优化经济结构，增强我国第三产业的国际竞争力。我国正处于转变经济发展的关键时期，大力发展第三产业对优化经济结构有重要意义。而目前大部分第三产业征收的是营业税，其内在缺陷对产业发展起了阻碍作用。由于营业税是根据营业额全额计税，改为增值税后，有利于降低税负，推进第三产业的专业化分工。另外，营业税没有出口退税政策，而增值税对出口产品有退税政策，营业税改为增值税后我国第三产业产品或服务在国际市场上的竞争力会有所增强。

其次，营业税改增值税可以彻底解决目前双税并行导致的抵扣链条断裂的问题。原有的营业税与增值税并行制度导致第三产业承担了上游产业的税负，同时也导致下游实行增值税的行业难以获得抵扣，增值税的优点得不到发挥。

最后，营业税与增值税并行也引发了税收征管上的困难。随着经济的发展，商业模式日益多样化，原有的以商品和服务来划分征收增值税或营业税的方式出现困难，税制的统一能够解决这一问题。

（3）改革进展

自 1994 年起，我国形成了营业税与增值税的并行格局，两税并存引发的弊端日益显现，针对营业税改增值税问题的研究也从这一时期开始。2009、2010 年的中央经济工作会议及中共第十七届中央委员会第五次全体会议先后认可开展营业税改增值税试点工作。2011 年 11 月 17 日，国家税务总局和财政部正式公布了试点方案。

国务院决定从 2012 年 1 月 1 日起，在上海市交通运输业和部分现代服务业中开展营业税改增值税试点。2012 年 8 月 1 日起，实行营改增的试点扩大至北京、江苏、天津、浙江、安徽、湖北、福建、广东和厦门、深圳等 10 个省市，试行方案与上海市试点方案相同。2013 年 8 月 1 日，交通运输业和部分现代服务业也纳入营业税改增值税范围。2014 年 1 月 1 日起，铁路运输和邮政服务业也开始适用增值税。

（4）相关政策

目前营业税改增值税涉及的行业包括交通运输业和部分现代服务业。部分现代服务业是指围绕制造业、文化产业、现代物流产业等提供技术性、知识性服务的业务活动，包括研发和技术服务、信息技术服务、文化创意服务、物流辅助服务、有形动产租赁服务、鉴证咨询服务（全国注册税务师执业资格考试教材编写组，2013）。

表2 营业税改增值税后税率变动对比表

行业类别	试点行业	现行税率（增值税）	原适用税率（营业税）
交通运输业	陆路运输服务	11%	3%
	水路运输服务		
	航空运输服务		
	管道运输服务		
部分现代服务业	研发和技术服务	6%	5%
	信息技术服务		
	文化创意服务		
	物流辅助服务		
	鉴证与咨询服务		
	有形动产租赁服务	17%	
小规模试点企业		3%（无进项抵扣税额）	

3.2 营业税与增值税的差异对比

3.2.1 纳税人身份差异

增值税纳税人分为两类：一般纳税人和小规模纳税人。二者计税方式不同，适用税率也不同。从事货物生产和提供应税劳务的纳税人年应税销售额在50万元（含）以上的、其他纳税人年应税销售额在80万元（含）以上的，按一般纳税人纳税。销售额达不到上述标准的，以小规模纳税人身份纳税（全国注册税务师执业资格考试教材编写组，2013）。

小规模纳税人实行简易办法征收增值税，计税方法是直接用征收率乘以不含税销售额，与营业税计税方法类似，不存在进项税抵扣问题。由于小规模纳税人的计税方式与营业税类似，本部分重点分析一般纳税人与营业税纳税人计税方式的差异。

表3 某商品各流通环节营业税与增值税计税方式对比

流通环节	销售额（含税）（元）	营业税税额（元）	增值额（元）	增值税税额（元）
A	10	10×5%=0.5	10	10÷（1+6%）×6%=0.57
B	30	30×5%=1.5	20	30÷（1+6%）×6%−0.57=1.13
C	60	60×5%=3.0	30	60÷（1+6%）×6%−1.13=1.70
D	100	100×5%=5.0	40	100÷（1+6%）×6%−1.70=2.26
合计	200	10	100	5.66

3.2.2 计税基础差异

我国现行营业税计税基础为营业额，即表2中各环节销售额。增值税针对增值额计税，各环节的增值额等于本环节的销售额减去购进成本，即上一环节的销售额。将某产品的流通环节依次抽象为A、B、C、D。以B环节为例，在营业税条件下，其计税基础为30元，但增值税条件下，计税基础为"30（本环节销售额）-10（上一环节A的销售额）=20元"。总的流通环节中，该商品在营业税条件下的计税基础为200元，而增值税条件下仅为100元。

3.2.3 价内税和价外税的差异

营业税为价内税，由销售方承担税款，即销售方收到的货款只有销售款，税金由销售款承担并从中扣除，销售额就等于收到的货款。

价内税税额 = 含税销售额 × 税率

而增值税为价外税，由购买方承担税款，销售方收取的货款包括两部分，即销售款及税金，销售额等于收到的货款减去其中包含的税金部分。

价外税税额 = 含税价格 ÷（1+ 税率）× 税率

以表3中B环节为例，营业税税额可以直接用含税销售额乘以税率5%得出。而增值税销售额，则需将含税销售额30转换为不含税销售额，即"30÷（1+6%）"，然后再用不含税的销售额乘以销项税率6%得出销项税额。

3.2.4 税率差异

我国现行营业税实行行业差别比例税率，针对不同行业，税率包括3%、5%、5%~20%浮动税率三类。交通运输业、建筑业、邮电通信业、文化体育业实行3%的比例税率，服务业、金融保险业、销售不动产及转让无形资产适用5%的比例税率，娱乐业适用5%~20%的幅度比例税率（全国注册税务师执业资格考试教材编写组，2013）。

增值税税率有17%、13%、11%、6%四类。现行的增值税基本税率为17%，对初级农产品、食用油、自来水等部分产品实行13%的低税率（全国注册税务师执业资格考试教材编写组，2013）。2013年8月1日起，全国范围内有形动产租赁税率为17%，交通运输服务税率为11%，提供现代服务业服务（有形动产租赁服务除外）税率为6%（全国注册税务师执业资格考试教材编写组，2013）。小规模纳税人的征收率为3%。

总体来看，增值税税率要高于营业税税率。

3.2.5 计税方法差异

增值税是针对商品增值额征税，但在流通过程中，直接计算增值额有一定困难，所以计税时采用进项抵扣的方式，即以各环节上发生的货物、劳务销售额为计税依据，按规定税率计算出货物或劳务的整体税负，形成销项税额，同时通过税款抵扣方式将外购项目在以前环节已纳的税款扣除，即减去进项税额，从而避免重复征税，即增值税计税公式为：

增值税应纳税额 = 销项税额 – 进项税额 = 含税销售额 ÷（1+ 本环节税率）× 本环节税率 – 各项进项税额。

如表3所示，B环节的增值税额由两部分构成；第一部分是根据本环节销售额计算出的销项税额为"30÷(1+6%)×6%",第二部分为购入 A 环节产品时负担的 0.57 元的进项税,二者相减得到应纳税 1.13 元。C、D 环节原理同上。

在营业税条件下,营业税计税公式为:

营业税应纳税额 = 含税销售额 × 税率

表 3 中 B 环节的营业税额直接可以通过"30×5%"得到,税额为 1.5 元。

由上述对比可见,饭店业实行营业税改增值税后,计税方式的变化将导致税负产生变化。产生变化的原因在于:普遍来看增值税税率要高于营业税税率,产生了增税效应;增值税下会出现抵扣,应纳税额计算中要减去进项税额,进而产生了减税效应。

3.2.6 应纳税额影响因素差异

通过对比营业税和增值税二者计税方式以及整理现有研究成果,可以发现营改增后企业税负的影响因素增多。

在营业税时期,应纳营业税额只与企业销售额和适用的营业税税率相关;而在缴纳增值税后,影响增值税税负的因素可以分为政府政策因素和企业经营因素两方面。其中,政策因素包括:税率和抵扣规定。企业经营因素包括:企业规模、收入构成、成本构成、采购途径和经营所处阶段。

(1)税率

营业税改征增值税后,适用的增值税税率的高低会直接影响企业税负,二者呈正相关。由于增值税销项税额等于税率乘以不含税销售额,因此适用的增值税税率越高,则改征后企业税负必然越高。

(2)抵扣规定

抵扣规定也会对增值税额产生影响,允许抵扣的进项税额越多,增值税应纳税额越少,企业税负越轻。

增值税抵扣规定包括:抵扣范围规定和抵扣率的规定。一般来讲,企业增值税的抵扣额等于其购入产品或服务中附带的增值税额。但在实际操作中,可能会出现增值税率远低于抵扣率的情况。例如,某产品或服务适用 6% 的税率,但其购入的原料适用 17% 的增值税率,从而导致增值税进项税额高于销项税额。在这种情况下,国家可能会对允许抵扣的项目作出规定,并降低其可抵扣的进项税率,从而保证政府税收。这些规定会直接影响到企业税负。

(3)企业规模

营改增后,企业规模会决定其按照一般纳税人身份缴纳增值税,还是按照小规模纳税人身份纳税。二者在计税方式、适用税率方面都有很大不同。就目前已经实行营改增的企业来看,规模较小的企业在转变为增值税小规模纳税人后获益更为明显。而按照一般纳税人身份缴纳增值税的企业同时受到了增税和减税双重作用,税负并不会必然降低。

(4)收入构成

企业的收入构成差异也会导致其在营改增后表现不同。由于增值税税率目前有四类,针对不同的行业会有不同税率规定。因此,对于兼营多项业务的企业,各项业务要依照不同税率纳税,每类收入占总收入的比重会影响其应纳税额。

（5）成本构成

成本构成会影响企业可抵扣的进项税额，进而影响其应纳增值税税额。企业为购买产品和服务所支出的费用中，也会负担产品和服务中含有的增值税。营业税时期，企业自行承担了这部分上游产业转嫁来的增值税，并在此基础上继续缴纳营业税，从而导致重复征税的出现。而改征增值税后，由上游转嫁来的增值税可以得到抵扣，会减轻企业负担。

因此，企业购入的产品或服务中缴纳增值税的项目占总支出比重越大，则其营改增后受到的有利影响越大。

（6）采购途径

营改增后，能够提供专用发票的供应商所占比重越大，企业能够抵扣的税额越多，增值税应纳税额越低，营改增后减负作用越显著。

根据增值税进项抵扣规定，企业实现进项税抵扣的凭证为供应商提供的增值税专用发票。能够开具专用发票的供应商，需要具有增值税纳税人的身份。其中，增值税一般纳税人可以自行开具专用发票。小规模纳税人需要税务部门代开，而代开发票可能会导致成本增加，这部分成本会转嫁到下一环节。

因此，改征后企业为获得专用发票，在选择供应商时会考虑其纳税人身份差异。具有一般纳税人身份的供应商会受到更多青睐。

（7）经营所处阶段

通过增值税的计税方式可知，营业税改增值税对处于不同经营阶段的饭店影响不同，这与饭店购入固定资产的时间和数量相关。

处于初创期和发展期的企业受到的有利影响更大。企业往往在初创期和发展期购入更多固定资产，改征增值税后，所购入固定资产中含有的增值税可以实现抵扣，因此减负作用更为明显。

处于成熟期和衰退期的饭店受到的有利影响偏小。营改增时处于这一阶段的企业往往已在之前大量购买了固定资产，而改革前购买的固定资产是不能实现抵扣的，因此对这些企业的减负作用没有处于初创期和发展期的企业显著。

3.3 我国饭店企业流转税分析

3.3.1 饭店企业主要业务应税行为分析

根据中华人民共和国国家标准《旅游饭店星级的划分与评定》（GB/T 14308—2010），旅游饭店是以间（套）夜为时间单位出租客房，以住宿服务为主，并提供商务、会议、休闲、度假等相应服务的住宿设施，按不同习惯也被称为宾馆、酒店、旅馆、旅社、宾舍、度假村、俱乐部、大厦、中心等。

自1950年我国颁布了《工商业税暂行条例》开始，饭店业缴纳工商税。1984年营业税从工商税中拆分出来后适用营业税，包含在服务业中。2009年我国对《营业税暂行条例》进行了修订，现在饭店业缴纳营业税的相关规定均依据本次修订。

饭店企业主要涉及的营业税或增值税应税行为包括：提供住宿、餐饮服务，商场，提供保龄球等娱乐设施等，对应税目、税率情况如表4所示：

表 4 饭店企业各主要业务税负情况

经营业务	税 种	税 目	税 率
住 宿	营业税	服务业–旅店业	5%
餐 饮	营业税	服务业–饮食业	5%
商 场	增值税		17%或适用3%征收率
娱 乐	营业税	娱乐业（歌厅、保龄球等）	5%至20%浮动税率

参考文献：全国注册税务师执业资格考试教材编写组. 税法（1）[M]. 北京：中国税务出版社，2013.

在饭店上述各项业务中，住宿、餐饮、娱乐现缴纳营业税，其中住宿和餐饮业务为饭店主营业务。本文重点对其改征增值税后的情况进行分析。零售类业务由增值税覆盖，不存在营改增问题，因此不作为分析对象。此外，饭店兼营住宿、餐饮、娱乐等多种业务时，应分别核算不同税目的营业额。依照税法规定，如未分别核算则饭店各业务将从高适用税率（全国注册税务师执业资格考试教材编写组，2013）。

此外，饭店涉及的流转税还包括城市维护建设费以及教育费附加等。由于二者以缴纳的增值税、营业税为计税基础，税额较小，与本文研究对象相关性较弱，因此不作为研究对象。

3.3.2 不同经营模式下涉及的饭店各方主体应税行为分析

随着饭店经营模式的多样化，饭店所用房屋所有权、经营权可能与饭店所有权分离。不同经营模式下，可能出现三方纳税主体，即饭店、房屋产权所有者、提供饭店管理服务的管理公司，各方应税行为不同。按照房屋所有权、经营权与饭店的关系可以将饭店划分为以下四种经营模式：

第一种模式，房产所有权、经营权归属饭店。我国大部分单体酒店都是采用这种经营模式。该类型饭店依照其业务范围，住宿、餐饮、娱乐业务缴纳营业税，商品零售缴纳增值税。

第二种模式，房产所有权不属于饭店，饭店租房经营，产权酒店即属于这种经营模式。这种模式下，饭店作为单独纳税人依照其业务范围对住宿收入和餐饮收入缴纳营业税。房屋产权所有者按照约定取得的固定收入和分红收入实质是将房屋出租给饭店获得的租金收入，应按照"服务业–租赁业"税目纳税（国家税务总局，2006），税率为5%。此外，上述经营模式中所涉及的房屋出租行为属于不动产租赁行为，不包括在本次营改增"现代服务业–有形动产租赁"范围内。

第三种模式，饭店拥有房屋产权，但委托酒店管理公司经营，目前全权委托管理模式即属于这一类型。饭店作为独立纳税人对其获得的住宿、餐饮收入缴纳营业税。饭店管理咨询公司获得的管理咨询费收益原属于"营业税–服务业"税目范围，税率为5%。但管理咨询类收益现已纳入营改增范围，属于现代服务业中的咨询鉴证服务类。根据财政部、国家税务总局《交通运输业和部分现代服务业营业税改征增值税试点实施办法》的规定，鉴证咨询服务包括认证服务、鉴证服务和咨询服务。其中咨询服务是指提供和策划财务、税收、法律、内部管理、业务运作和流程管理等信息或者建议的业务活动（财政部，2013）。本项收益适用的增值税税率为6%。

第四种模式，饭店不拥有产权，同时将饭店委托酒店管理公司经营，饭店、房屋产权所有人、管理公司三方主体分别以独立纳税人的身份按照其不同应税行为缴税。饭店依然按照"服务业－旅店业""服务业－饮食业"税目缴纳营业税。房屋产权所有人获得的收入和分红依"服务业－租赁业"缴纳营业税。饭店管理公司因提供酒店管理咨询服务获得的管理收入应依照现代服务业缴纳增值税。

4 营改增对饭店企业税负变化的影响案例研究

本文利用案例饭店2013年1月1日到2013年12月31日的财务数据进行了测算分析，对其收入、成本、费用的构成进行了整理，以验证营业税改增值税后是否能起到最终的减税效应，梳理营改增后饭店经营中各环节受到的影响，并分析饭店应该如何利用税制改革降低自身税收负担。

4.1 研究方法

本文运用了单案例研究法。研究内容为营改增后饭店整体税负变化、住宿业务税负变化、餐饮业务税负变化情况，并对比营业税和增值税的计税差异。

4.1.1 案例背景

出于对所选案例财务数据保密的目的，文中不使用饭店真实名字，以S饭店代称。

S饭店为国内单体四星级酒店，位于内蒙古自治区呼伦贝尔市，资产总额约为1.24亿元，现有员工128人。S饭店系北京某集团公司投资，于2009年6月建成并投入使用，饭店建筑规模2万平方米。

S饭店设施齐全，集住宿、餐饮、娱乐、会议等功能于一身，拥有客房260间，另有大小会议室、餐厅、多功能厅、棋牌室、健身房等完善的配套设施。

表5 S饭店客房情况整理表

房间类型	房间数量（间）	所占比例（%）	房间面积（m^2）
标准大床房	117	45.00	35
标准双床房	120	46.15	35
残疾人房间	2	0.77	35
行政套房	15	5.77	45
豪华套房	6	2.31	105
合计	260	100.00	9670

S饭店经营状况良好，自2009年开业以来，连续四年盈利。2010至2012年，销售额和利润额逐年递增。2013年由于受宏观政策影响，收入额有所下降，但依然盈利814.67

万元。

表6 S饭店2010—2013年度经营情况表

单位：万元

项　目		2010年	2011年	2012年	2013年
主营业务收入		3401.82	3708.08	4258.73	2103.11
其中	餐饮部收入	1729.73	1955.67	2346.80	972.56
	客房部收入	1672.09	1752.41	1911.92	1130.54
主营营业利润		1804.62	1983.60	2390.43	1262.68
净利润		1225.15	1355.91	1657.87	814.67

4.1.2 案例选择

选择S饭店作为案例分析对象，主要出于代表性和可行性两方面考虑。

从案例的代表性上看：由于本文针对饭店业的营改增问题进行研究，只考虑其自身住宿餐饮业务问题，自有产权、自行管理的单体饭店更能体现饭店业改革后的税负情况，因此所选研究对象需属于单体饭店。此外，由于增值税纳税人分为一般纳税人和小规模纳税人，重点分析的是未来成为一般纳税人的饭店的情况，因此需选择年营业额超过500万元的饭店进行案例研究。

从研究的可行性上看：由于对饭店企业营业税改增值税的分析需要得到饭店的成本费用明细，这类资料对各饭店而言均属于保密范畴，因此欲获得真实可靠的数据进行多个案例的实证研究存在一定困难。本文通过多次努力获得了该饭店的资料，以了解饭店运营中实际情况与理论情况的差异，并得出增值税改革后饭店的对策。

4.1.3 研究数据

由于本文研究目的是分析营改增对饭店的影响，因此数据分析针对的是与饭店经营密切相关的各项支出，但由于企业实际经营情况复杂，在进行研究时需要首先界定数据分析的范围。

在数据分析的范围方面：本文的研究范围是S饭店的运营支出，具体包括财务报告中的营业成本、管理费用和营业费用三部分。S饭店实际运营中支出项目繁杂，所获得的一手数据资料是按照会计核算的方式统计的财务数据，划分为成本和费用两大类，其中费用分为管理费用、营业费用和财务费用，另还有部分税金及附加。在S饭店所有支出项目中，财务费用和税金及附加与饭店营改增问题相关性较小，因此划在运营支出之外，不作为分析对象。

在数据的具体运用方面：分析前转换了S饭店提供的财务数据，将运营支出的分类从会计科目分类转换为按照购买产品类别的不同进行分类。饭店业营业税改增值税后会出现进项税额抵扣，因此研究中要明确饭店运营中的成本构成。原有的财务报告按照成本和费用的方式分类，难以清晰地展现各类别的支出在营改增后受到的影响。因此，本文将运营支出按照其购入产品的不同重新划分。

在对饭店住宿、餐饮业务分别分析时，本文对 S 饭店的管理费用进行了分摊处理。在 S 饭店现有的财务数据中，营业成本和营业费用已按照客房和餐饮分开统计，而管理费用并未分开。由于管理费用以管理人员工资为主，数额较大，不可以忽略不计，因此进行案例分析的过程中，将 S 饭店的管理费用按照收入比例分摊至住宿和餐饮两项业务中，合计入各项支出，再对其分析测算。

4.1.4 研究假定

首先，假定营业税改增值税对饭店服务价格不产生影响，税负由饭店自身承担，不产生转嫁。由于目前饭店业营改增尚未完成，而改革对于企业服务价格的影响涉及消费者、上下产业链企业等多方利益相关者，影响过于复杂，难以准确估量计算。此外，就目前已实行改革的行业来看，营改增并没有对产品价格产生过于明显的影响，因此本文在案例分析中并未考虑价格变化因素。

其次，假定对 S 饭店部分支出项目的简化和忽略计算不影响最终研究结果。在核算 S 饭店营业税和增值税税负过程中，由于部分支出项目明细不清或金额较小，细化计算存在困难，而且其对数据测算的影响较小，因此进行了忽略和简化，并假定其不影响最终结果。

4.1.5 研究对象

案例分析主要分为三部分：对饭店整体经营情况税负的分析、对住宿业务税负的分析以及对餐饮业务税负的分析。

对住宿和餐饮业务分别分析是出于三方面原因的考虑：首先，饭店住宿与餐饮业务的成本构成差异较大，增值税改革可能对二者的影响情况不同；其次，不同的饭店住宿和餐饮业务在整体经营中的重要程度不同，甚至部分饭店没有餐饮业务或只提供简单的早餐，因此单纯分析所选案例的总体业务情况，研究的代表性会不足；最后，由于国家制定营改增政策的过程中，必然会对各行业的成本构成情况进行考量，而住宿和餐饮在实行营业税时原分属两个行业，未来在政策制定的过程中也有可能对二者实行不同税率。综上三点考虑，本文在分析了 S 饭店整体经营状况以后，进一步研究营改增对餐饮和住宿业务的影响。

4.1.6 研究步骤

针对饭店整体经营情况、住宿业务、餐饮业务的分析分别按照以下四步进行：

首先，从收入、支出两方面分析目前经营现状，重点研究饭店的支出额和支出项目含税情况，在此基础上整理分析 S 饭店采购过程中能获得的增值税专用发票数额，为后文增值税计算做好铺垫。

其中，饭店支出项目含税情况不随饭店适用何种税制变化，但会对改革前后的税负产生影响，因此将对该问题的分析结果放在经营现状中。税制变化会导致对支出的处理有差异：在营业税条件下，支出项目中所含增值税不能够抵扣，而在增值税条件下，这部分支出可以得到抵扣。因此，将对支出项目中含税情况的分析放在实证研究的第一步。

其次，计算在营业税条件下，饭店应负担的营业税税额。具体看，利用步骤一中饭店的收入额乘以适用税率即可得到营业税税额。

再次，计算饭店在营改增后的增值税条件下应负担的税额。增值税税负测算利用到步骤一中的收入额、支出额，各支出项的含税数据和所获得的专用发票数。

首先利用6%、11%、13%、17%四档税率和S饭店收入额计算出销项税，再利用S饭店支出情况的分析结果计算进项税，二者相减即可得到应纳增值税。

最后，对比步骤二和步骤三的税额大小。若营业税应纳税额大于增值税，则说明营改增后税负降低；若营业税税额小于增值税，则说明改革导致税负升高。

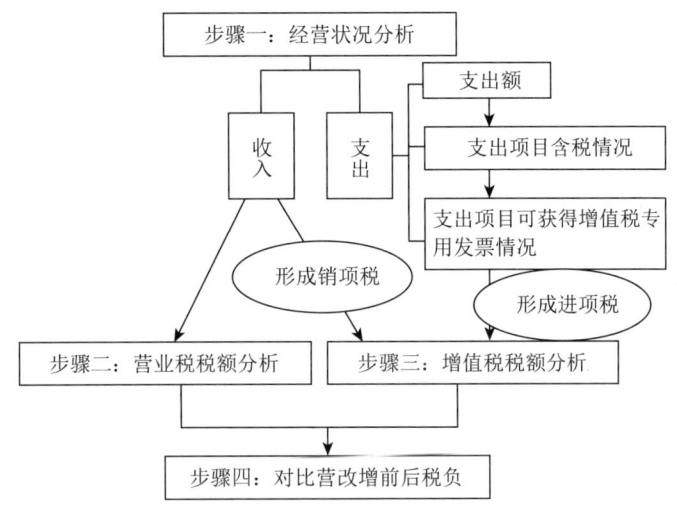

图2　S饭店案例研究步骤

4.2　研究数据分析

4.2.1　对S饭店整体经营情况影响分析

4.2.1.1　S饭店经营现状分析

（1）收入项目分析

S饭店2013年1月1日到2013年12月31日的含税销售额为21,031,114.50元。其中住宿业务含税销售额11,305,445.10元，餐饮业务含税营业额9,725,669.40元。

表7　S饭店2013年度销售情况

类　别	销售额（含税）（元）	占总销售额比重（%）
住　宿	11,305,445.10	54
餐　饮	9,725,669.40	46
合　计	21,031,114.50	100

（2）支出项目分析

S饭店当期运营支出合计13,331,836.07元。占总支出比重由高到低分为：员工工资、主副食、物料及低值易耗品、能源、外购服务、其他以及固定资产等七大类。其中，员工工资占 S 饭店运营支出比重最大，达到 31.09%；主副食、物料及低值易耗品和能源也都是支出大项，分别占到 29.45%、22.55% 和 10.01%。

表 8　饭店各项运营支出

类　别	运营成本项目	金额（元）	占总支出比重（%）
员工工资支出	固定工资	3,817,170.31	28.63
	奖励工资	328,215.50	2.46
	合　计	4,145,385.81	31.09
主副食类支出	肉蛋类	1,655,718.13	12.42
	海鲜类	949,733.34	7.12
	蔬菜类	600,357.88	4.50
	干调类	409,990.10	3.08
	粮油类	199,710.85	1.50
	鲜花水果	110,549.95	0.83
	合　计	3,926,060.25	29.45
物料及低值易耗品类支出	物料消耗	2,707,007.12	20.30
	桌布类	1,174,937.00	8.81
	其他费用	741,213.87	5.00
	一次性用品	454,700.54	3.41
	器皿类	281,132.50	2.11
	清洁用品	55,023.21	0.41
	低值易耗品摊销	299,798.00	2.25
	合　计	3,006,805.12	22.55
能源类支出	热　费	597,808.44	4.48
	电　费	534,458.33	4.01
	燃料费	148,776.00	1.12
	水　费	54,123.00	0.41
	合　计	1,335,165.77	10.01
外购服务类支出	洗涤费	158,079.00	1.19
	广告费	109,284.75	0.82
	运杂费	89,896.37	0.67
	差旅费	19,024.00	0.14
	电话费	16,274.40	0.12
	维修费	13,522.80	0.10
	视听维护费	258.00	0.00
	合　计	406,339.32	3.05

续表

类　别	运营成本项目	金额（元）	占总支出比重（%）
其他类	其他费用	159,743.86	1.20
	服装费	134,345.20	1.01
	办公费	98,051.66	0.74
	合　计	392,140.72	2.94
固定资产类支出	合　计	119,939.08	0.90
运营支出合计		13,331,836.07	100.00

（3）支出项目含税情况分析

目前 S 饭店购入的产品或服务中，部分缴纳增值税，部分缴纳营业税，缴纳增值税的购入项目会存在重复征税现象。本部分分析的含税额是指购入项目中含有的增值税税额。在七大支出项目中，主副食类、物料及低值易耗品类、能源类支出中含有增值税，支出项目中的含税额合计为 1,043,498.24 元。

表9　饭店各支出项目含增值税情况

类　别	运营成本项目	金额（元）	增值税税率（%）	进项税额（元）	专用发票数额（元）
员工工资支出	固定工资	3,817,170.31		无进项税	
	奖励工资	328,215.50			
	合　计	4,145,385.81			
主副食类支出	肉蛋类	1,655,718.13	13	190,480.85	190,480.85
	海鲜类	949,733.34		109,261.36	32,778.41
	蔬菜类	600,357.88		69,067.72	13,813.54
	干调类	409,990.10		47,167.00	47,167.00
	粮油类	199,710.85		22,975.58	22,975.58
	鲜花水果	110,549.95		12,718.14	0.00
	合　计	3,926,060.25		451,670.65	307,215.38
物料及低值易耗品类支出	物料消耗	2,707,007.12	17	393,325.82	393,325.82
	低值易耗品摊销	299,798.00		43,560.39	43,560.39
	合　计	3,006,805.12		436,886.21	436,886.21
能源类支出	热　费	597,808.44	13	68,774.42	68,774.42
	电　费	534,458.33	13	61,486.36	61,486.36
	燃料费	148,776.00	17	21,617.03	21,617.03
	水　费	54,123.00	6	3,063.57	3,063.57
	合　计	1,335,165.77		154,941.38	154,941.38

续表

类　别	运营成本项目	金额（元）	增值税税率（%）	进项税额（元）	专用发票数额（元）
外购服务类支出	洗涤费	158,079.00		无进项税	
	广告费	109,284.75			
	运杂费	89,896.37			
	差旅费	19,024.00			
	电话费	16,274.40			
	维修费	13,522.80			
	视听维护费	258.00			
	合　计	406,339.32			
其他类	其他费用	159,743.86		忽略	
	服装费	134,345.20			
	办公费	98,051.66			
	合　计	392,140.72			
固定资产类支出	合　计	119,939.08		无进项税	
运营支出合计		13,331,836.07		1,043,498.24	899,042.97

①主副食类支出含税情况分析

S饭店购入的农副产品类支出存在重复征税现象。该类支出含税额最多，但能够获得的增值税专用发票数目较少。S饭店购入农副产品类支出中含税额为451,670.65元，能够获得的发票数为307,215.39元。购入的主副食产品包括肉蛋、海鲜、蔬菜、干调、粮油、鲜花水果等类别，上述产品都属于农产品类，均适用增值税。按照相关规定，农产品可能涉及的增值税率有13%和17%。

S饭店购入的农产品主要适用13%增值税税率。一般来讲，初级农产品适用13%的增值税税率，具体包括：植物类、动物类、食用植物油和食用盐等产品。针对农民自产自销的农产品、批发零售的蔬菜、鲜活肉产品（包括冷冻）、鲜活蛋产品等国家给予免税政策，购入其产品的企业依然可以按照13%的税率实现抵扣。其他非初级加工的农产品适用于17%税率，如各类罐头、速冻食品、熟制品等（全国注册税务师执业资格考试教材编写组，2013）。

由于S饭店购入的农副产品门类复杂，逐一判断其购入的各项产品适用哪一档税率存在困难。通过访谈得知，罐头、速冻食品等适用17%税率的产品所占比例很低，因此对本文研究结果影响较小，可以将其与其他初级农产品合并分析，按照13%的税率计算进项税额。

S饭店购入的农副产品不能够足额获得增值税专用发票，原因在于鲜活农产品多从个体经营者处采购。饭店经营中，购入主副食产品的途径多种多样，既可能从大规模的批发市场购入，也有可能向零散的个体经营者采购，并非所有的进货途径都能够获得增值税专用发票。

S饭店的采购途径主要包括：批量定点采购的合作批发公司、蔬菜专业合作社、个体供货商、农民定点合作供应者。

其中，批发公司和专业合作社都能够提供增值税专用发票。S饭店通过这两种途径购买的产品一般具有易于储存、门类较少、一次性购买量大的特点，如肉类、粮油类、干调类以及一些干菜、冬储菜等。农民定点合作供应也属于是冬储菜的补充供应渠道，但不能够为饭店提供增值税发票。S饭店在购入肉类、粮油、干调类产品时都可以取得专用发票，可以在实行增值税以后实现足额抵扣。

个体供应商一般不能提供增值税专用发票，S饭店从该类供应商处购入新鲜果蔬和海鲜。由于新鲜果蔬和海鲜类产品对新鲜程度要求高，因此饭店经营中往往一次购买数量少、品种多、购买频繁、间隔时间短。饭店由内部采购部门外派人员购买存在困难，所以这一类产品多由专门的个体供应商替代其购入，并送货至饭店。但目前市场上大多数的个体供应商并没有通过工商局登记注册，而是以个人身份为饭店提供采购服务，因此不能够提供增值税发票。

S饭店购入的主副食类产品中能够取得增值税发票的情况如下表所示：

表10 饭店主副食类支出增值税发票情况

项　目	所含进项税额	能够提供增值税发票的供应商所占比重（%）	实际运营中可抵扣进项税额
海鲜类	109,261.36	30	32,778.41
肉蛋类	190,480.85	100	190,480.85
鲜花水果	12,718.14	0	—
粮油类	22,975.58	100	22,975.58
蔬菜类	69,067.72	20	13,813.54
干调类	47,167.00	100	47,167.00
合　计	451,670.65		307,215.39

②物料及低值易耗品类支出含税情况分析

S饭店的物料及低值易耗品类支出存在重复征税现象。该类支出含增值税税额较大，能够足额获得增值税专用发票。S饭店的物料消耗是指与饭店提供餐饮服务直接相关的投入，如桌布、餐具器皿、一次性餐具、清洁用品等。饭店核算中的低值易耗品主要包括小型的工具，如后厨刀具、模具等，也包括部分劳动保护用品，合计含税额436,886.21元。

在饭店实际经营活动中，由于物料及低值易耗品易于存放、更换频繁，所以采购周期较长，多为一次性大批量购入，然后随使用随出库。在会计核算中，批量购入的物料和低值易耗品首先作为库存商品，出库时从库存商品转入费用。由此可以看出，购入物料和实际消耗物料之间存在时间差。由于当期实际消耗的物料和低值易耗品更真实地反映了饭店的运营情况，因此本文直接对2013年1月至2013年12月间计入费用科目的已消耗物料和低值易耗品进行了分析整理，不考虑前期购入物料类存货的问题。

S饭店购入的桌布、器皿等物品均属于增值税征收范围，适用税率均为17%，饭店可获得的进项税抵扣增值税进项税为436,886.21元。饭店实际经营中，物料和低值易耗品都是从酒店用品批发商处购买，而批发商一般都是成规模经营，能够提供增值税专用发票，从而在适用增值税后可以形成足额抵扣。

③能源类支出含税情况分析

S饭店的能源类支出也存在重复征税现象，该类支出能够足额获得增值税专用发票。S饭店涉及的能源类消耗包括热、电、燃料和水费，其中热费和电费是支出大项，2012年7月至2013年6月能源类支出合计额为1,335,165.77元。

我国自来水的增值税税率为6%，暖气、煤气、石油液化气、天然气等适用13%的低税率。饭店企业直接购入的煤炭制品（燃料费对应购入项目）由于不属于居民用煤，所以适用17%的高税率。

依照上述规定，S饭店2013年1月至2013年12月采购的能源类产品中所含增值税为154,941.37元，其中水费中含有增值税进项税额3063.57元，电费负担增值税额61,486.36元，热费所含进项税额68,774.42元，燃料费含税21,617.03元。由于饭店的水、电、热、燃料都是由厂方直接供应的，因此都可以取得增值税发票，适用增值税后能够足额实现抵扣。

④外购服务类支出含税情况分析

S饭店外购服务类支出不含增值税进项税额。S饭店外购的服务主要包括：洗涤、广告、运杂等，目前都属于营业税征收范围，不含增值税。但未来营改增的过程中，上述行业可能会被纳入增值税征收范围。由于其占总支出的比例较小，对研究结果影响很小，所以不再做单独分析。

⑤固定资产类支出含税情况分析

S饭店固定资产类支出不含增值税进项税额。S饭店的固定资产主要包括：房屋、运营中需要的大型设备等。S饭店使用的房屋是自行建造的，建筑业尚适用营业税，因此不涉及增值税问题。其他的设备类资产，由于购入时饭店适用营业税，因此也不能抵扣设备中的进项税。

综上可见，饭店购入的主副食类、物料及低值易耗品类、能源类产品均已缴纳增值税，而这部分税额转嫁给了购买其产品的饭店。员工工资、固定资产折旧不涉及增值税问题，外购服务类尚属营业税覆盖范围。其他类支出项目较多、明细不清，而且占总支出比重较小，忽略不计。

S饭店2013年1月至2013年12月合计运营支出13,331,836.07元，购入产品和服务中所含的增值税进项税额1,043,498.23元。但由于实际经营中部分食品原材料的购入难以取得进项税发票，所以实际获得增值税专用发票899,042.97元。

4.2.1.2 S饭店营业税税负分析

饭店住宿和餐饮业务目前适用的营业税税率为5%，含税销售额为21,031,114.50元，税负可由含税销售额与税率相乘直接得出，即1,051,555.73元。

4.2.1.3 S饭店增值税税负分析

由于目前饭店业尚未实行增值税,因此本文分别用现有6%、11%、13%和17%四档税率进行了测算。为发挥增值税的中性作用,税率种类应越少越好,所以在未来的改革中,针对新纳入增值税范围的行业设定其他税率的可能性较小,而依照不同行业自身的特点选择性地适用上述四类税率的可能性较大,因此饭店业更可能会适用上述四档税率之一。

由于增值税属于价外税,而 S 饭店现有财务报表中的"主营业务收入"项目包含了税额,因此需要首先将收入按照不同的税率剔除税款,再计算销项税额。营改增后 S 饭店应纳增值税额测算结果如表 11 所示:

表 11　S 饭店各税率条件下增值税应纳税额

单位:元

税率(%)	销售额(含税)	销项税额	进项税额	增值税应纳税额
6	21,031,114.50	1,190,440.44	899,042.97	291,397.47
11	21,031,114.50	2,084,164.50	899,042.97	1,185,121.53
13	21,031,114.50	2,419,508.75	899,042.97	1,520,465.78
17	21,031,114.50	3,055,802.96	899,042.97	2,156,759.99

表 11 中,销项税额等于"销售额(含税)× 税率/(1+ 税率)",应纳增值税等于"销项税额 – 能获得的可抵扣发票额",增值税额占销售额比例等于"应纳增值税/销售额(含税)",营业税额占销售额比例等于"营业税税率"。

4.2.1.4 S饭店增值税、营业税税负对比分析

根据上述测算结果可见,S 饭店在目前的经营情况下,若改革后饭店业适用税率为 6%,则营改增对饭店有减负作用。税率为 6% 时,S 饭店增值税税负降幅明显,应纳税额为 291,397.47 元,营业税税负 1,051,555.73 元,改革后的税负要远低于改革前。

若营改增后饭店业适用税率为 11%,改革后 S 饭店税负略增。当增值税税率为 11% 时,S 饭店增值税税负为 1,185,121.53 元,略高于改革前 1,051,555.73 元的营业税水平。

若适用增值税后饭店业适用税率为 13% 或 17%,那么营改增后 S 饭店税负显著提高。当增值税税率为 13% 或 17% 时,应纳增值税额分别为 1,520,465.78 元和 2,156,759.99 元,远高于营业税时期 1,051,555.73 元的税负水平,企业经营负担明显增加。

表 12　S 饭店营改增前后税负对比表

单位:元

税率(%)	销售额(含税)	增值税应纳税额	营业税应纳税额
6	21,031,114.50	291,397.47	1,051,555.73
11	21,031,114.50	1,185,121.53	1,051,555.73
13	21,031,114.50	1,520,465.78	1,051,555.73
17	21,031,114.50	2,156,759.99	1,051,555.73

4.2.2 对 S 饭店住宿业务税负影响分析
4.2.2.1 S 饭店住宿业务经营现状分析

S 饭店 2013 年 1 月 1 日至 2013 年 12 月 31 日销售额合计为 11,305,445.10 元。当期成本费用支出可以整理为六大类，支出合计 5,194,174.19 元，支出中含增值税额 395,130.62 元。

S 饭店住宿业务中，物料及低值易耗品类支出所占比例最大，支出中已含有进项增值税，出现重复征税。员工工资类和能源类支出也占到较大比例，其中，能源类支出也存在重复征税现象。

表 13 S 饭店住宿业务支出表

单位：元

类　别	项　目	金额（含管理费用）	占总支出比重（%）	进项税额
物料及低值易耗品类	低值易耗品	85,820.53	1.65	12,469.65
	物料消耗	2,179,902.51	41.97	316,737.97
	桌布类	947,889.00	18.25	
	器皿类	178,437.50	3.44	
	一次性用品	431,785.22	8.31	
	清洁用品	25,920.49	0.50	
	其他费用	595,870.30	11.47	
	合　计	2,265,723.05	43.62	329,207.62
员工工资	固定工资	1,696,441.67	32.66	无
	奖励工资	140,871.71	2.71	
	合　计	1,837,313.38	35.37	
能源类	水　费	33,170.50	0.64	1,877.58
	电　费	249,867.57	4.81	28,745.83
	热　费	300,772.61	5.79	34,602.16
	燃料费	4,800.00	0.09	697.44
	合　计	588,610.68	11.33	65,923.00
其他类	办公费	66,634.26	1.28	忽略
	服装费	89,711.48	1.73	
	其他费用	90,949.11	1.75	
	合　计	247,294.86	4.76	

续表

类　　别	项　　目	金额（含管理费用）	占总支出比重（%）	进项税额
外购服务类	维修费	6,611.40	0.13	无
	电话费	10,229.86	0.20	
	广告费	54,884.75	1.06	
	运杂费	57,613.64	1.11	
	洗涤费	98,978.70	1.91	
	视听维护费	258.00	0.00	
	差旅费	2,270.82	0.04	
	合　计	230,847.17	4.44	
固定资产折旧	合　计	24,385.04	0.47	无
合　计		5,194,174.19	100.00	395,130.62

4.2.2.2 S饭店住宿业务营业税税负分析

在营业税条件下，S饭店住宿业务营业税税率为5%，销售额为11,305,445.10元，应纳营业税税额为565,272.26元。

4.2.2.3 S饭店住宿业务增值税税负分析

营业税改为增值税后，目前经营状况下支出项目中出现重复征收的增值税可以形成进项税，抵扣额为395,130.62元。当增值税税率为6%时，应纳增值税税额为244,800.23元；税率为11%时，应纳增值税税额725,228.80元；税率为13%时，增值税应纳税额为905,495.81元；税率17%时，应纳增值税税额1,247,540.89元。

表14　S饭店住宿业务各税率条件下增值税应纳税额

单位：元

税率（%）	销售额（含税）	销项税额	进项税额	增值税应纳税额
6	11,305,445.10	639,930.85	395,130.62	244,800.23
11	11,305,445.10	1,120,359.42	395,130.62	725,228.80
13	11,305,445.10	1,300,626.43	395,130.62	905,495.81
17	11,305,445.10	1,642,671.51	395,130.62	1,247,540.89

4.2.2.4 S饭店住宿业务增值税、营业税税负对比

由上述分析可见，营改增后，在抵扣率及饭店经营状况不变的情况下，若住宿业务适用增值税税率为6%，则S饭店住宿业务税负大幅下降。改革后应纳增值税额244,800.23元，远低于原营业税税额565,272.26元。

当营改增后住宿业适用增值税税率为11%、13%、17%时，S饭店住宿业务税负显著增加。当税率为11%时，增值税税负为725,228.80元；税率为13%时，营改增后税负为

905,495.81 元；税率为 17% 的条件下，改革后税负为 1,247,540.89 元，均远高于营业税时期 565,272.26 元的税负水平。

表 15　S 饭店住宿业务营改增前后税负对比表

单位：元

税率（%）	销售额（含税）	增值税应纳税额	营业税应纳税额
6	11,305,445.10	244,800.23	565,272.26
11	11,305,445.10	725,228.80	565,272.26
13	11,305,445.10	905,495.81	565,272.26
17	11,305,445.10	1,247,540.89	565,272.26

4.2.3　对 S 饭店餐饮业务税负影响分析

4.2.3.1　S 饭店餐饮业务经营现状分析

S 饭店餐饮业务 2013 年 1 月 1 日至 2013 年 12 月 31 日销售总额 9,725,669.40 元。

S 饭店餐厅支出额合计为 8,137,661.88 元。各项运营支出中，主副食支出所占比重最大，占到 48.25%，其次是员工工资支出和能源、物料类支出。

S 饭店餐厅业务支出项目中，主副食类、能源类、物料及低值易耗品类支出均含有增值税，存在重复征税现象，合计可获得增值税专用发票额 648,367.61 元。

表 16　S 饭店餐饮业务支出表

单位：元

类别	项目	金额（含管理费用）	占支出比重（%）	增值税专用发票额
主副食类	海鲜类	949,733.34	11.67	109,261.36
	肉蛋类	1,655,718.13	20.35	190,480.85
	鲜花水果	110,549.95	1.36	12,718.14
	粮油类	199,710.85	2.45	22,975.58
	蔬菜类	600,357.88	7.38	69,067.72
	干调类	409,990.10	5.04	47,167.00
	小　计	3,926,060.25	48.25	451,670.65
员工工资	固定工资	2,120,728.64	26.06	无
	奖励工资	187,343.79	2.30	
	小　计	2,308,072.43	28.36	
能源类	水　费	20,952.50	0.26	1,185.99
	电　费	284,590.76	3.50	32,740.53
	热　费	297,035.83	3.65	34,172.26
	燃料费	143,976.00	1.77	20,919.59
	小　计	746,555.09	9.17	89,018.37

续表

类 别	项 目	金额（含管理费用）	占支出比重（%）	增值税专用发票额
物料及低值易耗品类	低值易耗品	213,977.47	2.63	31,090.74
	物料消耗	527,104.61	6.48	76,587.85
	桌布类	227,048.00	2.79	
	器皿类	102,695.00	1.26	
	一次性用品	22,915.32	0.28	
	清洁用品	29,102.72	0.36	
	其他费用	145,343.57	1.79	
	小 计	741,082.07	9.11	107,678.59
外购服务类	维修费	6,911.40	0.08	无
	电话费	6,044.54	0.07	
	广告费	54,400.00	0.67	
	运杂费	32,282.73	0.40	
	洗涤费	59,100.30	0.73	
	视听维护费	0.00	0.00	
	差旅费	16,753.18	0.21	
	小 计	175,492.15	2.16	
其他类	办公费	31,417.40	0.39	忽略不计
	服装费	44,633.72	0.55	
	其他费用	68,794.75	0.85	
	小 计	144,845.86	1.78	
固定资产折旧	小 计	95,554.04	1.17	无
合 计		8,137,661.88	100.00	648,367.61

4.2.3.2 S饭店餐饮业务营业税税负分析

在营业税条件下，S饭店住宿业务营业税税率为5%，销售额为9,725,669.40元，应纳营业税税额为486,283.47元。

4.2.3.3 S饭店餐饮业务增值税税负分析

营改增后，S饭店餐饮业务合计进项税额503,912.35元。通过销售额可以测算出在税率为6%、11%、13%和17%下的销项税额。税率为6%时，应纳增值税额为46,597.24元；税率为11%时，应纳增值税额459,892.73元；税率为13%时，应纳增值税额614,969.97元；税率为17%时，应纳增值税额909,219.10元。

表 17 S 饭店餐饮业务各税率条件下增值税应纳税额

单位：元

税率（%）	销售额（含税）	销项税额	进项税额	增值税应纳税额
6	9,725,669.40	550,509.59	503,912.35	46,597.24
11	9,725,669.40	963,805.08	503,912.35	459,892.73
13	9,725,669.40	1,118,882.32	503,912.35	614,969.97
17	9,725,669.40	1,413,131.45	503,912.35	909,219.10

4.2.3.4 S 饭店餐饮业务增值税、营业税税负对比

S 饭店餐厅在营改增后适用税率为 6% 或 11% 时，税负会有所减轻。税率为 6% 时，增值税税负远低于营业税税负，增值税应纳税额甚至不足营业税应纳税额的十分之一；当税率为 11% 时，营改增后 S 饭店餐饮业务税负略降，由改革前的 486,283.47 元降至改革后的 459,892.73 元。

当适用增值税税率为 13% 或 17% 时，营改增后 S 饭店餐厅税负将大幅增加。税率为 13% 时，增值税应纳税额为 614,969.97 元，高于营业税 486,283.47 元；税率为 17% 时，应纳增值税额 909,219.10 元，也远高于营业税水平。

表 18 S 饭店餐饮业务营改增前后税负对比表

单位：元

税率（%）	销售额（含税）	增值税应纳税额	营业税应纳税额
6	9,725,669.40	46,597.24	486,283.47
11	9,725,669.40	459,892.73	486,283.47
13	9,725,669.40	614,969.97	486,283.47
17	9,725,669.40	909,219.10	486,283.47

4.3 结论

4.3.1 营改增后，决定饭店企业税负的因素增多

营改增前，饭店征收营业税，企业营业税税负只与营业税税率和销售额相关，与其他因素无关。

营改增后，饭店征收增值税，其税负与适用的增值税税率、相关抵扣规定、经营规模、销售额、收入构成、成本构成、采购途径、经营阶段等因素相关。上述因素可整理为政府政策因素和企业经营因素两类，政策因素包括增值税税率和相关抵扣规定，其余均为企业经营因素。可以看出，营改增后，决定饭店企业税负的因素明显增多，各因素对饭店企业增值税税负的影响方向不同。

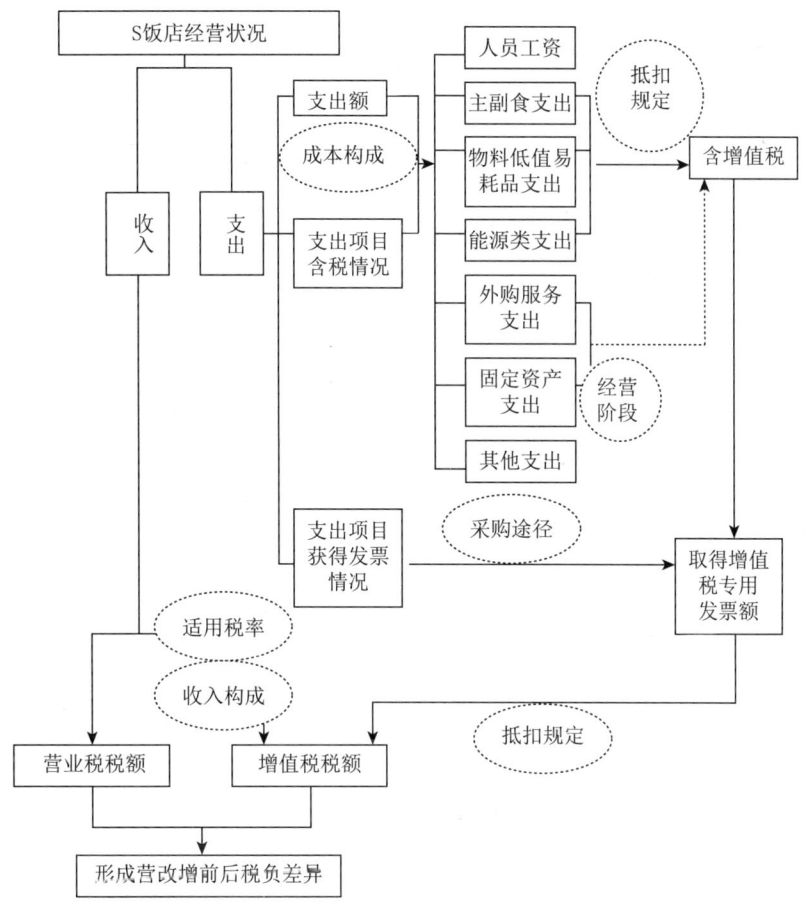

图 3 营改增前后 S 饭店税负计算过程对比图

4.3.1.1 政策因素

（1）增值税税率

通过对 S 饭店的案例分析可见，营业税改征增值税后，饭店适用的增值税税率直接影响企业税负。在税率为 6% 时，营改增起到了减轻饭店税负的作用；适用的增值税税率为 11% 时，增值税与营业税的企业税负基本持平；但当适用 13% 或 17% 税率时，S 饭店税负会大幅度增加。在营业额不变的情况下，所适用的税率与饭店销项税额呈正相关，进而影响增值税应纳税额的大小，决定了营改增后饭店税负的增减。

目前，在四类增值税税率中，适用 6% 和 11% 税率的行业是新纳入增值税征税范围的部分现代服务业和交通运输业，对于饭店等生活型服务业而言，其高人力成本、高固定资产的成本构成特点与上述两行业类似，因此与之适用相同税率的可能性较大。

（2）抵扣税率的相关规定

通过对 S 饭店的研究发现，营改增后，国家对饭店购入产品抵扣政策的不同也会影响其税负。饭店购入的产品多样，各类产品含增值税的情况不同，其抵扣税率可能包括 6%、11%、13%、17% 四类。在实行增值税后，有可能出现进项抵扣税率高于销项税率的情况，如 S 饭店购入的食品、物料产品进项抵扣税率为 13% 或 17%，而在销项税率为 6% 时，进项抵扣率远高于销项税率，这也是在 6% 的税率条件下，增值税税负大幅降低的原因。因此，未来国家在制定政策的过程中，出于保证国家税收的考虑，可能会对进项抵扣额作出特殊规定。例如，对饭店业实行 6% 税率，同时要求进项抵扣税率不能超过 6%，那么饭店的税负必然会高于本文所分析的情况。

由此可见，营改增后，国家对饭店业购入产品抵扣税率的规定直接影响企业进项税额的大小，进而决定其增值税额的大小。一般来说，抵扣税率越高，饭店可抵扣的进项税额越大，增值税应纳税额越小，饭店的税负越轻。

4.3.1.2 饭店企业经营因素

（1）成本构成

通过对 S 饭店的分析可以看出，饭店的运营支出划分为人力成本、物料、外购服务、固定资产支出等多个部分。营改增后，不能够产生进项税额的部分所占比例越高，增值税的减负作用越弱；反之能够产生进项税额的部分占总支出比例越高，则增值税减负作用会越显著。

具体来看，饭店各项支出中占比重较大的人力成本和物料成本对增值税税负的影响较大。由于不能够产生进项税扣除，因此人力成本越低的饭店，营改增对其减轻税负的作用越显著；人力成本越高，减负作用越弱。

饭店的物料支出，如主副食、物料及低值易耗品、能源、外购服务以及其他杂项物品支出购入时均含有增值税，可以形成抵扣。在饭店利润不变的情况下，上述支出占总成本比重越大，能够抵扣的进项税额越大，饭店税负越轻。

饭店经营中常见的外购服务性支出，如电话费、洗涤费等都属于营业税征收范围，只有少数维修费属于增值税征收范围，可以产生进项税抵扣。对于存在托管行为的饭店而言，如果管理公司提供咨询的行为被认定为咨询鉴证服务，那么饭店交了管理公司的咨询费可以产生 6% 的进项税抵扣，也能够起到减轻税负的作用。

综上可见，在多种饭店类型中，强调标准化服务、人力投入相对偏少、物料成本所占比例偏大的饭店，营业税改增值税对其有利影响更大；而对于强调个性化服务、人力投入较大、物料成本所占比例偏小的饭店，税制改革对其不利影响更大。

（2）采购途径

S 饭店的供应商并非都能够提供增值税专用发票，进而导致部分购入项目所含增值税不能够实现抵扣。因此，采购过程中，能够提供增值税专用发票的供应商比例越高，营业税改增值税后减轻税负的作用越显著。

根据增值税进项抵扣规定，只有企业取得了上一环节供应商提供的专用发票才能实现进项税抵扣。能够开具专用发票的供应商需要具有增值税纳税人的身份。

在这样的政策要求下，饭店对于供应商的选择会对其增值税税负产生影响。通过 S 饭店的案例可以看出，该饭店所选择的主副食类产品供应商部分是没有经过工商登记注册的个体经营者，难以提供进项发票，从而饭店不能享受到增值税的减负优惠。由此可见，对于饭店而言，对供应商的选择也会对其税负情况产生影响。

（3）经营所处阶段

通过增值税的计税方式可知，营业税改增值税对处于不同经营阶段的饭店影响不同，这与饭店购入固定资产的时间和数量相关。处于初创期和发展期的饭店受到的有利影响更大，处于成熟期和衰退期的饭店受到的有利影响偏小。

我国在 2009 年从生产型增值税转为消费型增值税，外购固定资产可以在购入时一次性抵扣。处于初创期和发展期的饭店往往投入大量资金购入或建设房屋、购置饭店运营中所需设备，如洗涤设备、清扫设备、后厨保鲜设备、做饭需要的大型机器等。如果饭店业实行增值税，那么上述固定资产中所包含的税额可以在饭店实现抵扣，进而减轻饭店负担。而处于成熟期和衰退期的饭店对于固定资产的投入会有所减少，由于其前期购入固定资产时饭店业仍实行营业税，所以被购入的设备中所含的增值税额只能由饭店自行承担，不能够抵扣。

可见，对于未来饭店业实行营改增时正处于初创期和成长期的企业，其购入的机器设备更多，能够获得的进项税抵扣更大，而处于成熟期和衰退期的饭店则难以得到优惠。

（4）收入构成

案例研究中，S 饭店税负测算的假设条件之一为营改增后企业收入情况不变，但根据增值税、营业税计税方式的差异可以看出，饭店的收入构成也会对其税负情况产生影响。饭店收入构成可以从提供服务的类别和客人类别两个维度划分。

从提供服务的类别来看：饭店收入一般由餐饮收入和住宿收入两方面构成，二者在不同饭店经营中的重要性差异也会导致饭店受营改增的影响出现差异。

通过对 S 饭店的分析可见，在税率相等的情况下，营业税改增值税后餐饮业务的税负要低于住宿业务。二者成本构成明显不同，与住宿业务相比，餐饮业务物料投入更多，人力投入所占比重略小，比住宿业务更具有加工业的特征，在同样的税率条件下受营改增的有利影响更大。因此，对不同饭店而言，如果餐饮业务在总收入中所占比重更大，那么税制改革对其的有利影响也就越大。不提供餐饮服务或仅供早餐的饭店在税制改革中受到的有利影响偏小。

从客人类别来看：购买饭店服务的客人可以分为团队和个人两类。饭店属于生活性服务业，购买其产品或服务的大多是最终消费者，但也有相当部分的会议客人或公务差旅客人。对于有公务性质的客人而言，饭店产品或服务的消费并不属于流通环节中的最终环节，会通过购买饭店产品或服务的单位转移到下一环节，因此理论上讲这部分消费应该包含在增值税抵扣范围内。但由于各单位都将差旅费、会议费等计入费用科目，而对于计入费用科目的项目能否实现进项抵扣的问题，相关规定并不明确。未来饭店业实现营改增后，对于这一问题的规定也会直接影响到饭店业业务对下游产业的影响。

因此，如果营改增后，住宿和餐饮服务所缴纳的增值税可以在下游形成抵扣，那么规模较大、可以提供专用发票的饭店则会受到更多团队客人的青睐，而规模偏小的饭店则难以获得上述优势。

（5）饭店规模

根据前文对营业税、增值税计税方式的对比可以看出，饭店的规模也会对营改增后的税负情况产生影响。改征增值税后,饭店规模将会决定其按照一般纳税人或小规模纳税人身份纳税;而营业税时期,各类型的饭店均按照5%税率缴纳营业税,饭店规模大小并无差异。

根据现行规定,小规模纳税人的征收率为3%,而饭店业适用的营业税税率为5%。营改增以后,达不到一般纳税人标准的饭店会直接按照3%的税率征税,计税方式与营业税时期类似,因此税负会显著降低。而对于规模较大的饭店,其销售额有可能会超过小规模纳税人的标准,进而按照一般纳税人的身份缴纳增值税,本文所选的S饭店即为上述情况,其税负增减情况取决于税率和自身经营情况等多方面因素,税负并不必然降低。由此可见,营改增后规模较小的饭店在税负方面的减轻更为明显。

4.3.2 营改增后,饭店重复征税问题得到解决,可能会推进饭店相关产业细化分工

通过对S饭店经营状况的分析可以看出,饭店采购食品、物料、能源等产品时都支付了增值税,涉及税额达到1,043,498.24元。

营改增前,饭店适用营业税,采购过程中支付的增值税不能够得到抵扣。S饭店经营中需要大量采购食品、物料、能源等中间产品,部分产品由增值税覆盖。由于增值税属于价外税,而且有沿产业链向下游环节转嫁的特点,因此S饭店采购中付出的价款除产品本身的费用外,还包含了该产品缴纳的增值税。在实行营业税时,这部分增值税额得不到抵扣,而营业税再一次按照营业额全额计税,从而导致了重复征税现象的出现。

营改增后,饭店适用增值税后,企业承担的由上游转嫁而来的税款可以作为进项税抵扣掉,其实际负担的是本环节增值额应缴纳的税款,进而彻底解决了重复征税问题。

营业税改征增值税后,由于重复征税问题得到解决,饭店相关产业链上的各企业均只针对其自身产生的增值额纳税,不会出现下游企业在承担上游税负的基础上又再次纳税的情况,所以饭店相关的专业化分工不会导致企业税负成本的增加。此外,由于专业化分工有提高效率等优势,因此饭店业适用增值税后可能会推进行业的细化分工。

4.3.3 营改增后,饭店企业税负并不一定明显降低

我国营业税改增值税属于结构性减税中的一部分,改革并非普惠制,不同行业不同企业所受影响会出现差异,税负并非必然降低。

营改增前,S饭店缴纳的营业税税额为1,051,555.73元,住宿业务应纳税额565,272.26元,餐饮业务应纳税额为486,283.47元。

营改增后,当增值税税率为6%时,S饭店整体情况、住宿业务、餐饮业务税负均有所降低;税率为11%时,饭店整体情况和住宿业务税负增加,而餐饮业务税负降低;当税率为13%或17%时,饭店整体情况、住宿、餐饮业务的税负均大幅度增加。

之所以饭店会出现上述现象,原因主要包括以下三点:一是饭店作为典型的服务行业,人力成本高,本环节增值额偏大,如S饭店人力成本所占比例超过当年总支出的30%,因此在适用与加工业同样的13%、17%税率时,税负会大幅度增加。二是饭店的固定资产投入量大,运营期间物料投入较少。如S饭店前期的建筑成本和购房成本占总投入的比例较大,而这一部分支出目前难以得到抵扣,从而造成营业税改增值税后税负增加。三是目前饭店供应商类型多元,部分鲜活食品原料的供应商规模较小,因此成本中有相当

比例不能够取得进项税发票,进而导致饭店购入的产品所含进项税得不到抵扣,最终引发增值税税负增加。

考虑到饭店业经营中的上述特点,政府在制定相关政策时需考量行业差异,制定合理的税率标准,以防止行业税负大幅度增加,造成改革后苦乐不均。

此外,由于各饭店经营情况不同,在相同政策下,不同饭店也可能有不同表现。通过前文分析可知,饭店的成本构成情况会影响营改增以后的表现,尤其是人力成本占总投入的比重会在很大程度上决定饭店的增值税税负。同时,饭店购入机器设备等固定资产情况的差异也会对其营改增后的税负产生影响。另外,在采购过程中是否能够取得进项税发票是饭店实现增值税抵扣的关键,所以如何选择供应商也是未来饭店经营策略的调整方向之一。

5 营业税改增值税后饭店企业的对策建议

根据上述研究结论,营改增后饭店税负的增长取决于政府政策和自身经营状况。在政府政策既定的情况下,饭店可以通过调整自身的经营策略,从成本和市场两方面进行管理创新,以在改革中获利。

5.1 成本策略

饭店未来调整成本构成方面的管理创新举措主要倾向于三个方向,即降低企业内部的人力成本、调整固定资产购入时间和重新选择供应商。具体来看,饭店企业可采取以下对策:

第一,推进服务外包。饭店通过服务外包可以将企业内部的增值额转移到外部,从而减少自身的应纳税额。

在缴纳营业税时期,饭店的税额只与其营业额相关,因此不论是其雇佣员工自行完成内部的工作,还是将服务外包到其他企业,营业税不变。但改为缴纳增值税后,饭店的税额与增值额相关,已经外包出去的业务不再作为其自身的增值部分,因此会有降低税负的作用。所以,在营改增后饭店继续实行大而全、小而全的管理模式,不利于降低成本,不利于提高经济效益。从提供外包服务的企业角度看,随着服务业营改增的全面实施,提供外包专业服务的机构也会被纳入营改增的范围,饭店支付相关外包服务费能够取得增值税发票,进而降低税负。此外,饭店采用服务外包策略存在可行性。饭店人才需求多样化、各部门人才专业化、人力流动性强的特点,也会使推进服务外包成为企业的未来选择,这种内在需求与营改增后的制度推动力量相契合,所以饭店中的部分工种实施服务外包不仅可能也是大势所趋。

具体来看,饭店适合于实行服务外包的业务种类包括:卫生保洁类、布草洗涤类、建筑及水电维修类、安保类。上述四类业务具备的共同特点是,非饭店核心业务、工作个性化水平低、非满负荷工作、存在资源浪费。

卫生保洁类工作可以外包至专业公司完成。卫生保洁类的工作范围包括庭院、大堂、走廊、卫生间、房间、餐厅等。工作特点在于，工作要求细致到位、工作时间集中、技术含量不高。一般来说，保洁员各岗位工作时间受约束，一般不超过每天3小时。如果由饭店自己雇佣员工来完成保洁工作，雇佣的人少难以在规定时间内完成工作，雇佣人多又会导致工作完成后无事可做，造成劳动力浪费。如果饭店将上述工作外包给保洁公司，由于保洁公司会同时完成多个饭店的工作，因此可以调剂劳动力、尽最大可能满负荷工作。这样每个保洁员的工作量会加大，其个人收入也会有所提高。对饭店而言，保洁工作的人力成本也会相对降低，而且可以享受到增值税带来的抵扣优惠。

布草洗涤类工作也可以实行服务外包。饭店自设洗衣房，需要购买设备、洗涤材料，还要配备一定数量的员工。由于洗衣房仅为本饭店自身服务，一般不可能满负荷运转，会存在设备和劳动力浪费现象。如果饭店将洗涤业务外包给专业公司完成，可以提高劳动效率，降低成本，同时又能由于专业化而提高洗涤质量。

水暖电工程维修类工作可以外聘专业团队。水暖电工程维修类是饭店硬件设施良性运转的保障，是饭店运营中不可或缺的部门。这一类工作的专业性较强，水电锅炉工种均需持证上岗；但维修工作不属于常态性的工作，只有在出现问题时才会需要其进行处理。因此，饭店自行雇佣维修类员工也会出现人力资源浪费的现象。未来为降低成本，饭店可以自行雇佣少量"万能工"，即对各类维修业务均有一定处理能力的员工，以应对临时的突发情况。其余的维修工作交由外部企业来完成。由于加工修理修配劳务已属于增值税覆盖范围，因此饭店在营改增后外购的这部分劳务可以在计税时实现抵扣，进而降低费用。

安保服务外包也是饭店可行的策略之一。饭店保安部工作人员一般至少十人。安保业务外包对饭店的有利作用较多。首先，饭店一旦出现安全问题，承担责任的一方由个人转为企业，饭店承担的风险有所降低；其次，安保公司的专业性较强，人员受过专业培训，而且以企业为单位承担安保责任社会威慑力也较强；最后，饭店可以降低部分管理成本，聚集精力于核心业务。在营改增以后，饭店外包安保服务还可以获得由公司提供的进项税发票，将这部分人力成功外化，减少企业自己的增值额，进而降低税负。

第二，拓展业务范围到相关产业链。部分有条件的饭店也可以发挥自己在上述几项适宜外包的业务上的优势，自行成立服务公司，优先拓展为饭店相关产业链上某一环节的专业化服务提供者。如洗衣房设备非常完善但难以满负荷运营的某家饭店，除承担自己饭店的洗涤工作外，可以对外承接工作。由于营改增会推动产业的细化分工，因此各饭店都会乐于将非核心业务外包出去。在上述适于外包的业务方面有优势的饭店企业，可以抢先成为服务提供者，培养新的利润增长点。

第三，提高饭店机械化、智能化程度。饭店可以通过提高机械化、智能化程度，以机器设备替代人力劳动，进而降低人力成本。实行增值税后，企业可以抵扣购入的机器设备中含有的进项税额，因此与营业税时期相比，饭店实质上使用机器设备的成本有所降低，而使用人力劳动的成本相对升高。具体来看，在饭店运营中不强调个性化的环节均可以推进智能化，如前台登记、客房打扫、布草洗涤以及餐厅后厨运营等。提高饭店的智能化应该在不降低服务质量的前提下，提升工作效率和工作质量，缩减人力投入，降低运营成本。

第四，延迟部分机器设备购入时间。饭店适用增值税后，在购入固定资产时产品中包含的增值税可以扣除，但在适用营业税时购入的固定资产则不能享受到上述优惠。我国计划在2015年全面完成增值税改革，因此对饭店企业而言，不急用的机器设备可以推迟购买，以减少实际支出。

在全面完成营改增后，建筑业也会适用增值税。对于有计划进行重整装修的饭店而言，延迟装修时间也是享受增值税优惠的策略之一。

第五，优先选择可以提供增值税发票的供应商。选择能够提供增值税专用发票的供应商也是饭店可以采取的策略。饭店采购量大、品种繁多，供应商的经营规模参差不齐，经营方式多种多样。在饭店购入的多种产品中，客备品、饮用品、粮油类、干货类食品、冷冻类食品等均已进入流通领域，饭店采购选择余地比较宽。实行增值税后，饭店会主动选择能够提供发票的供应商，即能提供者进入选择范围，不能提供者则会出局。

鲜活食品原料，由于不易储存、一次性采购量小，因此多由生产者直接供应或饭店委托他人在农贸市场零星采购。直接供应产品的生产者包括农民个人或农民专业合作社。受饭店委托代其采购的专业采购者大多是个体经营者，甚至未通过工商登记的个人。上述两类供应者都难以为饭店提供专用发票。

实行营业税改增值税后，饭店可以与农民专业合作社或者农民个人建立长期的合作供应关系，定期（一个月）由生产供应商协助到当地税务局窗口开具增值税发票。由于农民销售自产农产品享受免税优惠政策，因此这种方式既不增加供应商的负担，同时又解决了饭店增值税进项发票的问题，具备可行性。

饭店可对当前市场上提供受托代购零星鲜活产品的个体供应商进行考量，选择实力较强、经营规范、能够提供发票的一家，建立长期合作关系。选择规范经营的供应商也有助于提升饭店自身的服务品质。

5.2 市场策略

实行增值税后，饭店企业会按照营业额划分为一般纳税人和小规模纳税人。未来成为一般纳税人的饭店可以为购买其产品或服务的下游企业提供增值税专用发票，而小规模纳税人则不能。因此，未来饭店应根据自身情况锁定不同的目标市场。

第一，规模较大的未来可能会成为一般纳税人的饭店应该着重开拓公务、团队类市场。从理论上讲，增值税具有沿产业链环环抵扣的特点。实行增值税后，饭店成为抵扣链条中的一部分，下游企业从饭店购入的产品和服务中所负担的增值税也应该得到抵扣。公务客人、会议客人所在单位以及旅游团队客人所属旅行社是饭店的下游企业，对增值税专用发票有需求。未来将成为一般纳税人的成规模饭店可以发挥其能够开具专用发票的优势，积极寻找下游企业，并与之建立长期稳定的合作关系，以扩大市场提高收益。

第二，规模较小的饭店应发挥价格优势，注重开拓个人市场。目前饭店依然适用营业税，因此公务出行和个人出行的客人对发票的要求差异不大。适用增值税后，公务出行的客人会倾向于选择能够提供专用发票的酒店；而规模较小的饭店由于不能够提供专用发票,所以对公务客人、团队客人的吸引力较弱。通过前文分析可以看出,小规模纳税人在实行增值税以后,税负会有明显下降,因此与其他饭店相比,价格是其显著优势,而价格也是目前国内大多数自费旅游者更为关注的一点。因此,规模较小的饭店可以发挥价格方面的竞争优势,着重开发个人出游市场。

6 结论与展望

6.1 研究结论

本文对营业税改增值税相关文献和政策法规进行了回顾,并结合饭店运营的具体实例,运用比较分析、案例研究法,对饭店业营业税改增值税可能带来的影响以及企业如何应对等问题进行了研究。

在理论研究中,对营业税改增值税的相关政策背景进行了梳理,并具体对比了两种流转税的差异,着重分析了二者计税方式的不同。此外,对饭店业流转税制演变进行了整理归纳,并对比了不同经营模式下饭店各方主体的应税行为,为后续研究奠定理论和政策基础。

在案例研究部分,本文整理了 S 饭店 2013 年的财务数据,分析了收入和支出情况,重点研究了目前采购情况下各支出项目的含税额和能够获得的增值税专用发票额。在此基础上测算了 S 饭店营业税和增值税税负,并对比了营改增前后的税负变化。此外,依照上述分析步骤分别研究了案例饭店的住宿和餐饮业务税负变化情况。

通过案例研究得到三个结论:一是营改增后,饭店流转税税负的影响因素增多,从营业税条件下的两个因素变为增值税条件下的七个因素。改革后影响税负的因素可分为政策因素和经营因素,政府政策因素包括饭店适用税率的制定和可抵扣率的相关规定。企业经营因素包括成本构成、采购途径、饭店规模、饭店经营所处阶段以及收入构成情况等。二是营改增后解决了饭店的重复征税问题,并可能会推进相关产业的细化分工。三是营改增后饭店业税负并不一定会明显降低,不同税率政策下税负变化会有差异,不同饭店在营改增后的表现也会有差异。

最后,根据上述研究结果寻找营改增以后切实可行的企业对策。未来饭店的管理创新可以从两大角度开展,即成本策略和市场策略。从成本角度来看,饭店调整策略的重点在于降低内在人力投入,具体包括推进服务外包、提高饭店机械化智能化程度、延迟固定资产购入时间以及改变采购途径等。从市场角度看,规模较大的饭店未来应着重开拓公务、团队市场,而规模较小的饭店则应更多地关注由于个人原因出游的客人。

6.2 研究局限性及展望

研究局限性在于:第一,从研究对象选择来看,本文只选择了一家酒店作为案例研究对象,结论的代表性和准确性可能会受到影响。第二,从内容上看,论文立足于饭店目前的经营状况进行了探索，偏重于对现有成本构成的分析，而并未对未来改革后饭店收入可能出现的变化作出单独研究。上述不足还需要在未来的研究中进一步完善。

未来研究方向可以倾向于营改增对饭店业上下游产业链的影响问题。本文仅讨论了营改增饭店自身受到的影响，以及其应采取的应对策略问题，而饭店业营改增对外部产业链带来的影响并没有加以讨论。增值税与营业税的区别更多体现在产业链的衔接上，饭店业税制的改变会涉及行业上下游企业如食品加工、低值易耗品加工、旅行社、会展公司等。产业链之间由于税制改变带来的变化也可以作为未来研究的方向。

参考文献

[1] Gago A, Labandeira X, Picos F, et al. Specific and general taxation of tourism activities. Evidence from Spain [J]. Tourism Management, 2009, 30（3）: 381-392.

[2] Wanhill S R C. VAT rates and the UK tourism and leisure industry [J]. Tourism Economics, 1995: 211-224.

[3] Keen M, Mintz J. The optimal threshold for a value-added tax [J]. Journal of Public Economics, 2004, 88（3-4）: 559-576.

[4] Keen M, Lockwood B. The value added tax: Its causes and consequences [J]. Journal of Development Economics, 2010, 92（2）: 138-151.

[5] Weidenbaum M. The Tax Reform Revolution [J]. Usa Today Magazine, 2005.

[6] Gendron P P. Value Added Tax: A Comparative Approach, Second Edition by Alan Schenk, Victor Thuronyi, and Wei Cui [J]. National Tax Journal, 2016, 69（1）: 241-250.

[7] Jones C. Principles of business taxation *Finance Act* 2006 [M]. Elsevier Butterworth-Heinemann, 2007.

[8] Fedeli S, Forte F. Joint income-tax and VAT-chain evasion [J]. European Journal of Political Economy, 1999, 15（3）: 391-415.

[9] 邓奕羿. 营业税改征增值税相关问题文献综述：1994—2011 [J]. 中南财经政法大学研究生学报, 2012（3）: 145-150.

[10] 潘文轩. 增值税扩围改革有助于减轻服务业税负吗？——基于投入产出表的分析 [J]. 经济与管理, 2012（2）: 51-54.

[11] 贾康. 当前营业税改增值税的具体问题探讨 [J]. 中国总会计师, 2012（10）: 35-37.

[12] 杨默如, 李平. 货物和劳务一体化课征增值税原理及我国的改革需求 [J]. 涉外税务, 2010（9）: 30-34.

[13] 平新桥, 梁爽, 郝朝艳, 张海洋, 毛亮. 增值税与营业税的福利效应研究 [J]. 经济研究, 2009（9）: 66-80.

[14] 林娜. 营业税改增值税影响及需要注意的问题 [J]. 国际商务财会, 2012（3）: 27-29.

[15] 杨默. 中国增值税扩大征收范围改革研究——基于营业税若干税目改征增值税的测算 [D]. 北京: 中国人民大学, 2010.

[16] 陈烨, 张欣, 寇恩惠, 刘明. 增值税转型对就业负面影响的CGE模拟分析 [J]. 经济研究, 2010（9）:

29-42.

[17] 杨抚生，蔡军.不可忽视增值税改革对地方经济的负面影响[J].税务研究，2006（2）.

[18] 张悦，蒋云赟.营业税改征增值税对地方分享收入的影响[J].税务研究，2010（11）：42-44.

[19] 何骏.上海增值税改革对现代服务业的影响测算及绩效评估[J].经济与管理研究，2012（10）：32-40.

[20] 潘文轩.增值税扩围改革有助于减轻服务业税负吗？——基于投入产出表的分析[J].经营与管理，2012（4）：51-54.

[21] 汪德华，杨之刚.增值税"扩围"——覆盖服务业的困难与建议[J].税务研究，2009（12）：36-38.

[22] 姜明耀.增值税扩围改革对行业税负的影响——基于投入产出表的分析[J].中央财经大学学报，2011（2）：145-150.

[23] 范颖茜.营业税改增值税对现代服务业的影响[J].财经界，2013（8）：240.

[24] 刘练芸.营改增对企业的影响与对策研究[J].财经界，2013（9）.

[25] 刘东辉.试论营业税改增值税对不同行业的影响[J].经济师，2012（5）：176-179.

[26] 罗春."营业税改增值税"对航空运输业的影响及税收政策优化[D].大连：东北财经大学，2013.

[27] 周敏.营业税改增值税对企业的影响分析[J].现代商业，2012（11）：126-127.

[28] 何建民.我国旅游服务业营业税改增值税的影响机理及影响状况研究[J].旅游科学，2013（5）：30-40.

[29] 陈娟.餐饮业实施增值税问题研究[D].大连：东北财经大学，2012.

[30] 杨志勇.大势所趋下的营业税改增值税[J].资本市场，2012（1）：18-19.

[31] 张永泽.营业税改增值税背景下企业应对策略研究[J].会计师，2013（2）：12-13.

[32] 陆勇.论实验研究法在会计研究中的应用[J].财会通讯：学术版，2006（5）：98-103.

[33] 宁向东.经济学的实验方法及其应用[J].经济学动态，1997（12）：57-60.

[34] 黄春松.经济学的实验方法和演化模拟分析[J].经济社会体制比较，2005（4）.

[35] 樊其国."营改增"税负增加解决之道[J].国际商务财会，2013（2）：20-22.

[36] 吴菲，李玉娇，熊羽.我国营业税改增值税的效应影响探究——基于博弈论一般观点的分析[J].财税监督，2013（2）：67-69.

[37] 成寿萍.刍议交运企业"营改增"后的财务管理[J].新会计，2012（6）：66-68.

[38] 于艳芹.对建筑业营业税改征增值税的现实研究[J].财经界，2011（5）：225.

[39] 董新歌.对建筑业营业税改征增值税浅析[J].经济导刊，2013（3）：84-85.

[40] 陈来芳.浅析营业税改增值税对制造企业的影响[J].现代商业，2012（30）：166.

[41] 吴明辉.营业税改增值税对企业税收的影响[J].现代商业，2012（17）：235-237.

[42] 杜欢.营业税改革对企业的影响相关问题研究[D].沈阳：辽宁大学，2012.

[43] 李晓灿.浅议营业税改增值税后公路运输企业的纳税筹划[J].中国总会计师，2012（10）：194-195.

[44] 葛夕良.旅游税收的效应与我国旅游税制的完善[J].宏观经济研究，2008（8）.

［45］王周飞．孙剑林，王正明．略论旅游业税收管理难题的破解［J］．税收经济研究，2011（2）：57-59．

［46］何佳．试论酒店业税务筹划［J］．研究与探索，2013（2）：52-53．

［47］李小热，夏杰长．旅游业税收改革的基本原则与对策思路［J］．涉外税务，2008（5）：22-25．

［48］马衍伟，商庆军．世界各国旅游税收的理论分析与成功经验［J］．商业研究，2005（15）：203-206．

［49］李贺涛．关于我国现行营业税存在的问题及其改革的研究［D］．北京：财政部财政科学研究所，2011．

［50］陈金保，赵晓，何枫．税收负担、税收结构对我国服务业增长影响的实证分析［J］．中国农业大学学报，2011（3）：184-190．

［51］斯蒂芬·R．刘易斯．寻求发展的税收：原则和应用［M］．北京：中国财政经济出版社，1998．

［52］薛一梅．关于我国增值税扩围改革的研究［D］．北京：财政部财政科学研究所，2010．

［53］关于在上海市开展交通运输业和部分现代服务业营业税改征增值税试点的通知［Z］．财税〔2011〕111号．

［54］全国注册税务师执业资格考试教材编写组．税法（1）［M］．北京：中国税务出版社，2013．

［55］谢娜．关于我国增值税扩围改革的几点思考［J］．会计之友，2013（2）：94-96．

［56］胡怡建．推进服务业增值税改革促进经济结构调整优化［J］．税务研究，2011（6）：34-38．

［57］国务院发展研究中心市场经济研究所课题组．制约我国服务业发展的税收制度障碍及政策建议［J］．经济研究参考，2011（40）．

［58］王金红．案例研究法及其相关学术规范［J］．同济大学学报，2007（6）：87-95．

论文五　酒店非正式员工组织承诺影响因素研究

2011级研究生　闫　明

摘　要

餐饮职位连续四年上榜最紧缺职位,酒店现在的客房、PA、洗衣服都以外包形式,灵活使用员工;酒店宴会正在使用小时工缓解人手不够的现状;人才短缺在程度加剧的同时,其波及的职位也从生产操作工扩展至技术人员,直至高级管理人才。酒店未来人力资源的趋势是进一步的弹性化,雇佣永久员工将变得很贵,甚至很多酒店高管也将变成酒店的非正式员工。酒店非正式员工占酒店人力资源的比重将进一步增加,如何提高越来越多的直接对客服务的、一线非正式员工的组织承诺,将会对酒店未来的经营产生很大的影响,进而影响到酒店的可持续发展和竞争优势的构建。

通过访谈法,本文讨论了11名酒店实习生对所实习酒店的组织承诺的高低和影响实习生组织承诺的因素。论文主要回答了两个问题:酒店实习生对酒店是否有组织承诺和组织承诺的高低状况;影响酒店实习生组织承诺的因素主要有哪些。对于前者,本文指出,酒店实习生对酒店的组织承诺较低,具体表现为较低的持续承诺、情感承诺和"被动的"规范承诺。对于后者,本文指出公平交换影响实习生对酒店的持续性承诺,其中劳务契约对酒店实习生的规范承诺有很大影响;实习生感知到的自身可雇佣性的增加也对其持续性承诺有直接影响;酒店管理者的领导方式和实习生所感知到的角色压力对其情感承诺有主要影响。针对酒店实习生组织承诺的现状和影响因素,本文提出:酒店需要重视以实习生为代表的非正式员工的组织承诺问题,并通过为实习生建立反映绩效的工资体系,为实习生提供职业发展机会和阶梯性的福利制度以及加强同实习生的沟通来提高酒店实习生的组织承诺。

关键词:酒店;非正式员工;实习生;组织承诺;影响因素

Research of the Influential Factors of Hotel Informal Employees' Organizational Commitment

Abstract

Catering position has been lacking of labor in four consecutive years. Room service position, PA position and Laundry position now are in the outsourcing forms, using the flexible employees. Hotel banquet are using hourly workers to relieve shorthanded situation. At the same time, the shorthanded situation has spread from production operators to technicians, and to the senior management personnel. The flexibility of hotel's human resources is the trend in the future. Hiring permanent employees will become very expensive, and many hotel executives will be transformed into informal employees. The proportion of the informal employees in hotel human resources is increasing and how to improve informal employees' organizational commitment will have an impact on hotel's future operation and hotel's sustainable development and competitive edge, because informal employees are working in the first-line service delivery position in the hotel.

This article discussed 11 interns' organizational commitment situation and the influence factors of organizational commitment through interviews. It mainly answers two questions: the hotel interns' organizational commitment situation and what are the main influential factors of hotel interns' organizational commitment. For the former, this paper points out that the hotel interns' organizational commitment is very low-low continued commitment and emotional commitment and passive normative commitment. For the latter, this paper points out that fair exchange affect interns' continued commitment in the hotel and the labor contract has a great influence on interns' normative commitment; Interns' perception of their ability to be hired by the hotel increases their continued commitment. Hotel managers' leadership style and interns' perception of role stress has a main effect on its emotional commitment. According to the current situation of the hotel's interns' organizational commitment and influential factors, this paper put forward that the hotel needs to pay attention to interns' organizational commitment and establishing the interns' performance wage system, providing career development opportunities for interns and the ladder welfare system to improve interns' continued commitment and strengthening communication with the interns to improve the hotel intern informal employee's organizational commitment.

Key words: Hotel; Informal Employees; Interns; Organizational Commitment; Influential Factors

1 导论

1.1 选题背景

过去30年我国经济持续增长，人口红利的贡献率达到1/4以上。但随着我国人口老龄化程度的进一步加深，人口红利的优势已被削弱甚至消失（李晓宏，2013）。劳务输出的内陆省份正在挽留劳动力在家乡就业，大城市的薪资水平和高企的生活成本的不相匹配，导致大城市面临"用工荒"的困境，曾经赖以发展的"廉价劳动力"模式面临挑战。"用工荒"的结果直接导致工资的不断上涨，加上政府公费开支的减少，让劳动密集型的酒店业面临用工成本的高涨和收入、利润下滑的困境。

寻求更多的用工灵活性和保持较低的用工成本，是酒店应对"用工荒"的首选方式。非正式员工正好具备这样的特点。他们的工作时间可以灵活调整，有效地满足了酒店经营过程中对劳动力需求的波动性；同时非正式员工的工资较低，正好契合酒店降低劳动成本的需要。然而，非正式员工同酒店劳动关系的不稳定性和酒店忽视非正式员工在人力资源方面的重要性，造成非正式员工很少对工作的酒店有组织承诺和忠诚度。酒店把非正式员工的高流失率当作常事，导致酒店服务水平很难保证，员工流失率不断增加。酒店不得不再次花费人力和财力进行招聘和培训，最终导致酒店陷入新一轮的人力资源困境。如何在劳动关系不稳定的前提下，降低酒店非正式员工的流失率，同时提高他们在酒店工作中的积极性，进而将优秀的非正式员工转化为酒店的正式员工，让他们为酒店创造更大的价值，最终在一定程度上缓解酒店面临的"用工荒"问题，就显得尤为重要和迫切。

组织承诺是指员工对组织持续投入而不愿意离开组织的现象，因为一旦离开，就会失去在组织中所得到的物质依赖和精神寄托。组织承诺理论自从20世纪60年代被美国社会学家Becker提出以后，一直被学者认为是预测员工离职和员工积极工作行为的重要指标。任何一位员工在一个组织工作，随着时间的增加，都会对组织产生不同程度的组织承诺，非正式员工也不例外。所以本文试图从研究酒店非正式员工的组织承诺的现状和影响因素入手，发掘提高酒店非正式员工组织承诺的着力点，为缓解酒店"用工荒"的人力资源困境问题提供理论支持和实践借鉴。

1.2 研究价值

1.2.1 理论价值

第一，以非正式员工为视角，阐释了非正式员工组织承诺对酒店的重要性，丰富了服务企业员工组织承诺的研究。组织承诺是员工对组织的一种情感、经济和责任上的依赖。一般认为，非正式员工没有组织承诺，或他们的组织承诺比正式员工的组织承诺低。因此，很少有学者对非正式员工展开组织承诺方面的研究。然而，对非正式员工开展组织承诺研究更有意义，因为他们本身对组织的诉求较低，一旦他们感知到组织对他们的重视，便会形成比正式员工更加牢固的组织承诺。这样的研究拓展了员工组织承诺的研究思路，也对现有的员工组织承诺研究形成了有益的补充。

第二，基于深度访谈，探究影响非正式员工组织承诺的因素。本文以酒店实习生为研究对象，通过面对面、"一对一"的访谈方式，全面和细致地了解了酒店实习生的组织承诺现状，并通过启发式的访谈，发现了真正影响酒店实习生组织承诺的因素。这丰富了非正式员工组织承诺影响因素研究的内容和方法，也深化了对酒店实习生组织承诺影响因素的认识。

1.2.2 实践价值

第一，帮助酒店重新认识非正式员工的价值。酒店使用非正式员工的出发点在于降低人力成本，这导致酒店仅从经济的角度出发看待非正式员工，忽视非正式员工在解决酒店人力资源困境方面的战略意义，这不利于酒店应对未来更加激烈的竞争和日趋严重的"用工荒"问题。酒店实习生作为非正式员工的重要组成部分，对酒店未来经营中对高素质人才的需求和酒店"人才库"的建设有着重要的影响。提高实习生在实习期间对酒店的组织承诺，对于酒店留住潜在人才、解决"人才困境"有着重要的作用。

第二，为酒店提高非正式员工的组织承诺提供方法。本文通过对实习生组织承诺的现状研究，发现酒店实习生的组织承诺水平较低；通过进一步的分析和研究之后，作者归纳了和总结了影响酒店实习生的情感承诺、持续承诺和规范承诺的因素。这将有利于酒店有针对性地采取措施，提高非正式员工的组织承诺，促使非正式员工对酒店的服务理念形成高度的认同，并落实到他们日常的服务传递过程中，最终为酒店创造更大的利润和构筑酒店更大的竞争优势。

1.3 研究思路和研究方法

1.3.1 研究思路

本文以酒店实习生为研究对象，以组织承诺为理论基础，对国内外有关组织承诺理论的文献进行了回顾，对组织承诺的概念和构成进行了界定。根据国内外学者对影响员工组织承诺因素的研究结论，作者设计了访谈的问题，并通过在酒店对实习生和酒店培训部经理的深度访谈，研究了酒店实习生组织承诺的现状，发现了影响酒店实习生组织承诺的因素构成，基于此提出了提高酒店实习生组织承诺的建议和对策。本文共分为以下五部分：

第一部分导论：主要介绍本文的研究背景、研究价值、研究思路、研究方法和研究的创新之处。

第二部分文献综述：回顾了国内外学者有关非正式员工的定义和类型研究、组织承诺的定义研究，以及酒店非正式员工组织承诺的研究和酒店非正式员工组织承诺对酒店的重要意义和作用。本部分还回顾了国内外学者对影响酒店非正式员工组织承诺因素的研究，总结了前人对影响非正式员工组织承诺因素的研究成果，为第三部分的实证调研提供了理论依据和基础。

第三部分实证研究：通过对北京一家著名的五星级酒店的11名实习生进行半开放式的访谈，获得了一手的录音资料。通过对录音文本资料的分析，作者发现了影响实习生组织承诺的因素。此外，作者对酒店培训部经理进行了访谈，实现了影响酒店实习生组织承诺的因素研究的三角验证。

第四部分讨论和建议对策：根据实证研究的结果，本部分结合实习生组织承诺的现状，提出了提高实习生组织承诺的具体措施。

第五部分研究结论和研究展望：总结了本文主要的研究结论以及研究的不足，并据此提出了未来的研究展望。

本文的研究思路如图 1 所示：

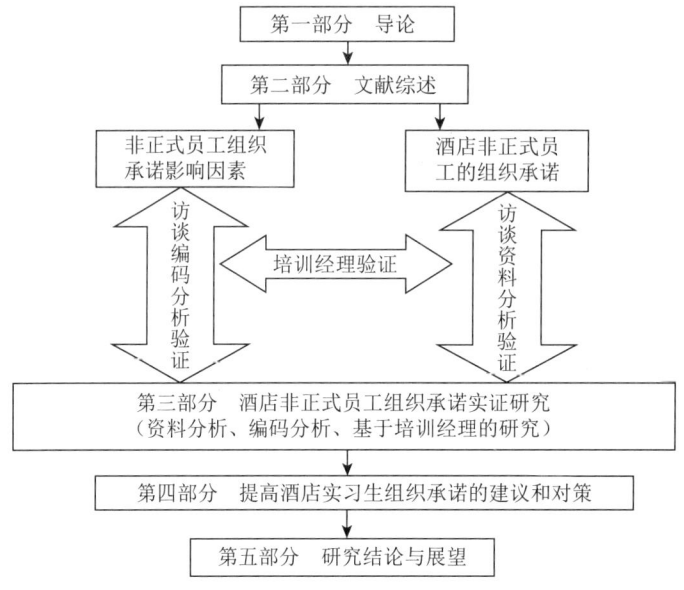

图 1　研究思路

1.3.2　研究方法

本文选择了北京一家著名的五星级酒店作为研究对象，对酒店餐饮部、康体部和前厅部的 11 名实习生和酒店培训部经理进行了深度访谈。作者采用半结构式访谈方法，在访谈过程中做了文字记录，也用录音笔录制了整个访谈过程。

对酒店实习生的访谈，主要侧重了解他们在实习期间，对所实习酒店的组织承诺水平的高低，以及是否愿意在实习结束后继续留在酒店工作；他们留下来或者选择离开的原因是什么，并对实习生的人口统计学特征做了记录。对酒店培训部经理的访谈，主要侧重了解酒店使用非正式员工的现状、原因和存在的问题。此外，通过对培训部经理的访谈，作者验证了从实习生处发现的影响组织承诺的因素的真实性。

在实证研究过程中，作者在每一次访谈后，将访谈内容整理成 word 文本保存。之后，作者将 word 文本输入到质性分析软件 QSR Nvivo10，根据扎根理论，将访谈文本按照开放式编码、主轴编码和选择性编码的步骤和顺序，分别发展出范畴和主范畴，构建了实习生组织承诺影响因素的"齿轮"模型，得出了影响实习生组织承诺的因素。

1.4 创新之处

第一，研究对象上的贡献。以往有关组织承诺的研究多是以组织的正式员工为对象，或者以组织的临时工为研究对象。本文对具有较高学历的大专实习生群体开展有关组织承诺方面的研究，发现了影响实习生组织承诺的因素，为企业留住这些潜在的人才和为教育机构在未来酒店教学实践中注重学生组织承诺方面的教育提供了对策和建议。

第二，研究方法上的创新。本文同时对实习生和培训部经理进行访谈，验证了影响实习生组织承诺的因素，构成了三角验证，使研究结果更加合理和具有说服力。

2 文献综述

2.1 非正式员工的理论研究

2.1.1 非正式员工的定义和类型

日本学者 Hamaguchi 和 Ogino（2011）认为，非正式员工（Non-regular workers）包括兼职工（Part-timers）、固定合同工（Fixed-term contract workers）、临时合同工（Temporary contract workers）、临时派遣工（Temporary agency workers/dispatched workers）、介于雇佣和自我雇佣的工作形式（Work forms midway between employment and self-employment）。

韩国就业和劳动部（2012）认为，非正式员工（Non-regular workers）不是一个法律术语，是人们为了识别那些与正式工人相比，就业保护低的劳动力而创造的概念。"常规（Regular）"和"非正式（non-regular）"名称是指一个工人从事的就业类型。人们使用"非正式（non-regular）"来表示那些缺乏就业保护的工人，包括应急工（contingent worker）、兼职工（part-time worker）和非典型工人（atypical worker），法律上称为兼职工（part-time worker）、固定合同工（fixed-term worker）和派遣工（dispatched worker）。

欧盟国家（Ogura, 2005）将非正式员工分为九种：兼职雇佣（Part-time employment）、固定期限合同雇佣（Fixed-term employment）、机构派遣工作（Agency work）、倒班工作（Shift work）、随叫随到工作（On-call work）、实习生（Vocational trainees）、家庭工人（Family workers）、自我雇佣（self-employed）和家庭工作者（Home-based worker）。

美国劳工统计局（Polivka et al., 2000）把美国的非正式员工分成以下七种类型（前六种当中既包括全日制工作也包括兼职工）：机构临时工（Agency temporary workers）、随叫随到工（On-call workers）、合同公司工人（Contract company workers）、直接雇佣临时工（Direct-hire temporary workers）、独立承包人（Independent contractors）、常规自我雇佣（Regular self-employed）和常规兼职工人（Regular part-time workers）。

在我国，非正式员工的概念没有统一和严格的定义，它不是一个法律术语。非正式员工的"非正式"，主要是指企业和员工的劳动关系的不稳定性，工作条件、工资水平和福利待遇水平与正式员工存在较大差距；非正式员工主要包括：临时性工人、季节性工人、承包工人、劳务工人、小时工和劳务派遣员工（杨燕绥、赵建国，2006）。王雪莉（2010）根据中国企业和员工的关系（劳动关系和劳务关系）指出，中国的非正式员工分为三类：第一类是同企业有劳动关系的合同工、短期工、事实工、小时工、季节工、劳务工等临时工；第二类是同企业有劳务关系的返聘工、租赁工、派遣工、借调工；第三类是同企业的劳动关系不明确，但依然是企业员工的保险推销员、产品直销员、承包雇佣、代理工等。

2.1.2 非正式员工的特点

2.1.2.1 边缘化

Atkinson（1985）将企业的劳动者分为"核心"和"边缘"两种类型。"核心劳动力"同企业的劳动关系具有永久性，他们一般具备高技能和具有企业内部职业发展的机会。"边缘劳动力"是为了满足企业数量化弹性的需求，有助于企业日常的运作，对企业具有重要性但并非具有至关重要性。Handy（1990）将组织的劳动力形象地描述成不同的"三片叶子"：第一片"叶子"是企业的核心/永久性的员工，第二片"叶子"是承包合同，第三片"叶子"是弹性工人/兼职员工/临时工。非正式员工的身份使他们很少能获得企业的福利，而且他们趋向于把自己看作是不同于正式劳动者的劣势群体。正式工或者企业的永久雇员的雇佣是基于持续性的基础并且劳动关系是无限期的。正式工可以获得培训、很高的工作稳定性、晋升的机会等企业福利；而非正式员工很少能获得企业的培训机会和职业发展机会，同时面临着可替代的风险和焦虑，缺少法律的保护，只能根据企业的需求安排自己的工作（Cappelli，1995；Chew & Chew，1996；Rousseau，1997）。韩国就业和劳动部（2012）指出，非正式员工的工作大多是简单或者边缘性的，所以他们没有机会享受同正式员工一样的涨工资和发奖金的机会，面临不公平的福利和激励政策，很少能获得培训机会。

2.1.2.2 弹性化

国外学者认为非正式员工的弹性包括功能弹性（Sparrow & Marchington，1998）、数量弹性（Heinz-Josef，1996）、时间弹性（Walsh & Deery，1997）和报酬弹性（Walsh，1993）等。非正式员工的弹性化就表现在，他们能够满足雇主对他们的不定期需要，这一点也让非正式员工有别于企业的正式员工。这类员工有领取工资的权利，但同正式员工相比，他们受到较少的法律保护。他们也许工作几天、几个小时或者几周，他们的身份具有临时性并且这种临时性在招聘时得到了双方的认可。在一些情况下，非正式员工可能转成组织的正式员工。Gilder（2003）指出，非正式员工是那些愿意同雇主签订短期合同的工人，他们的工作时间可能是一个星期、一个月、半个月或者更长，他们在开始时就知道合同是固定期限的。

2.2 组织承诺的理论研究

2.2.1 组织承诺的定义和维度

美国社会学家Becker于20世纪60年代首次提出了组织承诺的定义，他认为组织承诺是，由于员工对组织的持续投入，使得他们随着时间的增加愿意留在组织而不想离开的状态。但是，Becker（1960）指出，员工的这种自愿留下来的情况，是出于利己主义而非情感因素,即不停地比较自己在组织的"得"与"失"。员工不愿意离开组织,是将自己在企业的工作当作一种投资,担心一旦离开企业,自己投入的时间和精力将会面临损失。由此可见,Becker 提出的组织承诺定义,主要以公平的经济交换为切入点。

Porter(1979)发展了 Becker 对组织承诺的定义,他认为除了个人对组织的投入外,组织承诺还包含个体对组织的感情依赖,这种感情依赖表现在个人对组织目标的强烈认同,进而愿意为组织发挥自己应有的作用,甚至是超出自己职责之外的额外努力,以自己是组织的一员而感到骄傲和自豪。

Wiener(1982)认为,员工之所以对组织形成承诺,是出于自己对组织的责任感,感到自己应该忠于组织,这与员工的教育背景和社会生活环境有密切联系,这种组织承诺是一种内化式的行为规范。

加拿大学者 Meyer 和 Allen(1990)对早期学者的组织承诺的定义进行了综合,并在实证研究的基础上提出,组织承诺并非单结构,它由情感承诺(Affective Commitment)、持续承诺(Continuous Commitment)及规范承诺(Normative Commitment)构成。"情感承诺"是指个人对组织目标和价值的接受程度,以及由此产生的主动留在组织的意愿和通过自己的努力实现组织目标和价值信念的强度。"持续承诺"基于经济学上的"理性人"假设,即个人继续留在组织与否与权衡"得"与"失"有着密切的联系;如果个人觉得离开组织将失去现有的价值和附属利益,那么个人会继续选择留在组织中。"规范承诺"即同 Wiener(1982)的观点一样,是个人对组织的负责任的态度和行为。

我国学者于 20 世纪 90 年代开始对组织承诺进行研究。由于中西方文化的不同,中国学者尽力探索组织承诺在中国情境下的适用性。国内较早研究组织承诺的学者张治灿等(1998),首先通过对中国企业员工的组织承诺实证研究发现,中国员工的组织承诺水平有别于西方员工的承诺水平。凌文辁等(2012)在探究中国企业员工组织承诺的结构中,制作了适用于中国具体情况下的"中国员工组织承诺问卷",并通过访谈和多样化的问卷调查,对国内企业员工组织承诺的构成进行了实证研究。他发现,不同于西方学者指出的组织承诺包含三因素,中国员工的组织承诺还包含理想承诺、经济承诺和机会承诺。

2.2.2 非正式员工的组织承诺

Deery 和 Jago(2002)对墨尔本酒店业弹性劳动力模型检验的结果显示,由于边缘员工很少能获得企业的培训机会和职业发展机会,他们感知到自身的工作是不稳定的,所以相比于核心雇员较高的工作满意度和组织承诺,边缘雇员表现出较低的组织承诺和工作满意度,边缘雇员的离职意向高于核心雇员。Gilder(2003)的研究表明,非正式员工对团队和组织的承诺相比于正式员工,明显偏低,并且非正式员工未表现出有利于工作的行为。然而,Walsh(1990)的研究发现,非正式员工的流失率并没有比正式员工低,同时他质疑兼职员工或临时员工的组织承诺低于正式员工。Allan(1998)指出,雇主正在试图同非正式员工建立长期合作以保证服务的质量,雇主这样做的原因是希望从非正式员工身上获得正式员工的"核心工作行为"。

2.3 非正式员工组织承诺影响因素研究

2.3.1 个人的年龄、教育、资历影响组织承诺

员工的个人特征对组织承诺的形成有影响，员工的年龄、性别、教育、资历和婚姻状况等对组织承诺的形成产生影响（Steers，1977）。组织承诺不只有高低之分，它具有多重性，由情感承诺、持续性承诺和规范性承诺共同组成（Meyer & Allen，1990）。

情感承诺是员工对组织的积极的情感依赖。Meyer 和 Allen（1990）认为，"情感承诺"是组织承诺中的"理想"部分。员工在情感上强烈认同组织的目标，期望成为组织的一部分。这类员工对组织的承诺受到很多人口学特征，如年龄、任期、性别、教育等方面的影响。

持续性承诺，是指"附属利益"或"权衡得失"是员工考虑是否留在该组织的主要方面。员工或许对组织有承诺是因为感觉到失去组织身份会带来很大成本，如养老金收益等经济成本、同同事建立的朋友关系和承担家庭责任等社会成本。但这些不足以将个人留在组织里，个人还会考虑替代组织的可行性，此种承诺随着年龄和任期的增加而增大。

规范性承诺，是指员工对组织承诺和继续留在组织是因为个人感觉这是一种义务。这种承诺是在个人加入组织之前和之后出现的。例如，组织很有可能投资资源以培训员工，员工由此认为为组织努力工作和留在组织里偿还"债务"是一种道德义务。这也是一种道德规范，员工在加入组织之前所受到的家庭、社会和学校的教育告知他应该对组织忠诚。

很多学者从实证研究的角度证明了个人特征对员工组织承诺的影响机制。Hrebiniak等（1972）对个人特征中的年龄对组织承诺有正向影响给出了三个原因：其一，个人年龄的增加代表着机会成本的增加，可供个人选择的职业机会越来越少，而且投入成本会很高，所以一个人的年龄越大，他对组织的持续承诺越高；其二，个人在组织工作的时间较长，与组织建立的感情将越来越牢固，所以组织中的老员工对组织的感情随着年龄增加而增长，其对组织的情感承诺也会不断提高；其三，年龄较长的组织成员，在组织中拥有一定的职位，所以他们对组织有着较高的组织承诺。苏方国和赵曙明（2005）指出，个人的婚姻状况也会影响其对组织的承诺，理由在于婚姻带来的家庭责任使得员工换工作的成本很高，会直接影响家庭的收入和生活水平，因此，已婚员工的组织承诺高于未婚员工。已婚的女性员工在饭店一线员工中所占比例较大，原因在于她们更稳定，跳槽到其他酒店的可能性小，同时她们懂得更多的人情世故，了解如何服务客人能让客人更加满意（秦宇，2010）。Steers（1977）发现，个人的学历越高，他的选择机会越多，那么组织提供的报酬很难让其形成满足感，从而造成学历高的人对组织的持续承诺和规范承诺较低。刘小平和王重鸣（2001）在研究员工组织承诺形成机制时发现，员工在组织中的工作时间、员工本身受教育的程度和员工在行业内的工作资历都会对员工的组织承诺产生影响。余志远等（2012）从员工同组织成员间的人际关系出发指出，在组织工作时间较长的员工，其社会关系主要在组织内部，所以一旦员工选择离开组织将会导致社会关系的损失，所以员工同组织建立的情感承诺，特别是人际关系方面的情感联系将提高员工的组织承诺。

2.3.2 工作时间、工作收入和工作压力影响组织承诺

酒店行业提供有形产品（如酒店客房、餐饮）和无形产品（如对客人的问候、酒店的环境氛围）。酒店行业除了具有服务业的无形性、易逝性和不可分割性等特点之外，还具有需求的波动性，这对酒店劳动力市场特征有着很大的影响（Guerrier and Lockwood, 1989; Baum, 1995）。酒店不同于其他服务企业，它 24 小时，一周 7 天，一年 12 个月，一年 365 天都在营业，这样的运营模式具有极大的不稳定性和不可预测性，并对酒店劳动力的可用性、调度、劳动力日程安排、薪酬、工作条件和员工福利的影响很大，直接影响人们对于酒店工作的选择（Rawstron, 1999）。

Meier（1991）在他的研究"解决酒店劳动力短缺的方法"中提出，酒店行业的特点影响着劳动力对酒店工作的选择，也对员工的组织承诺产生影响，特别是对员工持续承诺产生影响：工作时间不规律（酒店运营时间是 24 小时，交替的倒班制度使员工很难安排家庭生活或者再有第二份工作）；工资相比于同行业低（酒店行业的平均小时工资只是美国全国各行业平均小时工资的 65%）；没有休息（酒店前台、传菜员和餐厅服务人员只有两个 15 分钟的休息时间）；公众接触（酒店的员工需要与顾客面对面的接触）；生产和消费的同时性；需求变动大（高峰期需要很多的员工，淡季会裁撤员工）。

2.3.3 领导方式影响组织承诺

Eisenberger 等（1990）的研究指出，员工只要感觉到自己受到了组织的重视，那么他们将更加负责任地完成工作，他们对组织的情感承诺也将随之增加。也就是说，员工越被重视，他们对组织的承诺越高。Liden 等（2000）的研究发现，组织对员工进行授权，让员工拥有自己决策的自由权利和应对挑战的机会，同时激励员工敢于承担责任，那么员工将倍加感激组织，即授权和激励有助于员工组织承诺的形成和提升。组织承诺的多重性，需要组织的领导或者管理者运用多样化的管理技巧——沟通、授权和激励，构建员工对组织的情感承诺、持续承诺和规范承诺。樊耘等（2011）指出，组织的激励性和组织的公平性正向影响员工对组织的情感承诺，其中激励性的作用比公平性的作用更大。李秀娟和魏峰（2007）在研究影响组织承诺因素时指出，员工感知组织的公正水平对其组织承诺有正向的影响；组织的领导方式，特别是交易形式的领导方式对员工的组织承诺有较大的影响。陈永霞等（2006）主要侧重于领导方式对员工组织承诺的影响研究。她指出，变革型领导对员工的组织承诺有明显的正向影响，授权在领导方式和员工组织承诺之前有完全中介作用。被领导授权的员工有一种被信任的感觉，感觉自己具备了影响组织的能力，从而增加他们对留在组织里是有意义和值得的感知（Avolio et al., 2004）。在这一过程中，被授权的员工对组织的持续承诺和情感承诺都有不同程度的增加。

2.3.4 公平交换影响组织承诺

Homans（2011）把组织承诺的探讨放在社会交换理论下进行，原因是从社会学的角度来说，社会行为的发生必定与报酬和成本相关联，它们或多或少是与交换有关的活动。社会交换基于的原则主要有互惠和公平。互惠原则强调双方交换的互惠义务，而公平原则主要是指交换双方交换规范的公平性。Homans（2011）认为，组织承诺的形成也遵循社会交换的原则，即组织想要获得员工的组织承诺，就必须给予员工互惠和公平的物质和精

神支持，这是组织承诺产生的前提条件。

柯丽菲（2007）对服务企业的员工组织承诺进行了研究，并通过定量的分析方法得出以下结论：员工感知到的组织公平和员工的组织公民行为，对员工的组织承诺有正向的影响。刘效广和王艳平（2008）对组织承诺形成机制进行研究后指出，根据社会交换理论，组织公平影响组织承诺，具体表现为：组织的程序公平对员工的情感承诺有正向影响，组织的分配公平对员工的持续承诺有正向影响。薪酬往往被视为组织用来激励员工遵守其规章制度的一种约束体系，员工对薪酬的满意水平直接影响他们是否愿意继续留在组织中，即影响员工对组织的持续承诺（余志远等，2012）。

2.3.5 可雇佣性影响组织承诺

培训是帮助组织建立组织承诺和培养高效率员工的工具（Brum，2007），同时也是增强员工掌握通用技能、提高其未来应聘实力的关键。另一个影响员工持续承诺的因素是，其所在组织对其目标的实现预期。如果组织所处的行业发展前景光明，而且自己未来在物质上和精神上的目标都有可能通过留在组织内部实现，那么员工感知到自己未来的工作能力会继续提升，同时自己有可能在组织内实现职业发展和人生价值；即便组织目前的薪酬和福利待遇不如意，工作职位较低，但是未来的发展预期很好，即便离开组织，自己所获得的经验和知识的积累也将极大地提高自己的可雇佣性，那么员工会继续选择留在组织内，努力地工作下去（刘小平、王重鸣，2001）。

2.4 酒店非正式员工的组织承诺

2.4.1 酒店使用非正式员工的动机

2.4.1.1 应对需求波动

非正式员工在服务企业中占有相当大的比例，特别是在接待业中，他们被安排在典型的对客服务的岗位上（Buonocore，2010）。接待业的非正式员工通常是用来满足企业的短期用工需求，所以这种雇佣模式是基于一种显性和隐性的合同，雇员和雇主的工作关系存在于特定和有限的时间（Gallagher & McLean，2001）。非正式员工对于酒店企业有着很显著的好处（Buonocore，2010）：他们给予酒店极大的用工灵活性，因为他们可以在任何较短或者较长的时间里为酒店工作。因此，非正式员工构成了酒店的"资源池"，酒店在需求高峰期使用这些劳动者，这些劳动者经常继续在同样的酒店工作数年，对酒店的组织文化和运作很熟悉。这种用人方式的灵活性被称作"数量弹性"，表明酒店的"资源池"可以延展或者缩小（Kelliher，1989）。

2.4.1.2 降低人力成本

酒店是劳动密集行业，所以人力资源及其管理对于酒店至关重要（Lockyer，2007；Lucas，2004）。全球竞争的压力、旅游市场的变化和持续增长的运营成本促使酒店需要更加关注对消费者需求的满足。为了达到这一目标，酒店需要精心设计高质量的服务传递系统，这很大程度上需要依赖酒店的员工（Chand & Katou，2007；Crawford & Hubbard，2008）。各级酒店管理者必须考虑人力资源问题，特别是与企业战略的制定和实施相关的管理者（Li et al.，2012）。酒店面临着激烈的行业竞争，促使酒店不得不在人力资源管理方面采用更加严格的成本控制策略（Lucas，2002），其特点是通过依靠兼职员工和临时员工来应对酒店对人力资源的动态需求，同时降低酒店人力资源的使用成本（Knox & Walsh，2005）。

2.4.2 酒店非正式员工的管理

为了应对顾客不规律和不可预测的需求，酒店倾向于招聘短期的或者基于功能性和任务性的员工（Walsh，1990），高流失率成为酒店行业的"文化"（Iverson & Deery，1997）。在这种情形之下，酒店通常缺乏对培训、技能提高和高承诺人力资源管理实践的投资兴趣（Lucas，2002；Walsh，1990）。

Soltani 和 Wilkinson（2010）的研究发现，虽然柔性人力资源管理模型强调企业要努力获取员工对组织的承诺和良好动机，但是管理者把非正式员工看成是一种可变成本，即企业对非正式员工的管理就如同对设备和原材料的管理一样：尽可能以低的价格从市场上获得，并尽可能地多使用；对非正式员工只提供有限的培训课程，很少为他们提供职业发展路径或者培养他们的组织承诺。非正式员工占据了酒店最低级别的岗位，获得的薪水也是酒店最低的，但为酒店提供最为核心的价值——服务生产和传递。Chitiris（1988）在他的研究"如何将酒店工作从人们的第二选择转变为职业发展选择"中指出，50%的酒店员工是非专业的（他们不具备任职资格，也没有接受过任何正式的培训）；散工（Casual workers）在酒店旺季时占酒店全体员工的60%（这是非常普遍的现象）；酒店工作稳定性很低（员工流失率在40%~70%）；酒店的工资很低（同其他行业相比）；小费占酒店员工收入的一半或者更多（希腊的酒店容许员工收小费，并且把小费视作激励方式，并以此作为给员工低工资的理由）；对员工没有激励计划（工资和效率是不挂钩的）；员工的职业机会几乎不存在。酒店对非正式员工的管理处于传统的人事管理阶段，所以很多酒店的非正式员工将酒店职业作为过渡选择，一旦有其他好的机会就选择离开。

刘筱筱、严胜道（2008）研究了酒店对非正式员工的管理问题，发现酒店对非正式员工的管理很薄弱，基本缺少有效的管理和控制。原因在于，酒店和非正式员工间的雇佣关系"非正式"，所以酒店的非正式员工在工作时，缺乏责任感和归属感，流动率非常高。同时酒店在激励员工时，忽视对非正式员工的关注和重视，导致非正式员工的工作积极性较低，进而导致他们的效率较低。酒店对于非正式员工的薪酬管理，缺乏完善的制度，导致薪酬未能有效反映非正式员工的工作努力程度。

2.4.3 提高非正式员工组织承诺的意义

高组织承诺的员工很少会放弃自己的工作，而且他们也很少出现缺勤的情况。一旦员工认同了组织的目标和价值，他们很少会选择离开，即便他们有时会体会到阶段性的工作不如意。高组织承诺的员工有很高的工作积极性，他们会尽自己的努力去创新工作方法和提高工作效率，主动帮助同事完成任务。此外，高组织承诺的员工将组织的目标和价值当成自己的信条，并积极推崇雇主的产品和服务。

Becker（1960）除了对组织承诺的定义作了界定，还对提高员工组织承诺的意义进行了研究。他发现，如果员工对组织有较高的承诺，那么员工很少会选择离开工作岗位，而更愿意为工作投入时间和精力，即高组织承诺与离职率是负相关的。Porter 等（1979）在他们的组织承诺研究中发现，组织承诺对于员工的离职率有着很好的预测性，高组织承诺意味着低离职率。Arnold 和 Feldman（1982）也认为，员工的低承诺水平最容易导致离职。提出经典的组织承诺"三因素"理论的加拿大学者 Meyer 和 Allen（1990）同样发现，组织承诺对员工的工作态度和行为有诸多影响，但是对员工离职与否的影响最直接和最明显。余志远等（2012）通过对组织承诺理论进行元分析后发现，经典的组织承诺"三因素"理论中的情感承诺、持续承诺和规范承诺对离职有影响：员工的高情感承诺最不容易导致离职，规范承诺和持续承诺次之。

高组织承诺不仅可以降低员工的流失率，同时它还有另一个有利于组织的方面，即它促使非正式员工产生超越其身份的组织公民行为。组织公民行为，一般是指组织的正式员工表现出的主动帮助他人完成任务，主动解决工作中的问题，为实现组织的目标而主动地学习新知识和新技术等一系列只有组织正式员工，即"组织公民"才会作出的"核心行为"。当非正式员工对组织有很高承诺时，他们有可能作出帮助同事的组织公民行为，表现出对雇主很大的忠诚度。具有较高组织承诺的员工，在工作时，工作效率很高、忠诚度很高和责任感很强，表现出"组织公民行为"（王瑾，2013）。

2.5 文献述评

国内外对于非正式员工没有一个科学、合理、准确和一致的定义，但非正式员工都具有工作边缘化和弹性化的特点。组织承诺的定义在学者不断地完善和丰富过程中，形成了经典的"三因素"组织承诺结构——情感承诺、持续承诺和规范承诺。一般认为，非正式员工是组织边缘化和弹性化的员工，本身具有不稳定性，他们对组织的承诺很低，或没有研究的必要和意义。但是，处于不稳定状态的非正式员工，他们期望将自己的不稳定工作状态转为稳定（徐细雄、淦未宇，2012）。一旦他们感觉到了组织对他们的重视和支持，那么他们会比正式员工更容易产生较高的组织承诺，而且这种组织承诺一旦形成便很牢固，因为他们寄希望于组织，对组织产生了情感依赖，这种情感上的依赖比经济上和责任上的依赖更加深刻。非正式员工对组织的这种承诺不仅停留在感情上，也表现在工作的态度上（积极和负责任地工作），更表现在行为上——表现出超越身份本身的、只有正式员工才有的核心工作行为，即将组织的目标当成自己的目标，并心甘情愿为之付出努力。

酒店同其他组织一样，雇佣非正式员工主要为应对需求波动和降低人力成本，所以酒店将非正式员工看作是随着需求波动可以随时增加和减少的可变成本，尽量多地使用而不愿意对其进行培训或者其他方式的投入，也不关心非正式员工的其他方面的诉求。酒店的非正式员工对于酒店也没有寄予很大期望，只是将酒店作为自己下一步找更好工作的"过渡站"，一旦他们发现有好的就业机会，就会坚决地选择离开。酒店由此进入新一轮的招聘非正式员工的过程中，如此往复，酒店的人力成本不断增加，工资上涨也无法形成对非正式员工，特别是以后以年轻人为主的非正式员工的吸引。更为重要的是，如果招收的非正式员工以一种没有责任、有好的工作岗位就跑的心态从事服务工作，则会使酒店的服务水平处在极其不稳定的状态，最终致使酒店经营业绩下滑和不能持续发展。维持非正式员工的组织承诺会为酒店建立持久的人力"资源池"，降低酒店搜寻新人力的成本，保证服务质量。特别是在当下人力资源短缺和人力资源年轻化趋势增强的形势下，对影响非正式员工的组织承诺的因素进行研究，对酒店有很强的现实意义。

本文通过对酒店实习生的组织承诺的实证研究，主要回答两个问题：一是了解酒店非正式员工组织承诺的现状；二是发现影响酒店非正式员工组织承诺的因素。

3 酒店非正式员工组织承诺实证研究

3.1 研究方法

3.1.1 扎根理论方法

由 Barney 和 Anselm 两位学者于 20 世纪 60 年代提出的扎根理论，是带着研究问题直接从实际调研的资料入手，通过对资料的概念总结和范畴提炼，从实践中归纳和提出理论的一种自下而上的定性研究方法。该方法需要在数据收集的同时，同步对资料进行分析，不断地将相关的概念和范畴进行对比和合并，发现主要的范畴，直到理论达到饱和，从而形成一个能够反映现象本质和意义的理论（贾旭东、谭新辉，2010）。

本文选择在北京一家国际知名的五星级酒店进行实证研究，原因主要有两点：一是考虑到访谈的顺利性和可行性。由于对酒店实习生的访谈可能会影响到酒店的正常运营，一般的酒店都拒绝提供访谈和实证研究的机会，所以本次访谈通过校友关系帮忙得以在酒店开展访谈和实证研究。二是五星级酒店的部门设置最为完善，出于对样本选择的全面性和覆盖率的考虑，本文选择到五星级酒店开展实证研究。

对实习生的访谈发生在 2014 年 2 月 24 日，访谈主要采取作者和实习生一对一的面谈形式，这样有利于作者全面地观察和了解实习生对每一个问题的真实感受和想法。访谈地点发生在酒店员工的培训室内，这样的环境有利于实习生尽可能真实而自然地表达自己的想法。作者在访谈前，先向实习生介绍了本次访谈的目的和访谈的内容。实习生在见到作者时，都显得有些紧张，他们以为作者是集团的领导，要对他们进行问话。

作者首先告知实习生，本次访谈纯属学术研究，不会记录实习生的姓名，也不会向酒店管理层提供任何有关访谈的内容。作者在解释完此次访谈的目的之后，告知实习生需要对谈话进行录音，他们表示同意。作者对实习生的访谈，主要基于访谈大纲，但不拘泥于访谈大纲。在访谈中，作者需要不断调整语言的表述方式，以便让实习生能够更好地理解访谈的问题，也让作者能够完整地了解实习生的真实观点和内心想法。作者将每个实习生的访谈控制在 30 分钟之内，主要是考虑到他们还需要继续上班。当作者在访谈到第 8 个实习生时，实习生的回答开始出现重复；当作者访谈到第 11 名实习生时，他对基本问题的回答与之前的实习生出现很多相似和重复。在理论上，访谈的内容达到饱和，故而停止进一步访谈。

鉴于单方面的研究可能偏颇，本文还对酒店的培训部经理进行了访谈。对于酒店培训部经理的访谈主要侧重酒店宏观经营状况，以及酒店对非正式员工管理等宏观层面和微观层面的了解。对于酒店培训部经理的访谈，有双重含义：第一，培训部经理属于酒店的中基层管理者，她对酒店非正式员工的管理，特别是培训方面的管理，有着较为全面的了解，这有利于作者将研究置于酒店经营的大背景之下。第二，培训部经理是酒店的正式员工，她对酒店使用非正式员工也有出于正式员工的考虑和感受。所以，对酒店培训部经理的访谈，构成了作者对酒店非正式员工组织承诺研究的三角验证。

本文在收集一手访谈资料的基础上，根据扎根理论的编码步骤，首先对访谈的文本资料进行了内容缩减和提炼。通过对访谈资料逐词逐句地编码以及合并重叠的内容，作者提取了 38 个概念和 9 个范畴，完成对访谈资料的开放性编码。之后，基于范畴之间的关系，作者发展了能够涵盖范畴间关系的 4 个主范畴，这些范畴很好地表现了范畴之间的内在联系。最后，通过对主范畴的抽象化，作者完成了对访谈资料的选择性编码，并基于整个编码的过程，建立了酒店实习生组织承诺影响因素模型。以上所有的编码过程都结合 Nvivo10 软件的使用，它将编码的过程程序化和电子化，节省了大量手工编码的烦琐程序和手工编码可能出现的重复编码而导致的编码效率低下的情形，有效地帮助作者对访谈资料进行快速和准确的编码和分析。

3.1.2 样本信息

本文选取一家北京知名的五星级酒店作为研究对象，这家饭店坐落于北京的 CBD 区域，是一家国际知名的酒店集团旗下的商务酒店。酒店共有客房 486 间，员工总数为 700 人，其中正式员工约 500 人，占员工总数的 70%；非正式员工 200 人左右，占员工总数的 30%。本次访谈的对象是占酒店非正式员工比例较大的酒店实习生。由于考虑到酒店正常经营的需要，作者只访谈了酒店实习生当中的 11 名实习生。此外，作者还对酒店的培训部经理进行了访谈。

酒店的 11 名实习生中，女实习生共 8 名，占 72.73%；男实习生共 3 名，占 27.27%。实习生都是 90 后，他们的平均年龄为 21 岁。实习生大多来自北京周边地区：5 名实习生来自河北省，4 名来自河南省，2 名来自南方的广东。11 名实习生的学历基本以大专为主，其中 2 名来自广东的实习厨师是职高学历。实习生的专业主要与酒店相关，只有 1 名男生的专业是商务英语。11 名实习生在酒店的实习期从 6 个月至 10 个月不等。他们的实习期在访谈时已经过半，距离实习结束平均只剩 2 个月。本次研究访谈的 11 名实习生来自三个主要的部门：餐饮部、健身中心和前厅部。其中，有 6 名来自餐饮部的不同岗位：中餐厅 1 名、西餐厅 3 名、厨师 2 名；有 4 名来自健身中心的儿童探险乐园；有 1 名来自前厅部的礼宾岗位。酒店的培训经理年龄在 30 岁左右，性别为女性，学历为研究生，籍贯是辽宁省。她于 3 年前进入酒店工作，首先在酒店的前台工作 1 年，之后转到二线的培训部门从事针对酒店全体员工和酒店高管的培训工作。

表 1　样本描述统计

项　目	属　性	人数（人）	百分比（%）
性　别	男	3	27.27
	女	8	72.73

续表

项　目	属　性	人数（人）	百分比（%）
年　龄	18~20岁	3	27.27
	21~23岁	8	72.73
籍　贯	河　北	5	45.45
	河　南	4	36.36
	广　东	2	18.18
学　历	大　专	9	81.82
	职　高	2	18.18
专　业	酒店管理	7	63.64
	厨　师	2	18.18
	商务英语	1	9.09
	餐饮管理与服务	1	9.09
实习期限	6个月	2	18.18
	8个月	5	45.45
	10个月	4	36.36
实习部门	康体部	4	36.36
	餐饮部	6	54.55
	前厅部	1	9.09

我们发现一多半的实习生来自餐饮部。酒店的餐饮部是酒店重要的利润中心之一，在中国酒店市场上，酒店餐饮的营收有时占酒店总收入的一半。酒店餐饮部不仅要满足酒店住客的餐饮需求，还需要满足酒店承接的会议、婚礼和节事活动对餐饮部的需求。在餐饮部，实习生的主要工作包括：收银、跑菜、翻台、领位等工作。此外，餐饮部实习厨师的主要工作包括：切配、打荷、水台等工作。酒店的健身中心属于酒店康体娱乐部，主要负责住店客人的健身、休闲和娱乐需求。健身中心的实习生主要负责收银、零售、安全员和协调员等工作。酒店礼宾部是前台收益中心的一个重要部门，实习主要负责迎来送往客人、帮助客人接递行李和为客人订车及提供当地游览资讯等工作。

3.2 资料分析

3.2.1 酒店实习生的特征

酒店的非正式员工在工作时间上有别于正式员工的每周40小时工作，在劳动关系上有别于正式员工的工作稳定性。非正式员工因一定时期的工作任务而存在，这个一定的工作时期可能是一周、一个月，也可能是一年或者数年内的某一个固定时期。一旦固定时期的任务结束后，非正式员工的工作也随着结束。酒店对于非正式员工的人事管理基本上只存在于劳务费的发放和一般性的培训和考勤管理。

酒店实习生是特殊的酒店非正式员工，他们的特殊体现在工作上的全职化、人事上的边缘化。非正式员工的特点在于边缘化，即所从事工作非核心；弹性化，工作时间非一周 5 天、每天 8 小时。但是酒店实习项目是酒店同学校合作的教学实践项目，所以学生到酒店实习是一种全职状态的实习，所从事的工作为核心的一线对客服务工作。由于实习生在工资和福利待遇方面以及身份方面属于非正式员工，所以在人事制度上属于边缘化的员工。酒店实习生的这种工作上的全职化和非弹性以及人事上的边缘化使他们成为特殊的非正式员工。

在访谈中，11 名实习生都同所在学校签订了为期 6 到 10 个月不等的固定期限的实习协议。培训经理也指出，酒店实习生必须同所在学校签订实习协议，成批进入酒店实习；学校同时需要和酒店签订管理合同，共同对在酒店实习的学生进行管理。实习生同学校签订的实习协议属于劳务合同，因为实习生并不需要成为酒店的成员就能为酒店提供劳动；实习生有权自由支配自己的劳动并自己承担劳动风险；实习协议所约定的劳动报酬称为劳务费，主要由学校和酒店商量确定，不受国家法律过分干涉。从签订实习协议的双方来看，实习生应当对学校产生组织承诺，好像和酒店没有关系；但是学校只是代表酒店同实习生签署协议，真正使用实习生的组织还是酒店，而且酒店是实习生未来可能的工作地点。

3.2.2 酒店实习生组织承诺现状

根据访谈的结果来看，酒店实习生的组织承诺较低，具体表现在：只有较高的规范承诺，持续承诺和情感承诺都较低。

第一，较高的规范承诺。

规范承诺是指员工认为在组织工作是自己应尽的责任和义务（Meyer & Allen，1990），这种约束来自员工和组织之间的劳务契约约定。在酒店中，员工对酒店的规范承诺表现在不愿意违背一般性的社会规范，即不愿意违背双方预定的劳务契约。在访谈中，作者提及实习协议，11 名实习生都清楚地记得自己的实习协议起止时间，并且大多数实习生提到，由于一开始上岗什么都不会做，经常被领导和正式员工说，心理压力大，因为他们怕自己被辞退，在实习期未满之前就被炒鱿鱼。但是实习生遵守实习协议的规范承诺，并非因为自己接受了酒店的培训等投资而进行的"偿债行为"，而更多的是为获得实习鉴定和完成学业，是一种有限期的规范承诺。

表 2 酒店实习生的规范承诺

资料来源	资 料 列 举
实习生A、B、C、D	我来这家酒店前和我所在的学校签订了毕业实习协议。我在这里需要实习8个月，现在已经实习5个月了。
实习生E、G和J	我同学校签了10个月的毕业实习协议，我已经在这家酒店实习7个月了。
实习生F	我从中餐厅转到食品检验工作后，我最担心的是我不是学食品检验的，我怕我什么都做不了，人家会不要我。
实习生H和I	我和学校签了6个月的毕业实习协议，还剩2个月。一开始上岗什么都不会干，就怕别人一句话把我辞退。
实习生K	我打算实习满10个月后，另找一家酒店工作。

第二，低持续承诺。

持续承诺是员工基于公平交换的原则，同组织建立起来的具有交易色彩的一种承诺（Meyer & Allen，1984）。员工选择继续留在组织内，是不愿意失去自己可以从组织中得到的福利待遇和发展机会。在酒店中，员工对酒店的持续承诺表现在，为获得好的发展机会和好的薪酬福利而选择留在酒店继续工作。在访谈中，针对作者提出的今后的职业计划，实习生对所在酒店表现出了较低的持续承诺。他们中有人表示实习结束后会选择其他酒店继续工作，因为他们对酒店这一职业有较高的兴趣；但是有些人干脆选择放弃酒店行业，寻找其他工作和职业机会。但是，当作者提及酒店的"管理培训生"项目时，有一些实习生对此表达了较大的兴趣，并表示如果可以进入这个项目，会考虑留在酒店继续工作。

表3 酒店实习生的持续承诺

资料来源	资　料　列　举
实习生A	我实习结束后，强烈地不想干了。每个周六日都没假，还有晚班。
实习生B	我想再继续上学，读一个本科，再找工作。
实习生C	看情况，我喜欢朝九晚五有规律的工作；如果我现在的学历能申请这个MT的话，我就愿意继续留在酒店工作，我想做人力资源工作或者是销售方面的工作。
实习生D	如果让我做二线部门的工作的话，我就考虑留下来继续工作；如果我能进入"管理培训生"项目，我会考虑留在酒店做二线部门的工作。
实习生E	我可能不会留在酒店工作，我也不想参加培训生项目，我想做导游，导游可以到处玩，工作时间自由。
实习生F	如果我能继续做二线部门，工资给的可以接受的话，我想先在这家酒店工作1年多，积累经验，再看看。家里那边经济不是很发达，没有酒店，所以不会考虑回家工作。
实习生G	我自己不是高学历，如果断然放弃这里，回家也不知道是什么情况，还得重新找工作。自己的能力也有限，回家也不一定能找到好工作，所以在权衡。
实习生H	我实习结束后会考虑先在这家酒店工作一段时间。
实习生I	我还在考虑是留在北京工作，还是回广东工作。
实习生J	我认为酒店业还是可以的，但是我是否留在这家酒店还没有想好。
实习生K	我想换家酒店，这家酒店的礼宾部气氛不太好，我感觉压抑。我去其他酒店继续做礼宾部，我感觉礼宾部挺好的，能和客人交流，外国人挺好的，挺容易交流的。

从以上的访谈记录中，我们可以明显发现，除了3名实习生（实习生A、实习生B和实习生E）明确表示不愿意再继续从事酒店工作外，其余8名实习生（72%）都处于权衡离开所在酒店的"得与失"的过程中。来自广东的18岁的实习厨师（实习生H）明确表示在实习之后会继续留在酒店工作一段时间；6名实习生表示有条件地留在现在的酒店工作，主要权衡的内容包括岗位、工资和机会成本；还有1名礼宾部的实习生（实习生K）表示他非常喜欢礼宾部的工作，但是他想换一家酒店继续工作，表现出了对酒店职业的高承诺。此外，我们还可以发现，男实习生对于酒店行业有较高的职业承诺，而女实习生由于需要考虑家庭等问题，与男实习生相比，表现出较低的职业承诺。

第三，少情感承诺。

情感承诺是员工对组织的肯定性情感依赖（Meyer & Allen，1984），是对组织目标的高度认同，并积极参与组织目标实现的过程。在酒店中，员工对酒店的情感承诺表现在，员工对酒店目标的认同感和对酒店领导和同事的归属感。实习生对所在酒店的情感依赖程度很低，主要表现在实习生对所在酒店高端、大气和上档次的感知以及由此感知在他们心中形成的一些骄傲感，但是这种骄傲感随着实习时间的增加而逐渐被工作的繁忙等负面因素腐蚀和减少。实习生对酒店情感承诺较低的另一种表现是，他们对酒店没有归属感或较深的感情。

表4　酒店实习生的情感承诺

资料来源	资　料　列　举
实习生A	这家酒店到我们学校招实习生的时候，我是自己主动报名的，因为我觉得五星级酒店高端、大气和上档次，我非常想去这样的酒店工作。
实习生B	我们岗前培训时，有人领我到酒店各处参观，感觉到了酒店的"高大上"；但是工作之后，感觉我的工作很平凡，每天都在做重复的工作。
实习生E	我在实习前感觉五星级酒店是豪华和奢侈的。我入职之后，免费体验了酒店的一晚住宿，我感觉很好。后来我工作了，感觉每天的工作很累。
实习生F	我在酒店实习之前，对酒店没有概念，只是感觉酒店是富丽堂皇的，穿着职业装，非常向往那样的工作。我实习之后，感觉完全颠覆了以前的想法，做酒店一线太辛苦，我现在做二线还好，感觉一线和二线两重天。
实习生H	五星级酒店就是高档次，我能在五星级酒店当厨师，我很高兴。
实习生J	酒店场所很豪华、高消费，以前我是触及不到的。
实习生K	我感觉礼宾部的工作很好，很多外国人都咨询我哪里好玩，外国人很好交流，我可以锻炼我的英语。在礼宾部工作让我很高兴。

实习生的最初的情感承诺来自酒店留给他们的高端和上档次的积极印象，并促使他们度过较为艰难的实习初期。通过访谈，作者了解到，酒店在实习生入职后会继续组织有关酒店企业文化和使命的培训，但是实习生E认为这些培训很空，对于他们的工作没有帮助，所以实习生未表现出对酒店目标和使命的较高认同。此外，实习生对酒店并没有归属感，他们感觉到了酒店正式员工对他们的排斥和酒店在福利待遇上对实习生的区别对待。

表5　酒店实习生情感依赖

资料来源	资　料　列　举
实习生F（女）	干的工作一样，但是却没有年终奖，感觉很不公平。我们有时比正式员工付出的更多。
实习生J（女）	正式员工对我们实习生有排斥，他们老在背后议论我们，他们没有能力，还老说我们；我们工资上面就有差别，为什么福利上面还有差别。
实习生K（男）	老员工受我们经理的影响，让我们很早就吃午饭，也不管我们饿不饿。我和我们部门的小时工门童没办法，只能习惯。

从以上访谈记录来看，首先，实习生在工作上同正式员工承诺的责任一样，得到的福利却不同，是导致低归属感的原因之一；其次，正式员工在某种程度上不尊重实习生的情形，把实习生推向了他们的对立面，促使实习生只能从同身份的同事或者同学身上寻找情

感依赖。

3.3 编码分析

本文选用 Nvivo10 软件进行分析的原因是，它可以将传统的编码过程程序化，减少传统编码的烦琐过程，提高编码的效率和准确性。作者首先将访谈资料整理成 word 文字，之后输入 Nvivo10 软件中，对访谈资料进行开发式编码。通过选中访谈资料中的部分文字或者全部文字，建立节点，完成开放式编码的概念提炼和范畴；然后将同类的概念合并，放入更大的节点中，建立主范畴；从主范畴中挖掘"核心范畴"，构建核心节点，通过软件建立节点间的关系，最终构建酒店实习生组织承诺影响因素模型。

3.3.1 开放性编码

开放性编码的主要作用在于，将分散的访谈资料概念化和系统化，通过不断地合并相同句意和词义，找出可以基本概括访谈资料的词义或短语。例如，本次访谈中，实习生对于福利方面的差别，有的实习生提出"我们发的福利不一样，我们只是正式员工的一半"；有的实习生提出"我们在福利方面的差别最大，什么都是砍半"。对于不同的两位实习生的回答，我们可以提取出诸如"一半福利"和"福利砍半"的概念，但是我们可以明显发现这两个概念有重叠，所以将实习生对有关福利方面的回答统一用"福利差别"这一概念概括。概念化举例如表 6 所示：

表 6 概念化举例

资料来源	原 始 访 谈 资 料	概 念
实习生B	我的福利是正式员工福利的一半。过年的时候，酒店给正式员工发200元的购物卡，而我只有100元的购物卡；酒店每个月给我们发的聚餐费也是正式员工的一半。	福利差别
实习生F	我们过节发的购物卡和工会发的聚餐的钱都是正式员工的一半。	
实习生J	福利方面都是砍半，正式员工的购物卡是200元，我们是100元。	

经多次整理分析，作者最终从访谈资料中提炼出 38 个概念，如表 7 所示：

表 7 概念汇总表

1.培训无区别	2.申请MT（管培生）	3.福利差别	4.不了解MT
5.奖惩分明	6.进入MT留下	7.进入二线部门留下	8.一线部门太累
9.想做二线部门	10.工时不规律	11.经常加班	12.日常工作
13.重复工作	14.适应劳累	15.工作全职化	16.刚上岗压力大
17.无权限	18.去留考虑父母	19.家乡经济不发达	20.实习协议
21.工作磨合	22.帮助同事	23.敬畏老员工	24.和正式员工处事
25.继续上学	26.去留考虑学历	27.主动学习	28.体验不同部门
29.例会交流	30.老乡好沟通	31.实习经历	32.去留考虑能力
33.年终奖有差别	34.加班没有工资	35.实习劳务费	36.工资很低
37.小费上交	38.物质奖励		

概念的提取是对访谈资料进行数据缩减的第一步。虽然概念对资料中的词语的句意具有一定的概括性，但是通过仔细地对比，可以发现概念和概念之间依然存在着包含与被包含的关系，这也是概念进一步范畴化的基础和前提条件。为了更全面和准确地把握访谈资料，更清晰地了解概念之间的关系，作者在对现有的概念进行归类分析后，发展出9个范畴，如表8所示：

表8 概念范畴化

概 念	范 畴
培训无区别，申请MT（管培生），福利差别，不了解MT，奖惩分明，进入MT留下，进入二线部门留下	机会公平
一线部门太累，想做二线部门，工时不规律，经常加班，日常工作，重复工作，适应劳累，工作全职化，刚上岗压力大，无权限，去留考虑父母，家乡经济不发达	工作特点
工作磨合，帮助同事，敬畏老员工，和正式员工处事	人际关系
继续上学，去留考虑学历，主动学习，体验不同部门	学习能力
年终奖有差别，加班没有工资，实习劳务费，正式工资低，小费上交	分配公平
例会交流，老乡好沟通	沟通方式
实习经历，去留考虑能力	工作能力
实习协议	劳务契约
物质奖励	激励方式

3.3.2 主轴编码

开放性编码所形成的范畴含义较为广泛和模糊，相互之间的关系有待于进一步梳理和归类。主轴编码的作用在于，建立开放式编码过程被打散和分割的不同范畴的对应联系。首先将可以结合在一起的范畴合并，形成主范畴，之后再用主范畴去对比剩余的范畴；如果没有发现可以归为一类的范畴，说明这一主范畴达到了理论饱和。以此类推，作者将范畴重新整合，总结出4个主范畴，如表9所示：

表9 主范畴

范 畴	主范畴
劳动契约，机会公平，分配公平	公平交换
人际关系，工作特点	角色压力
学习能力，工作能力	可雇佣性
激励方式，沟通方式	领导方式

3.3.2.1 劳务契约、教育程度和地域因素影响规范承诺

本文访谈的11名实习生，都同学校签订了在酒店实习的协议。实习生提供自己的劳动，酒店为实习生提供实习证明，是基于公平交换的劳务契约。作为毕业必经的一个过程，实习生清楚地知道如果在实习过程中半途而废就意味着无法从学校毕业。因此，实习生对酒店表现出了较高的规范承诺。这很大部分源于对实习协议的遵守和对自己未来顺利

毕业的负责；另一方面的原因在于他们所接受过的教育也告诫他们：违背实习协议是不负责任的。实习生的这种对酒店产生的规范承诺，并非发自内心而且具有一定的利己主义，这使得规范承诺无法持续。因为一旦他们实习结束，这种规范承诺会立即消失，无法形成实习生对酒店较强的持续承诺和情感承诺。

实习生的籍贯也对他们规范承诺的形成具有较强的影响。作者在访谈酒店的培训经理时得知，很多北京生源的实习生会在1个月内陆续离开酒店，放弃实习。虽然他们明知中途离开酒店结束实习是不道德的，但是北京生源占有很多外地生源不具备的地域优势，所以他们的规范承诺较低。这次访谈的实习生全部为外地生源，他们珍惜在北京实习的宝贵机会，不会轻易选择放弃实习和离开北京，他们会做全方位的权衡——包括经济因素和道德因素。

3.3.2.2 公平交换和可雇佣性影响实习生的持续承诺

第一，公平交换是影响持续承诺的首要因素。

首先，分配公平。持续承诺的本质在于交换。实习生同酒店是劳务关系，实习生提供劳务，酒店提供劳务费。实习生在未同酒店建立情感承诺之前，会权衡自己对酒店的投入和从酒店得到的工资，所以酒店的工资是影响实习生持续承诺的首要因素。

实习生同酒店是劳务关系，实习生获得的工资主要是劳务费，其意义非等同于酒店正式员工的工资。酒店在年底对员工分发奖金时，会将实习生排除在外，这也正是实习生抱怨酒店工资低的主要方面。实习生的观点认为（实习生F、实习生G、实习生J），他们为酒店创造的价值和正式员工一样，工资本身就有差别，年底奖金的差别是他们不能容忍的，是他们感觉到最不公平的事情。针对这一问题，作者也访谈了酒店的培训经理，她认为年终奖是正式员工才能享有的，实习生毕竟不是正式员工，所以他们不应该获得奖金。

从奖金的概念和特点上讲，奖金是工资形式的一种，是对劳动者超额劳动的一种物质补偿，并且奖金具有明显的分配差别性。从正式员工的角度和酒店人力资源角度看，奖金是工资的一种，实习生只能获得劳务费，所以不给实习生发奖金或者给他们发很少的年终奖金是理所应当的。但是实习生却不这么认为，原因在于，酒店使用实习生存在着工作上的核心化和人事管理上的边缘化。实习生所签订的实习协议要求他们在酒店进行全职的实习工作，酒店也从不会因为他们是实习生而少用或者不用他们。实习生在工作上承担同正式员工一样的责任，加班成了他们实习过程中的家常便饭（访谈中的所有实习生都会经常加班）。但在人事管理方面，酒店正式员工年底有3倍工资的奖金，而同样创造价值的实习生却只能拿到300元甚至没有奖金，这让实习生感到很不公平。

此外，实习生通过各种渠道获知，酒店的正式员工的工资在扣除保险后也很低，所以年底的奖金即使是工资的3倍，也很难同其他行业的工资竞争。访谈中，很多实习生在实习结束后选择房地产销售、导游等行业的原因也在于，酒店行业的工资没有竞争力。有一部分实习生考虑在酒店工作的条件就是：如果酒店给的工资还不错的话，可以考虑留在这家酒店工作。作者在访谈培训经理时也发现，即便是她身为正式员工，也对自己工资不满意。她说，自己承担的责任和压力远大于酒店所给的工资总额，她也在考虑是否转投其他的行业。

其次，机会公平。职业发展机会是指员工在组织的帮助下获取目前以及未来工作所需的技能和知识，并在未来追求和实现自我职业生涯目标的可能性预期。在访谈中，很多实习生都有较为清楚的职业发展目标。例如，实习生 C 认为自己比较内向，希望能在酒店从事人力资源方面的工作；实习生 D 很想在健身中心实习结束后从事酒店的财务方面的工作，因为她在学校本身学习的就是偏财务方面的酒店管理；实习生 H 表示他希望在未来 5 年内做到主厨的位置，10 年成为行政总厨；实习生 K 想在实习结束之后申请酒店前台的工作，学习前台操作的技能，因为他觉得酒店前台更有上升的空间。但是他们对于留在这家酒店实现目标信心不足，他们犹豫自己是否能在这家酒店或者在酒店行业得到发展的机会，进而实现自己的职业目标。

当作者问实习生其所在的部门经理是否向他／她提及未来职业发展的事情，只有实习生 G 和实习生 J 提到，她们的经理给她们讲过未来在餐饮部的职业发展机会，即在餐饮部轮岗后，先成为部门的全能选手之后肯定有升职的机会。其他 9 位实习生的部门经理，从未向他（她）们提及过职业发展机会。所以也就出现了很多实习生（实习生 C、实习生 D、实习生 F、实习生 I）在面对实习之后的去留问题时，显得很是迷茫和不知所措；实习生 K 更是很坚决决定离开目前实习的酒店，到另一家酒店寻找职业发展的机会。

由于作者在访谈前了解到这家五星级酒店是外资企业，他们有较为完备的管理培训生计划，所以作者询问实习生是否知晓这个项目。令人奇怪的是，11 名实习生所获知的有关项目的消息全部来自非正式的渠道，或是观察部门里的管理培训生，或是在学校听老师讲过有关的培训项目，没有一位实习生提出他／她是从部门经理或者酒店的正式培训上获知管理培训生计划的。因此，作者每次提到这个项目时，实习生都很强烈地要求讲讲这个项目的申请条件和未来的职业发展机会。他们对项目的好奇和兴趣溢于言表，并且在听完这个项目的简单介绍后显得轻松了许多，感觉他们获得了一条通往自己职业目标的通道。

酒店的实习工资对于实习生的持续承诺的影响是负面的，但是实习生 C、实习生 D、实习生 F 和实习生 G 提到，如果自己有幸能加入酒店的管理培训生项目，或者自己的部门经理能给他（她）们一个未来职业发展的心理预期，他（她）们都会选择继续留在酒店工作而非离开，即便头一两年的工资水平较低。这说明，相较于工资，实习生更看重的是自己未来的职业发展机会。

第二，可雇佣性是影响持续承诺的重要因素。

在访谈中，实习生表示，有关福利方面最为满意的是，他们能和正式员工获得一样的培训机会。在与 11 位实习生的整个访谈过程中，"学习"一次被提及 8 次；如果查看"学习"一词周围的相关词语，主要是工作知识、工作技巧和处事方式。这从侧面反映了酒店实习生有积极的学习态度和良好的学习能力，他们渴望在工作中有所收获。所以当作者提及是否愿意留在酒店继续工作时，实习生们最关心的问题不是离开所实习的酒店会失去什么而是留下来能得到什么。实习生由于只签订了不到 1 年的实习协议，同时他们还面临由于地域问题而涉及的回家乡工作还是留在北京工作的问题，所以他们更关心在这短短的实习期当中是否能获得经验的积累和工作能力的提升，以期望实习结束之后找到好的工作或者得到好的工作职位。

3.3.2.3 角色压力和领导方式影响实习生的情感承诺

员工对于组织的情感承诺是最难形成的,因为情感承诺是组织承诺中"最理想"的部分。情感承诺是员工对于组织目标的高度认可,并对组织有很高的忠诚度,愿意为组织的目标付出努力甚至是额外的努力,并且积极维护组织的形象。情感承诺的形成不像规范承诺的形成那样自然,也不像持续承诺那样立竿见影,它需要的是组织和员工双方长时间的互动感知和良性循环。

第一,角色压力。角色压力是工作压力之一,它包括角色模糊、角色冲突和角色超载(Kahn, et al., 1964)。酒店实习生面临的角色压力主要来自角色模糊和角色冲突,具体表现在如何处理多方面的人际关系。酒店实习生以全职化的身份投入工作,需要处理同客人的关系,付出一种情感劳动,即便是遇到顾客的不合理要求也要调整心态,微笑面对。此外,酒店实习生还需要处理同部门管理者和正式员工的人际关系。情感承诺除了对组织目标的高度认可之外,更重要的是对组织的人有高度的情感依赖和归属感。实习生主要面临的角色压力是,如何同有工作资历的正式员工协作配合。访谈中作者发现,虽然酒店的各个部门有例会,但是这一沟通渠道并非很有效。因为酒店的实习生从来没有听到过部门经理谈及职业发展机会,更没有人在例会上听到过有关"管理培训生"项目的消息。酒店实习生在实习期间最大的心理压力在于,如何同正式员工进行沟通和合作。实习生由于身份特殊,很多时候需要听从有经验的或者有资历员工的调遣和指派,如果老员工的指派同经理的意志一致,实习生当然照做;但有时老员工的指派与经理不一致,实习生面临多头领导的问题。有时正式员工还会在背地里议论实习生的好坏,实习生面临较大的心理压力,有恐于自己身份的边缘地位,所以也不敢在例会上指出正式员工的不足,只能默默忍受,沟通面临障碍。

第二,领导方式。领导方式是管理者对被领导者所采取的态度和行为,具体表现在领导如何同被领导者进行沟通,如何激励被领导者等。通过访谈,作者发现酒店员工同领导沟通的基本通道只有每天的例会,但是酒店实习生迫于非正式员工的身份,不敢在例会上发言,和领导很少沟通,每天只是按要求完成工作。作者从培训经理了解到,原先酒店总经理每天早上会和夜班同事共同吃早餐,但是这一项活动近几年取消了。单一的沟通方式未能起到应有的效果,实习生感觉不到领导对他们的关心和重视,也自然对酒店没有情感承诺。

在访谈过程中,作者从实习生 K 和培训经理的谈话中了解到,酒店有一项名为"令客人感动奖"的活动,此活动意在激励酒店的所有员工努力为顾客提供优质的服务。酒店员工如果在 1 个月内连续收到由客人填写的"令客人感动"卡片,那么员工将获得 200 元的现金补助;如果员工在 3 个月内都收到"令客人感动"卡片,那么员工将获得 500 元的现金补助;如果员工在一年内有 8 个月都收到"令客人感动"卡片,那么员工将获得 2000 元的现金补助。此项激励计划适用于酒店的所有员工,包括实习生。

这样无差别的激励政策是实习生所乐意见到的,因为它代表了程序公平和分配公平。但是,让实习生最不能释怀的是酒店的福利政策——实习生获得的过年过节福利是酒店正式员工的一半。酒店正式员工享有在酒店餐厅吃饭打折的福利和以较低价格入住酒店集团旗下酒店的福利，但实习生没有这项福利。福利的较大差距让实习生感觉到自己是被差别对待的群体，不属于酒店成员的感觉油然而生，并随之降低了他们对自己工作酒店的情感依赖。

3.3.3 选择性编码

选择性编码是在主轴编码的基础上对范畴更为深层次的综合和提炼，是范畴抽象化的过程，也是基于实际资料最终发展出理论模型的关键一步。基于前边的编码分析，作者确定了影响酒店实习生组织承诺影响因素的"齿轮"模型，如图2所示：

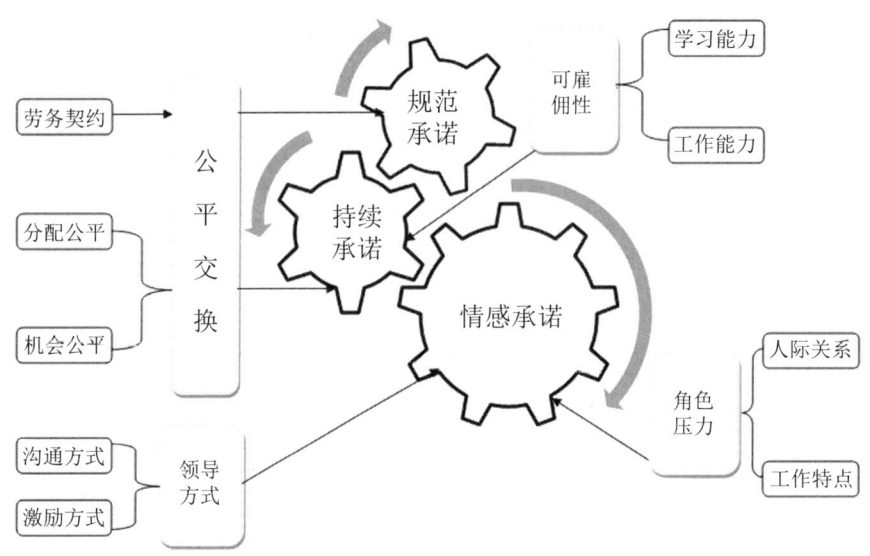

图2 酒店实习生组织承诺影响因素模型

根据 Meyer 和 Allen 的理论，情感承诺是组织承诺的最"理想"部分，需要规范承诺和持续承诺的支持。在"齿轮"模型中，规范承诺是基础，因为任何组织和员工关系的基础在于公平的交换，劳资双方公平的契约是奠定规范承诺的基础。"规范承诺齿轮"的转动推动着"持续承诺齿轮"的转动。员工的持续承诺首先来自对契约公平性的感知。员工会首先比较在组织中分配公平的实现程度。公平交换是员工继续留在企业工作的前提条件，之后在日常的工作中，员工会感知到自己工作能力的提高，最终影响员工持续承诺的形成和水平的提升。"规范承诺齿轮"和"持续承诺齿轮"的同时转动，有力地推动着"情感承诺齿轮"的转动。但是，情感承诺水平的高低还受到领导方式和实习生感知到的角色压力的影响，互动沟通和团结协作是高组织承诺最终形成的关键因素。

3.4 基于培训部经理的研究

鉴于单方面的研究可能偏颇，本文还采用了三角验证方法。通过访谈酒店培训部经理，从侧面了解酒店使用非正式员工的目的，同时印证基于实习生访谈资料的分析得出的有关影响酒店实习生组织承诺因素模型的可信度和说服力。在对酒店实习生访谈结束之后,作者对安排此次访谈的酒店培训部经理进行了访谈。对培训部经理的访谈较为顺畅和全面,访谈持续了 25 分钟,访谈的问题基本基于访谈大纲的内容。作者在访谈中,没有做很多的"表述转换",每一个问题得到了培训经理较为明确的回答。作者较为全面地了解了酒店非正式员工的使用现状以及存在的问题。

3.4.1 酒店使用非正式员工应对人手短缺和降低人力成本

酒店的培训部经理在访谈中三次提到"宏观形势不佳"和"编制缩减"等字眼,表明所调研的酒店正在经历由于经济效益下滑而导致的人员缩减的时期。酒店的非正式员工占酒店全体员工的 30% 以上,其中以临时工、小时工和实习生为主,实习生占 25% 左右。酒店主要在年底、春节和承接大型宴会时使用小时工以应对人手短缺,其中宴会部和前厅部对小时工的需求较大。临时工一般用在酒店的洗衣房、客房部、PA,以及餐饮部的管事部和员工餐厅。

表 10 酒店培训部经理谈酒店使用非正式员工

资料来源	资 料 列 举
培训部经理	酒店所有的正式员工是 500 人左右,加上酒店实习生、临时工、小时工,酒店员工总数在 700 人左右,所以非正式员工占 200 人左右。 小时工在之前是很少的。因为确实是人手太少了,特别是有宴会的时候。去年年底宴会使用小时工比较多。 其他部门之前没有,但前一段时间,因为人手实在是紧张,前厅部也会有,比如说门童。

作者从培训部经理处了解到,酒店的非正式员工主要以临时工、小时工和实习生为主。酒店使用非正式员工主要是出于降低人力成本的考虑。例如,酒店雇佣一个正式员工从事一线的对客服务,需要支付工资 2100 元,按 1∶1.7 比例为员工缴纳五险一金 1470元,所以雇佣一个正式员工的成本是 3570 元;而雇佣一个小时工只需要支付工资 2100 元,酒店不负责小时工的五险一金。酒店实习生的实习工资是 1200/月,酒店负责实习生的一日三餐和住宿,实习生全职工作并承担和正式员工一样的劳动任务。因此,从人力成本角度讲,酒店使用非正式员工节约了很多成本支出,这对于宏观形势十分严峻的酒店经营显得尤为重要和有效。

3.4.2 酒店使用实习生,有降低成本和后期招聘双重考虑

由于酒店实习生都是来自合作院校的学生,他们到酒店实习的首要目的是完成学业和理论联系实际而非获得工资收入,所以酒店实习生的劳务费较低,人力成本相较于临时工和小时工更低。但是,酒店实习生具有学历和专业优势,他们通过近 1 年的实习后,已经具备了基本的工作能力,所以他们也是酒店后期招聘中主要的招聘对象。然而,酒店培训经理指出,最近几年酒店实习生转正的比例大幅下降,主要原因如下:宏观形势的不利导致酒店最近几年持续精减人员,实习生面临岗位日益减少的情形;90 后的实习生从小过着较为优越的生活,他们不愿意从事较为繁重和单调的酒店一线工作,特别是北京出生的 90 后实习生,在实习生期未满 1 年就全部选择离开酒店,这也是酒店实习生转正比较低的另一个原因。

表 11　酒店培训部经理谈酒店使用实习生

资料来源	资　料　列　举
培训部经理	使用实习生出于成本考虑，还有一部分考虑是为后续的人员招聘做铺垫，因为好多实习生是有转正的可能的。 实习生近些年的转正比例不高，酒店经营环境不好是原因之一。还有一个原因是，之前北京的实习生比较多，一般来10个实习生，可能1个星期或者最多1个月就都走了。现在很多实习生都是外地的。外地的学生，觉得在这里工作还不错的话，他可能就会选择留在这里。北京对外地生源有吸引力。 实习生其实占了很大的比例，尤其从去年开始。但是今年，我们酒店人员编制都在缩减，所以实习生和临时工的数量是在减少。

在对酒店培训部经理的访谈中，我们发现了酒店使用实习生背后的真正原因，也找到了酒店实习生组织承诺较低的根源。酒店之所以使用非正式员工，主要是为了降低人力成本，所以酒店较为忽视此类员工对组织的承诺高低，只关注他们在短时期内为酒店所能带来的价值。同样，酒店也主要从人力成本的角度出发使用实习生，故比较忽视或者漠视实习生对未来职业发展、薪酬预期和工作能力提升等方面的诉求。因此，我们不难理解年青一代的实习生或者非正式员工为何最终会选择离开酒店，而酒店也进一步陷入人力资源的困境。酒店培训部经理的访谈分析进一步验证了前文对酒店实习生组织承诺现状和影响因素的研究结果，也让我们更加明确应该在哪些方面努力来提高酒店非正式员工的组织承诺。

4　提高酒店非正式员工组织承诺的对策和建议

随着中国酒店业的快速发展，不论对于中国本土酒店还是国际连锁酒店，人力资源的短缺日益成为制约酒店业快速发展的瓶颈（Wang，2011）。对于国际酒店集团而言，人才本地化是其获取竞争优势的关键，但是国际酒店集团也面临着人才流失和员工工作表现不理想等问题（谷慧敏，2000）。酒店和员工是"命运共同体"（谷慧敏等，2011），人力资源管理对于酒店来说是服务生产不可缺少的关键要素，同时它也是酒店经营的主要成本之一。因此，酒店竞争战略优势的实现可以通过调整人力成本得以实现（秦宇，2010）。酒店实习生是酒店未来招聘的"资源池"，也可能是酒店未来的栋梁之材。提高酒店实习生的组织承诺的意义在于，留住他们中优秀的实习生和有志为酒店作出贡献的年轻人，为酒店行业树立信心，同时也为了精神上鼓舞和支持还在学校学习酒店管理专业的学生。从访谈的实证分析来看，实习生的个人特征确实对其组织承诺的形成有较大的影响。实习生的年龄和经历对持续承诺有影响。实习生的教育程度和籍贯特征对规范承诺有影响。

但是，实习生的个人特征的形成有着各自的历史原因，酒店很难从这些方面找到提高实习生组织承诺的着力点。酒店工资水平和职业发展机会对实习生的持续承诺有着关键性的影响，实习生基于交换的观念出发，会首先考虑自己留在酒店能够得到什么。实习生由于在酒店实习期较短，而情感承诺的形成需要较长的时间，所以酒店在促成实习生情感承诺形成方面，需要特别注意同实习生的沟通，同时设计较好的福利政策来激励实习生。

4.1 建立反映职责和绩效的工资体系，提高持续承诺

人力资源管理需要重视员工对组织的承诺，通过互惠原则的建立，提高员工对组织的承诺和忠诚度，这样有利于提高员工工作的责任感和积极性，使企业获得更多的利润，同时促进组织人力资源的发展（Walton，1999）。酒店既然把实习生当正式员工来使用，就应该为他们建立反映职责和绩效的工资体系，这是提高实习生组织承诺最有效的方法。酒店想用原先简单的支付劳务费的方式留住实习生或者招揽更多的实习生，可能面临着较大的问题。原先的高星级酒店行业的平均利润较高，工资具有一定的竞争优势，但是现在经济的不景气和高星级酒店的激烈竞争，致使酒店行业不再具有较高的工资优势。此外，原先学习酒店管理的大专学生对于酒店行业有着很高的崇拜心理，也认可高星级酒店所带来的荣耀感；但是近年大专院校的实习生全部是信息时代成长起来的一代，他们的家庭条件在逐步改善，原先为了能有一份工作获得生存的时代已经过去。年青一代的实习生更愿意追求社交媒体或者信息渠道的信息，他们会对比不同行业间的差别，选择自己想要和社会认可的工作。因此，没有竞争力的工资水平很难吸引到实习生。

酒店应当花费时间和精力，设计专门针对实习生的工资体系。实习生是特殊的酒店非正式员工，他们不同于只出于成本考虑的小时工和劳务派遣工等临时工，他们也不同于有权利享受正式工资和奖金的正式员工。酒店每年都会使用实习生充当酒店廉价的劳动力。因此，设计专门的实习生工资体系势在必行。酒店实习生也厌倦了只有单一劳务费的工资，因为它既没有反映实习生经常加班所付出的额外劳动，也没有反映出酒店想把他们留下来的诚意，这可能会将实习生慢慢排斥在酒店之外，导致酒店面临更大的人力资源困境。

第一，酒店实习生的工资应当包括：基本的劳务费＋超时工作的加班费＋按比例核算的年终奖金＋客人赠予的小费。酒店和实习生在实习前商定的基本劳务费，是一种双方的等价交换：实习生以全职的身份参加工作，承担同正式员工相同的职责，参与酒店产品的生产过程；酒店提供对等的基本劳务费用，这一劳务费是除酒店提供的住宿和餐食费用之后的实际工资。

第二，酒店行业盛行的加班不给工资，只是累积换休的方式，是一种不合理也毫无激励作用的负面制度。改换休制度为支付合理的加班费用，让酒店的实习生感觉到自己在加班时的每一分、每一秒都在为自己多挣钱，这样的激励效果远比让他们多休息一天好得多。

第三，酒店实习生同正式员工一样，为酒店创造利润和价值，他们有权利要求分得属于自己的那部分奖金。奖金的比例由每家酒店进行核算，但是一定要告知实习生这一比例如何计算，以便解释正式员工和实习生奖金之间的差别缘由。

第四，客人给实习生小费，是对实习生工作的认可和肯定，实习生有权利将其据为己有，而不是强制他们将小费上交。这样既不利于激励实习生更好地服务顾客，更不利于实习生对酒店形成持续承诺。

酒店建立实习生工资体系后,应当在实习生入职培训中向实习生明确讲解他们工资的构成,以减少实习生对所获工资相较于正式员工有区别的误解,增强实习生的持续承诺。经济基础决定上层建筑,只有满意的工资才有满意的实习生,才有未来满意的顾客和满意的优秀员工。基于交换形成的雇佣关系,其维持的前提条件是心理平衡,之后才是更深层次的情感承诺。

4.2 提供职业发展机会,促进持续承诺

职业发展机会对于酒店的实习生来说至关重要。酒店实习生所进行的毕业实习,是影响其未来职业选择的重要经历。实习生的毕业实习主要从事酒店的一线工作,一线工作的繁重和单调使得实习生在短期的实习期内很容易产生厌恶情绪,直接导致实习生在毕业实习之后再也不想继续在酒店工作。即便很多实习生依然认为酒店行业的发展前景广阔,但也被较为苦闷的一线工作困扰不堪,这与他们之前对五星级酒店的印象天壤之别,也怀疑自己如果一辈子就做这样的工作,根本没有实现自己职业发展目标的可能性。

对于实习生来说,他们在学校受到的教育使他们对酒店充满了信心和目标寄托感,他们希望未来能在酒店有好的发展,从基层做起,一直做到总经理。学校的老师是这么教育他们的,实习生也是这么想和期望的。酒店现在已不具备吸纳和聚拢优秀人才的能力。大专院校的实习生既有理论知识又有丰富的一线工作经验,是酒店打着灯笼也找不到的最为符合酒店人力资源需求的人才。可惜,很多酒店并没有为实习生讲解或者提供职业发展机会,以至于让既有的人才白白流失。

因此,酒店的部门经理要阶段性地开展有关职业发展机会的培训,详细和反复介绍有关酒店或者酒店集团的职业发展机会,例如管理培训生项目,通过案例列举或当事人亲自讲解,生动和形象地为实习生展现一个符合他们实际情况而又能通过自己努力实现的职业发展机会和可能性。通过相关的培训,让实习生了解到,继续在酒店工作将会得到的职业发展机会,促进实习生树立明确的职业发展目标,愿意继续留在酒店或集团内效力。此外,酒店各部门的经理应当将有关酒店企业文化和企业愿景相关的培训放在部门里,向实习生讲解有关酒店或者集团的最新动态,重申酒店发展的愿景和目标,构建实习生对酒店发展目标的认同感,并以集团的快速和持续发展为实习生鼓劲和加油,逐步促使实习生感到实习所在的酒店就是他们未来实现职业目标、体现人生价值的所在。为酒店实习生提供职业发展机会,增强他们的职业生涯的胜任能力,从而提高他们对酒店工作的满意度和参与度,最终将有利于具有胜任能力的人才留在酒店,继续为酒店效力(Kong, 2013)。

4.3 建立阶梯性的福利,提高持续承诺

人力资源管理是组织管理者作出的协调组织人员的,具有一致性的决策性方法和措施(王俞,2003),包括薪酬管理、福利设计和激励等内容。福利作为一种非现金形式的报酬,代表了酒店对员工的认可和重视,是留住员工,培养员工归属感的有效方法。酒店行业的特点在于全年营业,员工经常能体会到三班倒的辛苦,适度地增加福利的项目,既是对员工辛苦工作的一种补偿和认可,也是一种对员工未来工作的认可和激励。通过阶梯性

的福利制度来固化正式员工由于多年为酒店工作所具有的丰厚福利,对实习生形成较好的示范效应,同时认可实习生为酒店所作出的贡献。

酒店给予员工的福利不仅应该包括过年过节的购物卡,还应当给予员工更多与酒店相关的福利,如在酒店的餐厅吃饭享受折扣和入住酒店客房享有折扣。阶梯性的福利待遇具体表现为:根据酒店正式员工在酒店工作的年限提供不同的折扣,工作年限越多,享受的折扣越多;而实习生只能享受固定的和较低的折扣。阶梯性的福利待遇不仅是一种福利分发方式,更是一种很好的内部营销。为酒店的实习生提供用餐和住店折扣,让实习生有机会能以顾客的身份体验酒店的服务,同时为其家人和朋友提供便利,既增强了实习生对酒店工作的自豪感和自信心,也促使实习生对酒店产生较高的情感承诺,高度认同酒店的服务理念和标准,并将这种理念带入到每日的工作当中,积极宣传和践行酒店的发展愿景,对酒店产生很高的忠诚度和依赖感。

4.4 加强同实习生的沟通,深化情感承诺

在中国,对组织忠诚是评价一个人的重要道德标准。由于企业文化深受传统儒家礼制思想的影响,基层员工将企业的领导者当作企业的代表者。他们将自己对组织的承诺表现在对领导者的承诺上,所以领导者对于员工组织承诺的形成有着至关重要的影响。

领导者除了使用基于互惠原则的激励手段之外,更应该关注员工的情感因素。对于越来越年轻化的员工,领导者要善用正式沟通渠道之外的社交媒体等非正式沟通方式,建立工作之内和工作之外的沟通桥梁。"新千年的一代"已经进入酒店工作,他们希望能够使用能让他们同朋友时刻保持联系的社交媒体。

酒店的领导者可以通过社交媒体加强与非正式员工的交流互动,传递企业的目标和价值,让非正式员工参与公司的管理,同时激发和激励非正式员工的工作积极性和创新性,让非正式员工有"我们团结在一起,共同努力"的感觉,从而提高非正式员工的归属感,促进他们对组织高情感承诺的形成。人力资源管理是以承诺为导向的,组织需要获得员工对组织价值观的承诺(Amstrong,2000)。

酒店实习生在日常的工作中,可能会经常遇到一些多头领导或者和正式员工的冲突与不愉快,经理需要使用非正式的沟通渠道了解这些问题,并对实习生进行安抚工作,让他们保持良好的情绪。这样做是非常有必要的,因为实习生同正式员工一样,需要对客服务,他们的情绪和心态直接影响着酒店的服务质量。部门经理经常同实习生沟通,可以让实习生感觉到酒店对他们的关心和重视,深化实习生对酒店的归属感,进而加深实习生对酒店的情感承诺。

沟通是建立信任关系的桥梁。酒店的实习生一般是成群结队地进入酒店实习的,他们由于身份的相同而产生彼此间的信任,进而可能产生行动和观点的一致性。酒店的部门经理应该同实习生群体建立联系,及时了解他们的动向,并在合理的时候向实习生进行授权,让他们拥有可以令客人满意的小权利,让实习生感觉到酒店对他们的信任和认可,增强实习生的自信心,深化实习生对酒店的情感承诺。

5 研究结论与展望

5.1 研究结论

随着中国老龄化时代的到来，我国的人口红利优势已经减弱，由此导致了人力成本的持续增高。同时，年青一代的劳动者更具自我意识，对工作的责任感和依赖性较低，这导致劳动力市场的灵活性和多变性增加。这两种现象对于劳动密集型的酒店来说是不小的挑战，因为酒店未来可能不得不雇佣大量的灵活工人而非永久性的工人，这既是劳动力市场的状况使然，也是酒店未来降低人力成本的重要途径。如何在越来越不稳定的劳动关系下，提高酒店非正式员工的组织承诺，保持酒店的服务水平和竞争力，是酒店需要考虑的人力资源问题。

现有的文献研究重点主要集中在非正式员工的流失率、非正式员工和正式员工的比较，较少有关于非正式员工组织承诺等方面的研究（王淑芳、金媛媛，2008）。本文通过访谈法，收集到了有关酒店实习生组织承诺的一手资料；依据扎根理论，对访谈资料进行了编码分析，得出了酒店实习生组织承诺的影响因素。结论如下：

第一，劳务契约、教育程度和地域因素影响非正式员工的规范承诺。同非正式员工签订劳务契约，可以维持他们在固定期限内对酒店的规范承诺。因为非正式员工所接受的家庭和学校教育告知他们，违背劳务契约是不负责任和不道德的。由于中国城市化进程的持续推进，大城市服务业的一线工作，主要由非大城市居民的外地居民从事。外来务工者对于大城市有向往也有敬畏，他们很珍惜现有的工作，很怕失去工作的机会，所以他们的外来身份促使他们对组织有规范承诺。

第二，组织的公平交换和员工对自己可雇佣性的感知，影响非正式员工对组织的持续承诺。非正式员工在酒店工作的最初是基于一种对公平交换的认可，即自己提供劳动，酒店支付劳务费用。因此，对于非正式员工来说，酒店内分配的公平性和机会的公平性显得尤为重要。非正式员工虽然不是酒店正式的一员，但是他们承担同正式员工一样的工作任务，他们期望得到自己辛勤工作的劳务所得。同时，他们会将自己的付出与回报同正式员工对比，以感知组织对他们的公平性。每一个在酒店工作的非正式员工，除了对报酬有诉求之外，还对自己能够公平获得培训和学习的机会有较高的期望，这涉及他们未来在劳动力市场上的可雇佣性。如果非正式员工感知在酒店工作能够学习到通用的劳动技能，那么他们会继续选择留在酒店工作，也意味着他们的持续承诺增加。

第三，非正式员工感知到的角色压力和组织领导者的管理方式，影响非正式员工对组织的情感承诺。非正式员工在日常的工作中能够明显地感受到来自人际关系方面的压力。身份的特殊使得他们需要同时处理好同正式员工和领导的关系，以免给自己的工作带来负面影响。非正式员工渴望同领导者沟通，得到领导者的重视和认可。因此，酒店领导者的管理方式——沟通渠道、方式的选择、激励的方法等对酒店非正式员工对酒店的情感承诺有较大的影响。

本文为了增强研究的说服力和合理性，还对酒店的培训经理进行了访谈，希望从侧面来验证研究的可信度。通过对培训经理的访谈，我们发现酒店在使用非正式员工时，仅从成本的角度出发，对非正式员工的管理也仅是粗放型的事务化管理而非以保留和吸引人才为主，所以这导致了酒店最近几年一直都面临人力短缺的困境。

基于以上分析，本文提出了提高酒店非正式员工组织承诺的对策，主要如下：

第一，为酒店非正式员工建立反映职责和绩效的工资体系，提高持续承诺。酒店需要对非正式员工的努力工作表示认可和重视，最为有效的方法便是建立反映他们工作努力程度和工作成就的工资体系。虽然他们在酒店的工作时间短暂，但是相应的人力资源管理秩序同样需要完善。只有这样酒店的工作在劳动力市场有吸引力，流动的非正式员工才会真正留在酒店，为酒店创造更多的价值。

第二，为酒店非正式员工提供职业发展机会，促进持续承诺。非正式员工之所以留在酒店继续工作，除了反映绩效和责任的工资外，更为重要的是酒店可以帮助他们实现未来的职业目标。如果他们感觉到自己在酒店能够有升职和职业发展的机会，那么即便现在工资和职位都较低也不会影响他们选择继续在酒店工作的想法，反之亦然。

第三，为酒店非正式员工建立阶梯性的福利，提高持续承诺。阶梯性的福利制度既兼顾了公平又体现了效率。酒店习惯于不给非正式员工提供可以提供的福利，造成酒店行业在劳动力市场上的吸引力下降。阶梯性的福利表现了酒店对于非正式员工的重视，也吸引他们继续在酒店工作，因为工作时间越长，享受的福利越高。

第四，加强同酒店非正式员工的沟通，深化情感承诺。酒店应当重视非正式员工的感情诉求，提高他们对组织的情感承诺。组织承诺是相互的，领导者关心和重视非正式员工，非正式员工会对这样的情感进行辨识和区分，并由此换位思考，对组织产生一致的情感反应和反馈（吕勤，2007；Lv, et al., 2011）。

随着中国劳动力灵活化和年轻化的趋势增强，以及人才素质的提升，迫切要求酒店完善非正式员工关系管理、绩效管理、职业生涯发展和规划、员工培训等人力资源职能，实现非正式人力资源管理的精细化。因此，未来酒店的非正式人力资源管理需要由事务管理向提高非正式员工组织承诺、吸引和保留人才转变。

5.2 研究展望

本文在选取访谈对象上带有较强的主观性，未能有效地访谈和研究不同类型的非正式员工，造成研究结果并非适用于所有的非正式员工。在访谈酒店培训经理的过程中，作者了解到，酒店大量使用非正式员工的部门集中于洗衣服、客房部、PA，以及餐饮部的管事部与员工餐厅；酒店主要使用的非正式员工的方式是劳务派遣、外包和小时工。本文所选择的访谈对象，没有来自以上使用非正式员工较多的部门，而且选取了酒店非常特殊的一类非正式员工——实习生。所以，本文研究结果不具有一般性，更多的具有特殊性。但本文开启了国内对特殊非正式员工——实习生组织承诺的影响因素研究，弥补了酒店业对实习生组织承诺研究的不足。

非正式员工中的劳务派遣工和小时工是酒店比较常用的类型,他们的组织承诺可能更为复杂,因为他们不是酒店的成员,他们属于另一个主体——派遣公司的成员,所以他们既对派遣公司有组织承诺,还对所在酒店有组织承诺。研究这类员工的挑战在于访谈的时间和交流的有效性。这类员工的工作时间以完成既定的工作任务为目的,结束之后就会离开,所以访谈时间会很难把控。另外,派遣员工的学历相对较低,采用访谈模式或者是问卷形式都可能面临交流的障碍。但是,对于他们组织承诺的研究非常有必要,原因在于服务行业,特别是酒店行业的灵活用工是大势所趋,问题在于酒店如何在降低劳动力成本的同时保持较高的服务质量,这是酒店非正式员工组织承诺研究的核心和关键点。

参考文献

[1] Allen N J, Meyer J P. The measurement and antecedents of affective, continuance and normative commitment to the organization[J]. Journal of Occupational & Organizational Psychology, 1990, 63(1): 1-18.

[2] Avolio B J, Gardner W L, Walumbwa F O, et al. Unlocking the mask: a look at the process by which authentic leaders impact follower attitudes and behaviors[J]. Leadership Quarterly, 2004, 15(6): 801-823.

[3] Armstrong M, Ebrary I. Strategic human resource management: a guide to action[J]. General Information, 2006, 13(2): 59-71.

[4] Becker H S. Notes on the Concept of Commitment[J]. American Journal of Sociology, 1960, 66(1): 32-40.

[5] Buonocore F. Contingent work in the hospitality industry: A mediating model of organizational attitudes[J]. Tourism Management, 2010, 31(3): 378-385.

[6] Ingram A. Managing Human Resources in the European Tourism and Hospitality Industry: A Strategic Approach[J]. Hospitality & Tourism Educator, 1995, 7(3): 392-394.

[7] Cappelli P. Rethinking Employment[J]. British Journal of Industrial Relations, 1995, 33(4): 563-602.

[8] Chew S B, Chew R. Industrial relations in Singapore industry[M]. Addison-Wesley, 1996.

[9] Crawford A, Hubbard S S. The impact of work-related goals on hospitality industry employee variables[J]. Tourism & Hospitality Research, 2008, 8(2): 116-124.

[10] Chand M, Katou A A. The impact of HRM practices on organisational performance in the Indian hotel industry[J]. Employee Relations, 2007, 29(6): 576-594.

[11] Chitiris L. Challenge to Managers: Changing Hotel Work from a Secondary Choice to career Development[J]. Hospitality Review, 1988, 6(2): 9.

[12] Connelly C E, Gallagher D G. Emerging trends in contingent work research[J]. Journal of Management, 2004, 30(6): 959-983.

[13] Cappelli P. Rethinking Employment[J]. British Journal of Industrial Relations, 1995, 33(4):

563-602.

[14] Sutherland J. The experience of work [J]. Employee Relations, 2003, 25 (2): 149-167.

[15] Handy C B. The Age of unreason [M]. Boston: Harvard Business School Press, 1990.

[16] Deery M, Jago L K. The core and the periphery: an examination of the flexible workforce model in the hotel industry [J]. International Journal of Hospitality Management, 2002, 21 (4): 339-351.

[17] De Grip A, Others A. Atypical Employment in the European Union [J]. International Labour Review, 1997, 136: 49-71.

[18] Gilder D D. Commitment, trust and work behavior. The case of contingent workers [J]. Personnel Review, 2003, 32 (5): 588-604.

[19] Eisenberger R, Fasolo P, Davislamastro V. Perceived Organizational Support and Employee Diligence, Commitment, and Innovation [J]. Journal of Applied Psychology, 1990, 75 (1): 51-59.

[20] Gallagher D G, Parks M L. I pledge thee my troth contingently: commitment and the contingent work relationship [J]. Human Resource Management Review, 2002, 11 (3): 181-208.

[21] Goldstein I L, Gilliam P. Training system issues in the year 2000 [J]. American Psychologist, 1990, 45 (2): 134-143.

[22] Geary J F. Employment flexibility and human resource management: the case of three american electronics plants [J]. Work Employment and Society, 1992, 6 (2): 251-270.

[23] Dabscheck B. The Motivation to Work [J]. Journal of Economic Issues, 1959, 73 (1): 297-300.

[24] Hamaguchi K, Ogino N. Working Paper 29: Non-regular work: Trends, labour law policy, and industrial relations developments-the case of Japan [J]. Ilo Working Papers, 2011, 95 (s 3-4): 163-181.

[25] Hrebiniak L G, Alutto J A. Personal and Role-Related Factors in the Development of Organizational Commitment [J]. Administrative Science Quarterly, 1972, 17 (4): 555-573.

[26] Homans G C. Coming to my senses: the autobiography of a sociologist [M]. Transaction Books, 1984.

[27] Iverson R D, Deery M. Turnover culture in the hospitality industry [J]. Human Resource Management Journal, 1997, 7 (4): 71-82.

[28] Kelliher C. Flexibility in employment: developments in the hospitality industry [J]. International Journal of Hospitality Management, 1989, 8 (2): 157-166.

[29] Knox A, Walsh J. Organisational flexibility and HRM in the hotel industry: evidence from Australia [J]. Human Resource Management Journal, 2005, 15 (1): 57-75.

[30] Kahn R L, Wolfe D M, Quinn R P, et al. Organizational stress: Studies in role conflict and ambiguity [J]. American Journal of Sociology, 1964, 10 (1).

[31] Kong H. Relationships among work-family supportive supervisors, career competencies, and job involvement [J]. International Journal of Hospitality Management, 2013, 33 (1): 304-309.

[32] Lucas R. Fragments of HRM in hospitality? Evidence from the 1998 workplace employee relations survey [J]. International Journal of Contemporary Hospitality Management, 2002, 14 (5): 207-212.

[33] Liden R C, Wayne S J, Sparrowe R T. An examination of the mediating role of psychological empowerment on the relations between the job, interpersonal relationships, and work outcomes[J]. Journal of Applied Psychology, 2000, 85(3): 407-416.

[34] Qin L, Shi X, Hui J. Emotional labor strategies, emotional exhaustion, and turnover intention: an empirical study of Chinese hotel employees[J]. Journal of Human Resources in Hospitality & Tourism, 2012, 11(2): 87-105.

[35] Tuselmann H J, Mcdonald F, Heise A. Employee Relations in German Multinationals in an Anglo-Saxon Setting: Toward a Germanic Version of the Anglo-Saxon Approach?[J]. European Journal of Industrial Relations, 2003, 9(3): 327-349.

[36] Ogura K. International comparison of Atypical employment: differing concepts and realities in industrialized countries[M]. An examination of Sir William Hamilton's philosophy and of the principal philosophical questions discussed in his writings / University of Toronto Press, 2005: 95-102.

[37] Roundtable B. Counting the Hidden Assets: First Steps in Assessing the Impact of Community College Noncredit Education Programs on the Workforce and Local Economies[J]. Catalyst, 2011, 15(4): 357-365.

[38] Mowday R T, Steers R M, Porter L W. The measurement of organizational commitment[J]. Journal of Vocational Behavior, 1979, 14(2): 224-247.

[39] Meier J D. Solutions to the Hospitality Industry's Labor Shortage[J]. Hospitality Review, 1991, 9(2): 10.

[40] Meyer J P, Allen N J. Testing the "side-bet theory" of organizational commitment: Some methodological considerations[J]. Journal of Applied Psychology, 1984, 69(3): 372-378.

[41] Sparrow P, Marchington M P. Human Resource Management: The New Agenda[C].1998: 6-8.

[42] Soltani E, Wilkinson A. What is happening to flexible workers in the supply chain partnerships between hotel housekeeping departments and their partner employment agencies?[J]. International Journal of Hospitality Management, 2010, 29(1): 108-119.

[43] Steers R M. Antecedents and outcomes of organizational commitment[J]. Administrative Science Quarterly, 1977, 22(1): 46-56.

[44] Kikulis L M, Slack T, Hinings C R. Toward an understanding of the role of agency and choice in the changing structure of Canada's national sport organizations[J]. Journal of Sport Management, 1995, 3(7): 135-152.

[45] Soltani E, Wilkinson A. What is happening to flexible workers in the supply chain partnerships between hotel housekeeping departments and their partner employment agencies?[J]. International Journal of Hospitality Management, 2010, 29(1): 108-119.

[46] Saks A M. The relationship between the amount and helpfulness of entry training and work outcomes[J]. Human Relations, 1996, 49(4): 429-451.

[47] Slavnic Z. Working in the "Bleak House" -an autoethnographic study of ethnic segmentation, precarization and informalization in the London hotel industry[J]. Hospitality & Society, 2013, 634(2):

67-70.

[48] Utley D R, Westbrook J D. Project Managers and Functional Managers: A Case Study of Job Satisfaction in a Matrix Organization [J].Project Management Journal, 1998: 11-19.

[49] Verma V. The human aspects of project management: human resource skills for the project manager, volume two [M]. Project Management Institute, 1996.

[50] Walsh T. Flexible labor utilization in the private service sector [J].1990, 4 (4): 517-530.

[51] Wiener Y. Commitment in Organizations: A Normative View [J]. Academy of Management Review, 1982, 7 (3): 418-428.

[52] Walton R E. From control to commitment in the workplace [J]. Harvard Business Review, 1985 (1): 15-29.

[53] Wang Y. An Evaluation Tool for Strategic Training and Development: Application in Chinese High Star-Rated Hotels [J]. Journal of Teaching in Travel & Tourism, 2011, 11 (3): 304-319.

[54] 陈永霞, 贾良定, 李超平, 宋继文, 张君君. 变革型领导, 心理授权与员工的组织承诺: 中国情景下的实证研究 [J]. 管理世界, 2006 (1): 96-105.

[55] 陈为新, 汪纯孝, 刘芳, 朱承强. 酒店部门管理人员的真诚型领导风格与员工的敬业程度和工作绩效之间的关系 [J]. 北京第二外国语学院学报, 2013, 35 (9): 47-60.

[56] 樊耘, 阎亮, 余宝琦. 组织文化激励性与公平性对组织承诺的影响 [J]. 软科学, 2011, 25 (9): 86-89.

[57] 谷慧敏. 中国大陆外方管理饭店人力资源管理现状及对策研究 [J]. 旅游学刊, 2000 (5): 68-73.

[58] 谷慧敏, 李彬, 牟晓婷. 中国饭店企业社会责任实现机制研究 [J]. 旅游学刊, 2011, 26 (4): 56-65.

[59] 贾旭东, 谭新辉. 经典扎根理论及其精神对中国管理研究的现实价值 [J]. 管理学报, 2010, 7 (5): 656-665.

[60] 柯丽菲, 黄远仅, 姚建明. 服务性企业员工组织公民行为与组织承诺、组织公平感关系实证研究 [J]. 软科学, 2007, 21 (5): 17-21.

[61] 李雪莉. 战略人力资源管理——用人模型与关键决策 [M]. 北京: 中国发展出版社, 2010.

[62] 刘小平, 王重鸣. 组织承诺及其形成过程研究 [J]. 南开管理评论, 2001 (6): 58-62.

[63] 刘小平. 员工组织承诺的形成过程: 内部机制和外部影响——基于社会交换理论的实证研究 [J]. 管理世界, 2011 (11): 92-104.

[64] 李恒云, 龙江智. 饭店业一线员工情绪失调, 薪酬与晋升对工作满意度和离职倾向的作用机制研究: 组织支持感的调节作用 [J]. 北京第二外国语学院学报, 2012 (11): 45-54.

[65] 刘筏筏, 严胜道. 饭店非正式员工的管理 [J]. 饭店现代化, 2008 (12): 23.

[66] 凌玲, 卿涛. 培训能提升员工组织承诺吗——可雇佣性和期望符合度的影响 [J]. 南开管理评论, 2013, 16 (3): 127-139.

[67] 李晓宏. 人口增长势头趋缓老龄社会渐行渐近当前为何还要稳定低生育水平 [J]. 青春期健康, 2013 (6).

[68] 刘效广，王艳平. 基于社会交换理论的组织承诺形成机制实证研究[J]. 软科学，2008，22（11）：114-118.

[69] 吕勤. 饭店服务人员共情问卷的编制及其共情能力与服务绩效的关系[J]. 北京第二外国语学院学报，2007（5）：32-35.

[70] 李秀娟，魏峰. 组织公正和交易型领导对组织承诺的影响方式研究[J]. 南开管理评论，2007，10（5）：82-88.

[71] 秦宇. 交织混合型战略——一个多案例研究的发现[J]. 管理世界，2010（10）：135-157.

[72] 苏方国，赵曙明. 组织承诺、组织公民行为与离职倾向关系研究[J]. 人力资源管理，2005，26（8）：111-116.

[73] 王淑芳，金媛媛. 饭店非正式员工工作满意度研究[J]. 旅游学刊，2008，23（9）：85-89.

[74] 王瑾. 中国传统价值观对酒店员工组织公民行为的影响研究[M]. 北京：旅游教育出版社，2013.

[75] 王俞. 西方人力资源管理概念浅析[J]. 中国人才，2003（9）：5.

[76] 徐细雄，淦未宇. 组织支持契合、心理授权与雇员组织承诺：一个新生代农民工雇佣关系管理的理论框架——基于海底捞的案例研究[J]. 管理世界，2012（12）：131-147.

[77] 杨燕绥，赵建国. 灵活用工与弹性就业机制——新规则，自由人的梦[M]. 北京：中国劳动社会保障出版社，2006.

[78] 余志远，朱玉华，周广鹏. 饭店企业员工组织承诺与离职倾向关系研究——以福州市高星级酒店为例[J]. 北京第二外国语学院学报，2012（3）：6.

[79] 叶仁荪，王玉芹，林泽炎. 工作满意度、组织承诺对国企员工离职影响的实证研究[J]. 管理世界，2005（3）：122-125.

[80] 姚唐，黄文波，范秀成. 基于组织承诺机制的服务业员工忠诚度研究[J]. 管理世界，2008（5）：102-123.

[81] 张勉，张德，王颖. 企业雇员组织承诺三因素模型实证研究[J]. 南开管理评论，2002，5（5）：70-75.

附录

访谈大纲

访谈对象	访 谈 问 题
酒店 培训经理	1. 贵酒店员工总数是多少？正式员工和非正式员工的比例是多少？非正式员工主要有哪些类型？例如临时工、短期合同工、劳务派遣、劳务外包还是其他？
	2. 贵酒店是否面临"招工难"和"留人难"的困境？您是否同意非正式员工是解决困境的途径之一？您是如何看待非正式员工对酒店的作用或者战略意义的？
	3. 贵酒店哪一个部门使用非正式员工最多？据您了解，非正式员工为酒店创造的价值同正式员工相比有区别吗？区别在哪里？
	4. 贵酒店对员工有哪些培训？在培训时间和内容等方面正式员工和非正式员工有何区别？
	5. 非正式员工在酒店工作，是否能享有同正式员工同样的福利和待遇（如晋升、薪酬和职业发展机会等方面）？如果非正式员工违反酒店规章制度，处理方式与正式员工有何不同？如果遇到裁员，是否会先考虑裁掉基层的非正式员工？
	6. 您如何看待向非正式员工授权？您信任非正式员工吗？
	7. 您是否同非正式员工沟通交流过？您怎样看待同他们交流的必要性？
酒店 实习生	1. 您的年龄是多少？您的学历是什么？您是本地人还是其他省的？
	2. 您一天工作几个小时？一周工作几天？您签订的劳动合同的期限是多长？
	3. 您选择来酒店工作是因为其他行业没有更好的机会还是因为您对酒店工作感兴趣？
	4. 您在参加酒店的工作之前，对酒店的工作环境、工作待遇等方面是否有了解？您对酒店的薪资、培训、福利等方面有什么期望？酒店是否提供免费的餐食以及住宿？
	5. 您是否听说过酒店客人会给酒店员工小费这一情况？您的基本工资很低，假如小费也算作您收入的一部分，您会认为酒店的工作是稳定的，并且您希望一直做下去吗？
	6. 您上岗前是否有人带领您到酒店各处参观和交流？您在培训过程中和之后是否获得过酒店方面的反馈？
	7. 您在工作中是否感觉到过组织或者监管者对您工作的支持？您是否被经理授权做过一件事情？
	8. 您感觉酒店对您和正式工的态度、福利等方面有区别吗？
	9. 您平时在工作中是否非常小心和谨慎，既需要维护和正式工的关系，又需要维护和管理者的关系，以免面临被开除的可能性？
	10. 您在工作中，是否有过同正式工或者管理者合作完成工作的经历？您对于这种需要大家协作的工作的态度是积极的还是被动的？是否有过冲突？

论文六　中小型国有酒店集团管控问题研究
——以 K 集团为例

2014 级研究生　何　露

摘　要

21世纪的前十年，在中国经济高速发展的宏观背景下、在2008年奥运会等国际盛事的推动下，国际酒店集团纷纷加快在中国市场布局的步伐，国内酒店集团在竞争与学习中也得到明显的进步与发展。酒店集团的规模效应凸显。凭借在资金、技术、管理、渠道等多个方面的优势，酒店集团迅速占领市场，成为酒店行业主流的、充满竞争力的扩张方式和经营方式。在一轮酒店集团化发展的热潮中，酒店集团所展现出来的巨大规模效应和突出的市场竞争能力使得中小型国有酒店企业对于实施集团化发展战略产生了迫切的愿望。

本文采用文献研究法首先阐述了集团管控的内涵，梳理集团管控的模式和影响集团管控模式选择的主要因素，分析、总结了我国一般性国有企业的集团管控现状和问题。其次，本文从阐述酒店集团的内涵入手，梳理了酒店集团不同于一般性企业集团的特性、酒店集团的三种发展模式和五种经营模式以及常见的三种酒店集团组织结构，并结合酒店业的产业特征、产品特征、运营管理特征等，强调指出酒店集团的管控重点在于人力资源、服务质量体系、市场营销和客户关系管理、品牌管理、采购和供应链管理以及信息管理等。最后，本文将一般性国有企业的集团管控问题与酒店集团的管控重点相结合，总结出我国国有酒店集团的主要管控问题，提出从公司治理、管理体制、酒店运营等三个层面的理论性解决方案。

在理论研究的基础上，本文采用案例分析法进行实证研究，以 K 集团——一家中小型国有酒店集团为研究对象，梳理了 K 集团推进酒店集团化的基础和制约酒店集团化的具体问题，指出产生问题的关键原因在于 K 集团的现代企业制度不健全、职能定位不清晰、战略体系不完整以及组织结构不合理，并且将国有酒店集团管控问题的理论性解决方案与 K 集团的实际情况相结合，提出了解决 K 集团酒店管控问题的具体路径。

基于以上理论研究与案例研究，笔者在对策建议中提出了一般中小型国有酒店集团完善集团管控体系、实施酒店集团化战略首先需要解决公司治理结构、职能定位、战略体系建设和组织结构调整等基础性问题的观点，并提出了"解决基础性问题，建立、完善集团内部管控体系"两步走具体策略。

关键词：中小企业；国有企业；酒店集团；集团管控

Researching on Management Control of Small and Medium-sized State-owned Hotel Groups: A Case Study of K Group

Abstract

During the first decade of the 21st century, benefiting from China' high-speed economic development and advancement of the 2008 Olympic Games and other international grand occasions, international hotel groups accelerated their pace in China market while local hotel groups also achieved significant progression and development through competitions. The scale effect of hotel groups was prominent. With advantages of capital, technology, management, channel and so on, hotel groups rapidly occupy the market, becoming a mainstream, competitive expansion method and operation method. In the great mass fervor of hotel collectivize development, small and medium-sized state-owned hotel enterprises, seeing the great scale effect and outstanding market competitiveness shown by hotel groups, generated urgent desire to implement the strategy of collectivize development.

In respect of theory study, this paper started from distribution on connotations of group management control with the method of literature research, sorting patterns of group management control as well as major factors influencing the choosing of patterns for group management control, analyzing and summarizing current conditions and existing problems concerning group management control among small and medium-sized state-owned enterprises in China. After this, this paper illustrated connotations of hotel group, concluding characters that making hotel group differentiating from general enterprises, together with 3 development modes and 5 operation modes as well as 3 kinds of organization structures among hotel groups. By combining industrial characteristics, product characteristics and operation management characteristics, this paper emphasized that focuses of hotel group management control should be placed on human resources, service quality system, marketing and customer relationship management, brand management, purchase and supply chain management as well as information management etc. Lastly this paper consolidated group management control issue on general state-owned enterprise with core of hotel group management control, pointing out major management control issues among state-owned hotel groups and proposes theoretical solutions from 3 aspects, corporate governance, management system and hotel operation.

Basing on theory study, the method of case analysis was adopted in this paper as empirical research. Taking a small and medium-sized state-owned enterprise, K Group, this paper sorted out basis for the implementation of hotel collectivize strategy by K Group as well as specific factors that limiting its collectivize strategy. It found out that major limitation includes unsound modern enterprise system, unclear function orientation, incomplete strategic system and improper organization structure in K Group, and presented approaches for problem-solving according to practical conditions of K Group through combining theoretical solutions on hotel group management control issue with K Group's practical situation.

Based on above mentioned literature research and case analysis, the author presented that if general small and medium-sized state-owned hotel groups want to improve their group management control systems and implement hotel group-based strategy, basic problems, including enterprise governance structure, function orientation, construction of strategic system and adjustments of organization structure, must be solved first. The author proposed a two-step strategy of "solving basic problems, constructing and improving group management control system".

Key words: Small and Medium Size Enterprise; State-owned Enterprise; Hotel Group; Group Management Control

1 绪论

1.1 研究背景

1.1.1 中国酒店企业集团化成长

21世纪的前十年，在中国经济高速发展的宏观背景下、在2008年奥运会等国际盛事的推动下，国际酒店集团纷纷加快在中国市场布局的步伐，国内酒店集团在竞争与学习中也得到明显的进步与发展。在这一过程中，酒店集团的规模效应凸显。凭借在资金、技术、管理、渠道等多个方面的优势，酒店集团迅速占领市场，成为酒店行业主流的、充满竞争力的扩张方式和经营方式。即使近年受到中央八项规定、六项禁令等具体政策的影响，我国酒店集团的发展势头仍然强劲，整体上继续保持了快速的增长速度，而且并购活跃，带来产业集中度的明显提升。《中国饭店管理公司（集团）2014年度发展报告》的数据显示，2014年酒店数量排名前五的酒店集团分别为：铂涛集团、如家酒店、华住酒店、格林豪泰和锦江国际；每个集团的酒店数量均超过1300家，客房数量均达到10万间以上，而且这五家酒店集团客房数量的总和已经占到了参与统计酒店集团客房总数的59.3%。[①] 同时，各类酒店集团在中国市场的扩张速度继续高于在国际市场上的扩张速度。这一方面表明中国的酒店市场仍然存在较大的空间，颇具吸引力；另一方面也说明中国的酒店集团

---

① 中国旅游饭店业协会. 中国饭店管理公司（集团）2014年度发展报告［R］. 2014.

在集团化进程方面已经获得一定的优势。

1.1.2 企业集团化经营中的管控问题

在集团化、规模化的行业发展趋势下，拥有酒店业务的中小型国有企业也希望通过实施酒店集团化战略获得规模效应，应对市场竞争，谋求长远发展。但是，长期处于国有体制之下沉淀的行政性管理思维，以及在我国国有企业集团发展初期由于规模、资源的限制，使得这一类企业集团获得政府支持的力度不足。中小型国有企业集团自身在公司治理结构、职能定位、战略体系、组织结构、人力资源、财务、信息管理、企业文化、品牌等诸多方面存在问题，阻碍了其集团化、规模化的发展步伐。其中，关键的基础性问题主要有：中小型国有企业有待完善的公司治理结构和落后的管理理念与现代酒店集团管理模式难以融合；缺少战略体系或者战略体系不完整使酒店集团化发展缺乏必要的战略指导；母公司职能定位不明确导致集团管控体系无法建立；组织结构与现代管理制度不匹配，过度集权或管控失效，制约集团化的发展步伐。

另外，专业管理人员的缺乏和人力资源系统的不健全、集团公司运营管理水平低，也是导致中小型国有企业无法对下属酒店进行有效管控、实施酒店集团化战略的重要原因。

因此，研究中小型国有酒店集团的管控现状与问题，理顺母、子公司之间的组织结构，结合集团特征建立合理有效的集团管控体系，对于帮助中小型国有企业实现酒店的集团化、规模化，提高市场竞争力，推进我国本土酒店集团的发展，具有重要的意义。

1.2 研究意义

1.2.1 理论意义

第一，从理论上分析服务业企业集团管控核心问题及要点。由于服务的不可移动性、不可存储性、生产与消费同步等特点，服务业企业的集团管控有着明显区别于生产型企业的特点。本文以酒店业为例，对服务业企业集团、集团管控的概念和类型进行了梳理，并结合我国国有企业集团管理实践的具体情况，聚焦我国国有企业集团，尤其是中小型国有企业集团在集团管控方面的典型问题，对各个概念起到了丰富和深化的作用。

第二，从理论上分析基于国有企业体制机制的集团管控模式。我国国有企业脱胎于长期的计划经济体制，企业集团的集团管控和酒店集团的运营管理发源于市场经济，国有企业的集团管控必然面临计划经济遗留影响与市场经济发展要求之间的矛盾和冲突。本文选择中小型国有酒店集团这一类具有自身特点又突出反映了这一矛盾与冲突的对象进行分析和研究，结合酒店行业成熟的运营模式，探索中小型国有酒店集团通过完善集团管控模式实现酒店集团化的路径，丰富了集团管控和酒店管理相关理论的内涵。

1.2.2 现实意义

第一，本文综合考虑了企业集团管控的一般规律与我国国有企业集团的自身特点，梳理出我国国有企业集团在集团管控上的典型问题，并以 K 集团为例，探讨中小型国有企业集团完善集团管控体系的解决方案，可作为此类企业集团建立、完善现代企业制度，优化集团管控体系的参考。

第二，本文指出了我国中小型国有企业在对下属酒店管控方面存在的问题，探讨了在完善集团管控体系的过程中通过借鉴成熟的现代酒店管理经验实施酒店的集团化发展战略、获得规模化优势的解决方案，可以作为同类企业集团开展酒店业务、优化集团管控的参考。

1.3 研究方法

1.3.1 文献研究法

文献研究法主要指搜集、鉴别、整理文献，并通过对文献的研究形成对事实的科学认识的方法。在即将开展的论文研究中，对文献研究法的应用主要体现在以下三个方面：

第一，研究集团管控理论的相关文献，进一步加强对相关概念的理解。

第二，研究企业集团管控理论应用于我国国有企业的文献资料，了解相关理论与具体实践相结合之后的应用现状和存在的问题。

第三，研究酒店集团化发展和酒店集团经营方式的相关文献，总结出酒店集团的主要经营方式与集团管控模式的对应关系，为K集团借鉴经验、完善集团管控模式、实施酒店集团化发展战略提供支持。

1.3.2 案例研究法

案例研究法是认定研究对象中的某一特定对象，加以调查分析，弄清其特点及其形成过程的一种研究方法。案例研究有三种基本类型：①个人调查，即对组织中的某一个人进行调查研究；②团体调查，即对某个组织或团体进行调查研究；③问题调查，即对某个现象或问题进行调查研究。[①]

本文采用案例研究法中的问题调查法，对笔者所任职的K集团及其下属酒店之间存在的集团管控上的问题进行研究。K集团是北京市朝阳区国资委下属的中小型国有企业，酒店是主营业态之一。K集团目前在北京拥有三家酒店（其中两家为五星级、一家为四星级），还拥有海南三亚的一家度假酒店、四川青城山的一家度假山庄。可见，K集团是经营酒店业务的中小型国有企业集团的一个典型代表。本文通过对K集团及其下属酒店的产权关系、组织结构、集团管控模式进行研究，总结其作为中小型国有企业酒店集团管控的特点，并对K集团实施酒店集团化发展的需求和实施基础进行阐述，从而以案例验证本文在理论部分提出的中小型国有企业通过完善集团管控模式谋求发展的可行性。

1.4 研究内容与技术路线

1.4.1 研究内容

本文在第二部分的文献综述中，对目前国际、国内的有关集团管控理论和酒店管理理论的研究情况进行了梳理，了解已有理论研究的基本内容、研究广度与深度以及研究的重点领域，明确本文在理论研究方面可借鉴的前人研究成果与进行理论创新的方向。在第三部分的国有酒店集团管控理论的研究中，具体分析了影响集团管控的主要因素，基于影响

---

① Elaine201051. 毕业论文研究方法有哪些［EB/OL］. http://wenku.baidu.com/view/11620860caaedd3383c4d3e2.html，2015-10-16.

因素的不同表现形成的集团管控模式，以及酒店集团的特性、发展模式、组织结构以及管控重点等，形成本文理论研究的基础。同时结合中国国有酒店集团在公司治理结构、管理机制体制等方面的特点，指出中小型国有酒店集团在集团管控和集团化发展中的问题，并从理论层面提出解决方案。在第四部分的案例研究中，本文以K集团及其酒店业务单元为研究对象，站在母公司的视角从公司治理与管理机制体制、酒店运营管理两个层面梳理了K集团酒店管控中存在的问题，并提出解决问题的路径，印证了本文在第三部分理论研究中形成的解决方案。在第五部分中，本文对第三部分理论研究和第四部分案例研究的结论进行了整合和总结，提出了我国中小型国有酒店集团解决集团管控问题的两步走策略。第六部分是对全文研究结论的总结以及对未来研究工作的展望。

1.4.2 研究技术路线

具体的技术路线如下：

首先是归纳总结：包括对集团管控模式的总结、对中小型国有企业集团管控问题的总结，以及对酒店集团主要经营方式的总结。

其次是交叉分析：将集团管控模式与酒店集团运营管理方式进行关联和综合分析，为中小型国有酒店集团完善集团管控、实施酒店集团化发展战略提供借鉴。

最后是实证研究和分析：通过对K集团及其下属酒店的案例研究，以及结合理论部分的研究，为K集团提出具体的实施方案。

具体思路如图1所示：

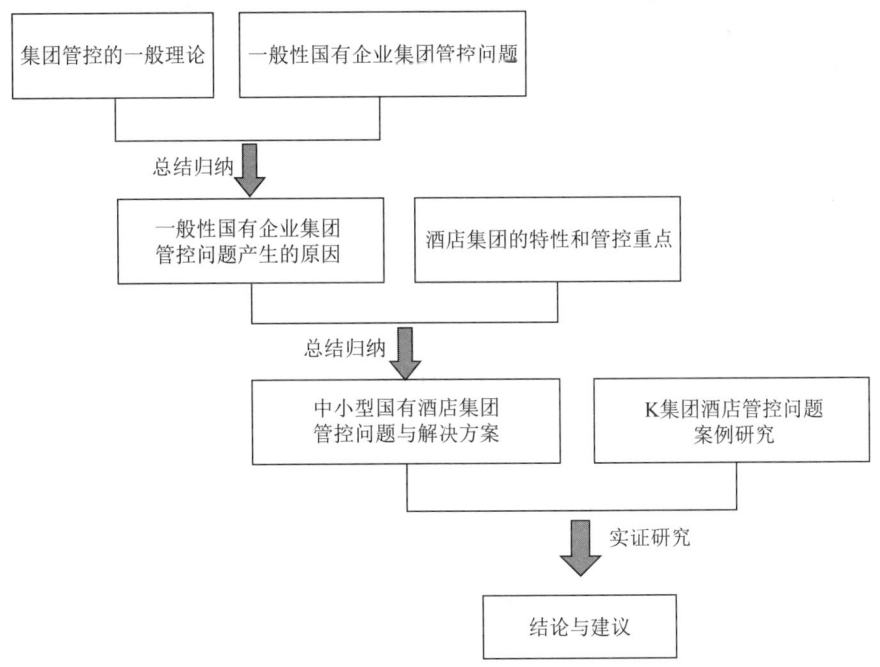

图1 研究路线图

1.5 研究创新

现有的集团管控和组织结构的研究，多聚焦在两个层面：一个是大型企业集团的母子公司、总分公司之间的关系研究，另一个是公司内部各部门组织架构的研究，而少有对中小型企业集团集团管控和组织结构的关注。本文通过总结归纳、分析借鉴以及实证研究，在两个方面有所创新。

创新点一：在集团管控的问题研究中，聚焦中小型国有酒店集团这一类在市场中普遍存在但在既往研究中未被重视的企业集团类型，对已有的研究体系是有益的补充。

创新点二：深入分析中小型国有酒店集团的管控问题，并从公司治理结构和管理机制体制、酒店集团运营管理两个层面提出综合性的解决方案，丰富了集团管控理论和酒店集团理论的研究内涵。

1.6 研究局限性

完善中小型国有企业的集团管控体系，实施酒店集团化发展战略，除了涉及本文提到的公司治理结构与管理机制体制的建构、战略体系、组织结构、人力资源、服务质量体系、财务、采购、品牌、信息系统的管控，企业文化的建设与企业文化在集团母子公司之间的传输也是需要考虑的重要内容。本文尚未就企业文化对集团管控的影响以及如何运用企业文化完善集团管控进行讨论。另外，本文立足于集团母公司的视角，未从子公司的角度进一步的分析和论证。

2 文献综述

2.1 企业集团管控

企业集团是现代企业的高级组织形式，产生于社会化大生产对企业有限经营规模的挑战和激烈的市场竞争对企业抵御风险能力挑战的背景之下。不同的国家对企业集团这一组织形式有不同的称谓，理论界对于企业集团的定义也众说纷纭。但是共同之处在于，都认为企业集团是由多个独立法人构成的企业联合体，并通过产权、经济杠杆和社会关系等纽带联结。Leff（1978）、Granovetter（1995）、Khanna 和 Rivkin（2001）等，均对此进行了论述。国内理论界对企业集团的定义也有诸多研究。蒋一苇（1991）认为，企业集团是多个法人企业通过一定纽带，具有多个层次的，并允许跨行业、跨部门、跨地区、跨所有制、跨国所组成的大型经济联合组织。这一论述突出了企业集团层次多、跨度大的特点。李非（1994）从法律形式和管理制度的角度指出，企业集团是在法律形式上独立的若干企业经由股份持有、董事兼任等制度性的结合手段而形成的企业联合体。厉以宁（1986）比较具体地提出了企业集团的两种联合形式，一种联合主要发生在生产、销售领域，企业之间进行的是产品、技术、销售的联合，彼此之间存在多层次的协作关系；当这种联合深入到所有权范围内，企业之间发生资金的渗透和联合，互相参股，则形成控股母公司—子公司—孙公司的联合形式。

本文在综合国内外理论研究的基础上，认为企业集团指的是以一个或少数几个大型企业为核心，以资本、契约、产品、技术等为纽带，将一定数量的法人企业联合起来，组成的一个具有共同经营战略和发展目标的多级法人结构经济联合体。在企业集团中起主导作用的核心企业，被称为母公司、集团公司或集团总部；由母公司全部出资或部分出资成立的法人企业，则为子公司。相比单体企业，随着企业数量增加和集团规模的扩大，企业集团的管理体系更为复杂，除了需要考虑母子公司各自的管理问题，还需要注意母公司对子公司的管理控制，以及子公司之间的协同，因此衍生出了对企业集团的管理研究。

集团管控是指大型企业的总部或者管理高层，为了实现集团的战略目标，在集团发展壮大过程中，通过对下属企业或部门采用层级的管理控制、资源的协调分配、经营风险控制等策略和方式，使得集团组织架构和业务流程达到最佳运作效率的管理体系。早在20世纪七八十年代，西方学者即开始对集团管控进行研究，在管控模式、管控手段和方式等各方面形成了大量的研究成果。Ouchi、Maguire（1975）把母公司对子公司的管控分为行为控制和产出控制。Ouchi（1977）变换了分类标准，根据母公司对子公司所采用的控制方式的不同，将集团管控分为三种类型：官僚式控制、市场式控制、团体式控制。Vancil（1979）认为，可以依据母公司授予子公司权限上的差异划分集团管控模式。Baliga、Jaeger（1984）将集团管控机制分为官僚控制机制和文化控制机制；官僚控制机制是根据使用规则、程序来规定子公司的权利和角色，确保其行为或结果符合母公司的期望，而文化控制机制是强调企业集团的文化对子公司行为和结果的影响。Hennart（1991）以交易成本理论为基础，提出把集团管控分为层级管控、人员聘用和社会控制、价格控制三种模式。西方学者丰富的研究成果为我国理论界研究集团管控提供了学习和借鉴的基础。

我国学者对集团管控的研究始于21世纪初。王吉鹏（2006）首次明确提出了"集团管控"的中文概念，他认为，集团管控是一门独立学科，是一个专有名词，是一个动态体系，并提出了在后全球经济危机时代我国的企业集团应该如何在集团管控方面有所作为。王凤彬、赵民杰（2012）在梳理前人研究的基础上，提出了以母子公司责权分配情况为分类标准的五种集团管控类型（分别是绝对集权型、相对集权型、相对分权型、绝对分权型和中间平衡型），同时研究了现代企业制度下对集团管控体系的建立和实施有关键性影响的母公司职能定位和企业集团的组织结构设计，并对集团管控体系下的各个主要管控子系统进行了阐述。戚文举（2008）对华润集团进行案例研究，介绍了华润集团如何通过引入6S管理体系和平衡计分卡（BSC）构建投资控股的管控模式，从而获得了协同竞争优势。谢明磊（2012）不仅较为详尽地梳理了母子公司的管控模式与机制，而且从母公司统一管理视角、子公司自主发展视角、母子公司关系网络视角三个不同的角度进行了相应的研究，并以此为基础，结合权变理论，探讨外部环境和企业战略对母子公司管控与企业绩效的影响。

2.2 酒店集团管控

酒店业是集团化发展的典型代表。自"二战"以来,饭店联号创立并获得迅速发展、演化,形成了饭店联号、饭店管理公司、饭店联盟等多种连锁化经营模式,并形成了以集团化为主流的组织形式。丰富的实践案例为理论研究提供了充足的素材,大量的学者、管理实践者对酒店集团和酒店集团经营模式从多个不同角度进行了梳理和研究。

国际上的相关研究大多关注在酒店行业的发展历程与现状、发展趋势和展望,具体酒店集团的实证研究,以及对顾客需求的研究和品牌的管理上。J. W. Marriot(1987)结合自身的实践经验,对万豪酒店集团的经营管理和战略扩张进行了研究,总结出万豪成功扩张的基本模式。Chuck Y. Gee(1994)回顾了国际饭店联号的发展历程,比较系统地梳理了国际饭店在投资、开发、运营、人力资源管理、市场营销与销售等方面的关键性因素或问题,为我国酒店集团管理的研究与实践提供了基础。C. P. Cooper 和 A. Lockwood(1994)通过对中高档饭店市场的研究指出,联号饭店基本控制了北美市场,单体饭店则是在欧洲较有优势。亚太、非洲、中东地区的饭店集团化程度与欧洲类似,国际饭店集团在这些地区的进入程度较高。对于酒店集团公司治理结构的研究,国外学者也有所涉及,但数量相对较少。Paul Slattery 和 Andrew Clark(1988)对酒店集团的治理结构予以了关注。Ray Pine 和 Paul Phillips(2005)做了进一步研究,在对我国不同所有制下的酒店的市场表现进行分析比较之后指出,整体上国有酒店表现最差,外资酒店表现最优。

在西方学者大量基础性研究的基础上,我国学者对酒店集团管控的研究更为聚焦在不同的视角或具体问题上。秦宇(2003)从经济学的角度对饭店组织的发展、演进进行了研究,指出交易成本理论不适用于饭店业的组织管理,饭店业自身的特点加上分工的深化导致所有权和管理期的分离,这是专业的酒店管理组织、营销组织以及技术服务组织等出现和发展的根本原因。谷慧敏、邹益民(2006)从行业理论和实践研究的角度,对饭店联合体的内涵、饭店联合体经营的历史和现状、类型和特征、问题与发展趋势等进行了全面的介绍和分析。秦宇(2004)结合我国饭店业的具体实践,指出我国饭店集团发展中的三个误区:忽视饭店业的产业特性、忽略市场环境的制约和影响以及过分强调资产纽带。秦浩(2006)通过分析酒店集团化的特点、集团化对各种要素条件的要求等,探索中国酒店业集团化实现的道路。邹益民(2006)从饭店集团化战略的角度,将饭店集团以资本为纽带、以品牌为纽带和以业务为纽带的三种主要的连锁化发展模式与饭店集团全资/合资饭店、租赁经营、特许经营、管理合同、战略联盟五种主要经营模式进行了分析。邹益民、戴维奇(2006)从投资者的角度对饭店企业成功的关键要素和饭店集团的主要经营模式进行了梳理,在此基础上提出了单体饭店基于自身资源和能力选择集团化具体经营的匹配方案。在具体的案例研究方面,孙健(2007)聚焦于酒店集团的跨国经营,以法国雅高酒店集团和美国卡尔森酒店集团为研究对象,总结归纳国际酒店集团在跨国经营模式方面的经验,提出了我国酒店集团跨国经营的建议。陈太壮(2009)以山东省国有酒店集团公司为例,以其内部治理机制为研究对象,指出治理结构不合理、经营者选择行政化、内部激励约束机制不健全、集团公司管控效率低下等问题,并提出了改进建议。

2.3 文献评述

通过对企业集团、集团管控、酒店集团管控的相关文献进行梳理发现：

第一，理论研究的内容主要集中在企业集团各成员之间的关系研究、母子公司之间的管控模式研究以及酒店集团的发展模式研究上，偏重于从组织形式、战略类型、发展模式着眼，对企业运营管理中与集团管控相关的各个具体环节的研究相对较少。

第二，在案例研究中，大多数研究对象属于生产性企业或金融服务业，研究角度比较多样化，系统性也比较强。相对而言，对酒店行业集团管控的研究偏少。已有的对酒店集团管控的研究，主要从两个角度分别进行：一个角度是相对宏观的公司治理结构、管理机制体制等；另一个角度是从酒店运营中的关键环节，如采购、销售、品牌等切入，探讨在某一个关键环节上的集团管控问题，少有将公司治理结构、管理机制体制与酒店运营的具体环节结合起来的全面研究，缺乏整体性和系统性。

另外，由于现代管理理论和酒店管理理论缘起西方，在发展过程中又更易为实力雄厚的大型企业所接受与实践，现有的案例研究主要聚焦在国际知名企业集团和国内大型国有酒店集团上，少有学者关注中小型国有酒店集团管控问题，相关研究还是较少。

本文将采用文献研究法和案例研究法，在梳理、研究集团管控和酒店管理相关理论的基础上，以一家中小型国有酒店集团——K 集团为案例研究对象，将相关理论与 K 集团的管理实践相结合，探讨中小型国有酒店集团管控的问题，在为企业寻找解决方案的同时，也期望为现有的理论研究提供有益的补充。

3 国有酒店集团管控理论

3.1 企业集团管控理论

3.1.1 基本概念

单体企业随着业务的不断发展和规模的不断壮大，成立多个全资、控股、参股的子公司或关联公司而形成的企业组织，被称为企业集团。企业集团内部的各成员企业以产权为主要联结纽带。以企业集团内部各成员企业持股关系和形式为衡量标准，企业集团的组织形式分为横向型企业集团和纵向型企业集团。前者是指通过多个企业之间环形互相持股并以此为基础进行人员互派的企业集团。后者指的是通过层层逐级直线持股而形成母子公司关系的企业集团。目前我国的企业集团绝大多数采用纵向企业集团的形式，因此本文研究的是纵向企业集团形式下的集团管控问题。

西方学者对集团管控的相关研究开始于 20 世纪七八十年代，国内则是由王吉鹏（2006）首次明确提出"集团管控"的概念。他认为，集团管控一定是以战略为先导，在管理控制和价值创造能力最大化之间进行比较和选择，以责权体系为核心，由组织结构、成员公司权责、管理流程三者共同构成一个动态体系。企业集团的管控不同于单体企业的管控，它一方面涉及母公司、子公司各自内部的管理，另一方面又涉及母子公司之间的管理与协调，涉及战略、组织架构、人力资源、财务管理、信息管理等多个层面，因此集团管控具有明显的战略性和系统性。

3.1.2 影响企业集团管控的因素

由于集团管控对企业的发展具有战略性的影响，而且涉及集团内部各层级的成员企业，因此企业集团选择何种管控模式受到来自母、子公司的多个因素影响。其中需要重点考虑的因素主要如下：

（1）企业集团的战略类型：集团管控是用来实现集团战略目标的重要措施之一，不同的集团战略要求不同的管控模式。发展型战略会鼓励子公司开拓市场，需要分权程度较大的管控模式。稳定型的集团战略在运营上可以考虑适度分权，但在子公司的投融资权限上则要从严把控。紧缩型战略则是在整体上都强调母公司的集权。

（2）企业集团的发展阶段：企业集团在不同的发展阶段有不同的管理特点，对管控模式的选择也不同。在集团创建初期，为集中资源提高效率，多采用集权程度较高的管控模式。随着集团规模的扩大与成熟，子公司可以获得更多的分权。

（3）子公司业务对企业集团的重要性：对集团越重要的子公司，母公司越要对其加强集权管控。对于对集团战略、核心业务等影响不大的子公司，可以采用分权程度较高的管控模式，以减少母公司不必要的管理压力。

（4）母公司的管理水平：集权程度较高的管控模式要求母公司有较高的管理水平。如果母公司的管理水平不足以对子公司进行直接有效的管理，过度集权、过多干预子公司的经营管理反而会适得其反。

（5）母公司的文化和管理风格：集团管控模式的选择还会受到母公司企业文化和管理风格的影响。例如，从西方文化的角度来看，分权制一方面是对子公司经营管理者的尊重，另一方面也有利于鼓励子公司的积极性和创新性。而在东方文化中，一直以来强调集团价值多于个人价值，因此在日本、韩国以及中国的企业集团中，倾向于集权化的管控模式很常见。

其中以企业集团的战略类型、子公司业务对企业集团的重要性、母公司的管理水平三因素影响最大，可以作为企业选择集团管控模式的主要参考因素。

除了以上提及的五个影响因素外，成员公司的地理分布、信息技术在集团管理上的应用程度以及外部市场的竞争程度、政治经济环境等，也会对集团管控模式的选择产生影响。影响因素如此之多，也说明了集团管控模式不会是僵化不变的，而是需要动态调整的。当影响因素发生变化时，集团管控模式也需要适时调整，以保持动态平衡状态。

3.1.3 企业集团管控模式

对于集团管控模式的类型，国内外学者和实践者进行了相关研究，但是目前尚未形成一致观点。20世纪90年代国外学者提出了财务控制型、战略规划型和战略控制型的三分法。在此基础上，我国学者进一步提出了资本控制型、行政控制型、参与控制型与平台控制型的四分法，也有学者提出集权管理型、分权管理型和统分结合管理型的分类方法。国有企业在集团管控上一般首先强调的是权力的集中度，而非具体的管控方法。考虑到本文的研究对象，本文采用的是王凤彬和赵民杰（2012）提出的以权力的集中程度和责任分配为主要依据的五分法，即绝对集权型、相对集权型、相对分权型、绝对分权型、中间平衡型。

（1）绝对集权型：也被称为操作管控型，由母公司作为集团总部，对子公司进行垂直管理，子公司只是负责配合母公司完成相关经营的执行机构。绝对集权型是一种典型的高度集权的管控模式，必须在子公司数量不多而且母公司对子公司持股比例高的情形下方能实现。成功的绝对集权型管控能够在短期内迅速集合母子公司资源开展各项工作，但缺点是母公司的工作量巨大，而子公司的积极性和能动性弱。

（2）相对集权型：也被称为战略管控型，是一种"抓大放小""集中决策，分散经营"的管控模式。母公司作为企业集团的战略中心、决策中心、协调中心、监督中心和服务中心，子公司作为业务中心，母公司主要凭借战略规划和业务计划体系的实施来指导子公司的经营活动。相对集权的模式既能确保企业集团具有较好的统一性和协同性，又能给予子公司一定的自主权，提高积极性，是目前很多国内外企业集团采用的集团管控模式。

（3）相对分权型：也叫财务管控型，是一种倾向于分权的管控模式。母公司制定集团整体的经营管理政策，尤其是财务政策，子公司在遵守母公司整体政策的前提下独立负责各自的具体业务。在这种管控模式下，母公司一般不干涉子公司具体的经营管理活动，子公司具有高度的自主权，母、子公司之间主要通过资本和金融纽带进行联系。这种模式要求母公司具有较强的财务管理和资本运作能力以及分权意识，子公司具有较好的经营管理能力。

（4）绝对分权型："分散决策，分散经营"，母公司不介入子公司的具体业务，由子公司全权负责各自的经营管理。这种模式的优点是对母公司的管理水平要求低，母公司经营管理的工作量较小，然而缺点也很明显：母公司对子公司的掌控程度弱，企业集团的协同效果差，因此在实践中很少有企业集团采用这种管控模式。

（5）中间平衡型：这种模式介于集权和分权之间。采取这种管控模式的母公司，追求的是尽量与子公司在决策权限和实施权限上获得一种对等的平衡。但是在实践中难度较大，采用这种管控模式的企业集团也比较少见。

由于长期以来受传统东方文化和计划经济体制的影响，在我国的企业集团中，比较常见的集团管控模式是绝对集权型和相对集权型。绝对分权型过分弱化了母公司的地位和作用，中间平衡型对母公司的管理水平要求高，且分寸难以拿捏，在我国企业集团的管理实践中十分罕见。

3.2　国有企业集团管控问题

我国大部分的国有企业集团，其形成并不是主要基于市场与行业环境自由发展和选择的结果，而是有着明显的计划经济的痕迹。由于产生过程多由行政干预和捏合，我国国有企业集团普遍存在诸多先天性问题。例如，产权关系不清晰，"集而不团"，仅为松散性的资产组合关系，母公司无法通过产权纽带对子公司进行有效的管理和监督。母子公司各自为政，母子公司之间、各子公司之间难以协同，资源配置的有效性较差，达不到

"1+1>2"的效果。母、子公司之间缺少规范的决策、执行和监督机制,由此导致制度安排的不规范、不健全,激励机制、约束机制难以有效实施。定位不明确,母、子公司之间没有根据现代企业制度划分各自的责权利,容易过度集权,陷入计划经济时代的旧模式。在具体的职能管理上,如战略、资产、财务、人事、审计等各个方面,也存在没有建立健全相应管理制度的问题,导致集团内部交易成本居高不下,造成资源浪费。

以上先天性问题,导致我国国有企业集团在集团管控上面临四个层面的阻碍。

首先是在公司治理结构上。作为国有企业,一方面需要面对股东、管理层的监管,另一方面还要面临来自政府相关部门的行政干预,导致治理机制难以理顺,治理环境比较复杂。要么出现多头管理反而监管虚化的问题,要么出现过度集权——现代企业管理制度难以真正开展的另一个极端。

其次是在集团战略层面。相当一部分国有企业集团过于关注眼前利益而缺乏长期战略规划,导致战略的制定容易跟风,缺乏差异性,也不能充分体现自身的核心竞争优势。或者是具体实施的过程与战略脱节,表面上看是有战略,其实并无战略的实质可循,也更谈不上母、子公司之间的战略协同。

再次,国有企业集团的组织结构常常表现出与现代企业制度的不匹配。例如,部分国有企业集团的组织结构脱胎于计划经济时代的企业前身甚至是上级行政主管部门,子公司沦为为母公司利益服务的工具,复制而来的组织结构是否适应实际管理需要亦缺乏推敲。比较典型的具体表现可以总结为图2中的七点:

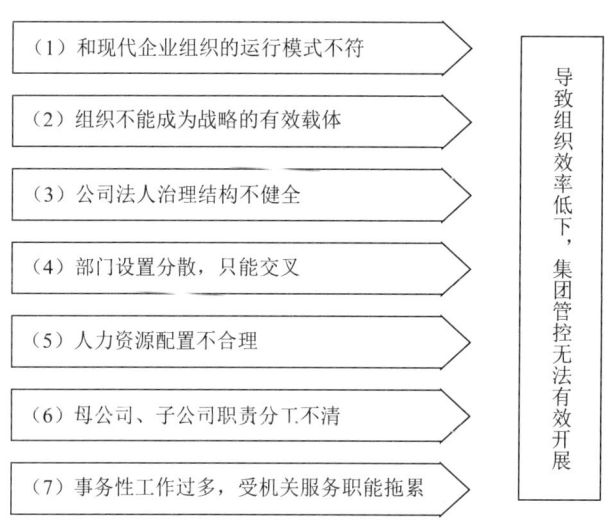

图2 国有企业组织结构中存在的典型问题

最后是公司产业结构的问题。央企集团一般规模较大,地方性企业集团在发展过程中受政策导向或者地方政府追求政绩的影响,也往往容易过分地求大求全。但是盲目的大而全的产业结构带来的是产业相关度低、无法产生战略协同优势等问题。

通过以上对国有企业存在的体制上、管理上的问题梳理可知,我国的国有企业想要开展有效的集团管控，实现"1+1>2"，获得企业价值的最大化，还有很多工作要做。首先是要转变观念，既不是把子公司当作单纯的执行者，又不能"大撒把"，需要培养出集团管控的系统性、战略性意识和思维。其次是在治理结构上要继续推进政企分开，以便建立产权清晰、责权明确的公司治理环境。而涉及战略、组织结构、人力资源、财务、信息管理等多个具体层面的现代企业制度的建设，更是实施集团管控不可回避的具体工作。

以上问题是我国国有企业集团的共性问题。对于中小型国有企业集团而言，由于规模小，资金实力较弱，加上所依托的政府资源层级上相对较低，量级上相对较小，因此，除了以上共性问题，中小型国有企业集团还有着自身的问题。例如，在发展初期由于资源不到位，各方面的发展和建设缓慢，错失先机，时至今日主要的资源已经被大型企业集团掌控，市场竞争也更加激烈，中小型国有企业集团在发展的过程中掣肘更多，因此也有着更迫切的进步愿望和更沉重的压力。硬币总有两面。规模小带来的优势是"船小好调头"。中小型国有企业集团如果能够转变观念，厘清思路，实施的过程中牵扯的利益相关方通常远少于大型企业集团，革新阻力相对较小。相对的发展落后也使得中小型企业集团有更多的经验教训可以吸取，有更多的成功案例可以参考，实践风险较小。

3.3 国有酒店集团的管控

3.3.1 酒店集团的内涵

酒店，也被称为饭店，它是以建筑物为载体，通过出售客房、餐饮以及会议室、商务中心等综合服务设施为公众（主要是旅游者和其他暂时性居住者）提供住宿、餐饮、娱乐、会议等相关服务，从而获得经济收益的组织。酒店的存在与发展已经超过千年。在世界范围内的酒店业，拥有独立产权和经营权的非集团化、非连锁化的单体酒店资产多于集团化、连锁化经营的资产；但是从客房数量、对酒店行业和酒店市场的影响来看，集团化、连锁化的酒店集团牢牢占据着统治地位。

酒店行业可以说是连锁化经营的典型代表，因此酒店集团通常又被称为连锁酒店或酒店联号，指的是以酒店企业为核心，以经营酒店产品为主体，通过产权交易、资本融合、管理模式输出、管理人员派遣和营销网络等超市场的制度性制约而相互关联的企业集团。[①]相比单体酒店，酒店集团能够通过规模化经营控制成本，迅速复制成功模式和经验，获得规模经济效应；通过产品和品牌的延伸获取更多的经济利益；通过集团化的营销网络获取客户，扩大市场范围；通过集团品牌的影响力获得忠诚客户。以上这些优势是促成单体酒店向集团化发展的主要内因。在这个过程中，由于专业化、规模化的需要，专门的酒店管理公司应运而生。国家旅游局在1993年发布的《酒店管理公司管理暂行办法》中，将酒店管理公司定义为，以其特有的专业技术、管理人才向酒店输出管理，并独立享受民事权利和承担民事义务的企业法人。酒店管理公司的出现，意味着酒店所有权和经营权的分离。酒店集团发展初期，酒店创办人身兼投资者和管理者的局面发生变化：投资者专注于酒店投融资与资本监管，另外聘请专业的酒店管理公司负责酒店管理。专业化的分工加速

---

① 戴斌.现代酒店集团研究[M].北京：中国致公出版社，1998：75-79.

了酒店集团的发展，并且在原来以资产为纽带、以不动产为载体、以投资者为实施主体的酒店集团之外，形成了以契约为纽带、以酒店管理技术为载体、以酒店管理公司为实施主体的酒店集团。

3.3.2 酒店集团的特性

由于酒店业自身的特点，酒店集团有着与一般企业集团所不同的特性。

（1）体现酒店业的复合型产业特征

酒店业以不动产为空间载体提供住宿接待服务，是一个以第三产业为主导、综合了第二产业的复合型产业。这种产业的复合性随着市场环境变化和酒店业发展阶段的不同，对酒店集团交替产生影响。由于不动产的增值性，在酒店集团发展初期，在政策环境宽松、经济发展预期良好的地区，酒店集团通过投资建设新酒店可以获得比较理想的收益，经营重点放在酒店不动产的增值上。随着土地成本和建筑成本的不断上升，不动产投资的增值性降低，风险提高。同时，随着旅游业的发展和酒店经营服务水平的提高，酒店集团将利润获取的重点转向为顾客提供良好的服务上。

（2）跨地区经营是常态

由于酒店物业的不可移动性和酒店产品的无形性、不可存储性、生产与消费同步等特点，酒店的消费者具有就近消费的特征。酒店集团规模的扩张需要通过跨地区经营趋近目标消费者来实现。

（3）特别重视无形资产

酒店不动产和酒店产品的特点，以及主要通过服务获取利润的经营方式，要求酒店集团必须通过专业、规范的经营管理保证服务品质以不断吸引客户，必须拥有良好而鲜明的品牌形象使得无形的服务产品能够被市场牢牢认知。由此形成的管理体系、服务质量体系和品牌体系等无形资产，成为酒店集团的主要核心竞争力，同时也是酒店集团进行扩张的重要工具。

（4）以品牌、技术为纽带多于以资本为纽带

大多数企业集团以资本为纽带，通过产权关系在集团内部进行连接。而酒店集团既有通过投资、控股、参股子公司形成的，也有通过以品牌、技术等无形资产为纽带、通过契约关系连接的，其内涵和外延比一般企业集团更为丰富。

3.3.3 酒店集团的发展模式

依据集团内部连接纽带的不同，酒店集团的发展模式可分为以资本为纽带的连锁经营模式、以品牌为纽带的连锁经营模式、以业务为纽带的连锁经营模式。

3.3.3.1 以资本为纽带的连锁经营模式

（1）直接投资

酒店集团通过购买土地、建筑物或租赁建筑物开设酒店，或者通过收购一家酒店而拥有一家全资子公司。一般情况下，酒店集团会直接控制酒店子公司，并进行直接的经营管理。这一经营模式具有节约内部沟通成本和交易成本、便于控制服务质量和品牌质量等优点，同时也存在资本投入高、财务风险较大等缺点，而且对母公司管理水平的要求也较高。采用这一方式进行扩张的酒店集团，通常扩张速度较慢，集团规模较小，同时也意味

着他们认为所选择的市场政治环境稳定，经济发展预期较好，不动产升值潜力较大。香格里拉酒店集团和万达集团即属于这一类。偏重于轻资产运营的酒店管理集团，较少选择直接投资的经营方式。

（2）租赁管理

酒店集团从酒店业主手中租赁酒店并进行经营管理的一种经营方式。长期租赁通常可视作直接投资、全资拥有的一种变体。我国的经济型酒店集团大都采用这种模式，如如家、7天等。

3.3.3.2 以品牌为纽带的连锁经营模式

（1）管理合同

管理合同是指酒店管理公司与酒店业主通过签订管理合同的方式形成合作关系。酒店管理公司负责运营、管理酒店，能够较好地把控服务质量和维护品牌声誉。酒店业主负责筹集运营资金、管理费用以及偿还酒店贷款等。酒店经营收益归酒店业主，酒店业主依据管理合同约定向酒店管理公司支付管理费用。酒店管理公司主要通过输出管理对酒店进行控制，酒店业主的集团公司主要通过资本对酒店进行控制。如果酒店管理公司带资管理，对酒店的控制权依据双方资本所占比例而定。万豪、洲际、喜达屋等国际酒店管理集团是采用管理合同的典型代表。

（2）特许经营

特许经营指的是酒店管理公司将具有知识产权性质的酒店品牌，包括预订系统、营销系统、管理模式、服务标准等使用权出售给酒店业主，由酒店业主依照品牌质量标准与规范运行要求自主经营酒店。特许经营的优势在于，能够帮助酒店管理公司以较小的资本投入迅速实现扩张，同时避免直接投资的风险。缺点是酒店管理公司对酒店的控制权小，服务质量和品牌形象较难把控。代表性的国际酒店管理集团有假日快捷、速8等。

3.3.3.3 以业务为纽带的连锁经营模式——战略联盟

为了共享资源与市场、合作开发、增强竞争力等，两个以及两个以上的酒店通过签订协议结成战略联盟，在中央预订系统、网络营销等领域开展合作。这种合作强调的是"双赢"或"多赢"，酒店之间是平等的伙伴关系，不存在母子公司之间的管控问题。同时，战略联盟内的酒店仅在协议约定的范围内开展合作，在此之外有可能又相互竞争。

俞迎新（2006）站在酒店运营方的角度对五种经营模式进行了比较。

表1 酒店管理集团主要发展模式比较[①]

管理形式	特点					
	对饭店的控制权	服务质量和品质声誉的控制	资本投入	财务风险	扩张速度	盈利能力
直接投资	高	高	高	高	慢	高
租赁管理	高	高	低	高	快	高
特许经营	低	低	低	低	快	低

---

① 俞迎新. 国际饭店集团进入中国市场的策略分析[J]. 经济论坛, 2006（13）: 50-53.

续表

管理形式	特 点					
	对饭店的控制权	服务质量和品质声誉的控制	资本投入	财务风险	扩张速度	盈利能力
管理合同	依资本所占比例而定	高	低	低	快	中
战略联盟	低	低	低	低	快	低

3.3.4 酒店集团的组织结构

（1）职能型组织结构（U型）

职能型组织结构以职能分工为基础，根据酒店经营活动中的不同职能来设置内部机构，各机构在集团公司的统筹管理下进行统一的运作。这是一种高度集权的组织结构类型，集团公司通过职能部门对成员公司实行统一经营、集中管理，成员公司缺乏经营的自主权和积极性，往往会使生产效率和管理效率降低，也不利于应对复杂多变的市场环境。这一组织结构多见于酒店集团的发展初期或采用直接投资方式形成的酒店集团。随着企业规模的不断扩大，酒店集团的组织结构发生演化。

（2）事业部型组织结构（M型）

事业部型组织结构对应的是酒店集团跨地区多品牌的经营需求。它是以产品、地区或市场为依据，将与特定业务开展过程相关的采购、研发、市场、销售等活动集中组合成相对独立的事业部，某个事业部再在内部建立自己的职能型结构，实行总部集中政策下各事业部分散经营的一种组织结构形式。[①] 在这种组织结构下，战略决策集中于集团公司，事业部在业务经营中有较大的自主权，适用于业务多元化或者有独立市场而且经营环境变化较快的大中型企业集团。

（3）控股型组织结构（H型）

这是一种相对松散的组织形式。在这种组织结构下，母公司通过控股、参股子公司形成企业集团，母子公司之间是出资人与被投资企业之间的关系，母公司只能基于股权对子公司进行间接管理。控股型组织结构的优缺点比较极端：一方面可以通过少量资本控制大量社会资本，最大限度降低投资和经营风险；另一方面，由于母公司既不介入子公司的具体经营管理，也不参与战略规划，较难实现集中管控、资源共享。在酒店集团中较少出现这一组织结构。

（4）混合型组织结构

酒店业的复合性和集团内部纽带的多样性，使得现实情况中的酒店集团组织结构多数是一种混合型的组织结构，即母公司以职能型组织结构直接管理以产权为纽带的成员酒店，以事业部型组织结构借助事业部管理以品牌为纽带的成员酒店。这一组织结构也常见于转型期的国有酒店集团。

---

① 王凤彬，赵民杰.企业集团管控体系［M］.北京：经济管理出版社，2012：88-89.

3.3.5 酒店集团的管控重点

酒店业作为劳动密集型服务业的产业属性和酒店产品的无形性、不可移动性、生产与消费同步等特点，决定了酒店集团的管控重点。

（1）人力资源管控

酒店业是以服务为第一产品的劳动密集型产业，人力资源是其获取竞争优势的关键资源之一。酒店集团的人力资源管控有两个重点内容。第一是通过对酒店基层员工的集团培训形成统一的服务标准。作为服务行业，基层员工是产品的直接提供者，同时也是酒店集团服务标准和品牌形象的载体。集团培训的关键意义在于，通过规范基层员工形成统一的服务质量标准，帮助酒店集团在发展过程中更好地进行质量管理和品牌管理。第二是需要特别重视对中高层管理人员的培养和管理，尤其是采用管理合同、特许经营等经营模式的酒店集团。中高层管理人员的职业素质和专业水平是决定集团管理水平的关键因素。更为重要的是，在外派酒店，中高层管理人员代表酒店集团行使经营权，是集团公司与成员酒店之间的重要纽带，外派中高层管理人员对酒店的管控水平和集团公司对外派中高层人员的管控力度，在某种程度上决定着集团公司对成员酒店的管控力度。

（2）服务质量体系管控

服务质量是酒店的生命线，是决定酒店经济效益和竞争力的重要因素。酒店集团规模扩大之后，成员酒店跨区域分布、基层员工数量庞大、成员酒店所在地区的行业环境差异等，大大增加了酒店集团服务质量体系管控的难度。酒店集团服务质量体系的管控，需要建立以服务质量的制度规范为基础、以企业文化和员工激励为协助、以顾客监督和第三方评价为补充的全面体系来保障。

（3）市场营销及客户关系管理

酒店产品的不可存储性、无形性、生产与消费同步等特点以及与其他旅游产品有较强的关联性，决定了酒店需要而且能够通过扩大营销渠道不断招徕客源，提高收益。借助品牌效应和集团内部的资源共享，酒店集团相比单体酒店，在建立营销网络方面更具优势，典型的例子是中央预订系统的利用。各大知名酒店集团在充分利用外部预订系统扩大外部市场的同时，通过建立自身的中央预订系统实现集团内部客户资源的共享。在招徕新顾客的同时，通过客户关系管理挖掘已有顾客的潜在消费机会，也是酒店集团市场营销的一个重要手段。客户关系管理对酒店品牌管理和服务质量体系也有促进作用。在市场营销和客户关系管理的过程中，集团公司需要充分发挥服务、协调和控制的作用。

（4）品牌管控

由于服务的无形性，服务产品的消费具有较强的经验特征和信任特征，而强有力的品牌更容易获得消费者的信任，在消费过程中也更容易积累经验和形成可记忆的服务特征。因此，酒店品牌是酒店重要的营销工具。同时，对于以管理合同和特许经营为经营方式的酒店集团，品牌也是集团快速扩张的重要工具。一方面，无形的管理模式、管理理念、服务标准等，都需要有形的品牌作为统领；另一方面，品牌或品牌的试用期在这两种经营方式中也是可转让的重要资产。因此，在品牌的管控中集团公司应该起主导作用，对品牌结构进行规划、确定品牌形象、制订品牌使用手册、监督成员酒店对品牌的使用情况、为品牌的使用提供必要的服务等。

（5）财务管控

酒店集团的财务管控包含调控和核算两个层面，涉及筹资、投资、资金的分配与使用，以及对酒店经营活动从财务角度进行综合性管理。确定集团财务管理目标，协调好短期利润与长期利润的关系、集团整体利益与酒店单体利益的关系以及利润与风险的平衡等，是在调控层面财务管控的重点工作内容，也是整个财务管控的方向和基础。由于酒店在客房销售上的时效性、宾客结算的即时性以及市场的季节性导致酒店现金流的阶段性特征等，酒店集团对酒店运营活动的核算工作和财务管控较为复杂。集团需要建立合理的财务预算制度，作为对酒店控制、协调和考核的依据；建立财务决策分析系统，通过整合、分析酒店经营信息与财务信息，指导酒店的运营管理，以及为集团的筹资、投资、利润分配等提供决策依据。

（6）采购及供应链管理

酒店集团的采购有其独有的特点：首先是采购品种多，但是每个品种的数量少；其次是可预见性较差，响应时间短；最后是不同类型的酒店对于同类物料的需求有差异，即多品种、小批量、分散化。这些特点对于采购和供应链管理提出了较高的要求，同时又在很大程度上对酒店集团的成本控制水平产生影响。集团采购和供应链管理是目前酒店集团常用的采购管理手段。集团公司在集团采购中需要承担规划、实施、控制、监督和服务的职能，利用集团的规模效应获得成本优势，规避分散采购容易出现的权力寻租。以集团采购为基础，通过建立相应的制度与供应商之间形成的良好合作关系，是采购管理的高级形式供应链管理。这要求集团公司不仅能够对内管控，还要发展出对外部供应商的管理能力。

（7）信息管理

酒店管理涉及大量的人流、物流、资金流、信息流，对这些信息有效利用能够提高运营效率、服务质量以及决策水平。提高决策水平是集团公司进行信息管控的主要驱动力。计算机技术和信息系统的发展为酒店集团进行信息管控提供了有利条件。集团公司根据具体管控需求选择适合的酒店信息管理系统，规划数据端口的数量和权限，并形成信息分析的机制。这在一定程度上解决了集团公司远离业务一线、不了解酒店具体经营情况的问题。另外，通过有效利用数据能够为管理决策提供支持。收益管理即是一个典型的例子。

3.3.6 国有酒店集团的管控问题

3.3.6.1 中国国有酒店集团的特点

中国酒店行业的发展始于1978年的改革开放。作为中国对外开放的窗口，酒店行业是中国最早开放、国际化程度最高的行业之一。通过学习、引进、模仿、借鉴国外酒店行业的先进经验，中国酒店行业获得了后发优势。在本土酒店集团发展的早期，政府、国企在中国酒店集团的形成和发展中扮演了重要的角色。例如，多家酒店在政府的主导下结合成企业集团，不改变各家酒店的所有权和管理权，不以产权为连接纽带，而是通过某个具体的协议建立合作关系，相互之间介绍客源、交流经验、相互促销品牌和预订客房等，类似于战略联盟。由地方政府成立以资产为纽带的酒店集团。另外，在通过国有资产划拨的方式形成的地区性旅游集团中，部分集团拥有多家酒店，也成为这一时期饭店集团的一种主要形式。与市场驱动形成的一般性酒店集团相比，国有酒店集团具有以下特点。

第一，由于所有权归属中央或地方国资委，国有酒店集团需要同时达到实现经济效益与服务政府等的双重目的。当经济目的与政府服务发生冲突时，往往是牺牲酒店的经济效益。这是导致国有酒店集团盈利能力偏低的重要原因之一。

第二，双重目的需要国有酒店集团同时面向市场和政府，对酒店集团的综合性运营管理能力要求高。大部分国有酒店集团在成立和发展的初期选择避重就轻，更乐于服务政府市场，影响了专业管理能力的提高和市场竞争力的培养。

第三，对集团化发展有重大影响的是国有酒店集团在治理结构上的特点。国有酒店集团经理层的经营管理行为处于政府和企业的双重监管中，其中重大投资、重要高管人事任免等由国资委负责，其他行为由企业监管。但是多头监管容易导致监管虚化。同时，政府和国企经理层在获取相关经营决策信息上的不对等性决定了政府其实无法进行有效的监管。监管的缺失导致国有酒店集团进行变革缺少动力，阻碍国有酒店集团的发展。

3.3.6.2 中国国有酒店集团的管控误区

由于形成的过程带有明显的计划经济特征和行政捏合的痕迹，我国国有酒店集团的发展存在三大误区，并由此带来种种问题。

误区一：忽视了酒店业的个性特征。

酒店集团在空间结构上是典型的网络型组织，这是由酒店的不可移动性与消费者趋向生产者的特性造成的。酒店集团通过在不同城市或区域的布局为就近趋向的消费者提供标准化的服务，从而获得规模效应，这与一般的生产性企业集团通过聚集产生规模效应有着明显的差异。因此，国际上"普遍的做法是根据目标顾客群最常光临的门户城市（Gateway City）的布局来分布自己的饭店，只有当饭店公司在足够多的门户城市形成网络型布局，才可以认为饭店组织的规模达到了临界的多数（Critical Mass），能够形成规模经济"[①]。而我国在捏合国有酒店集团时，出于方便整合资源或是出于行政管理思维的惯性，采用的是一般企业集团化的思路。由此产生的酒店集团，大部分的酒店均集中在同一区域。随之而来的问题是，酒店集团的发展空间受到单一区域消费者数量的制约，集团规模存在明显的瓶颈，规模化效应无法充分发挥。

误区二：忽略了市场环境和企业自身条件对酒店集团成长过程的制约和影响。

我国酒店集团的发展起源于引进国外酒店集团并模仿、学习。站在巨人的肩膀上获得快速发展的同时，由于市场环境和企业自身条件的差异而产生的制约和影响被忽略了。国外的酒店集团拥有成熟的市场经济环境、消费者、大量的专业酒店人才和人才培养体系、完善的法律体系及社会诚信体系等，同时在集团内部也建立了产权清晰、责权明确的现代企业制度，积累了丰富的管理经验，建立了强有力的品牌形象。这些都是酒店集团通过酒店管理公司以品牌为纽带进行经营和扩张的重要条件。而我国的国有酒店集团在学习的过程中盲目照搬，常常出现国有体制与酒店管理公司这一市场经济产物的冲突、专业酒店管

---

① 秦宇.论我国饭店集团发展过程中的几个误区——暨中国饭店集团演进的一个理论框架[J].旅游学刊，2004（2）：55-58.

理人才的缺乏、难以形成统一稳定的服务标准等问题。

误区三：过分强调资产纽带的重要性。

以资产为纽带的经营模式具有盈利能力较强、服务质量和品牌声誉较好把控、有利于母公司集权等特点。我国国有酒店集团自成立始即采用此经营模式，后来经过20多年市场化的发展，逐渐引入了管理合同、特许经营等以合同为纽带的方式。但由于受计划经济时代国有企业占统治地位的思维影响，以及自身管理水平的限制，以资产为纽带的重要性在国有酒店集团的经营中仍然被强调。但是由于产权不清晰、利益关系复杂以及地方保护主义等原因，以资产为纽带并不能够帮助国有酒店集团拓展市场，而且财务风险较大。同时，以资产为纽带带来的较高盈利水平，一方面与资产对应的股权带来的经营收益分配有关，另一方面也得益于酒店不动产的升值。过分强调和依赖资产纽带，也不利于酒店管理水平和酒店品牌等软实力的提升。

发展过程中的认识误区带来的问题，长期以来制约了我国国有酒店集团的发展。突出的问题主要如下：

（1）原有的行政官僚体制阻碍了现代企业制度的建立和酒店集团化进程。在行政捏合产生的国有企业中，行政官僚体制仍然根深蒂固。即便完成了国企改制，形式上建立了现代企业制度，但是董事会、监事会、经理层由改制前企业领导层原班人马进驻的例子比比皆是，导致激励和监管失效，缺乏改革和提高管理能力的动力，追求短期效益，影响企业的创新和战略发展。另外，政府与国企之间还保持着千丝万缕的联系，政府出于非商业性目的指派而使国有企业不经严密论证便投资、建设的酒店，由于缺乏市场的支撑和专业团队的运营管理，往往经营不善，难以融入酒店集团化的发展中。

（2）缺乏进行战略规划和战略执行的能力，导致酒店集团化进程时断时续。长期受计划经济思维的影响，大部分国有企业习惯于跟随上级领导单位的战略方向，缺少自主进行企业战略规划的意识。部分进行战略规划尝试的国有企业又因为客观的能力问题使得战略规划不合理或过于务虚而失去了战略的指导意义。另外，即使进入了战略执行的环节，也会因为公司治理机制和管理体制的不完善而产生的"人治"造成执行过程的摇摆，甚至是短期内战略方向的重大调整。

（3）人力资本薄弱，而且缺少运营人力资源的专业能力。酒店业是劳动密集型的服务性行业，对人力资源有着较高的要求。国有企业原有的人员结构和专业能力与现代酒店管理的人力资源需求有很大差距，而且缺乏专业的人员培养和运作机制。无论是对基层酒店员工的培训还是对集团中高层人员的培养，都尚未形成科学有效的体系，更谈不上从酒店集团化发展的层面进行人力资源的集团管控。

（4）市场营销能力和客户关系管理意识弱。大多数国有酒店的成立源于行政接待任务，长期以来对外部市场敏感性低，适应性较差。对预订系统的使用，大多数还停留在对外部预订系统简单应用的水平，集团内部的客户资源仍然无法共享。在客户关系管理的意识上常见两种极端。一种是对政府关系客户的过分热情，另一种是对数量更大、基础更广泛的市场客户缺少维护、管理和作为未来的资源深入挖掘的意识。没有强大的市场营销系统和深厚的客户关系积累，酒店集团化发展缺乏基本的市场支撑。

（5）品牌缺少支撑，无法真正发挥作用。长期以来在向国际酒店集团学习、与品牌酒店竞争的过程中，国有酒店集团已经对品牌在市场营销和集团化发展中的作用有了初步认识，并尝试建立自己的酒店品牌，进行品牌管理。但是大多数国有酒店集团只看到了品牌的表现形式，忽略了给予品牌支撑的专业化经营管理体系、服务质量体系、企业文化等无形资产，所谓的品牌管理最后大多沦为广告宣传中的一个画面或一句口号。

（6）采购管控流于形式，成本控制能力差。集中采购的优势和操作方案是集团管控中最为简单明了的具体手段之一，但是推行起来阻力也最大。现代企业制度和管理模式的长期缺失，导致具体操作环节的不透明和权力寻租。集中采购加强了采购环节的集权，直接伤及部分人员的既得利益。如果不先理顺公司治理结构，加强监管，国有酒店集团在采购和供应链上的管控很难实施，成本控制只是空谈。

（7）缺乏有效的信息管理。进行有效的信息管理的前提是，要获得充足的全面的信息。但是国有企业集团内部的沟通壁垒和对信息管理的不重视会导致信息的不完整；再加上缺乏分析、处理和利用信息的能力，目前国有酒店集团还谈不上进行信息管理，以及通过有效的信息管理进行集团管控。

3.3.7 国有酒店集团管控问题的解决方案

通过以上对国有酒店集团管控问题的分析发现，"集而不团"是我国国有酒店集团的特点。由行政捏合而成的酒店集团，只是在成员酒店数量上具备了成为酒店集团的基础，但是抛开在行政安排下的产权投资关系，国有酒店集团的母子公司之间、子公司之间并未形成有效的内部合作机制，无法实现集团企业应有的规模效应，因此也无法通过集团化的方式发展壮大。除了锦江、首旅少数几个国有酒店集团在地方政府的大力扶持下发展成为真正意义上的酒店集团外，我国大多数国有酒店集团并没有通过简单地捆绑数个单体酒店而获得进一步发展。中小规模的国有酒店集团仍然是大多数。因此，本文在探讨国有酒店集团的管控问题和解决方案时，主要探讨的是中小型国有酒店集团的管控问题和解决方案。

（1）完善国有酒店集团的公司治理结构，根除行政官僚体制的阻碍，建立现代企业管理制度。

公司治理结构是现代企业制度的核心内容，涉及股东与企业的利益关系协调和企业内部各利益集团的关系协调。公司治理结构对于公司是否能够建立现代企业管理制度、是否能够高效运转具有决定性的作用。在公司治理结构这一现代企业发展的基础没有完善之前，具体地讨论现代企业管理甚至是更高级别的企业集团的管控并不现实。国有酒店管理集团解决集团管控问题的路径，应该从完善基础的公司治理结构开始，经由建立现代企业管理制度，为讨论集团管控的具体问题提供现代企业管理环境。

（2）建立战略体系，选择集团管控模式，完善组织结构，解决酒店集团发展中的方向性和框架性问题。

战略、管控模式和组织结构，分别决定了酒店集团发展的方向、集权程度以及管控模式的运行框架，是解决具体的集团管控问题的约束性条件。中小型国有酒店集团战略体系不完整、集团管控模式不明确以及组织结构与战略目标不匹配等问题，普遍存在。如果企业集团发展缺少方向和框架，解决具体的酒店集团管控问题只能是头痛医头脚痛医脚。

（3）结合酒店业的产业特点和运营特点，解决具体的酒店集团管控问题。

行业的产业特点和运营特点决定了酒店集团管控的重点。人力资源、服务质量体系、市场营销和客户关系、品牌、财务、采购和供应链分别关系到酒店集团的人、产品、市场、成本等运营的关键因素。信息管理影响到运营系统的效率，既是集团管控的重点领域，也是中小型国有酒店集团长期以来的运营短板，在集团管控的实施过程中需要特别关注。

4 案例研究——K 集团酒店管控

中小型国有酒店集团，一方面要面对内部的体制改革与管理水平的提升问题，另一方面又需要应对酒店市场的快速发展变化与多方面的激烈竞争。在内外交困的大背景下，诸多问题亟待研究和解决。下文以北京朝阳区下属的一个经营酒店业务的中小型房地产企业集团为案例研究对象，利用案例研究法中的问题调查方法对 K 集团酒店管控中存在的问题进行研究，探讨解决问题的路径，从实证研究的角度印证本文在理论研究中对中小型国有酒店集团管控问题的研究结论，丰富国有企业集团管控理论的内涵。

4.1 案例背景

4.1.1 K 集团下属酒店概况

K 集团成立于 1992 年，是北京市朝阳区区属国有房地产企业，注册资金 3 亿元人民币，主要业务包括房地产开发、资产持有经营、物业管理等，现有集团分公司 2 家，全资控股企业 13 家，参股公司 2 家，开发项目和持有物业超过 20 个，资产总额超过 100 亿元。在持有的物业中，目前酒店有 5 家，其中 3 家位于北京、1 家位于海南三亚、1 家位于四川青城山。北京之外的 2 家酒店目前主要用于内部接待，少量客房对外经营。从集团的资产规模和下属酒店的数量来看，K 集团属于中小型企业集团的量级。

K 集团 3 家完全对外经营的酒店全部位于北京。其中，嘉禾酒店位于北京昌平区回龙观地区，为四星级酒店，于 1998 年开业，定位为商务度假型酒店，拥有客房 226 间，是北京 2008 奥运会官方指定接待饭店，2012 年度中央国家机关、北京市政府、朝阳区、海淀区、昌平区等政府采购中心会议定点单位。嘉华酒店位于北京朝阳区朝阳门地区，为五星级酒店，于 2005 年开业，定位为高端商务酒店，拥有客房 358 间。望京酒店位于北京朝阳区望京科技创业园，是园区内第一家五星级酒店，于 2012 年开业，定位为高端商务会议市场，拥有客房 500 间，自开业以来，一直作为全国两会代表驻地。3 家酒店均为 K 集团的自管酒店，母公司分别为 3 家酒店组建独立的团队进行经营管理。虽然同属于 K 集团，但 3 家酒店实质上仍然是单体酒店的经营模式。

在酒店行业集团化、品牌化为主流发展趋势的背景下，K 集团下属 3 家酒店的各自为政无法获得成本上的规模化优势和市场竞争中的品牌化优势，当遇到市场和政策变化时，遭到的冲击更大，调整、回升的周期也更长。2012 年以来经济下滑和政府限制公款消费的影响即是典型的例子。在2015年北京中高档酒店市场整体回暖的情况下，K集团3家酒店的经营情况仍然欠佳。除了嘉华酒店依靠自身突出的区位交通优势以价换量，2015年的每间可销售房收入（RevPAR）水平与北京五星级酒店的平均水平基本持平以外，嘉禾酒店和望京酒店2015年的平均房价、平均出租率和每间可销售房收入（RevPAR）水平均明显低于北京同星级酒店平均水平。尤其是望京酒店，由于肩负着政府会议的接待任务，以及为了满足政府对区域形象的要求，望京酒店设计了500间的客房规模和较大面积的会议场地，但是由于所在区域尚未发展成熟，酒店经营时间较短，市场知名度较低，又无法依托集团其他酒店进行市场拓展，经营情况很不理想，2015年的每间可销售房收入（RevPAR）水平尚不及北京四星级酒店的平均水平。

表2　2015年K集团三家酒店经营指标

项　目	嘉禾酒店（四星）	嘉华酒店（五星）	望京酒店（五星）	北京四星级酒店	北京五星级酒店
平均房价（元）	380.0	723.9	601.8	490.5	821.4
平均出租率（%）	58.6	72.4	46.9	61.4	64.0
每间可销售房收入（RevPAR）（元）	222.7	524.1	282.2	301.2	525.7

4.1.2　K集团酒店集团化的需求

K集团实施酒店集团化的迫切需求，主要来自市场竞争的压力和企业发展的愿景。

市场竞争的压力是K集团酒店集团化发展的直接动力。在酒店集团为主导的市场上，K集团2015年北京3家酒店的经营指标与北京四星级、五星级酒店整体的经营指标相比，已经存在明显的差距。即使是其中经营情况相对较好的嘉华酒店，与来自国际酒店集团的竞争对手相比，仍有差距。洲际集团的皇冠假日酒店是嘉华集团的竞争对手之一，与嘉华酒店相距不足千米。自2011年开业以来，依靠洲际集团的品牌影响力和营销网络，皇冠假日酒店迅速被市场认知，经营情况良好，平均房价超过嘉华酒店约20%，平均出租率超过嘉华酒店5至10个百分点。

实现企业发展愿景和发展战略是K集团酒店集团化发展的根本原因。在企业的"十二五"发展规划中，K集团提出了"逐步进入酒店管理、商业管理和专业化市场管理等相关领域，以'自负盈亏、自主经营、自我约束、自我发展'为发展方针，秉承'发展、创新、务实、高效'的经营理念，凭借实力、信誉和人才，用实实在在的产品回报社会"。具体到酒店的业务单元，K集团将以北京的3家酒店为基础开展集团化。中期战略目标是提升酒店管理的专业能力，建立完善的集团管控体系，实现现有酒店的集团化。长期目标是通过直接投资和管理输出的方式进行酒店集团的扩张，成为能够在市场上占有一席之地的知名酒店集团。K集团将酒店集团化发展上升到战略层面，一方面是企业希望通过规模经济实现效益最大化，另一方面是作为国有企业承担政治任务和社会责任的要求。作为劳动密集型的服务行业，酒店能够提供大量的就业岗位，能够为区域的办公、会展、商业、旅游等业态提供必要的服务配套。同时高档酒店的建筑形象通常具有标志性，有助于提升区域形象。

4.1.3　K集团酒店集团化的环境

（1）宏观环境

自20世纪80年代以来，在政治上我国对内保持了基本稳定的局面，对外奉行独立自主的和平外交政策，在经济上始终坚持改革开放，为国民经济的发展提供了稳定的宏观环境。在国际金融危机阴霾不散的"十二五"期间，中国经济仍然砥砺前行，虽然增速有所放缓，但稳定发展的势头不减。稳定健康的经济发展促进了国民收入水平的提高、商务活动的繁荣以及旅游休闲产业的发展，进而为我国酒店行业提供强大的推动力。

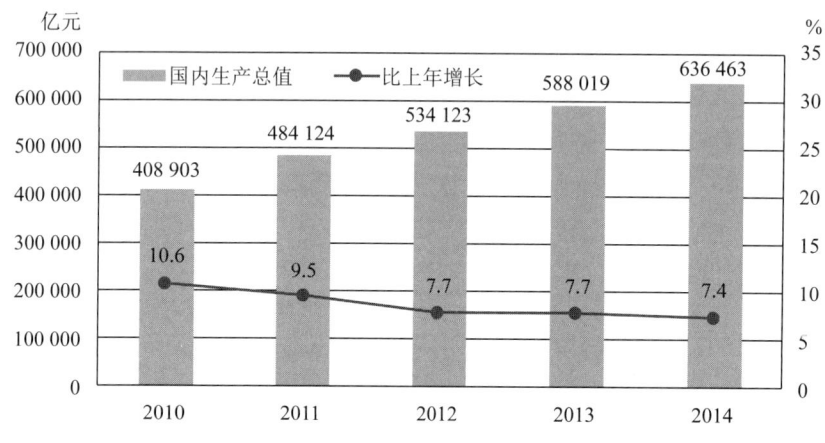

图3　2010—2014年国内生产总值及增长速度①

政策方面：随着对旅游、休闲、酒店等行业在推动绿色消费、促进经济转型升级中重要作用的深入认识，政府给予了旅游业、酒店业更为明确和力度更大的政策支持。在2015年的政府工作报告中，给予旅游行业的论述篇幅为近五年之最，热度前所未有，其中明确提出了"提升旅游休闲消费""落实财税、土地、价格等支持政策以及带薪休假等制度，重点发展养老、健康、旅游、文化等生活和生产服务业"。鼓励、促进旅游业发展的政策环境，是中国酒店行业可持续发展的有力保障。

社会文化方面：中国作为世界四大文明古国之一，拥有悠久的历史文化、丰富的名胜古迹和秀美的风景，为中国旅游业提供了取之不尽用之不竭的发展资源。目前，中国已经成为国际旅游的主要目的地之一。同时，生活水平的提高、带薪休假制度的落实等推动着国民生活方式发生着深刻的变化，观光、旅游、度假等休闲行为逐渐成为国民日常生活的一部分，国内旅游快速发展。作为旅游业中的三大支柱产业之一，酒店业未来的蓬勃发展值得期待。

技术环境方面：电子商务的兴起与发展、互联网与信息系统的全面普及和应用是近年酒店业技术环境的主要特征之一，主要体现在酒店业的对外营销和对内管理两个方面。在市场营销方面：电子商务带动了酒店自身网络营销渠道的建设，催生了在线旅游代理商

---

①　国家统计局.2014年国民经济和社会发展统计公报［R］.2014.

（OTA）和在线旅游服务商（OTS），大大拓宽了酒店的客户渠道与营销渠道，节约了营销成本。在内部管理方面：借助计算机与互联网的应用，酒店管理系统不断升级完善。作为一个集前台接待、客房管理、销售管理、财务管理等诸多功能于一身的电子管理系统，酒店管理系统的发展使得酒店的管理效率、管理水平不断提高，也使得酒店集团对单体酒店进行更有效的管理与协调成为可能，是酒店集团化发展的有利条件。

综合上述对经济、政策、社会文化以及技术环境的分析可以看出，在宏观层面，中国酒店业具备比较稳定的政治经济环境、社会文化环境与技术环境，能够为酒店业的发展分别提供发展资源、消费需求与技术的支撑，同时也是我国酒店集团健康发展的必要条件。

（2）行业环境

21世纪的第一个十年，伴随着国民经济的高速增长和2008年北京奥运会的直接影响，中国酒店行业发展迅速。包括世界排名前十位的国际酒店管理集团在内，共有41家国际酒店管理集团、67个国际酒店品牌进入中国，主要占领一线城市高档酒店市场。本土的酒店集团在学习与竞争中也发展迅速。这一时期有160多家本土酒店集团，旗下酒店将近1300家，以中高档、中档以及经济型酒店为主。

进入"十二五"以来，全球金融危机之后世界经济的长期疲软，拖累了国际旅游业、酒店业以及中国经济的发展。同时，新一届政府提出的八项规定、六项禁令等反腐新规，在一定阶段内对酒店的政务型客源有所影响，促使部分酒店进行调整和转型。酒店投资在一定程度上出现了收缩。国际酒店集团在中国市场上的扩张策略也有所调整，在扩张区域和品牌上均呈现出下沉的趋势，二三线城市成为国际酒店管理集团在中国扩张的新目标市场，并向中国市场上引入其中档酒店品牌和经济型酒店品牌。

与此同时，本土老牌的酒店集团通过自建新品牌或收购国际酒店品牌，以资产或品牌为纽带，朝着多品牌扩张的方向发展。以锦江国际酒店集团为例，目前锦江国际已经发展出包括J. Hotel、锦江、锦江都城、锦江之星等在内的各档次酒店品牌，以及法国卢浮酒店集团旗下系列品牌。而近年发展迅猛的经济型酒店集团则开始寻求品牌的向上延伸，积极开拓中端市场和精品酒店市场。

综合来看，跟随宏观经济转型的节奏与行业发展的阶段，中国酒店行业正在经历一个转型期，同时也是各类酒店集团调整策略、图谋进一步规模化发展的新阶段。国际酒店集团引入多品牌并向二三线城市渗透，本土酒店集团实施多品牌战略并寻求品牌的向上延伸，必然导致两者之间更广泛的竞争。被裹挟在其中的中小型国有酒店集团将面临更大的压力，一方面将产生更迫切的发展需求，另一方面在经营模式和合作资源上也有了更多元化的选择。

（3）区域市场环境

北京作为中国的首都和历史文化名城，在经济发展、城市建设、文化交往、对外开放等各个方面独具优势，长期吸引着大量的国内外游客和政务、商务客流。根据北京市统计局的数据，2015年，北京市接待旅游总人数2.73亿人次，比上年增长4.3%；实现旅游总收入4607.1亿元，增长7.6%。首都的特殊地位、丰富的历史文化资源，以及运行良好的旅游业为北京酒店行业的发展提供了良好的保障，因此北京也被国际、国内酒店集团看好。在 2015 年经济增速放缓、行业转型压力犹在的大背景下，北京的高档饭店、中高档饭店市场率先回暖，实现了相对理想的经营效益。中国旅游饭店业协会的统计数据显示，2015 年 1 月至 12 月，北京五星级酒店平均房价 821.4 元，同比增长 1.66%；平均出租率为 64.0%，同比提高了 1.59 个百分点；每间可销售房收入（RevPAR）为 525.7 元，同比增长了 3.27%。四星级酒店平均房价 490.5 元，同比小幅增长 0.45%；平均出租率为 61.4%，同比提高了 5.68 个百分点；每间可销售房收入（RevPAR）为 301.17 元，同比增长了 6.16%。三星级酒店平均房价 360.9 元，同比增长 1.46%；平均出租率为 57.6%，同比提高了 5.49 个百分点；每间可销售房收入（RevPAR）为 207.88 元，同比增长了 7.04%。[①]

2012 年出台的八项规定、六项禁令，对于政务客源众多、政务消费频繁的北京酒店市场是个不小的冲击。再加上自改革开放引进国际酒店以来，北京一直是各大酒店集团重视的市场，持续的新增供应导致酒店市场存量巨大。在近年宏观经济形势偏弱的情况下，北京酒店市场经历了 2013 年、2014 年短暂的调整之后企稳向好，表明了北京的城市发展仍然能够为酒店市场提供有效的支撑。

根据 2014 年颁布的《北京市新增产业的禁止和限制目录》（以下简称《目录》），在北京的东、西、北五环路和南四环路以内，禁止新建酒店、写字楼、展览类设施等大型公建项目。这将对北京酒店市场原有的市场竞争格局与未来的区域布局产生长期的影响。一方面，中心城区的酒店新增供应将大大减少，未来的竞争将主要是存量酒店之间的竞争。另一方面，根据《目录》的要求，新增酒店将逐步外移，在城市发展新区中寻找新的发展机会。从长远来看，北京酒店市场处在一个深入调整与转型的阶段，酒店行业的发展需要顺应北京城市功能的调整与城市发展方向的变化，在变化中挖掘更大的机会。作为首都与一线重点城市，北京对酒店市场的支撑毋庸置疑。随着中国经济的转型升级和中国国际影响力的不断提高，以及在未来以 2022 年北京—张家口冬奥会为代表的一系列国际重大活动的带动下，预计北京的酒店行业将迎来新一轮的发展高潮。

4.1.4 K 集团酒店集团化的基础

虽然 K 集团下属酒店目前尚未形成酒店集团，在现代企业制度的建设和集团管控体系方面存在诸多问题，但是作为一家具有 20 多年房地产开发经验和 10 多年酒店经营经验、在北京及周边地区积累了一定政府资源和行业资源的国有房地产企业，K 集团仍然具备实施酒店集团化的基础。

第一是区域优势。K 集团所立足的北京及周边地区为酒店集团化战略提供了良好的区域背景。北京作为中国的首都、一线重点城市、历史文化名城以及国际化大都市，其特殊的政治地位、良好的城市建设水平和经济发展水平、丰富的历史文化资源和国际交往机会，为北京酒店市场提供了大量的有效需求。未来以京津冀一体化为代表的区域发展和以 2022 年北京—张家口冬奥会为代表的重大国际活动预计将继续促进北京及其周边地区经济和旅游的发展，酒店行业将因此受益。K 集团身处其中，也有望借势谋求发展。

---

① 北京市旅游委员会. 星级饭店平均房价及出租率［EB/OL］. http://www.bjta.gov.cn/xxgk/tjxx/index.htm，2016-03-20.

第二是地缘优势。作为北京市朝阳区的区属国有企业，K集团具有一定的地缘发展优势。朝阳区是北京市城区中面积最大的一个区，也是高端产业云集的经济强区和文化艺术、国际交往密集的国际化窗口。全市六大高端产业功能区中，CBD、奥运、电子城三大功能区聚集在朝阳区，三大使馆区以及规划中的第四使馆区也都位于朝阳。同时朝阳区还有国家奥林匹克中心、北京工人体育场和体育馆、中国国际展览中心（旧馆）等大型文体场馆和会展中心。K集团现有的3家酒店中，两家位于朝阳区，而且是紧邻CBD、电子城等高端产业功能区，以区域内高端商务人士为主要客源。同时K集团正积极参与朝阳区东坝国际商贸中心区、金盏金融服务区、电子城北扩区域的土地拓展工作。依托集团未来在优势区域的新开发项目开设新酒店，有助于K集团酒店集团化战略的实施。

第三是具有一定的酒店物业基础和酒店经营经验。现有的3家酒店是K集团可即时开展酒店集团化战略的关键资源。嘉禾、嘉华、望京三家酒店均位于北京的成熟区域，均为中高档酒店，均主要定位于商务市场，便于集团公司形成初步的统一的管控标准，先易后难地实施集团化战略。位于海南三亚的度假酒店和四川青城山的度假山庄规模较小，目前主要用于集团的内部接待，少量客房对外经营。随着酒店集团化战略的推进，这两家度假物业将逐渐全面开放对外经营，纳入酒店集团的产品线之中。

第四是房地产集团公司的资源优势。K集团的其他主营业务与酒店经营可以共享资源，为酒店集团化的开展提供支持。目前，K集团已销售与正在开发、销售的房地产项目4个，持有经营的非酒店物业（包括写字楼、商场等）约60万平方米。购房客户、租赁客户以及写字楼办公人群和商场消费者均为酒店重要的目标客源。通过集团公司的统筹协调，将销售项目和其他持有物业的客户资源与酒店共享，能够帮助酒店提高经营效益，促进酒店的集团化发展。

综上所述，K集团具有酒店集团化发展的迫切需求，以及实施集团化的基础。但是，作为一家中小型国有企业集团，计划经济色彩明显、现代企业制度不健全、组织结构不完善、战略务虚、管控虚化等典型问题，K集团同样存在。在对酒店产业特征和酒店集团经营模式的理解上，K集团也存在国有酒店集团常见的酒店布局过于集中、盲目照搬国际酒店集团经验等问题。随着企业集团规模的扩大，这些原有的问题带来的发展阻力必将更加明显。在下文的案例研究中，笔者主要研究现代企业制度下K集团的集团管控问题，通过梳理问题和寻找解决问题的路径，从集团管控的角度探讨K集团酒店集团化发展的解决方案。

4.2 K集团酒店管控现状与问题

4.2.1 资产结构与治理结构

K集团目前资产总额超过100亿元，现有集团公司1家，分公司2家，全资控股公司13家，参股公司2家，房地产开发项目和持有物业超过20个。嘉禾、嘉华、望京3家酒店分别属于3家不同的集团全资控股公司，位于海南三亚的度假酒店属于集团两家分公司之一，位于成都青城山的度假山庄属于嘉禾酒店子公司的分公司。在公司治理结构上，作为北京市朝阳区国资委监管的国有企业，K集团由北京市朝阳区国有资本经营管理中心单独出资设立有限责任公司（法人独资），公司全称为北京K集团房地产开发集团有限公司，即 K 集团的母公司（集团公司），不设股东会，设立董事会、监事会及经理层。

从公司治理结构来看，K 集团已经初步建立了现代企业制度。但是从企业管理的实际情况来看是形式上的变化大于实质上的变化。董事会、监事会、经理层的人员基本来自 K 集团改制前的原班领导人马，一方面在公司的具体管理上仍然是改制前的传统办法，另一方面内部的监督机制也无法真正发挥作用，导致现代企业制度不完善、治理效率低下的问题，这一切是妨碍 K 集团酒店集团化发展的体制性原因。

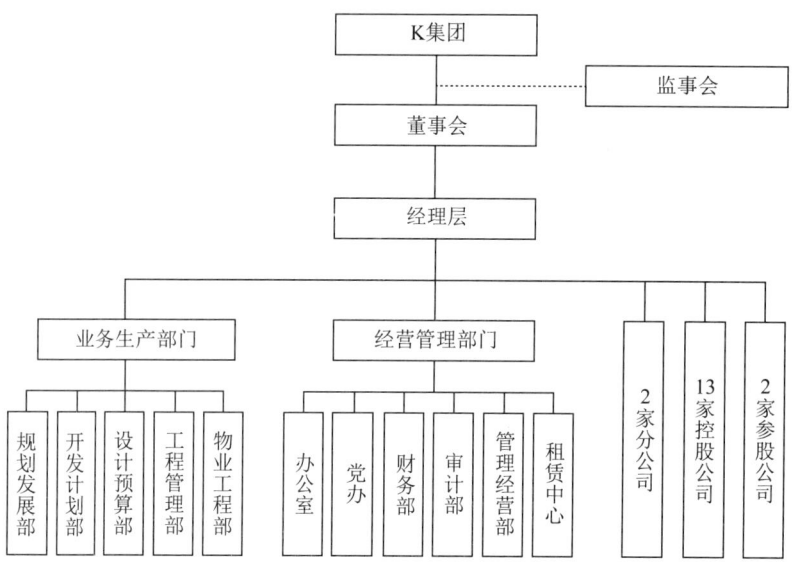

图 4　K 集团治理结构图

4.2.2　集团公司的职能定位与集团管控模式

集团公司职能定位是指"为了整个企业集团的良好发展，依据集团公司在整个集团中所承担的角色对其需要完成的任务、工作、职责及相应拥有的职权的规定"。[①] 集团公司的职能定位是集团内部各级机构进行职能定位的前提和依据，也决定着整个集团的组织结构设计和集团公司的管理机构设置，对集团管控体系有关键性影响。集团公司的基本职能主要包括投资职能、战略职能、控制职能、协调职能、中央服务职能等。

K 集团目前只有对集团公司各部门的工作职责界定和对下属公司的管理规定，集团公司的职能定位尚在讨论阶段，还没有形成明确的说明和制度文件。在具体实践中，K 集团仍然沿袭改制前的传统管理习惯，行政色彩较浓，集团公司主要承担投资职能和控制职能，但是管理的随机性较大，母子公司之间的职能界限和管理深度模糊不清。集团公司职能定位的缺失，意味着 K 集团目前还无法建立集团管控体系。K 集团对子公司现有的管控思路，只是沿用了计划经济体制下的行政管理模式，有明显的集权倾向。

4.2.3　集团与酒店业务单元的组织结构

K 集团的组织架构有扁平化、集权化的特征。从集团公司经理层到子公司经理层，基

---

① 王凤彬，赵民杰.企业集团管控体系［M］.北京：经济管理出版社，2012：53.

本是直接管理的方式。母公司的经理层是 K 集团的管理和决策核心。经理层由一位总经理、一位党委书记、一位党委副书记、一位办公室主任和五位副总经理组成。五位副总经理根据专业分工分别管理母公司的各个职能部门、13 家子公司和 2 家分公司。办公室主任管理母公司人力资源、行政以及分公司、子公司高管的任命与考核,并直接向总经理汇报,是一种典型的职能型（U 型）组织结构。实际上,K 集团对下属公司的具体管理方式比其组织结构所体现出来的更为集权,尤其是在房地产开发业务方面。新项目的投资决策、资金使用、产品设计、施工和营销管理等,均由母公司相应的职能部门来实施;为房地产开发业务设立的子公司,主要是为了满足一些具体的政策要求,以及处理合同、税务方面的便利性,典型的"一套班子,两块牌子"。相对而言,负责持有物业经营的子公司,尤其是酒店子公司是真正意义上的企业组织,有自己独立的、完整的组织架构,承担集团公司的具体业务。集团公司经理层中的副总在集团相应职能部门的协助下对此类子公司进行管理。其中,对持有经营酒店和其余部分商业物业的子公司进行协助管理的是集团的管理经营部。

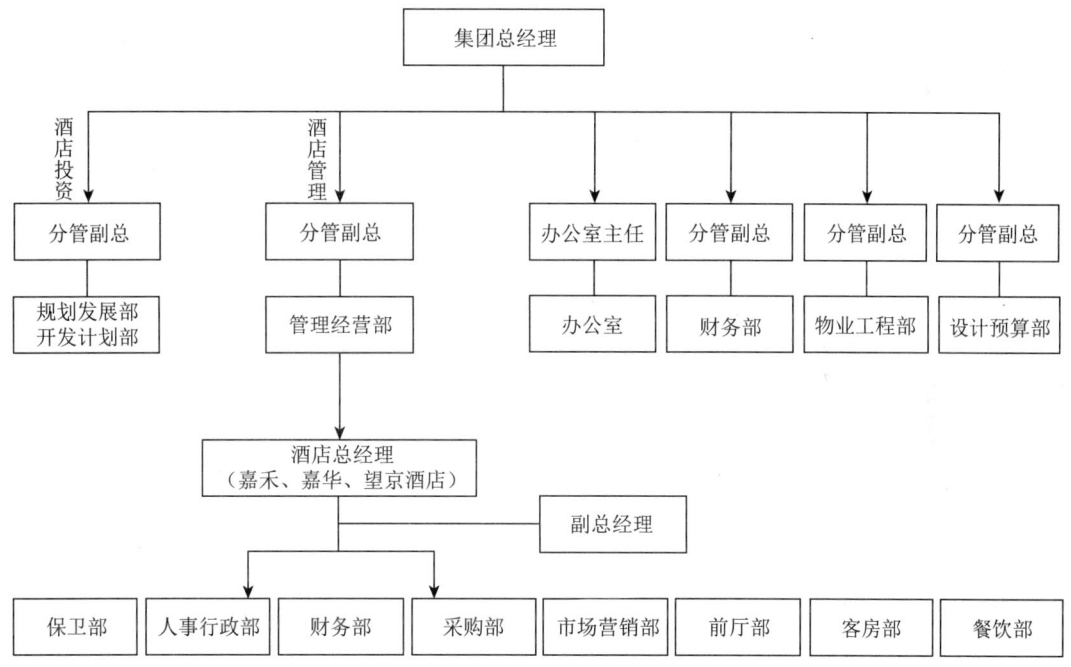

图 5　K 集团酒店管控组织结构图

管理经营部的部门职责中与下属酒店管理相关的内容如下:
（1）负责指导和审核酒店子公司的发展规划。
（2）负责建立良好的市场信息网络,及时、准确地了解和分析酒店市场动态,为集团确定酒店的发展方向提供依据。
（3）负责监督酒店资产的经营状况,审核、确认各家酒店经营总体方案,监督、检查方案的执行情况,根据市场变化情况提出方案调整意见,并对重大经营责任提出追究意见上报集团审批。

（4）负责对集团所有经营生产单位进行业务指导、监督和检查。

（5）负责酒店子公司的综合统计工作，积累、整理统计资料，上报统计表和统计分析报告。

（6）负责编制酒店的年度经营收入计划，下达经营收入指标，并考核其完成情况。

（7）按照集团相关规定审核酒店的经营性费用合同。

（8）负责对集团各经营生产单位的经营情况进行分析与评价。

（9）按照集团相关规定审核各经营生产单位的维修、改造工程的可行性研究报告。

（10）负责集团新开发酒店项目的市场调研，提出项目总体定位方案，为集团决策提供依据。

（11）承担对酒店的法律事务协助和安全督查工作。

作为集团公司中协助管理下属酒店、为酒店管理工作提供经营建议与管理决策建议的部门，管理经营部在K集团酒店管控中是一个重要的管理节点。

4.2.4 战略管理和战略管控体系

K集团基于企业的发展愿景和使命、内外部资源与环境以及酒店业务单元的重要性等因素提出了酒店集团化发展的战略目标，以及在第一阶段建立完善的集团管控体系实现对现有酒店的集团化管理、第二阶段通过直接投资和管理输出进行酒店集团扩张的发展规划。这是子公司层面的战略内容，但是只有战略目标和发展规划，没有确定战略重点，没有制订战略方针，没有提出战略对策，无法形成一个完整的战略体系，不能给予K集团下属酒店明确的战略指导。同时，作为企业集团，子公司的战略须置于整个集团战略体系之内进行规划。作为国有企业，K集团自成立至今获得了来自政府的多方面支持和政策倾斜，同时也为政府承担了多项城市建设任务。由此产生的影响是，K集团习惯于跟从政府的决策和资源分配，市场化程度较低，缺少为企业的长期发展进行全局性谋划的主动性和能力，成立20余年以来尚未构建出集团的战略体系。从战略管理的角度来看，集团战略体系的缺失和酒店子公司战略体系的不完整，导致K集团的酒店集团化发展战略缺少可执行性。而缺少了战略管理的基础，K集团的战略管控体系也无从谈起。

4.2.5 人力资源管控

由于企业集团组织结构的多层次性，集团公司的人力资源管理工作也涉及多个层级，概括而言，可分为三个方面：一是对集团公司员工的管理，二是对整个集团中高级人才的管理，三是对子公司、分公司等下属机构人力资源工作的管理。

K集团总部的人力资源管理工作由集团办公室负责，主要工作职责如下：

（1）负责根据集团总体发展规划制订人力资源规划。

（2）负责制订集团各部门人员编制计划和招聘计划，开展员工晋升管理、人才选拔工作，并负责中层及以下职位的推选、任职测评工作。

（3）负责建立健全集团薪酬及福利管理体系，并开展具体工作。

（4）负责制订绩效管理制度，并组织开展中层及员工绩效考核工作。

（5）负责代表集团与员工签订或解除、终止劳动合同，并处理劳动关系纠纷。

（6）负责制订培训计划，组织培训，开展专业技术人员的继续教育、职称和职业资格管理等工作。

由于缺少战略体系和集团管控体系，K集团总部的人力资源管理并未体现出酒店集团化发展的需求和在人力资源方面对下属酒店的管控程度。在具体实践中，已经出现了明显的问题。首先，对集团重要职能部门的人力资源配置不合理。管理经营部是集团公司中协助管理下属酒店的重要部门，但是管理经营部现有的人员数量和专业程度难以胜任为酒店管理工作提供经营建议与管理决策建议的相关职责。目前管理经营部由一位部门经理和九名员工组成。其中真正参与对下属酒店的协助管理的只有三名员工。同时他们还需要参与集团对写字楼、商场等持有型物业的管理以及集团内部的其他工作。另外，管理经营部的经理与员工均由集团公司直接聘任，无下属酒店的工作经验，加入集团之前也无酒店行业的相关工作经验，指导、审核下属酒店的经营管理事务常常力不从心。其次，缺乏培养集团总部人员实践能力的意识，没有在集团公司和子公司之间建立合理健康的人员流动通道。由此产生的问题是，下属公司中的优秀人员难以上升到集团公司的管理层，集团总部的人员理论水平较高而实践能力较低，从而导致了集团管理常常脱离一线工作的实际，管理效率低下，管控失效。最后，对酒店行业人力资源的特点缺乏认识，对下属酒店的人力资源管理不到位。酒店行业是劳动密集型的服务行业，一方面对员工的服务技能和素质有着较高的要求，需要做好酒店基层员工的岗前培训和持续的培训投入，同时酒店集团化的发展还要求通过员工培训建立统一的服务标准。另一方面，由于工作时间长、社会地位偏低、主客收入相差悬殊等客观因素的存在，导致酒店员工容易出现情绪低落等问题，需要重视激励机制的使用。目前，K集团公司的人力资源管理侧重于集团公司员工和下属公司中高层的培养和激励，对酒店基层员工的关注不够。酒店基层员工薪资水平较行业平均水平低，人员流失率高，影响酒店的经营管理。

4.2.6 财务管控

企业集团的财务管控包含两个方面的内容：一个是企业所有者的产权管控，另一个是企业经营者的财务管控。K集团在财务管控上采取的是绝对集权模式：在企业所有者的产权管控上，K集团内将投资权完全集中在母公司，所有子公司均无对外投资的权限；在企业经营者的财务管控上，K集团对子公司采取的是严格的预算管理制度。集团财务部是具体实施部门，负责对下属酒店的资金统筹管理、财务核算以及具体财务工作的管理和指导。另外，K集团还通过向下属酒店直接派驻财务经理加强财务管控。

目前K集团财务管控存在的主要问题之一是缺少明确的财务管控目标，财务工作被视为单纯的对具体业务的支持和辅助管控手段，被动地跟随具体业务开展工作，由此导致了K集团财务管控水平低下。这也是集团战略目标不够细化、战略体系不完整所衍生出的问题之一。

主要问题之二是重核算，轻调控。基于严格的预算制度，集团财务部协助经理层审核、下达年度预算指标，并进行月度的跟踪监督。过于重视核算带来的问题是矫枉过正，过于僵化，对下属酒店正常的经营工作产生了制约，影响下属酒店的积极性和主动性，不利于酒店根据市场变化灵活调整经营策略，也不利于集团在集团与酒店之间，以及酒店与酒店之间进行统筹协调。根据K集团目前对下属酒店的管理规定，未超过年度预算但单笔金额超出100万元的支出以及超过年度预算的无论金额大小的支出，下属酒店均需报集团公司审批。

主要问题之三是缺少财务分析决策系统，财务管控缺乏科学性、系统性和指导作用。目前，无论是在三家酒店内部，还是在集团层面，K集团都没有建立起财务分析决策系统。酒店内部的收益管理与成本管理粗放，缺乏利用经营信息和财务信息提高决策水平的意识和能力。集团管控层面，长期以来对下属酒店采用单体酒店模式进行管控的后果之一是，各家酒店对于集权式的财务管控存在抗性，各家酒店的信息系统并未与集团公司连接，妨碍了集团财务部快速、准确地获取财务信息，影响集团财务管控水平和财务分析决策能力。

4.2.7 运营管控

K集团对成员酒店的运营管控基本停留在行政管控的范畴。K集团一方面要求3家酒店根据自身特点和实际情况上报各项经营方案，供集团公司备案、监督、审核。另一方面，对于对酒店运营和酒店集团发展有重要影响的服务质量体系、市场营销、客户关系管理以及采购和供应链管理等运营管理内容，集团公司缺乏整体的规划，在具体实施的过程中又没有进行资源整合和统筹协同，运营管控水平很低。根据K集团的相关规定，下属酒店须上报集团公司备案的内容包括行业市场研究报告、未来五年经营规划、季度经营分析、月度工作完成情况与工作计划等；需要集团公司审批的是年度经营预案，其中包含了作为酒店绩效考核标准的经营收入指标。

4.2.8 品牌管控

在品牌的建设和管理上，K集团持有的中高档物业，包括3家酒店，全部直接使用集团品牌作为具体物业的品牌。但是K集团对品牌形象的设计和打造尚处于起步阶段，而且缺乏其他体系，如服务质量体系、营销系统、客户关系管理系统的支持，远未达到形成品牌体系、可依靠品牌影响力进行市场扩张的阶段。

4.2.9 小结

通过对K集团酒店管控体系现状与问题的梳理发现，由于企业仍受传统行政管理思维的影响、现代企业制度不健全、集团公司职能定位和集团管控模式不明确等基础性问题的存在，导致K集团在组织结构、战略体系、人力资源、服务质量体系、市场营销和客户关系、品牌、财务、采购和供应量以及信息管理等各个方面均出现了影响集团管控水平、制约酒店集团化发展的问题。因此，K集团实施酒店集团化的战略不可能一蹴而就，需要结合企业的具体情况从公司治理结构、职能定位、管控模式选择、战略体系构建等基本层面着手，对集团管控体系进行分层次、分阶段的全面建设，才有可能通过集团管控体系的完善促进酒店的集团化发展。

4.3 K集团建构酒店管控体系的路径

4.3.1 公司治理机构的完善

K集团经理层基本来自国企改制前的原班领导人马，导致内部监督机制失效。其影响是，监管的缺位容易带来权力寻租，同时经理层缺乏进行内部变革、提高经营管理水平的动力,制约了企业的集团化发展。K 集团想要构建现代企业制度下的集团管控体系,完善公司治理结构、为业务经营和企业管理提供健康的内部环境,是首要任务。

4.3.2 集团战略体系的搭建

由于 K 集团在战略体系建设上的大面积缺失,导致目前 K 集团从母公司到子公司都处于无明确战略指导的状态。在着手搭建集团管控体系之前,需要首先完善集团战略体系,包括提出明确的战略思路和战略目标,确定战略重点,制定战略方针,梳理战略资源,规划战略实现的路径等。在开始具体的战略规划时,要从规划集团的整体战略入手,根据集团整体战略确定的发展方向、目标和实现路径,再对酒店的集团化发展战略进行规划,确保集团整体战略与酒店战略之间的协同,避免酒店业务的战略超前于整体战略导致集团无法有效支持和管理。同时需要注意酒店战略与集团房地产开发业务的战略之间的协同。集团房地产开发业务未来对于开发区域和开发规模的选择,对酒店子集团进行市场扩张的区域选择和经营模式选择有着重要影响。

4.3.3 集团管控模式的选择

影响集团管控模式选择的各项因素中,企业集团的战略类型、子公司业务对集团的重要程度、集团公司的管理水平起着主要的作用,可以用来作为 K 集团选择酒店管控模式的主要依据。

目前 K 集团虽然还没有集团的整体战略和完整的酒店子公司战略体系,但是从已经确定的酒店集团化战略目标和发展规划来看,在中期以现有三家酒店为平台实现初步集团化的阶段性目标意味着一个稳定型的集团战略,未来通过直接投资和管理输出进行酒店集团扩张的远期战略目标意味着一个发展型的集团战略。就稳定型的集团战略而言,在投融资权限上需要从严,在运营上可以考虑适当分权。

集团管控强度与子公司业务对集团的重要程度成正比。酒店是 K 集团的主营业务之一,是集团稳定现金流的主要来源,是集团承担国企社会责任的重要载体,对 K 集团有着重要的意义。因此,在尊重酒店行业特点、不挫伤下属公司积极性的前提下,K 集团需要对酒店子公司采用比较集权的管控模式。

集权程度越高,对集团公司管理水平的要求越高。K 集团目前在管理意识、管理经验、管理水平等方面与现代企业仍有明显差距,采取绝对集权的管控模式不现实。

综合考虑以上三方面的影响因素,在现阶段,相对集权的管控模式(战略管控模式)比较适合 K 集团。

4.3.4 集团公司的职能定位与组织结构设计

基于相对集权型的管控模式,K 集团的母公司应定位为集团的战略中心、决策中心、管理中心、监督协调中心和指导服务中心,下属酒店定位为业务中心。集团公司通过制定集团战略来指导下属酒店的经营活动,相应地分配资源并对下属酒店使用资源的情况进行监督。下属酒店在运营中有较大的自主权,以充分调动其积极性,赋予其灵活性,应对复杂多变的市场环境。

在组织结构方面,K 集团原有的职能型(U 型)组织结构导致管理权限绝对集中于集团公司,对集团公司的管理能力和人员规模要求极高。在相对集权的管控模式下,集团公司通过授权专业事业部来对下属酒店进行管理的事业部型（M型）组织结构更符合K集团的管控要求。在酒店行业中，这个专业事业部通常由集团设立一个子公司来承担，被称为酒店管理公司或酒店管理平台，集团下属的各家酒店作为酒店管理公司的子公司，与酒店管理公司一起形成酒店子集团。酒店管理公司根据母公司下达的战略性、方向性决策和整体经营目标等，对下属酒店进行经营管理，是各家下属酒店的管理归口。对K集团而言，设立酒店管理公司，配置相应的专业管理团队，能够提高集团在酒店管理业务方面的专业性，有效指导下属酒店经营，统筹协调以共享资源，形成规模化效应。从酒店集团化发展的角度考虑，设立酒店管理公司也是必须完成的一个关键步骤。

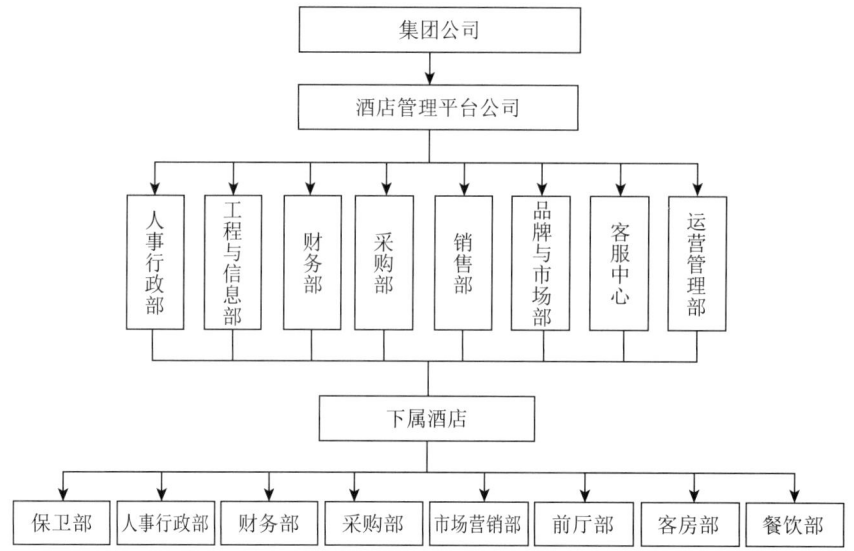

图6　K集团运营管控体系构想

4.3.5　具体管控手段的完善

以上三个步骤的完成，为K集团管控体系提供了基础性的支撑和方向性的指导，并形成了一个系统性的框架。在这个框架内，K集团可以从战略管控开始，对人力资源、质量服务体系、市场营销与客户关系、品牌、财务、采购和供应链等具体环节的管控手段进行完善。根据酒店运营特点和K集团现状，人力资源管控、服务质量体系管控、市场营销和客户关系管控是三个急需完善的管控手段。

针对K集团目前人力资源管理中存在的问题，首先需要补充专业酒店管理人才，以便搭建酒店管理公司，提高集团管理水平，解决目前"外行领导内行"的问题。其次是在集团公司、酒店管理公司、下属酒店之间搭建畅通的人才通道，通过鼓励集团员工向下属公司的流动提高实践能力，通过从下属酒店选拔管理人员形成有效的激励，以及增加集团公司对下属酒店的了解，提高集团公司的管理水平。最后，重视对基层员工的培训和激励，发挥集团公司的中央服务功能，为酒店提供稳定的人力资源保障。在此基础上，建立适用于相对集权管控模式的人力资源管控模式——抓大放小型模式，即集团公司是集团人力资源的决策中心，酒店管理公司是人力资源的管理协调中心和指导服务中心，下属酒店是人力资源的执行中心，各酒店在集团公司人力资源政策的指导下负责各自短期的人力资源规划和管理。另外，为了确保战略的准确贯彻，酒店管理公司中高层管理人员和下属酒店高层管理人员由集团公司直接任命。

在服务质量体系的管控方面，K集团几乎是一张白纸。成员酒店各自制定产品和服务的规章制度，缺乏集团层面统一的服务质量标准，基本的制度体系缺失。服务质量体系中的其他方面，如包含品牌和企业文化的支持体系、包含酒店自身评价与顾客评价的评价体系、包含集团监督和外部监督的监督体系等，K集团目前也基本没有作为。基于服务质量体系在酒店运营和酒店集团化发展中的重要作用，K集团必须尽快建立服务质量体系，通过对服务质量体系的管控提高酒店服务质量，提升酒店品牌价值。

在市场营销和客户关系管控方面，以酒店管理公司为主导搭建K集团的外部营销系统和内部的客户关系共享系统。基于K集团目前的酒店数量较少、区域分布集中、品牌的市场影响力弱等特点，现阶段K集团的市场营销需要更侧重于对外部营销资源的组织和营销渠道的利用。由酒店管理公司为主导对接外部营销系统，过程中可以加强管理公司和酒店、酒店与酒店之间的协同，逐渐形成统一的品牌形象。另外，也可以通过规模效应控制营销成本。建立集团内部的客户关系共享系统，一方面是通过客户资源的共享能够以较低成本扩大成员酒店的客户渠道；另一方面，通过对客户关系的维护培养客户忠诚度，能够挖掘现有客户的潜在需求，以及提高客户对酒店品牌的认可度。

5 对策建议

通过将理论研究的结论与K集团的实证研究相结合发现，影响我国中小型国有酒店管控能力并进而制约集团化发展的因素，可以分为两类。一类是体制性、方向性、结构性的影响因素，如公司治理结构、集团战略体系、组织结构与职能定位等。这一类因素对集团的管控能力和集团化发展的影响是根本性的，前置条件式的。本文将这一类因素中产生的问题称为基础性问题。另一类是集团运营层面的资源和能力，例如人力资源、服务水平与质量控制能力、市场营销能力、客户管理能力、财务管理能力、采购与供应链管理能力、品牌资源与品牌管理能力等。这一类因素中产生的问题，只有在基础性问题得到解决后才能得到系统性的解决。纯粹针对某个运营层面的具体问题采取措施，其效果都是暂时性的。因此，中小型国有酒店的集团化发展，需要首先解决的是基础性问题，其次才是集团管控的具体问题。

5.1 解决酒店集团发展中基础性制约问题

（1）建立健全现代企业制度，完善国有酒店集团的公司治理结构，为国有酒店集团的发展提供健康的现代企业环境。

（2）建立战略体系，为解决其他问题提供方向性的指导。因此，战略体系必须明确和完整。国有企业集团长期受行政管理的影响，语言文化偏好务虚，在制定战略体系时容易出现方向、目标不明确的问题，看起来有战略，但在具体实践中并无战略可以遵循。另一种务虚的表现是确定了战略目标却未考虑到实现战略目标的具体路径，所谓的战略体系成为一纸空文，并无实际的指导意义。另外，战略的制定要结合集团自身特点与实际情况，避免盲目跟风。

（3）根据战略调整组织结构。中小型国有企业传统的带有行政色彩的管理方式与现代酒店集团的经营方式之间差异较大，中小型国有酒店集团需要根据战略发展的要求调整管理思路，借鉴现代酒店集团成熟的经营管理方式来尽快完善自身的组织结构，为酒店集团化战略的实施提供基础。

5.2　建立、完善酒店集团内部管控体系

这一步骤亦可分为两个阶段。

第一阶段：选择集团管控模式，明确职能定位，调整组织结构。

集团的战略类型、子公司业务对企业集团的重要性和集团公司的管理水平是影响集团管控模式选择的三个主要因素。客观分析企业集团自身的三个主要影响因素，选择适合本集团的管控模式，是建立、完善集团管控体系的起点。根据集团管控模式的选择确定集团内部各级机构的职能定位，明确母子公司在集团管控体系内的责权和分工关系；然后调整组织结构，使之与集团管控模式和职能定位相匹配。

第二阶段：根据自身情况选择集团管控的重点。酒店集团的管控重点主要有以下七个方面。

（1）人力资源管控

酒店业是以服务为第一产品的劳动密集型产业，人力资源是其获取竞争优势的关键资源之一。酒店集团的人力资源管控有两个重点内容。第一是通过对酒店基层员工的集团培训形成统一的服务标准。第二是需要特别重视对中高层管理人员的培养和管理。

（2）服务质量体系管控

服务质量是酒店的生命线，是决定酒店经济效益和竞争力的重要因素。酒店集团服务质量体系的管控，需要建立以服务质量的制度规范为基础、以企业文化和员工激励为协助、以内外部的监督和评价为补充的全面体系来保障。

（3）市场营销及客户关系管控

酒店产品的不可存储性、无形性、生产与消费同步等特点以及与其他旅游产品有较强的关联性，决定了酒店需要而且能够通过扩大营销渠道不断招徕客源，提高收益。在招徕新顾客的同时，通过客户关系管理挖掘已有顾客的潜在消费机会，也是酒店集团市场营销的一个重要手段。在管控过程中，集团公司需要充分发挥服务、协调和控制的作用。

（4）品牌管控

由于服务的无形性，服务产品的消费具有较强的经验特征和信任特征，而强有力的品牌更容易获得消费者信任，在消费过程中也更容易积累经验和形成可记忆的服务特征。因此，酒店品牌是酒店重要的营销工具和集团快速扩张的工具。在品牌的管控中集团公司应

该起主导作用,对品牌结构进行规划、确定品牌形象、制订品牌使用手册、监督成员酒店对品牌的使用情况、为品牌的使用提供必要的服务等。

(5)财务管控

酒店集团的财务管控涉及调控和核算两个层面。对资金的筹集、投资、管理、分配等调控功能的实现要求酒店集团首先根据战略明确财务管控目标,制定短期利润与长期利润的关系、集团整体利益与酒店单体利益的关系以及利润与风险的平衡关系等,为财务管控工作的开展提供方向和指导。由于酒店运营与财务活动的复杂性,在核算层面,一方面需要建立合理的财务预算制度,作为对酒店控制、协调和考核的依据;另一方面需要建立财务决策分析系统,通过整合、分析酒店经营信息与财务信息,指导酒店的运营管理,以及为集团的筹资、投资、利润分配等提供决策依据。

(6)采购及供应链管理

酒店集团的采购呈现出多品种、小批量、分散化的特点,对采购和供应链管理提出了较高的要求。集团采购和供应链管理是酒店集团常用的采购管控手段。集团公司在集团采购中需要承担规划、实施、控制、监督和服务的职能。以集团采购为基础,通过建立相应的制度与供应商之间形成的良好合作关系,是采购管理的高级形式供应链管理。

(7)信息管理

酒店管理涉及大量的人流、物流、资金流、信息流,对这些信息有效利用能够提高运营效率、服务质量以及决策水平。集团公司根据具体管控需求选择适合的酒店信息管理系统,规划数据端口的数量和权限,并形成信息分析的机制。这在一定程度上解决了集团公司远离业务一线、不了解酒店具体经营情况的问题。另外,通过有效利用数据能够为管理决策提供支持。

6 结论与展望

6.1 研究结论

本文基于中国酒店行业集团化发展的背景,在理论研究基础上,通过文献研究法、案例研究法,对国有酒店集团的管理进行较为全面分析,得出以下结论:

(1)从理论上看,国有酒店集团在发展中存在三个方面的误区。误区一是忽视了酒店业的个性特征,出于方便整合资源或是出于行政管理思维的惯性,采用一般企业集团化的思路,使得集团中的大部分酒店均集中在同一区域,导致酒店集团的发展空间受到单一区域消费者数量的制约,集团规模存在明显的瓶颈,规模化效应无法充分发挥。误区二是忽略了市场环境和企业自身条件对酒店集团成长过程的制约和影响。盲目照搬国外经验,国有体制与酒店管理公司这一市场经济产物之间的矛盾长期存在。误区三是过分强调资产纽带的重要性,财务风险较大,而且过分强调和依赖资产纽带,不利于酒店管理水平和酒店品牌等软实力的提升。认识上的误区带来具体实践中的诸多问题,包括行政官僚体制阻碍了现代企业制度的建立和酒店集团化进程，缺乏战略规划和战略执行的能力导致酒店集团化进程连续性差，人力资本薄弱而且缺少运营人力资源的专业能力，市场营销能力和客户关系管理意识弱，品牌缺少支撑无法真正发挥作用，采购管控流于形式、成本控制能力差，以及缺乏进行信息管理的意识和能力等，这些问题长期以来制约着我国国有酒店集团的发展。

（2）在案例研究中，通过对K集团酒店管控体系现状与问题的梳理发现，K集团由于仍然受到传统行政管理思维的影响，现代企业制度不健全、集团公司职能定位和集团管控模式不明确等基础性问题明显，导致K集团在组织结构、战略体系、人力资源、服务质量体系、市场营销和客户关系、品牌、财务、采购和供应量以及信息管理等各个方面均出现了影响集团管控水平、制约酒店集团化发展的问题。因此，K集团实施酒店集团化的战略不可能一蹴而就，需要结合企业的具体情况从公司治理结构、职能定位、管控模式选择、战略体系构建等基本层面着手，对集团管控体系进行分层次、分阶段的全面建设，才有可能通过集团管控体系的完善促进酒店的集团化发展。

（3）综合理论研究和案例研究的结论，本文提出了解决中小型国有酒店集团管控问题的两步走策略。第一步是解决制约中小型酒店集团发展中的基础性问题，包括：建立健全现代企业制度，完善国有酒店集团的公司治理结构，为国有酒店集团的发展提供健康的现代企业环境；建立明确、完整的战略体系，为解决其他问题提供方向性的指导，以及根据战略调整组织结构，为酒店集团化战略的实施提供基础等。第二步是建立、完善酒店集团内部管控体系，包括选择集团管控模式，明确职能定位，调整组织结构，以及根据酒店业运营特点在人力资源、服务质量体系、市场营销及客户关系、品牌、财务、采购与供应链、信息管理七个环节重点进行相应的管控体系的构建。

6.2 研究展望

本文的研究主要基于企业集团中的母公司视角，从子公司角度如何理解中小型酒店集团的管控问题，有待研究。

基于K集团的实践和案例研究是否具有普适性还有待对其他案例的研究来检验。

参考文献

［1］ Haynes J D, Kwiatkowski J A, Mapes G H. Management Control System：EP，EP0069329［P］. 1983.

［2］ Baliga B R, Jaeger A M. Multinational Corporations：Control Systems and Delegation Issues［J］. Journal of International Business Studies，1984，15（2）：25-40.

［3］ Parker L D. Critical Perspectives in Management Control［J］. Accounting & Business Research，1989.

［4］ Chuck Y Gee.International Hotels：Development and Management［M］. Toronto：Educational Institute of the American Hotel & Motel Association，1994.

［5］ Cooper C P, Lockwood A. Progress in Tourism Recreation and Hospitality Management［J］. John

Willey & Sons, 1994（6）: 283-295.

［6］Denney G Ruthergord. Hotel Management and Operation［M］. NewYork: Van Nostrand ReinHold, 1990.

［7］Granovetter M. Coase revisited: Business groups in the modern economy［J］. Industrial and Corporate Change, 1995, 4（1）: 93-130.

［8］Hennart J F. The transaction costs theory of joint ventures: an empirical study of japanese subsidiaries in the united states［J］. Management Science, 1991, 37（4）: 483-497.

［9］Harrison J S, Enz C A. Hospitality Strategic Management: Concepts and Cases［M］. Hoboken: Wiley, 2005.

［10］Khanna T, Rivkin J W. Estimating the performance effects of business groups in emerging markets［J］. Strategic Management Journal, 2001, 22（1）: 45-74.

［11］Leff, N H.Industrial organization and entrepreneurship in the developing countries: The economic groups［J］. Economic Development and Cultural Change, 1978, 26（4）: 661-675.

［12］Michael Porter.What is Strategy［J］. Harvard Business Review, 2004（1）: 69-96.

［13］Ouchi W G. The relationship between organizational structure and organizational control［J］. Administrative Science Quarterly, 1977, 22（1）: 95-113.

［14］Ouchi W G, Maguire M A. Organizational control: Two functions［J］. Administrative Science Quarterly, 1975, 20（4）: 559-569.

［15］Perdue R R. Progress in Tourism, Recreation, and Hospitality Management［J］. Journal of Leisure Research, 1992, 24（2）: 203.

［16］Pine R, Qiu Zhang H, Qi P.The challenges and opportunities of franchising in China's hotel industry［J］. International Journal of Contemporary Hospitality Management, 2000, 12（5）: 300-307.

［17］Pine R, Phillips, P. Performance comparisons of hotels in China［J］. International Journal of Hospitality Management, 2005, 24（1）: 57-73.

［18］Slattery P, Clark A. Major variables in the corporate structure of hotel groups［J］. International Journal of Hospitality Management, 1988, 7（2）: 117-130.

［19］Vancil R F, Buddrus L E. Decentralization: Managerial Ambiguity by Design［M］. Homewood, IL: Dow Jones-Irwin, 1979.

［20］（美）Chuck Y. Gee.国际饭店管理［M］.谷慧敏,主译.北京：中国旅游出版社,2002.

［21］（美）詹姆斯·布里克利,克利福德·史密斯,杰罗尔德·齐默尔曼.管理经济学与组织架构［M］.张志强,王春香,张彩玲,译.4版.北京：人民邮电出版社,2014.

［22］陈廉.企业集团母子公司管理与控制研究［D］.北京：对外经济贸易大学,2006.

［23］陈太壮.国有酒店集团化发展中的内部治理机制构建研究［D］.济南：山东大学,2009.

［24］戴斌.现代酒店集团研究［M］.北京：中国致公出版社,1998.

［25］段磊,张宏波.企业集团管控：理论、实践及案例［M］.北京：中国发展出版社,2012.

［26］高建康.东航酒店集团发展战略研究［D］.上海：复旦大学,2011.

［27］谷慧敏,邹益民.饭店管理理论与应用研究［M］.北京：旅游教育出版社,2006.

[28] 国家统计局.2014年国民经济和社会发展统计公报[R].2014.
[29] 黄兴.国有企业集团组织架构问题的思考[J].财经界：学术版，2012（2）：31-32.
[30] 蒋一苇.企业集团概论[M].北京：中国劳动出版社，1991.
[31] 李非.企业集团理论——日本企业集团[M].天津：天津人民出版社，1994.
[32] 李茜.成熟银行控股集团组织结构模式研究[J].商业研究，2012，428（12）：97-104.
[33] 李娅，谢宗晓.大数据背景下的集团管控[J].企业管理，2014（7）：111-114.
[34] 厉以宁.企业集团与垄断竞争[N].光明日报，1986-10-18.
[35] 戚文举.集团管控模式：从分散走向协同竞争——以华润集团为例[J].浙江经济，2008（7）：50-51.
[36] 秦浩.我国酒店业集团化道路的探索[D].广州：暨南大学，2006.
[37] 秦宇.论我国饭店集团发展过程中的几个误区——暨中国饭店集团演进的一个理论框架[J].旅游学刊，2004（2）：55-58.
[38] 任伟林.国有企业集团母子公司管控模式研究[D].武汉：武汉理工大学，2012.
[39] 司云聪.企业集团组织架构的类型、特点及其有效性分析[J].商场现代化，2007，522（33）：67-68.
[40] 孙健.国际饭店集团跨国经营模式研究[D].北京：北京第二外国语学院，2007.
[41] 孙连才.企业集团管控[M].北京：经济科学出版社，2009.
[42] 王凤彬，赵民杰.企业集团管控体系[M].北京：经济管理出版社，2012.
[43] 王吉鹏，李巧梅.集团组织结构[M].北京：中信出版社，2008.
[44] 王吉鹏.集团管控[M].北京：经济管理出版社，2008.
[45] 吴辉，高晨.预算是企业战略执行和集团管控的工具——以A公司为例对集团企业预算管理的研究[J].北京工商大学学报：社会科学版，2010，25（5）：86-92.
[46] 肖鹏举.K集团组织结构再设计[D].西安：西安理工大学，2006.
[47] 谢明磊.母子公司管控研究：环境与战略的调节作用[D].济南：山东大学，2012.
[48] 熊联勇.连锁经营的营销优势及在我国的实践[D].成都：四川师范大学，2006.
[49] 杨淑珍.HL集团母子公司管理控制研究[D].济南：山东大学，2012.
[50] 俞迎新.国际饭店集团进入中国市场的策略分析[J].经济论坛，2006（13）：50-53.
[51] 袁宗峰.房地产开发企业集团母子公司管理控制研究[D].重庆：重庆大学，2007.
[52] 张龙.大型企业集团的组织架构研究与探讨[J].财经界：学术版，2010（8）：32.
[53] 张文彬.企业集团化管理问题研究[D].北京：对外经济贸易大学，2006.
[54] 中国旅游饭店业协会.中国饭店管理公司（集团）2014年度发展报告[R].2014.
[55] 卓晓沛.京控置业集团管控体系建设研究[D].北京：北京交通大学，2013.
[56] 邹益民.单体饭店连锁化经营模式的战略选择资源基础理论的观点[J].旅游科学，2006（2）：65-71.
[57] 邹益民.现代饭店管理[M].杭州：浙江大学出版社，2006.

附录

2013—2014年中国饭店管理公司（集团）经营规模统计一览表

2014年排名	2013年排名	集团名称	2014年 饭店数量（个）	2014年 客房数量（间）	2013年 饭店数量（个）	2013年 客房数量（间）
1	1	如家酒店集团	2810	316 175	2341	275 875
2	3	铂涛集团	3251	298 435	1998	188 646
3	2	华住酒店集团	2669	270 063	1852	194 779
4	4	格林豪泰酒店管理集团	2124	208 152	1698	171 498
5	5	上海锦江国际（集团）股份有限公司	1334	177 839	1178	160 777
6	7	温德姆酒店集团	870	96 870	695	82 140
7	8	喜达屋酒店与度假村集团	267	85 365	231	75 492
8	6	洲际酒店集团	239	77 750	360	115 745
9	11	万豪国际集团	199	63 305	158	56 605
10	14	维也纳酒店集团	479	61 637	265	42 305
11	12	浙江开元酒店管理有限公司	186	56 320	154	48 750
12	—	广州东呈酒店投资管理集团有限公司	571	54 423	—	—
13	13	青岛尚客优城际酒店管理有限公司	951	53 751	732	43 920
14	17	北京首旅酒店（集团）股份有限公司	166	35 885	119	28 575
15	10	雅高酒店集团	145	34 515	260	61 333
16	15	南京金陵酒店管理有限公司	126	34 436	136	35 747
17	16	山东蓝海酒店集团	100	32 999	89	30 099
18	19	碧桂园凤凰国际酒店管理公司	100	31 108	84	27 219
19	26	海航酒店（集团）有限公司	89	29 528	77	18 363
20	21	凯悦国际酒店管理（北京）有限责任公司	102	29 181	88	26 295
21	20	港中旅酒店有限公司	81	28 525	78	27 168
22	23	住友酒店集团	354	24 881	326	22 976
23	25	山东银座旅游集团有限公司	223	22 843	187	20 736
24	22	香格里拉酒店集团	47	21 536	54	24 161
25	—	君廷酒店及度假村集团	90	20 652	—	—
26	27	湖南华天国际酒店管理有限公司	78	20 296	70	18 163
27	37	绿地国际酒店管理集团	71	20 289	44	12 106
28	24	万达酒店及度假村	64	19 543	71	21 232
29	9	希尔顿酒店管理（上海）有限公司	52	19 428	184	63 739

续表

2014年排名	2013年排名	集团名称	2014年 饭店数量（个）	2014年 客房数量（间）	2013年 饭店数量（个）	2013年 客房数量（间）
30	28	广州岭南国际酒店管理有限公司	67	18 061	65	17 472
31	29	湖南和一酒店连锁有限公司	88	17 396	87	17 016
32	30	浙江世贸君澜酒店管理有限公司	68	16 651	54	15 650
33	31	河南中州国际集团管理有限公司	76	16 408	74	15 536
34	34	凯莱国际酒店管理（北京）有限公司	60	14 855	55	13 320
35	32	康年国际酒店集团	49	14 685	53	15 526
36	33	北京国宾友谊国际酒店管理有限责任公司	50	14 175	48	13 495
37	39	四川锦江旅游饭店管理有限责任公司	45	14 096	39	10 752
38	44	北京桔子水晶酒店管理咨询有限公司	108	13 845	81	9629
39	36	粤海（国际）酒店管理集团有限公司	45	13 408	43	12 885
40	40	雅阁酒店集团（澳大利亚）	64	13 284	47	10 700
41	42	明宇酒店股份有限公司	38	13 003	27	10 339
42	45	白天鹅酒店集团有限公司	41	11 834	37	9595
43	47	石家庄国大酒店经营有限公司	170	11 651	115	9255
44	35	雷迪森旅业集团有限公司	57	10 535	56	13 197
45	46	上海衡山集团饭店管理公司	38	10 316	37	9473
46	56	恒大酒店集团	25	10 206	15	5750
47	43	世纪金源酒店集团	20	10 117	20	10 167
48	49	阳光酒店管理集团有限公司	43	9306	37	7673
49	—	四川岷山集团有限公司	68	8843	—	—
50	57	北京天伦国际酒店管理有限公司	28	8265	23	5356
51	—	湖北尚一特酒店管理有限公司	150	8120	—	—
52	38	贝斯特韦斯特（北京）国际酒店管理有限公司	51	7950	63	11 891
53	—	亚朵（上海）酒店管理有限公司	60	7882	—	—
54	48	陕西旅游饭店管理（集团）股份有限公司	44	7769	48	8334
55	53	深航酒店管理有限公司	27	7081	25	6338
56	52	尊茂酒店控股有限公司	42	7044	42	6900
57	54	福建中旅饭店管理有限责任公司	31	6700	29	6257
58	59	城市名人酒店管理（中国）股份有限公司	26	6062	20	4593
59	58	中青旅山水酒店投资管理有限公司	47	5895	41	5234
60	55	远洲酒店集团	22	5565	18	5821

注：相较于2013年，2014年客房排名尾数增加了1579间。